Philosophisches Wörterbuch

von

Max Apel und Peter Ludz

Sechste Auflage

1976

Walter de Gruyter · Berlin · New York

SAMMLUNG GÖSCHEN 2202

Erste Auflage 1930
Zweite, verbesserte und vermehrte Auflage 1943
Dritte, verbesserte und vermehrte Auflage 1950
Vierte, unveränderte Auflage 1953
Fünfte, völlig neubearbeitete Auflage von Peter Ludz 1958

CIP-Kurztitelaufnahme der Deutschen Bibliothek

Apel, Max
Philosophisches Wörterbuch. — 6. Aufl./von Peter Ludz.
(Sammlung Göschen; Bd. 2202)
ISBN 3-11-006729-3
NE: Ludz, Peter Christian [Bearb.]

© Copyright 1976 by Walter de Gruyter & Co., vormals G. J. Göschen'sche Verlagshandlung, J. Guttentag, Verlagsbuchhandlung, Georg Reimer, Karl J. Trübner, Veit & Comp., 1 Berlin 30 — Alle Rechte, insbesondere das Recht der Vervielfältigung und Verbreitung sowie der Übersetzung, vorbehalten. Kein Teil des Werkes darf in irgendeiner Form (durch Fotokopie, Mikrofilm oder ein anderes Verfahren) ohne schriftliche Genehmigung des Verlages reproduziert oder unter Verwendung elektronischer Systeme verarbeitet, vervielfältigt oder verbreitet werden — Printed in Germany — Reproduktion und Druck: Mercedes-Druck, 1 Berlin 61 — Bindearbeiten: Berliner Buchbinderei Wübben & Co., 1 Berlin 42

a: in der formalen Logik Zeichen für das allgemein bejahende Urteil (alle S sind P).

A ist A: übliche Formel für den logischen Grundsatz der Identität: Jeder Begriff ist mit sich selbst identisch.

Abälard, Petrus (1079—1142): einer der bedeutendsten Denker der Frühscholastik, besonders für die Logik und Erkenntnistheorie. Kritisch beginnt A. mit dem methodischen Zweifel (Schrift: Sic et non). Die Dogmen und Autoritäten der Kirche beweisen, nicht Bibelsprüche und Wunder. Diese Methode fand Nachahmung bei vielen (theologischen) Summen des 13. Jahrhunderts; im Universalienstreit ist A. Eklektiker. Die Universalien liegen nicht im Wortleib, sondern in der Abstraktion der Worte, ihren Bedeutungen (Konzeptualismus). Die christliche Ethik A.s grenzt den Glauben gegen das Wissen ab. Gott zu lieben ist höchstes Gebot. Die Tugend, Gesinnung und gute Absicht, nicht Taten und Werke, sind der Weg zu diesem Ziel. Die größte Sünde ist, Gott zu hassen. — Weitere Werke: Der Briefwechsel mit Heloise (wahrscheinlich literarische Fiktion), die Selbstbiographie „Historia calamitatum", der „Dialog zwischen einem Philosophen, einem Juden und einem Christen".

Abbildtheorie: die Erkenntnisse spiegeln die Wirklichkeit nur wider. Dieser „naive Realismus" des natürlichen Bewußtseins wird von der „kritischen" Erkenntnistheorie bestritten.

Abduktion: formale Hypothesis (vgl. Charles Peirce).

Aberglaube: nach KANT „der Hang in das, was als nicht natürlicherweise zugehend vermeint wird, ein größeres Vertrauen zu setzen, als was sich nach Naturgesetzen erklären läßt" („Streit der Fakultäten"). Dieser Glaube an übernatürliche Vorgänge ist Überbleibsel überholter Naturauffassungen oder früherer Religionsformen. Zum Aberglauben rechnet man Alchimie, Astrologie, Chiromantie, Gespensterglauben, Zauberei usw. (vgl. Bächtold-

Stäubli, Handwörterbuch des deutschen Aberglaubens, 10 Bände).

Abhängigkeit (Dependenz): kausales, logisches oder funktionales Verhältnis zweier oder mehrerer Gegebenheiten.

absolut: losgelöst von jeder Bindung, Beziehung, Bedingung, Abhängigkeit, also uneingeschränkt, für sich seiend, unbedingt, unabhängig, aus sich bestimmt. *Das Absolute:* der letzte Urgrund alles Seins. Eine *absolute Erkenntnis:* eine Erkenntnis des an sich Wirklichen, der Dinge an sich. NEWTON legte seiner Mechanik (1687) eine absolute, wahre und mathematische, gleichmäßig fließende Zeit und einen absoluten, stets gleichen und unbeweglichen Raum zugrunde. Nach KANT haben Raum und Zeit keine absolute Realität, keine an sich seiende Wirklichkeit, sondern sind reine Formen der Erscheinungswelt. — In SCHELLINGS Identitätssystem ist das Absolute, die absolute Vernunft, die Indifferenz von Natur und Geist, von Objekt und Subjekt. Die Gegensätze von Subjekt und Objekt, Realem und Idealem, Natur und Geist lösen sich im Absoluten auf. Bei HEGEL ist das Absolute, die sich selbst entwickelnde Vernunft, das einzig Seiende, das sich in die Welt auseinanderlegt und sich als Geist wieder mit sich selbst zusammenschließt. Philosophie ist danach u.a. Wissenschaft vom Absoluten.

Absolutismus: Lehre vom Absoluten oder Lehre der absoluten Geltung der Wahrheit und Werte. — Staatsrechtlich: unbeschränkte Gewalt des Staates oder der staatlichen Machthaber. Historisch: Zeitalter des Absolutismus.

Abstammungslehre: s. Deszendenztheorie.

abstrakt: aus einem gegebenen Zusammenhange herausgelöst und für sich allein betrachtet. So erhält abstrakt den Sinn von begrifflich, gedacht, im Gegensatz zum anschaulich Gegebenen. (Vgl. konkret.)

Abstraktion: das logische Verfahren, durch Weglassung von Merkmalen vom anschaulich Gegebenen zur Allgemeinvorstellung und von einem gegebenen Begriff zu einem allgemeineren aufzusteigen. Die Abstraktion vermindert den Inhalt und erweitert den Umfang. Gegensatz: Determination. Man unterscheidet isolierende und generalisierende, quantitative und qualitative, positive und negative Abstraktion.

Abulie: Willenlosigkeit.

abundant (überfließend): sind solche Merkmale einer Definition, die zur Bildung dieser Definition nicht notwendig, da sie bereits in den Merkmalen enthalten sind.

acervus (Haufe): Haufenschluß, ein Trugschluß, der Scheinhaftigkeit der sinnlichen Wahrnehmung zeigen soll.

Achilleus: ein berühmter Beweis des Eleaten ZENON (um 450 v. Chr.). Danach gibt es keine Bewegung, sondern nur den Schein einer solchen.

actus purus: reine, von Stofflichkeit freie Wirklichkeit und Wirksamkeit; im Anschluß an ARISTOTELES ist Gott in der scholastischen Philosophie actus purus, der keine Potentialität (bloß Möglichkeit) in sich hat. Bei NIKOLAUS v. CUES ist Gott actus purissimus, bei LEIBNIZ absolute Tätigkeit und somit ebenfalls actus purus.

Adaption: Anpassung; in der Psychologie: die Anpassung und Abstumpfung der Empfindungen bei andauerndem Fortbestehen der objektiven Reize.

ad hominem demonstrieren: nicht sachgerechter, sondern der Denkweise eines Menschen angepaßter Beweis.

Adiaphoron (Ununterschiedenes): Gleichgültiges; für die Kyniker und Stoiker waren alle äußeren Güter wie Reichtum, Ehre, Gesundheit, selbst das Leben, gleichgültige Dinge, Adiaphora; als einziges wahres Gut gilt dem Weisen die Tugend, als einziges Übel das Laster.

Adler, Alfred (1870—1937): s. Individualpsychologie.

Ähnlichkeit: partielle Gleichheit bei teilweiser Verschiedenheit. Sie spielt in der Geometrie, Naturforschung (Klassifikation) und in der Psychologie (Assoziation) eine wichtige Rolle.

Äon: Ewigkeit, beständige Dauer. Der Gnostiker VALENTIN (um 150 n. Chr.) nennt den Urgrund der Dinge (Gott) den vollkommenen Äon, aus dem dann dreißig niedere Äonen (Geister) hervorgehen.

Äquilibrismus: Gleichgewichtslehre; Lehre der *Scholastik*, daß Freiheit des Willens (arbitrium liberum) nur bei Gleichgewicht zweier gleichwertiger entgegengesetzter Motive bestehen kann.

Äquipollenz: logische Gleichgeltung von Begriffen und Urteilen, die dasselbe, nur in verschiedener Form, aussagen.

äquivalent: gleichwertig, **Äquivalenz:** Gleichwertigkeit.

Aerobaten: die spekulativen Philosophen nach Aristophanes.

Ästhetik: wörtlich: Lehre von der sinnlichen Anschauung. In diesem Sinne nennt KANT den ersten Teil seiner Kritik der reinen Vernunft „die transzendentale Ästhetik", „Wissenschaft von allen Prinzipien der Sinnlichkeit a priori", d. h. Untersuchung von Raum und Zeit in ihrer Bedeutung für die sinnliche Erkenntnis. — BAUMGARTEN gebraucht das Wort Ästhetik im Sinne einer Anleitung zum richtigen Empfinden, einer Wissenschaft vom Schönen. Die moderne wissenschaftliche Ästhetik beginnt mit Kants Grundlegung des ästhetischen Urteils. In der Gegenwart stehen sich verschiedene Richtungen innerhalb der Ästhetik gegenüber, die sich vor allem nach der Gegenstandsauffassung des Ästhetischen unterscheiden. Während Kant lediglich in der Form des schönen Objekts das Wesen des ästhetischen Urteils erblickt (*formalistische* Ästhetik), erblicken andere in der Kunst ein Phänomen der künstlerischen Darstellung inhaltlicher Lebenswerte. Das gilt vor allem von der *idealistischen* Ästhetik, die die Kunst als Ausdruck der Idee oder des Absoluten aufzufassen sucht (HEGEL, SCHELLING, SOLGER, SCHOPENHAUER, v. HARTMANN). Neben dem ästhetischen Objektivismus, der das Schöne als reale Qualität des Gegenstandes versteht (M.

Ästhetizismus—Affekt

DESSOIR), gibt es einen ästhetischen Subjektivismus, der im Kunstwerk eine Ursache für Lusterlebnisse (FECHNER) bzw. eine Äußerungsform des Spieltriebes (K. GROOS) erblickt. Andere sehen im schönen Gegenstand eine Wertqualität, die durch Einfühlung erschlossen wird (TH. LIPPS, J. VOLKELT). — Eine Vervollständigung der Hegelschen Ästhetik hat besonders Friedrich Theodor VISCHER in seiner Ästhetik versucht. Gegen sie sowie gegen HEGELS Ästhetik richtet sich die *„materialistische* Ästhetik" N. G. TSCHERNYSCHEWSKIJS. „Schön ist der Gegenstand, der in sich das Leben zum Ausdruck bringt oder uns an das Leben erinnert." Georg LUKACS hat sich im Anschluß an Tschernyschewskij bemüht, die Grundlagen einer *marxistischen* Ästhetik zu bilden. Von der Kunstgeschichte aus hat W. HAUSENSTEIN eine *„soziologische* Ästhetik" geschaffen. — In der Existenzphilosophie spielt das ästhetische Moment eine wesentliche Rolle. Bei KIERKEGAARD muß die ästhetische Phase (die zugleich die theoretische ist) durch die ethische und die religiöse überwunden werden. Dagegen bringt nach HEIDEGGER die Kunst das „Sein zur Sprache"; SARTRE u.a. französische Existentialisten sind selbst dichtende Metaphysiker. Erster Versuch einer vom Existenzdenken ausgehenden „Methaphysik der Kunst" ist W. WEISCHEDELS „Die Tiefe im Antlitz der Welt" (1952).

Ästhetizismus: Anschauung, daß das Ästhetische, die ästhetische Lebensgestaltung, den höchsten Wert besitzt.

Ätiologie: Lehre von den Ursachen.

Affekt: im Gegensatz zur Leidenschaft vorübergehende intensive Gemütsbewegung, die von körperlichen Erschütterungen begleitet sein kann. Wenn der Affekt nicht ausgelebt, sondern verdrängt wird, treten u. U. psycho-physiologische Störungen auf (vgl. Psychoanalyse). PLATON (Theätet) ergänzt die ursprünglich bei den Griechen getroffene Unterscheidung der Affekte in Lust und Leid durch Begierde und Furcht. Nach den Stoikern sind Affekte vernunftlose, naturwidrige Gemütsbewegungen, die vom Weisen beherrscht werden müssen. SPINOZAS Differenzierung der Affekte in Lust, Unlust und Begierde nimmt die psychologischen Ansätze des Utilitarismus voraus.

Affektion: a) Zustandsänderung des Subjekts, Sinneserregung; b) Zuneigung, Neigung. **Affizieren:** erregen, beeinflussen. Nach KANT affizieren die Gegenstände die Sinne und lösen dadurch die „Erkenntnismöglichkeit" aus.

Affinität: Verwandschaft; KANT nennt den objektiven Grund aller Assoziation der Erscheinungen die Affinität der Erscheinungen.

Affirmation: Bejahung, bejahende Aussage. **affirmativ:** bejahend; ein affirmatives Urteil hat die Form: S ist P.

Aggregat: Anhäufung von Teilen zu einem äußerlichen Zusammenhang. KANT: Erfahrung (Erfahrungserkenntnis) ist kein bloßes Aggregat von Wahrnehmungen, keine bloß empirische Zusammensetzung der Wahrnehmungen, sondern ein auf Begriffen und Grundsätzen a priori beruhendes systematisches Ganzes.

Agnosie: Unwissenheit, das Nichtwissen.

Agnostizismus: Lehre von der Unerkennbarkeit des Methaphysischen und des absoluten Seins (KANT). Die Bezeichnung Agnostizismus wurde zuerst 1869 von dem englischen Naturforscher Thomas HUXLEY gebraucht. In der modernen Philosophie sind sowohl die *(Neu-)Kantianer* wie viele *Positivisten* Agnostizisten.

Akademie: in der Nähe einer nach dem Heros Akademos benannten Turnstätte bei Athen erwarb PLATON einen Garten, in dem er seine Schüler um sich versammelte: die platonische Akademie. Diese Akademie bestand fast ein Jahrtausend. Die unmittelbaren Nachfolger mit den ersten Schulhäuptern SPEUSIPP und XENOKRATES bilden die „ältere" oder „erste Akademie". Die „mittlere" oder „zweite Akademie" unter ARKESILAOS schlägt eine skeptische Richtung ein (im 3. und 2. Jahrhundert v. Chr.). Der Stifter der neueren oder „dritten Akademie" ist KARNEADES (im 2. und 1. Jahrhundert v. Chr.). Die „jüngere" oder „vierte Akademie" ist von PHILON von Larissa ge-

Akkommodation—Aktualismus

gründet (1. Jahrhundert v. Chr.). Sein Schüler, ANTIOCHOS von Askalon schließt sich mit der „fünften Akademie" an die Stoa an. Auch CICERO gehört dieser Akademie an.

Akkommodation: Anpassung, Anbequemung.

Akosmismus: Weltlosigkeit; Leugnung der Welt als selbständiger Existenz; nach HEGEL ist Spinozas Pantheismus, bei dem der Welt der Einzeldinge keine Wirklichkeit neben Gott zukommt, ein Akosmismus.

akroamatisch: (hörbar, zum Anhören bestimmt); Schriften des ARISTOTELES, die aus zusammenhängenden Vorträgen entstanden waren, nannte man akroamatisch. Die akroamatische Methode ist im Gegensatz zur populären „erotematischen" die wissenschaftliche.

Akt: Handlung, Tätigkeit; in sich geschlossener seelischer Vorgang, ein Bewußtseinsinhalt, der auf etwas Gegenständliches außerhalb seiner selbst gerichtet ist. BRENTANO unterscheidet Akt und Inhalt des Vorstellens; im Vorstellungsakt bezieht sich unser Bewußtsein auf etwas Gegenständliches. Nach HUSSERL bedeutet der Akt ein intentionales Moment innerhalb der Erlebnisse; der Akt ist auf etwas gerichtet, „meint" einen Gegenstand. SCHELER erweitert Husserls logische Theorie der A. um eine Analyse der emotionalen, auf „Werte" bezogenen Akte. SPRANGER versteht unter einem geistigen Akt „die aus verschiedenen seelischen Funktionen strukturell zusammengewobene Tätigkeit des Ich, wodurch es eine geistige Leistung von überindividuellem Sinne hervorbringt." (Vgl. Intention.)

Aktivismus: Lehre, daß in Tat und Praxis umgesetztes Erkennen höher steht als die reine theoretische Haltung. In den Philosophien FICHTES, NIETZSCHES, MARX' und des gesamten Marxismus sind aktivistische Momente enthalten. Karl MARX: „Die Philosophen haben die Welt nur verschieden interpretiert, es kommt darauf an, sie zu verändern."

Aktualismus: nach diesem Prinzip, das nicht nur in der Geologie und Biologie in Geltung ist, sondern auch in der Kultur- und Geistesgeschichte, sind die gegenwärtig wirksamen Kräfte und ihre Gesetzmäßigkeiten dieselben wie die in früheren Perioden der Erd- und Geistesgeschichte wirksamen.

Aktualitätstheorie: die Lehre, daß alle Wirklichkeit im Werden, Geschehen, Tun besteht (HERAKLIT, FICHTE, HEGEL). Die metaphysische Anschauung ist in die Psychologie (W. WUNDT) unter Annahme der Anlehnung einer Seelensubstanz an die Lehre von der Seele als einem Zusammenhang seelischer Vorgänge übertragen. (Vgl. Substantialitätstheorie.)

akzidentiell: unwesentlich, zufällig, unselbständig.

Akzidenz: 1. Unwesentliche, zufällige Eigenschaften der Dinge; Gegensatz: Essenz. 2. Wechselnde Zustände im Gegensatz zur beharrlichen Substanz. KANT: Die Bestimmungen einer Substanz, die nichts anderes sind, als besondere Arten derselben zu existieren, heißen Akzidenzen.

Alain (Pseudonym für E. Chartier, 1868—1951): franz. Philosoph, in dem sich die Einflüsse der klassischen moralistischen Tradition Frankreichs seit MONTAIGNE mit cartesianischen und positivistischen Denkelementen verschmelzen (vgl. a. Moralismus). Hauptwerke: Quatrevingt-un Chapitres sur l'Esprit et les Passions (1917), Système des Beaux-Arts (1920), Idées (1932), Propos de Littérature (1934).

Albertus Magnus (Albert von Bollstädt, 1193—1280): einer der bedeutendsten Denker und Naturwissenschaftler der Hochscholastik, Lehrer des Thomas von Aquin. Er gab unter dem Einfluß von Avicenna und Maimonides dem scholastischen Denken die aristotelische Wendung. Auf sein Denken haben Aristoteles, Platon und neuplatonische Gedanken eingewirkt. Er ist auch als einer der bedeutendsten Naturwissenschaftler der Scholastik anzusehen.

d'Alembert (1717—1773): franz. Mathematiker und Physiker; mit DIDEROT Herausgeber der franz. „Encyclopédie", zu der er den „Discours préliminaire" (1751) schrieb. Als Philosoph ist d'Alembert Vorläufer des Positivismus.

Alexandrinische Philosophie: die im letzten vorchristlichen und im ersten nachchristlichen Jahrhundert in Alexandria vertretene Philosophie, eine Mischung aus griechischer Philosophie und orientalischer, besonders jüdischer Mystik.

Allbeseelung: Lehre, daß die Welt in allen ihren Teilen beseelt ist. (Vgl. Panpsychismus.)

allgemein: das mehreren Gegenständen gemeinsam Zukommende. Von PLATON als Idee (s. d.) entdeckt. Im Universalienstreit des Mittelalters behaupten die *Realisten,* das Allgemeine sei unabhängig von uns, die *Nominalisten* halten es dagegen für eine bloße Stiftung unseres Verstandes. **Allgemeinbegriffe:** sind Gattungs-, Art-, Ordnungsbegriffe. **Allgemeinvorstellung:** hebt das mehreren Einzelgegenständen Gemeinsame und Typische zusammenfassend heraus.

alogisch: nicht logisch, vernunftlos.

als ob: s. Fiktion.

Alternative: die entscheidende Wahl zwischen zwei Möglichkeiten; alternative Urteile sind 1. zweigliedrige disjunktive Urteile: S ist entweder P oder Q; 2. Urteile, die miteinander vertauscht werden können, ohne daß der Sinn sich ändert.

alternieren: miteinander abwechseln.

Altruismus: ethische Lehre, die die Selbstlosigkeit als hauptsächliches Merkmal der Sittlichkeit bezeichnet und ein auf das Wohl anderer gerichtetes Handeln fordert; namentlich von englischen Moralphilosophen vertreten, so von LOCKE, HUME, A. SMITH, SHAFTESBURY, BENTHAM, SPENCER. Der Ausdruck stammt von COMTE (1798—1857), der den Egoismus durch den Altruismus, die Selbstsucht durch altruistische, soziale Gefühle überwunden wissen will.

Ambiguität: Zweideutigkeit infolge unklarer Begriffe.

Amerikanische Philosophie: erst seit 1870 ist in den USA von einer eigenständigen Philosophie zu sprechen. Puritanismus und Theismus (Jonathan EDWARDS, 1703 bis 1758: „Gott ist das unbedingte Sein"), liberalbürgerliches Aufklärungsdenken, ein demokratischer Individualismus und der deutsche Idealismus haben das philosophische Denken in Nordamerika ausgebildet. Der „Transzendentalismus" R. W. EMERSONS (1803—1882) und H. D. THOREAUS (1817—1862) ist stark von Kant, Fichte, Schelling und Hegel beeinflußt. Gott und Mensch, Natur- und Sittengesetze sind ununterscheidbar. Jeder Teil der Wirklichkeit ist als Mikrokosmos Weltseele. — Charles S. PEIRCE (1839—1914) hat die wissenschaftliche Philosophie und den Pragmatismus in Amerika geschaffen. Von Kant ausgehend, bildet er eine Theorie der Erfahrung aus. Auch als Logistiker ist Peirce bedeutend. — Josiah ROYCE (1855—1916) ist der wesentlichste Vertreter der idealistischen Tradition. G. H. HOWISON (1834—1916), ursprünglich von der Theologie herkommend, kreist in seinem Denken um den Widerspruch der endlich-konkreten und doch als absolut gesetzten Person. Raum, Zeit, Kausalität etc. sind Funktionen des individuellen Geistes, gleichsam einer metaphysischen Monade, der zugleich durch die „absolute Verantwortlichkeit" Absolutheitscharakter zukommen *(Finitismus)*. B. P. BOWNE (1847—1910) ist der Repräsentant des *Personalismus*. Sein „transzendentaler Empirismus" hat Verwandtschaft mit James' „radikalem Empirismus", nur daß bei ihm die Diskontinuität des Sinnlichen durch den Intellekt überwunden werden muß. William JAMES' (1842—1910) *Pragmatismus* (s. d.) ist eher ein pragmatischer ethischer Idealismus. Von der Physiologie und experimentellen Psychologie ausgehend, von Bergson beeinflußt, zielt er auf ein „pluralistisches Universum" ab. Die Philosophie ist ihm weitgehend Anthropologie: das Personwerden als Verwirklichung des Seelenlebens wird existent erst in der konkreten, freien Selbstbestimmung des Ichs, in der Lebenspraxis (vgl. a. Existenzphilosophie). In den „Essays in radical Empirism" fordert er die „pure Erfahrung". Die Erkenntnis wird physiologisch betrachtet. Damit hängt seine Theorie der physischen Natur der Gemütsbewegungen (vgl. a. Behaviorismus) eng zusammen. In John Deweys (1859—1952) *Instrumentalismus* ist Denken ein Werkzeug, die Idee eine praktische Anweisung, das existenzbezogene Denken Ausdruck der experimentierenden Natur selbst. („Was fruchtbar ist, allein ist wahr.") Philosophie ist Lebenskritik, die die falschen Fixierungen in der gesellschaftlich-sozialen Wirklichkeit zu enthüllen hat. Die nach naturwissenschaftlicher Methode arbeitende Philosophie hat auch die soziale Praxis reformierend zu durchdringen. A. N. Whitehead (1861—1924) ist besonders durch seine Beiträge zur Philosophie der Mathematik und theoretischen Physik wesentlich geworden (s. B. Russell). — Der *„neue Realismus"* (R. B. Perry, G. E. Spaulding) richtet sich gegen Idealismus und Pragmatismus: die logische Analyse des Seienden, die Ausschaltung des Erkenntnissubjekts, die Bestimmung des Bewußtseins durch das Sein, welches enthüllt und die Bewußtheit steigert, ist Aufgabe der wissenschaftlichen Philosophie. — Der *„kritische Realismus"* unterscheidet wieder Irrtum und Wahrheit und löst die Erstarrung der Existenz in der mechanisierten Welt auf. Hervorragender Vertreter: George Santayana (geb. 1863). Die Realität zerfällt ihm in das „Leben der Materie", „reine Wesenheiten" und das „Leben der Vernunft" (The Life of Reason). Auf dieser geteilten Realität errichtet er seine Kulturphilosophie, die eine Dialektik der „Idee" enthält. Alle Kulturwerte als objektivierte Ideen sind „illusionär", doch kann der Mensch ohne „Illusionen" nicht bestehen. — Die amerikanische Lebensphilosophie ist besonders durch H. Adams (1838—1918), der *„Neue Humanismus"* durch P. E. Moore und J. Babbit vertreten. — Die *Semantics* (vgl. Semantik) haben besonders durch Rudolf Carnap (s. d.) und seine Schule in Nordamerika nach 1930 Verbreitung gefunden.

Lit: G. E. Müller, Amerikanische Philosophie (2. A. 1950).

Amnesie: krankhafte Gedächtnisschwäche.

amoralisch: eine Haltung und Gesinnung, die die Frage nach dem Moralischen ausschaltet; das Außersittliche.

Amphibolie: Zwei- und Doppeldeutigkeit, Name einer sophistischen Schlußform. Bei KANT ist „transzendentale Amphibolie" eine Verwechselung der reinen Verstandesbegriffe mit dem Erscheinen. Nach Kant ist diese Verwechslung bei Leibniz erfolgt.

analog: entsprechend; **Analogie:** Übereinstimmung in bestimmten Verhältnissen. Nach KANT: „Eine vollkommene Ähnlichkeit zweier Verhältnisse zwischen ganz unähnlichen Dingen." Im Recht: als Gesetzesanalogie.

Analogia entis: Entsprechung des Seins, besonders in der *Scholastik* beheimatete Überzeugung, die an eine Verwandtschaft zwischen dem ewigen und unendlichen Sein Gottes und dem endlichen Sein der Welt glaubt.

Analogien der Erfahrung: bei KANT Verstandesregeln, nach denen „aus Wahrnehmungen Einheit der Erfahrung entspringen soll"; ihr allgemeiner Grundsatz ist: „Alle Erfahrungen stehen ihrem Dasein nach a priori unter Regeln der Bestimmung ihres Verhältnisses untereinander in der Zeit." Da die drei Modi Beharrlichkeit, Folge und Zugleichsein sind, so unterscheidet man drei Analogien. 1. Grundsatz der Beharrlichkeit: „Bei allem Wechsel der Erscheinungen beharret die Substanz, und das Quantum derselben wird in der Natur weder vermehrt noch vermindert." 2. Grundsatz der Zeitfolge nach dem Gesetze der Kausalität: „Alle Veränderungen geschehen nach dem Gesetze der Verknüpfung der Ursache und Wirkung." 3. Grundsatz des Zugleichseins nach dem Gesetze der Wechselwirkung oder Gemeinschaft: „Alle Substanzen, sofern sie im Raume als zugleich wahrgenommen werden können, sind in durchgängiger Wechselwirkung." Diese drei Grundsätze bedingen den Zusammenhang aller Erscheinungen in der Einheit der Natur.

Analogieschluß: oder Analogismus, ein Schluß aus der Übereinstimmung oder Ähnlichkeit von Gegenständen in einigen Punkten auf ein gleiches oder ähnliches Verhalten auch in anderen Punkten. So wird von der Tatsache der Beseelung der Menschen und der Ähnlichkeit von Menschen und Tieren auf die Beseeltheit auch der Tierwelt geschlossen. Mit abnehmendem Grade der Ähnlichkeit wird der Schluß immer unsicherer.

Analogon: etwas Entsprechendes, Ähnliches.

Analyse: Auflösung, Zerlegung eines Zusammengesetzten in seine Bestandteile. Gegensatz: Synthese.

Analytik: bei ARISTOTELES die Kunst der Gedankenzerlegung; sein logisches Grundwerk, die Lehre vom Schließen und Beweisen, nannte Aristoteles Analytik, Zergliederung des Denkens. Die „transzendentale Analytik" des Kantischen Kritizismus ist die „Zergliederung unseres gesamten Erkenntnisses a priori in die Elemente der reinen Verstandeserkenntnis". Diese apriorischen Elemente sind die Begriffe *(Kategorien)* und Grundsätze des reinen Verstandes, die aller Erkenntnis zugrunde liegen.

analytisch: auflösend, zergliedernd. Analytische Definitionen erklären den Begriff durch logische Zerlegung in seine Merkmale. Analytische Urteile sind nach KANT solche Urteile, bei denen das Prädikat schon im Subjektsbegriffe enthalten ist, also durch Zergliederung des Subjekts gefunden wird. *Analytische Urteile* sind also bloße Erläuterungsurteile, weil sie uns nur Prädikate geben, die im Subjekt schon gedacht waren. Ein solches Urteil ist der Satz: alle Körper sind ausgedehnt; denn Körper sein heißt, im Raume sein, also ausgedehnt sein. Analytische Urteile setzen die Gültigkeit des Satzes des Widerspruchs voraus. — Die *analytische Methode* ist allgemein das Verfahren, das als Ganzes angenommene Untersuchungsobjekt in seine Bestandteile zu zerlegen. Das wichtigste Hilfsmittel des analytischen Verfahrens ist das *Experiment*. Kant nennt seine in den Prolegomenen befolgte Methode analytisch (regressiv), indem er „von dem, was gesucht wird, als ob es gegeben sei, ausgeht und zu den Bedingungen aufsteigt, unter denen es allein möglich". (Vgl. synthetisch.)

analytische Psychologie: s. Tiefenpsychologie.

Anamnese (Anamnesis): Wiedererinnerung. PLATON führt die Erkenntnis der Ideen auf die Anamnese zurück: die menschliche Seele hat im Zustande der Präexistenz in der übersinnlichen Welt die Ideen geschaut und erinnert sich jetzt beim Anblick der einzelnen Erscheinungen an ihre einst geschauten Urbilder, die Ideen; alles Lernen ist also Wiedererinnerung. Auch Begriff der Medizin.

Anarchismus (Herrschaftslosigkeit): ist die Lehre von der Gesellschaft, in der jede Autorität, besonders die staatliche, verneint und die totale Autonomie und Freiheit der Individuen angestrebt wird. Die Gesellschafts- und Sozialordnung des A. soll durch den freiwilligen Zusammenschluß der Individuen erfolgen. — William GODWIN ist ein Vorläufer des theoretischen A. (später auch J. POPPER-LYNKEUS). Max STIRNER vertritt einen individualistischen A., Michael BAKUNIN, A. KROPOTKIN und PROUDHON einen kommunistischen A. (Vgl. a. die Schriften von G. LANDAUER.) Zu einer Zusammenfassung der auf Überwindung des Marxismus abzielenden anarchistischen Argumente vgl. Pierre RAMUS (R. Grossmann): „Das anarchistische Manifest" (1927). Im modernen revolutionären Syndikalismus *(Anarchosyndikalismus)* G. SORELS sind starke anarchistische Elemente enthalten.

Anaxagoras (um 500 v. Chr.): in Klazomenä (Kleinasien) geboren. Anaxagoras spielt im Geistesleben Athens eine hervorragende Rolle. Euripides ist von seinen Ideen stark beeinflußt. Anaxagoras' qualitative Atomistik gehört der jüngeren griechischen Naturphilosophie an. Der *Geist* ist der Urgrund der ursprünglich ungeordneten Teilchen des Chaos, er bewirkt allmählich die Trennung und Verbindung der ungleichen bzw. gleichen Teilchen *(Homoiomerien)*.

Anaximander (600 v. Chr.): unter den ionischen Naturphilosophen der bedeutendste. Er setzte als Urprinzip des Seins τὸ ἄπειρον: das Unbegrenzte, das Unendliche, das Unbestimmte. Aus dem Apeiron, das der unmittelbaren sinnlichen Wahrnehmung unzugänglich ist, entsteht die Welt der unterscheidbaren Dinge durch Ausscheidung in Gegensätzen.

angeboren: im wörtlichen Sinne: mit der Geburt vorhanden; im weiteren Sinne: nur als Anlage vorhanden. Man verstand PLATONS Lehre von der Anamnese falsch im Sinne angeborener Begriffe und Wahrheiten. Auch CICERO spricht von notiones innatae, angeborenen Begriffen, wie dem Gottesbegriff. DESCARTES gründet die wahre Erkenntnis auf ideae innatae (eigentlich „eingeborene" Ideen), aber er versteht unter diesem Angeborensein nicht ein psychologisches, sondern ein logisches Zugehören zu der Grundausrüstung unseres Geistes, wodurch ein Erkennen durch die bloße Vernunft möglich wird. So erklärt er die ganze Mathematik für angeboren, d. h. auf Vernunft, nicht auf Sinneswahrnehmung gegründet. Ähnlich nimmt LEIBNIZ nur ein potentielles oder virtuelles Angeborensein der Anlage nach an, das sich dann erst in der Erkenntnis entfaltet. Auch KANT kennt keine angeborenen Vorstellungen, sondern schließt sich LOCKE an, der schon 1690 in seinem „Versuch über den menschlichen Verstand" das psychologische Angeborensein als unhaltbar zurückgewiesen hat. Eine Art Vermittlung zeigt H. SPENCER: es gibt in den Individuen durch Vererbung Angeborenes, das aber von der Gattung empirisch erworben ist. (Vgl. a priori.)

Angst: Kategorie, die bei vielen Existenz-Denkern wesentlich wird. So bei PASCAL, KIERKEGAARD, HEIDEGGER. Bei Kierkegaard ist die Angst der „Schwindel der Freiheit". Insofern die Angst bei ihm Ausdruck der Freiheit ist, manifestiert sie die Totalität der menschlichen Natur; denn in der Angst liegt immer auch das Verlockende und Schützende. Bei Heidegger ist die Angst ein „Existential", das sich auf das Nichts bezieht. Sie ist gegenstandloszuständlich, im Unterschied zur bloßen *Furcht*, die sich vor etwas Bestimmtem fürchtet und die daher gegenüber der unfaßbaren Urangst bereits wieder beruhigt. — Bei S. FREUD ist die Angst verdrängte Libido.

Anima: in der Tiefenpsychologie C. G. Jungs gebrauchter Begriff. A. ist eine „aprioristische Kategorie" des „kollektiven Unbewußten". „Es besteht ein ererbtes kollektives Bild der Frau im Unbewußten des Mannes, mit dessen Hilfe er das Wesen der Frau erfaßt." **Animus:** ist demgegenüber das kollektive Bild des Mannes im Unbewußten der Frau (vgl. Kollektivpsyche).

animalisch: den Tieren eigentümlich.

Animismus: 1. Glaube an die Beseeltheit der Natur und der Naturkräfte; als Seelenglaube die Auffassung der primitiven Weltanschauung, daß ein selbsttätiges Wesen den Körper des Menschen bewohne, und Ausdehnung dieses Seelenglaubens auf Geister in der Natur; 2. Lehre, daß die Seele das Prinzip des Lebens ist.

Anomalie: Abweichung von Regel oder Gesetz.

Anpassung: 1. *biologisch:* die Gestaltung eines Lebewesens, insofern als sie sich in Rücksicht auf die gegebenen Lebensbedingungen der Umgebung und im Einklang mit diesen aktiv vollzieht; 2. *logisch:* Anpassung der Gedanken an die Tatsachen. Diese Gedankenanpassung vollzieht sich unbewußt und unwillkürlich in der Erfahrung der sinnlichen Tatsachen und absichtlich in den Methoden wissenschaftlicher Forschung (so E. Mach).

anschaulich: unmittelbar, konkret wirklich oder phantasiemäßig gegeben, zugleich in Gegensatz zum abstrakt und begrifflich Gedachten.

Anschauung: das unmittelbare Gewahrwerden, Innewerden, Erfassen eines äußeren Gegenständlichen oder eines inneren Vorgangs oder Zustandes. Kant: „Vermittelst der Sinnlichkeit also werden uns Gegenstände *gegeben,* und sie allein liefert uns *Anschauungen;* durch den Verstand aber werden sie *gedacht* und von ihm entspringen *Begriffe.*" Alles Denken bezieht sich auf Anschauungen. Die empirische Anschauung bezieht sich immer auf wirklich gegebene Gegenstände der Sinne oder Empfindungen. Aber die empirische Anschauung ist nur durch die reine Anschauung des Raumes und der Zeit möglich. Raum und Zeit sind Anschauungsformen a priori, sind selbst „reine Anschauungen", die der empirischen zugrunde liegen. — Eine „intellektuelle" Anschauung bedeutet eine übersinnliche Erfassung des absoluten Wesens der Dinge, eine rein geistige Anschauung ohne Vermittlung der Erfahrungserkenntnis. Nach Kant ist diese intellektuelle Anschauung eine ursprüngliche, schöpferische Anschauung, durch die das Dasein der Dinge unmittelbar gegeben wird, die als solche allein dem Urwesen, niemals aber einem seinem Dasein sowohl als seiner Anschauung nach abhängigen Wesen zukommen kann. FICHTE: „Dieses dem Philosophen angemutete Anschauen seiner selbst im Vollziehen des Aktes, wodurch ihm das Ich entsteht, nenne ich *intellektuelle Anschauung*. Sie ist das unmittelbare Bewußtsein, daß ich handle und was ich handle: sie ist das, wodurch ich etwas weiß, weil ich es tue." Solches Vermögen der intellektuellen Anschauung läßt sich nicht durch Begriffe demonstrieren, jeder muß es unmittelbar in sich selbst finden. SCHELLING sieht in der intellektuellen Anschauung ein geheimes wunderbares Vermögen, „uns aus dem Wechsel der Zeit in unser innerstes, von allem, was von außen her hinzukam, entkleidetes Selbst zurückzuziehen und da unter der Form der Unwandelbarkeit das Ewige anzuschauen." SCHOPENHAUER nennt unsere empirische Anschauung in erkenntnistheoretischem Sinne intellektual, weil diese Anschauung nur durch Anwendung der Verstandesfunktion der Kausalität auf die Sinnesempfindung zustande kommt. (Vgl. Wesen: Wesenschauung, Phänomenologie.)

Anschauungsformen: die sinnlichen Anschauungen vollziehen sich in den Formen Raum und Zeit, die nach KANT nicht selbst etwas Sinnliches sind, sondern als Ordnungsformen der Empfindungen a priori gegeben sind.

Anselm von Canterbury (1033—1109): der eigentliche Vater der Scholastik, der im Gegensatz zu Abälard lehrt, daß Erkenntnis aus dem Glauben wachsen müsse (credo ut intelligam). Übertragung besonders der Syllogistik auf die Theologie. Anselm ist Realist: die Sinne erkennen das

Einzelne, der Geist das Allgemeine, das etwas Wirkliches ist. Er hat erstmals den *ontologischen Gottesbeweis* (s. d.) erbracht.

an sich: bei HEGEL: der noch unentwickelte, „abstrakte" Keim des „Wahrhaften". Bei SARTRE ist das En-soi (an sich) die leblose Welt des Seienden, bloß Körperlichen, das immer nur Objekt sein kann und das dem Bewußtsein immer nur über den Raum des Nichts (wenn auch nicht in seiner eigentlichen Gestalt) wahrnehmbar ist. (Vgl. für sich, Ding an sich.)

Antagonismus: Widerstreit.

Antecedenz: das Vorhergehende, im Geschehen die Ursache, im Urteil das Subjekt, im Beweis der Beweisgrund, im Schluß der Obersatz. (Vgl. Konsequenz.)

Anthropismus: Vermenschlichung (siehe Anthropomorphismus).

Anthropogenie: Entwicklungsgeschichte des Menschen.

Anthropolatrie: Vergöttlichung des Menschen.

Anthropologie: Wissenschaft vom Menschen. Man unterscheidet *naturwissenschaftlich-biologische, ethnologische, psychologische, theologische* und *philosophische* Anthropologie, *Vernunft- und Kulturanthropologie*. Die philosophische Anthropologie erforscht den Menschen in seinem Sein und Wesen und in seiner spezifischen Abhebung von dem ihn umgebenden Seienden. Sie ist Selbstdeutung und „Selbstbesinnung des Menschen" (GROETHUYSEN). In der neueren Philosophie, besonders bei Max SCHELER (Mensch und Geschichte, Die Stellung des Menschen im Kosmos) bahnt sich der Versuch an, die philosophische Anthropologie als Philosophie überhaupt zu begreifen: alle Fragen der Philosophie zentrieren um den Menschen. Die Geschichte der philosophischen Anthropologie (PICO DELLA MIRANDOLA, HERDER, KIERKEGAARD, MARX und NIETZSCHE) ist noch nicht geschrieben. Immer mehr wird zum Kern der philosophischen Anthropologie die Kulturanthropologie, die den Menschen in seiner schöpferischen Gesamtheit als Träger von Kultur und Gesellschaft begreift und die die wesentlichen Ausprägungen des modernen philosophischen Denkens, etwa auch die Existenzphilosophie, integrieren kann. Zur modernen anthropologischen Forschung vgl. die Arbeiten von BINSWANGER, BOLLNOW, CASSIRER, GEHLEN, GROETHUYSEN, PLESSNER, ROTHACKER, SCHELER.

Lit.: Einführung von M. Landmann: Philosophische Anthropologie (1956).

Anthropologismus: Zurückführung auf Anthropologie.

Anthropomorphismus: Vermenschlichung, Betrachtung vom Standpunkte des Menschen aus, Deutung in Analogie zur menschlichen Natur. Alle Wirklichkeit, Erkenntnis, Wertung wird dabei vom menschlichen Wesen aus beurteilt und abgeleitet. Der *religiöse* Anthropomorphismus denkt die Gottesvorstellung nach dem Menschenbilde, vermenschlicht die Götter.

Anthroposophie: Weisheit vom Menschen; die „Geisteswissenschaft" Rudolf STEINERS, die durch innere Schauungen ein Wissen vom Übersinnlichen erlangen will und auf dem Wege methodischer Schulung das übersinnliche Wesen des Menschen und der Welt zu erkennen vorgibt. Entstanden ist die anthroposophische Bewegung aus der Theosophie. (Vgl. Theosophie.)

anthropozentrisch: auf den Menschen als Mittelpunkt bezogen. Die anthropozentrische Weltanschauung sieht im Menschen Zweck und Ziel aller Wirklichkeit.

antike Philosophie: griechische Philosophie.

Antilogie: Widerspruch, Widerstreit der Gründe.

antilogisch: in sich widersprechend.

Antinomie: Widerstreit zweier entgegengesetzter Sätze, von denen keiner als unwahr widerlegt werden kann. KANT versteht unter Antinomien „Widersprüche, in die sich die *Vernunft* bei ihrem Streben, das Unbedingte zu denken, mit Notwendigkeit verwickelt, Widersprüche der Vernunft mit sich selbst". Es gibt *vier* solcher Antinomien: 1. Die Welt hat einen Anfang in der Zeit und ist dem Raume nach in Grenzen eingeschlossen. — Die Welt ist sowohl in Ansehung der Zeit als des Raumes unendlich. 2. Eine jede zusammengesetzte Substanz in der Welt besteht aus einfachen Teilen. — Es existiert überhaupt nichts Einfaches in der Welt. 3. Es gibt Willensfreiheit. — Alles in der Welt geschieht lediglich nach Gesetzen der Natur. 4. Es gibt ein schlechthin notwendiges Wesen. — Es existiert kein schlechthin notwendiges Wesen, weder in der Welt noch außer der Welt, als ihre Ursache. Diesen Widerstreit zwischen Thesis (Satz) und Antithesis (Gegensatz) löst Kant dadurch, daß er zeigt, wie beide Sätze über die Erfahrung hinausgreifen. (Durch seine Unterscheidung von „Ding an sich" und Erscheinung, indem er die Erkenntnis auf die Erfahrung begrenzt und ihre Gültigkeit für das Ding an sich leugnet.) Den beiden ersten Antinomien liegt ein widersprechender Begriff zugrunde, da sie von der Welt als einem gegebenen Dinge an sich sprechen und doch auf ihn Raum und Zeit anwenden, die nur für die Erscheinungen Gültigkeit besitzen. Daher sind bei beiden Antinomien sowohl Thesis wie Antithesis falsch. Bei der dritten und vierten Antinomie können Thesis und Antithesis alle beide wahr sein, wenn man die Thesis auf Dinge an sich und die Antithesis auf Erscheinungen bezieht. (Vgl. „intelligibeler Charakter".) In der *modernen Logik* erscheinen seit der ersten logischen Antinomie (der Menge aller Ordnungszahlen) und der von B. RUSSELL gebildeten Antinomie der Klasse aller Klassen immer neue *semantische* und *logische* Antinomien.

Antipsychologismus: eine Richtung der Erkenntnistheorie, die bestreitet, daß die logische Gültigkeit des wissenschaftlichen Erkennens durch eine psychologische Untersuchung des Ursprungs und der Entwicklung der Denkprozesse begründet werden kann. Hauptsächlich von HUSSERL und seiner phänomenologischen Schule gegen SIGWART geltend gemacht.

Antisthenes (444—366 v. Chr.): griech. Philosoph, Schüler des Sophisten Gorgias, später des Sokrates, Stifter der *kynischen* Philosophenschule. Die Philosophie ist ihm Ethik. Aus dem Grundsatz der Autarkie der Tugend ergeben sich als Postulate Bedürfnislosigkeit, proletarisch-einfache Lebensweise und Rückkehr zum Naturzustand. Mit der Ablehnung der athenischen Demokratie und des Staates verwarf A. auch die Volksreligion zugunsten eines reinen Monotheismus. Scharfer Gegensatz zu PLATON.

Antithese, Antithesis: Gegensatz, Verneinung einer Behauptung (s. HEGEL).

Antithetik: bei KANT Widerstreit der dem Scheine nach dogmatischen Erkenntnisse, die gleiches Recht beanspruchen. Die *transzendentale* Antithetik ist eine Untersuchung über die Antinomik der Vernunft.

Antizipation: Vorwegnahme. KANT: „Man kann alle Erkenntnis, wodurch ich dasjenige, was zur empirischen Erkenntnis gehört, a priori erkennen und bestimmen kann, eine Antizipation nennen." So kann man die reinen Bestimmungen im Raume und in der Zeit Antizipationen der Erscheinungen nennen, weil sie dasjenige a priori vorstellen, was auch immer a posteriori in der Erfahrung gegeben werden mag. Die Empfindung selbst kann nicht antizipiert werden, sondern ist immer empirisch, in der Wahrnehmung a posteriori gegeben. Aber es gibt doch auch Antizipationen der Wahrnehmung, denn die Eigenschaft aller Empfindungen, daß sie eine intensive Größe, einen Grad haben, kann a priori erkannt, also antizipiert werden.

Aoristie: Prinzip der älteren Skeptiker, nach dem alles ungewiß und unentschieden ist.

Apagoge: bei ARISTOTELES ein Schluß aus einem gültigen Obersatz und einem Untersatz, dessen Gültigkeit zwar nicht sicher, aber mindestens ebenso gewiß ist wie die Folgerung. **apagogisch:** ein apagogischer Beweis besteht in dem indirekten Beweisverfahren, daß ein Satz durch Widerlegung seines kontradiktorischen Gegenteils erwiesen wird.

Apathie: Freiheit von Affekten; wird in der *stoischen* Philosophie vom Weisen gefordert.

Apeiron: das Unbegrenzte, Unendliche. Aus einem unbegrenzten Urstoff, dem Apeiron (τὸ ἄπειρον), läßt ANAXIMANDER (um 600 v. Chr.) alle Dinge durch Ausscheidung hervorgehen.

Aphasie: Sprachlosigkeit. 1. Die *Skeptiker* lehrten eine Aphasie als Enthaltung von Urteilen und Aussagen über die Dinge, da eine bestimmte und sichere Erkenntnis unmöglich sei. 2. *Pathologisch:* Sprechstörungen.

Apodeiktik: die Lehre von der Gewißheit der Erkenntnis (ARISTOTELES). **apodiktisch:** unbedingt geltend, notwendig, schlechthin gewiß, unwiderleglich. Das apodiktische Urteil drückt logische Notwendigkeit aus: S muß notwendig P sein.

Apologet: Verteidiger einer Lehre; insbesondere nennt man so die Verteidiger des Christentums gegen die Angriffe und Vorwürfe von seiten heidnischer Schriftsteller im 2. und 3. Jahrhundert n. Chr. Apologeten: JUSTIN der Märtyrer, IRENÄUS, TERTULLIAN, MINUCIUS FELIX u. a.

Apologie: Verteidigung. Apologie des Sokrates durch Platon in dem so benannten Dialog.

Aporem: logische Schwierigkeit. **Aporetiker:** Zweifler, Skeptiker.

Aporie: im Gegenstand des Denkens begründeter logischer Zweifel, Denkschwierigkeit, Einwand.

a posteriori: wörtlich: vom Späteren her; in der mittelalterlichen, scholastischen, auf ARISTOTELES zurückgehenden Philosophie: Erkenntnis aus den Wirkungen. Bei KANT: durch Erfahrung gegeben, auf Erfahrung beruhend; Erkenntnisse a posteriori sind empirische Erkenntnisse, die ihre Quelle in der Erfahrung haben. Die Empfindungen sind a posteriori gegeben. (Vgl. a priori.)

Apperzeption: Auffassung; die mit Aufmerksamkeit verbundene Aufnahme eines Vorstellungsinhaltes ins Bewußtsein. Bei LEIBNIZ: Erhebung einer Vorstellung ins

Selbstbewußtsein. KANT versteht unter empirischer Apperzeption „das Bewußtsein seiner selbst nach den Bestimmungen unseres Zustandes bei der inneren Wahrnehmung", also eine psychische Tätigkeit. Aber allem empirischen Bewußtsein liegt die reine, transzendentale Apperzeption (das „Ich denke") zugrunde als höchste Einheitsfunktion für alle apriorischen Erkenntnisbedingungen und damit für alle Erkenntnis. Bei HERBART: Aufnahme und Aneignung neuer Vorstellungen durch Angliederung an die schon vorhandenen. Für WUNDT ist die Apperzeption eine innere Willenshandlung der Seele, die Heraushebung einzelner Eindrücke aus dem Blickfelde in den engeren Blickpunkt des Bewußtseins. **apperzipieren:** eine Vorstellung klar und deutlich ins Bewußtsein aufnehmen.

Apprehension: Auffassung eines Bewußtseinsinhalts; KANT versteht unter Synthesis der Apprehension die Zusammenfassung des in der Anschauung gegebenen Mannigfaltigen zur Einheit der Anschauung. Auch die Vorstellungen des Raumes und der Zeit werden durch solche Synthesis der Apprehension erzeugt.

a priori: vom Früheren her; in der mittelalterlichen Philosophie bedeutet a priori eine Erkenntnis aus den Ursachen oder Gründen. In der neueren Philosophie (HUME, LEIBNIZ) bezeichnete man die begriffliche Erkenntnis als a priori im Gegensatz zur Erfahrungserkenntnis a posteriori. KANT versteht unter dem a priori dasjenige in unserer Erkenntnis, was unabhängig von der Erfahrung und von allen Sinneseindrücken möglicher Ursprung von Erkenntnissen ist. Notwendigkeit und strenge Allgemeingültigkeit sind die sicheren Kennzeichen einer Erkenntnis a priori, denn Erfahrung gibt nur zufällige und besondere Erkenntnisse. Nehmen wir aus unseren Erfahrungserkenntnissen alles weg, was den Sinnen angehört, so bleiben gewisse ursprüngliche, apriorische Anschauungsformen und Begriffe und aus ihnen erzeugte Urteile übrig. Solche sind die Anschauungsformen Raum und Zeit, die aller sinnlichen Erkenntnis zugrunde liegen, und die reinen Verstandesbegriffe, die Kategorien, die sich als Handlungen des reinen Denkens a priori auf Gegenstände beziehen und so als Bedingungen a priori aller Erkenntnis von Gegenständen zugrunde liegen. Urteile a priori sind die mathematischen Sätze und die Grundsätze des reinen Verstandes wie z. B. das Kausalgesetz „alles, was geschieht, hat eine Ursache." Der Begriff a priori darf nicht psychologisch als angeboren mißverstanden werden. Die apriorischen Begriffe und Sätze haben eine von der Erfahrung unabhängige notwendige und allgemeine *Geltung*. (Vgl. angeboren, Rationalismus.)

Apriorismus: 1. *erkenntnistheoretisch:* die Lehre, daß es reine Verstandeserkenntnis gibt und daß auch die Erfahrungserkenntnis durch der Erfahrung vorhergehende (daher a priori) innere Formen unseres Verstandes bedingt wird. (Vgl. Rationalismus und Empirismus.) 2. *Ethisch:* die Lehre von der Begründung des Sittlichen durch die Vernunft. (Vgl. Kant.)

arabische (islamitische) Philosophie: bei den Arabern (besonders am Hofe der Abbassiden zu Bagdad) reges Interesse für die naturwissenschaftlichen und metaphysischen Schriften des Aristoteles. Ihre Philosophie ist *Aristotelismus*. Sie übermitteln die Schriften des Aristoteles an die Scholastiker. Hauptvertreter der arabischen Philosophie: AL KENDT (gest. um 880), ALFARABI (gest. um 950), AVICENNA (980—1037), ALGAZEL (gest. um 1100), AVEMPACE (gest. 1138), Averroës (1126—1198).

Lit: T. J. De Boer: Geschichte der Philosophie im Islam (1901).

Arbeit: „jede einen äußeren Effekt auslösende Betätigung körperlicher oder geistiger Kraft" — gleichgültig, ob die Betätigung zweckbewußt (Mensch) oder unbewußt (Tier) oder mechanisch ist. In der Physik: Arbeit = Kraft mal Weg (in Richtung der Kraft). — Bei HEGEL ist die ökonomische Arbeit die Urform der menschlichen Praxis. In der Dialektik von Freiheit und Notwendigkeit ist auch die Dialektik der Arbeit enthalten. MARX faßt die Arbeit ebenfalls dialektisch: Sie bedeutet ihm zugleich unmittelbare Verwirklichung und unmittelbare Entfremdung des Menschen. Die Arbeit erhält bei Marx Absolutheitscharakter und ist das *Kriterium* für die Beurteilung aller gesellschaftlichen und ideologischen Prozesse. Nach ihm ist sie a) Selbsterzeugungs- oder Selbstvergegenständlichungsakt des Menschen, b) Grundlage des revolutionären Handelns, c) als nützliche Arbeit eine von allen Gesellschaftsformen unabhängige Existenzbedingung der Menschen und ewige Naturnotwendigkeit. — In der *Nationalökonomie* ist die Arbeit einer der drei Produktionsfaktoren neben Kapital und Boden. Bei RICARDO ist die Arbeit Kriterium des Wertes *(Arbeitswerttheorie)*. In der *Soziologie* wird die Arbeit zur gesellschaftlichen Arbeit als Konsequenz der Gesamttätigkeit des Menschen innerhalb der Wirtschafts- und Gesellschaftsordnung.

Arbeitsteilung: Teilung der menschlichen Arbeit in Teilfunktionen und Übernahme derselben von besonderen Arbeitern, damit durch zweckmäßiges Ineinandergreifen die größte Gesamtwirkung erzielt wird. Jede Arbeitsteilung setzt einen sinnvollen Zusammenhang der einzelnen Funktionen in und zu einem Ganzen voraus. HEGEL stellt im Anschluß an Adam SMITH und FERGUSON die Arbeitsteilung in den dialektischen Zusammenhang der fortschreitenden, ökonomisierten Gesellschaft. Die Arbeitsteilung hat schon bei Hegel eine immer stärkere Entfremdung (s. d.) des Menschen von seinem Arbeitsgegenstand und ein immer stärkeres Abstraktwerden der Arbeit zur Folge. Bei Karl MARX ist die Arbeitsteilung ein Zentralbegriff, schon seines Frühwerkes: „Die Teilung der Arbeit wird erst wirkliche Teilung der Arbeit von dem Augenblick an, wo eine Teilung der materiellen und geistigen Arbeit eintritt." (Die deutsche Ideologie, 1845.) Die Arbeitsteilung läßt die Aufspaltung des Menschen in *Sein und Bewußtsein* und der gesellschaftlichen Totalität in *Unterbau* und *Überbau*, somit die Möglichkeit und Herrschaft der *Ideologien* hervortreten. — In der *Nationalökonomie* steht die gesamte sozialökonomische Gesellschaftsordnung im Zeichen der Arbeitsteilung, die Rationalisierung und Spezialisierung von Produktion, Distribution und Konsumtion erst ermöglicht. Emile Durkheim (De la division du travail, 1893) verstand die Arbeitsteilung als treibenden Faktor der Menschheitsentwicklung überhaupt.

arbitrium liberum: Willensfreiheit, Wahlfreiheit.

Archetypus: Urbild, Muster; bei Kant: intellectus archetypus; in der Tiefenpsychologie C. G. Jungs werden als Archetypen oder *Dominanten* die „durch Häufung gleichartiger Erfahrung herausgehobenen allgemeinen Grundzüge" des Unbewußten bezeichnet. Die A. sind nach Jung „psychische Realitäten" und weitgehend autonome psychische Systeme, welche „mithin der Bewußtseinskontrolle nur sehr bedingt unterstellt sind und wahrscheinlich sogar größtenteils sich derselben entziehen." (Vgl. das Kollektive Unbewußte, Tiefenpsychologie.)

Archeus: (Herrscher); bei Paracelsus das jedem Wesen innewohnende Lebensprinzip.

Archigonie: Urzeugung.

Argutien: Spitzfindigkeiten.

Aristipp von Kyrene (435—355 v. Chr.): abhängig von der Sophistik, Schüler des Sokrates. Physik und Logik treten ihm hinter die Ethik zurück. Sie geht aus von den konkreten gegenwärtigen Lustempfindungen des Einzelnen *(Hedoniker).* „Tugend ist Genußfähigkeit." Dabei vernachlässigt A. nicht das sokratische Element: daß der Weise auch die zukünftige Lust und Unlust zu berücksichtigen habe. Wesentlich ist A. die innere Freiheit und Souveränität dem Genuß gegenüber: „Ich suche mir die Dinge zu unterwerfen, statt mich ihnen."

Aristoteles (384—322 v. Chr.): geboren in Stagira in Makedonien (daher der Stagirite), war Arzt und ein Schüler des Platon. Er war der Erzieher Alexanders des Großen. Er gründete im Lykeion in Athen seine eigene philosophische Schule: die *peripatetische.* Der Name stammt teils von den Laubengängen (Peripatoi) des Gymnasiums, teils von der Angewohnheit des Aristoteles, im Auf- und Abgehen (περίπατειν) zu lehren. Zwischen Alexander und

Aristoteles kam es zum Zerwürfnis, weil Aristoteles dem König gegenüber seine nationalhellenische Gesinnung zu stark betonte. In Athen stieß er als Freund der Makedonen auf Mißtrauen und wurde schließlich wohl aus diesem Grunde der Gottlosigkeit (der Asebie) angeklagt. Aristoteles verließ Athen, um den Athenern nicht zum zweiten Mal Gelegenheit zu geben, sich an der Philosophie zu versündigen und begab sich nach Chalkis auf Euböa, wo er 322 an einem Magenleiden starb. — Seine Schriften teilt man ein in *exoterische* und *esoterische*. Die exoterischen (zumeist in Dialogform verfaßt) wenden sich an ein weiteres Publikum, während die esoterischen die streng wissenschaftlichen sind. Ein weiterer Titel findet sich: Die *akroamatischen* Schriften. Sie enthalten die Ausarbeitungen mündlicher Vorträge. Die uns erhaltenen Lehrschriften umfassen das gesamte Gebiet des menschlichen Wissens mit Ausnahme der Mathematik. Das Auslassen der Mathematik ist bezeichnend für das hauptsächlich am organischen Leben orientierte Denken des A.; es erklärt auch das Mißverhältnis zu Platons Ideenlehre. Neben der *Metaphysik* hat Aristoteles mehrere *logische* Schriften verfaßt, ferner eine über *Rhetorik*. Zahlreiche Schriften beziehen sich auf die Naturwissenschaften. Dazu rechnet auch seine Psychologie. Drei *Ethiken* gehen unter seinem Namen, von denen die *Nikomachische* von ihm selbst, die *Eudemische* von seinem Freunde Eudemos verfaßt ist, während die dritte *(Magna Moralia)* einen Auszug aus den beiden ersten darstellt. Ferner sind von ihm erhalten eine *Poetik* und eine *Politik*. — Aristoteles hat ein abgeschlossenes *System* hinterlassen, das sich stützt auf die Überzeugung, daß sich das Sein auf allen Gebieten der Kultur schon restlos ausgesprochen hat. Überall, in der Metaphysik, der Physik und der Ethik, stoßen wir auf ein völlig abgeschlossenes, für sich bestehendes Sein. In der Natur gibt es von Ewigkeit zu Ewigkeit eine feste Zahl von Gattungen und Arten der Dinge und der Lebewesen. In der Ethik kommt es auf die Wiederholung und die dabei erzielte Gewöhnung an. In der Politik knüpft Aristoteles an die bestehenden Verhältnisse an, auch in der Überzeugung, daß auf diesem Gebiete Neues sich nicht bilden könne. — Platon hatte mit der Methode der Hypothesis auf die Problematik alles Wissens und Seins hingewiesen. In ihr entstand und bestand die objektive Natur. Diese Hypothesis (Grundlegung) wird bei Aristoteles wieder zum *Hypokeimenon* (zur Grundlage). Er tadelt es an Platon, daß er die Ideen von den Dingen trenne. Aus dem Teilhaben der Erscheinungen am Sein der Ideen folgert er sowohl für die Ideen als auch für die Dinge gesonderte Existenz. Wenn einerseits die sinnliche Erscheinung des einzelnen Menschen, andererseits die Idee der Menschheit vorhanden ist, so soll das die Teilhabe vermittelnde Dritte der Mensch sein. Aristoteles übersieht dabei, daß die Unterscheidung von Idee und Erscheinung keine Trennung in substantieller Hinsicht bedeutet, sondern lediglich eine Trennung des Einzelfalles vom Gesetz. Aristoteles betont demgegenüber: Die Ideen sind nicht von den Dingen getrennt, sondern in ihnen mit ihrem fertigen, abgeschlossenen Dasein. Vom einzelnen, an sich seienden Ding geht Aristoteles aus. Das Einzelne (τόδε τι) ist das Seiende, die Substanz. Der Widerspruch zwischen dem Einzelnen und dem Allgemeinen wird der Logik wie der Metaphysik des Aristoteles zum Verhängnis. Das Einzelding bringt seine Wesenheit nicht von vornherein mit, sondern verdankt sie dem Begriff, d. h. dem Allgemeinen. Genau genommen gibt es bei Aristoteles sogar 3 Arten des Substanzbegriffes: 1. den Stoff (zugleich Prinzip der Individuation); 2. die Form oder den Begriff, d. h. das Allgemeine, das sich im Stoff verwirklicht; 3. das Einzelding, d. h. den im Stoff verwirklichten Begriff. Die Materie existiert immer nur in der Form eines bestimmten Begriffes. Aristoteles setzt Materie und Substanz gleich. Dadurch kommt die Materie unter die Kompetenz der Bewegung. Das System des Aristoteles wird von einer Reihe von *Gegensatzpaaren* getragen. Die wichtigsten sind: Begriff und Materie, Möglichkeit und Wirklichkeit, Stoff und Form, Ursache und Zweck. Alle diese Gegensatzpaare sprechen im Grunde denselben Gedanken aus. Die Materie ist in bezug auf den verwirklichten Begriff zunächst reine Möglichkeit. Die Verwirklichung des Begriffs in der Materie geschieht nicht durch die Materie, sondern durch den in ihr angelegten Begriff. Der Same einer Pflanze ist der Möglichkeit nach die Pflanze. Die Verwirklichung geschieht nicht durch die Einwirkung innerer und äußerer kausaler Kräfte, sondern durch den Begriff selbst, der als δύναμις wirksam ist. Die vollendete Pflanze bildet den Zweck und das Ziel dieser Entwicklung. Da der Begriff den Prozeß des Werdens in Gang bringt, ist er also Ziel, Zweck und bewegende Ursache zugleich. Das Ganze, d. h. z. B. die Pflanze, ist nach Aristoteles demnach früher als der Anfang. Die Begriffe der Dynamis, der Energie und der Entelechie sollen dies verdeutlichen. Während *Dynamis* die Möglichkeit der Materie, begrifflich bestimmtes Sein zu werden, bedeutet, begründet sich in der *Energie* der Prozeß der Verwirklichung des Begriffes. Der verwirklichte Begriff ist die *Entelechie*. — Wenn die neuere Zeit Aristoteles bekämpfte, so richtete sich dieser Kampf gegen die einseitige Lehre vom zugleich begrifflichen und kausalen Charakter des Zweckes, wie sie über anderthalb tausend Jahre von Aristoteles ab die Wissenschaft beherrschte. Der Zweck ist logisches und ontologisches Prinzip der Wirklichkeit. Diese Teleologie hat keinen Zusammenhang mit der Kausalität der Mechanik. Der Zweck als das logische Erste ist gerichtet auf den ersten Beweger oder den göttlichen νοῦς. Aristoteles macht im Zweck den ersten Beweger zum Prinzip der Bewegung. Das Prinzip der Bewegung wird zur Gottheit. Aristoteles baut die Biologie aus. Sein philosophisches Interesse konzentriert sich auf die Entwicklung. In der Biologie, in der beschreibenden organischen Naturwissenschaft, hat die Zweckmäßigkeit ihre Stelle. Durch die ungeheure Zahl seiner Beobachtungen, durch einen vorbildlichen Tatsachensinn begründete Aristoteles die Forschung im Bereiche der Naturwissenschaften bis in die Zeiten des Galilei. Begriffe, Gattungs- und Artbegriffe sind das erzeugende und formgebende Prinzip. Dabei berücksichtigte er vor allem den teleologischen Gesichtspunkt. Wenn eine Übereinstimmung zwischen Federn, Haaren und Schuppen oder zwischen Kiemen und Lungen als Merkmal bestimmter Gattungen usw. besteht, dann sind diese von der Natur zu dem Zweck geschaffen, daß es solche Gattungen und Arten gibt. Ohne diese Übereinstimmung gäbe es nur Individuen. Der Gattungsbegriff steckt im Individuum. Man muß, gemäß dem aristotelischen Prinzip der Induktion, das Analoge zu einem Individuum an andern aufsuchen, um ihn zu finden. Aristoteles lehrt eine *Stufenfolge* der Wesen in der Natur, die durch ein einziges Band verbunden sind, in einer Stufenfolge von Formen, von denen jeweils die niedere der höheren gegenüber als Stoff oder Potentialität erscheint. — Die Ethik des Aristoteles ist Tugendlehre. Er unterscheidet zwischen ethischen und dianoëtischen Tugenden. Die *ethischen* ergeben sich aus dem Verhältnis der praktischen Vernunft zum Begehren, die *dianoëtischen* sind reine Denktugenden wie Weisheit, Verstand und Klugheit. Das Endziel des sittlichen Handelns sieht er in der Glückseligkeit, die nicht gleichbedeutend ist mit der Lust, die er streng abweist. Die höchsten Tugenden für den Menschen sind die dianoëtischen. Die praktische Tugend ist die rechte Mitte zwischen zwei Extremen. Mut ist die Mitte zwischen Tollkühnheit und Feigheit. Zur Glückseligkeit gehört jedoch für Aristoteles mehr als ein tugendhaftes Leben. Man muß gesund, edel geboren, frei und im Besitze eines gewissen Reichtums sein. — Da er das Wirkliche als vernünftig ansah, mußte Aristoteles die Sklaverei und die Unterordnung der Frau für berechtigt halten und verteidigen. Jedem kommt im Staat nur soviel an politischem Recht und Besitztum zu, als er seiner sittlichen Würde nach verdient. Sklaven, Handwerker und Frauen sind daher bei ihm politisch ohne Rechte. — Über die allgemeinen Grundbegriffe der Ästhetik ist wenig von Aristoteles auf uns gekommen. Schönheit ist ihm nicht nur Wohlgeordnetheit, sondern vor allem wird auch hier das richtige Maß betont. Berühmtheit hat vor allem die *Definition der Tragödie* erlangt: als nachahmende Darstellung einer würdigen und in sich abgeschlossenen Handlung an einer fest umrissenen Ausdehnung durch das verschönte Wort, und zwar derart, daß die verschiedenen Arten der Verschönerung des Wortes in den verschiedenen Teilen des Ganzen gesondert angewandt werden und die Personen selbsttätig handelnd auftreten und nicht nur von ihnen berichtet wird; dadurch werden die Affekte Furcht und Mitleid erregt und gereinigt (κάθαρσις). Die Komödie stellt minderwertige Charaktere dar, jedoch nicht direkt schlechte, sondern solche, die durch ihre Häßlichkeit Lachen erregen. Während Aristoteles selbst seine Forschungen als ἱστορίαι bezeichnet, wird die Geschichte selbst, wiewohl er den Thukydides kannte, nur gering eingeschätzt. Die Geschichte berichtet nur, was geschehen ist, die Tragödie, was geschehen mußte. Diese Bestimmung bildet gleichsam eine Korrektur zur „nachahmenden Darstellung". Die Tragödie soll typische Charaktere darstellen. Die Entelechie, die das Wesen des Helden ausmacht, bildet den Charakter desselben. Sie ist nicht nur das Gesetz der Entwicklung dieses einzelnen Helden, sondern man muß ihn, um ihn völlig zu bestimmen, als Artbegriff einer Gattung kennen. Zum Individualbegriff Orestes muß der Gattungsbegriff Muttermörder hinzutreten. — LESSINGS Konflikt mit der Kunstlehre der Franzosen betraf die Frage der drei Einheiten und der Katharsis, der Reinigung der Affekte bei Aristoteles. Lessing hatte die Erregung von „Schrecken und Mitleid", wie die Franzosen übersetzten, in „Furcht und Mitleid" richtiggestellt.

Art: 1. *biologisch:* die unterste Gruppe, die weiterhin in Unterarten und Individuen zerfällt; 2. *logisch:* der Artbegriff ist einem höheren, dem Gattungsbegriff, untergeordnet, kann aber selbst wieder Gattungsbegriff der ihm untergeordneten Arten sein. — Die moderne Biologie nimmt an, daß unter dem Einfluß äußerer Faktoren (Kampf ums Dasein usw.) eine allmähliche Wandlung der A. eintritt.

Asebie: Gottlosigkeit.

Aseität: wörtlich: das Von-sich-aus-sein; unbedingte Selbständigkeit, Unabhängigkeit, Allgenügsamkeit, z. B. Gottes (bei den Scholastikern), der Substanz (SPINOZA), des Willens (SCHOPENHAUER).

Askese: Übung; enthaltsame, bis zur Abtötung aller sinnlichen Begierden gehende Lebensweise als Mittel zur Läuterung der Seele.

asomatisch: unkörperlich; a. sind nach der Lehre der Stoiker nur das Leere, die Zeit und die Denkobjekte.

assertorisch: behauptend; ein assertorisches Urteil hat die Form einer einfachen Behauptung: S ist P, S ist nicht P.

Assimilation: Verähnlichung, Angleichung, Umwandlung; 1. *biologisch:* Stoffwechselprozeß, der in einer Aufnahme und Umwandlung der Nahrung in lebende Substanz besteht; 2. *psychologisch:* der Vorgang, daß durch Assoziation zu einem Empfindungskomplex ältere Vorstellungen hinzutreten und mit ihm zu einer untrennbaren Einheit verschmelzen (WUNDT).

Assoziation: Vergesellschaftung, Verknüpfung der Vorstellungen, so daß eine Vorstellung, wenn sie geweckt wird, mechanisch eine andere nach sich zieht. Diese Vorstellungsbewegung wird von vier Prinzipien beherrscht: es verknüpfen sich gegenwärtige Vorstellungen mit früheren ähnlichen, gegensätzlichen, räumlich verbundenen, zeitlich zugleich oder nacheinander erlebten Vorstellungen. So haben wir die *vier Assoziationsgesetze* der Ähnlichkeit, des Kontrastes, des räumlichen Zusammenseins, der zeitlichen Aufeinanderfolge. Diese schon von ARISTOTELES erwähnten Beziehungen wurden von HARTLEY und HUME weiter ausgeführt und der Erkenntnis des Seelenlebens zugrunde gelegt. WUNDT hebt hervor, daß die gewöhnlich so genannten Assoziationen (die sukzessiven) nur einzelne, und zwar die losesten unter diesen Verbindungsprodukten sind; außerdem müssen aber noch simultane (gleichzeitige) Assoziationen angenommen werden.

Assoziationspsychologie: die von HARTLEY und HUME begründete Richtung der Psychologie, die alle Seelenvorgänge bloß auf den Mechanismus der Assoziationen ohne Mitwirkung einer aktiven Seite des Geistes zurückführen will. (Vgl. Gestaltspsychologie.)

Astrologie: ursprünglich als Sternkunde gleich Astronomie; daneben die Lehre von der Abhängigkeit alles Irdischen und damit auch des Schicksals jedes Menschen von Stellung und Lauf der Gestirne.

Ataraxie: Unerschütterlichkeit des Gemüts, Seelenruhe, das höchste Ziel des Lebens bei den Epikureern und Skeptikern.

Atavismus: Rückschlag; ursprünglich in der Biologie, Wiederauftreten von Merkmalen und Eigenschaften, die einer früheren Entwicklungsstufe angehörten.

Athanasie: Unsterblichkeit.

Atheismus: Gottlosigkeit; Verneinung der Existenz der Götter oder Gottes oder überhaupt eines Urgrundes der Welt.

Atman: in der indischen Lehre das Göttliche, All-Eine; das eigentliche Selbst der Seele hat am Atman teil.

Atom: das Unteilbare; die Atomistik ist begründet von LEUKIPP und DEMOKRIT (im 5. Jahrh. v. Chr.); die Atome sind die letzten, unteilbaren Massenteilchen, alle stofflich gleichartig, nur an Gestalt und Größe verschieden. Sie bewegen sich im leeren Raum und bilden durch mechanische Vereinigung und Trennung alle Dinge, auch das ganze Universum. Dieser Atomismus ist im Altertum von Epikur und seiner Schule übernommen, in der Neuzeit im 17. Jahrhundert von GASSENDI erneuert und von dem englischen R. BOYLE Physiker zur Grundlage der Chemie gemacht worden. Dem Engländer DALTON gelangen dann unter Zugrundelegung der Atomhypothese zu Anfang des 19. Jahrhunderts die Entdeckung der Grundgesetze der „multiplen Proportionen" und der Bestimmung der Atomgewichte. Vorher, im 18. Jahrhundert, hatte schon BOSCOVICH eine Umbildung des Atombegriffs vorgenommen, indem er in Anlehnung an die *Newton*sche Physik anziehende und abstoßende Atomkräfte annahm und so die

Annahme besonders gestalteter, mit Zacken und Vertiefungen versehener Atome überflüssig machte. In neuester Zeit hat die *Atomphysik* ganz neue Anschauungen entwickelt: die Atome aller chemischen Elemente bestehen danach aus einem positiv geladenen Kern, der der Träger der Atommasse ist, und einer Anzahl negativ geladener Elektronen, die mit großer Geschwindigkeit um den Kern nach Art der Planeten herumkreisen (das RUTHERFORD-BOHRsche Atommodell). Rutherford ist es auch gelungen, Atomzertrümmerungen zu beobachten. (Vgl. Element.) **Atomismus,** auch **Atomistik:** die Lehre, daß die Materie aus nicht weiter teilbaren Partikeln besteht.

Attraktion: Anziehung.

Attribut: wörtlich „das Beigelegte"; Grundeigenschaft der Substanz. Substanz und Attribut gehören kategorial zusammen. Durch das Attribut wird die Substanz näher bestimmbar. Nach DESCARTES ist das Denken Attribut der Seele, die Ausdehnung Attribut des Körpers. Nach SPINOZA kommen der unendlichen Substanz unendlich viele Attribute zu, von denen wir nur zwei kennen: Denken und Ausdehnung, die das Wesen der göttlichen Substanz ausmachen.

Aufheben: ein von HEGEL inaugurierter, besonders von den marxistischen Schulen verwendeter Begriff. Hegel: „Aufheben hat in der Sprache den gedoppelten Sinn, daß es soviel als Aufbewahren, Erhalten bedeutet und zugleich soviel als aufhören lassen, ein Ende machen. Das Aufbewahren selbst schließt schon das Negative in sich, daß etwas seiner Unmittelbarkeit und damit einem den äußerlichen Einwirkungen offenen Dasein entnommen wird, um es zu erhalten. So ist das Aufgehobene ein zugleich Aufbewahrtes, das nur seine Unmittelbarkeit verloren hat, aber darum nicht vernichtet ist."

Aufklärung: das selbstgewisse, optimistische Streben des Geistes, sich vom bloß Hergebrachten und Überlieferten frei zu machen und im eigenen Denken *kritisch prüfend* alles geschichtlich Gewordene zu analysieren und neu zu ordnen. Solche Haltung nahmen schon in Griechenland im 5. Jahrhundert v. Chr. die *Sophisten* ein, indem sie Wissenschaft, Religion, Sitte und Staat der Kritik unterzogen. — Im Abendland ist das Zeitalter der Aufklärung, das *siècle de lumières*, im Anschluß an Renaissance und Reformation der Geschichtsabschnitt, in dem das Prinzip der *Autonomie der Vernunft* zur allseitigen Herrschaft gelangt. Die Vernunft ist einheitlich, unwandelbar und wird im Gegensatz zu DESCARTES, SPINOZA und LEIBNIZ als Form des Erwerbs (LESSING), als ein Tun aufgefaßt. „Rationaler" und „positiver" Geist werden verschmolzen. Mit Hilfe der reflektiven Vernunft wird die konkrete gegenständliche Wirklichkeit erweitert, werden die Seele des Menschen, Gesellschaft, Staat und Natur analysiert. Doch bleibt der Ausgangspunkt immer der Mensch: The proper study of mankind is man (POPE). Die geistige Selbstbesinnung auf den Menschen, die in der Idee des geistigen Fortschritts und der Entwicklung ausläuft, vermittelt der Aufklärung auch eine qualitativ neue Dimension. Das *analytische* Denken der Aufklärung trägt in seinem Angriff gegen Staat und Kirche bereits ein *ideologiekritisches Element* in sich. — Die Aufklärung begann in den Niederlanden und in England (LOCKE, HUME, die DEISTEN). In Frankreich erlebte sie ihre größte Blüte (VOLTAIRE, D'ALEMBERT, CONDILLAC, HELVETIUS, HOLBACH, LAMETTRIE, DIDEROT). In Deutschland wurde sie durch WOLFF vorbereitet und fand ihre Hauptvertreter in LESSING, REIMARUS, FRIEDRICH II. In KANTS Transzendentalphilosophie fanden die Strömungen des aufklärerischen Denkens ihren Höhepunkt und wurden zugleich überwunden. KANT beantwortet die Frage: „Was ist Aufklärung?" (1784): „Aufklärung ist der Ausweg des Menschen aus seiner selbstverschuldeten Unmündigkeit. Sapere aude! Habe Mut, Dich Deines eigenen Verstandes zu bedienen! ist also der Wahlspruch der Aufklärung."

Lit.: Ernst Cassirer, Die Philosophie der Aufklärung (1932); P. Hazard, Die Herrschaft der Vernunft (1949); M. Horkheimer—Th. W. Adorno, Dialektik der Aufklärung (1947).

Augustinus, Aurelius (354—430): Er ist der größte unter den katholischen Kirchenvätern. Sein Einfluß erstreckt sich bis in die Gegenwart. Die Lehre des Augustinus beherrschte die europäische Kultur 1200 Jahre hindurch. Insbesondere seine *Gesellschaftslehre,* die auch den staatsrechtlichen Primat der Kirche begründete, ist grundlegend für die katholisch-christliche Welt. Auch Luther ist von Augustinus auf das stärkste beeinflußt. Sein philosophischer Ausgangspunkt ist die Selbstgewißheit der inneren Erfahrung. Außer der sinnlichen Empfindung ist für die Erkenntnis die höhere Fähigkeit des Denkens wichtig, das ist das Vermögen der Anschauung unkörperlicher Wahrheiten, die für alle denkenden Wesen gelten. Diese „*Ideen*" ruhen in Gott. Augustinus läßt die menschliche Willensfreiheit insoweit gelten, als der Mensch fähig ist, sich aus eigener Kraft, seiner erbsündigen Uranlage folgend, dem Bösen zuzuwenden. Er vermag dagegen nicht, ohne göttliche Beihilfe den Weg zum Guten zu finden. Darüber, ob ein Mensch zum Heil gelangen soll oder nicht, entscheidet Gottes unbekannter Wille *(Prädestination).* — *Neuplatonisches* Gedankengut verbindet sich bei Augustinus eng mit den Lehren des Alten und Neuen Testamentes. So wird der Grund gelegt für die Universalität der katholisch-christlichen Kultur. — Das Werk „De civitate Dei" enthält seine Geschichtsphilosophie. Die göttliche Führung des Menschengeschlechts erfolgt gemäß einem göttlichen Erziehungsplan in sechs Perioden. Letztes Ziel ist: Seliges Anschauen Gottes im Jenseits. Augustinus fordert für das Diesseits konsequent sittliches Handeln. Seine Ethik knüpft an die platonischen Kardinaltugenden an und ergänzt sie in christlichem Sinne durch Glaube, Liebe und Hoffnung.

Ausdruck, atomarer: enthält im Gegensatz zum *molekularen* Ausdruck keine Teile, die wieder Ausdruck der betreffenden Sprache sind.

Auslegung: (= Interpretation): s. Hermeneutik.

Aussage: in der logischen Urteilslehre ist die Aussage

der Urteils*ausdruck,* die Logik handelt vom Urteil und nicht von der Aussage. Obwohl also zwischen Inhalt des Urteils und seiner Aussage streng geschieden werden muß, hat die klassische Logik diese Unterscheidung nicht rein vorgenommen. Um etwa „positive" und „negative" Urteile zu unterscheiden, werden auch in der modernen Logik Aussagenelemente in die Urteilsstruktur hineingenommen und damit dem Umstand Rechnung getragen, daß die Sprache als vorgegebene Begrifflichkeit ein Urteil erst realisierbar macht. Ferner unterscheidet man **Allaussagen** (allgemeine Implikationen): „Alle Dinge haben eine gewisse Eigenschaft" — im Gegensatz zu Einzelaussagen, synthetische Aussagen im Gegensatz zu analytischen Aussagen. In der *Logistik:* ist Aussage = Ausdruck = materiell aufgefaßtes Zeichen (nicht, was dieses Zeichen meint). **Aussagefunktion:** logistisch Ausdruck, der dann zu einer Aussage wird, wenn die in ihm enthaltene Variable (s. d.) durch eine Konstante (s. d.) richtig ersetzt wird. (Vgl. Funktion.) Bei HEIDEGGER („Sein und Zeit") ist Aussage: „Abkünftiger Modus der Auslegung". Die Aussage hat dreifache Bedeutung als „Aufzeigung", „Prädikation", „Mitteilung" oder „Heraussage". **Aussagenkalkül:** der grundlegende Kalkül der *Logistik.* Der Wert des Aussagenkalküls besteht darin, daß die auf die Kombination von Aussagen abzielenden Regeln im Aussagenkalkül ein widerspruchsfreies System bilden und vollständig formuliert sind, ohne daß die inhaltliche Struktur der Aussagen dabei berücksichtigt wird. — **Aussagenlogik:** der umfassendere Begriff für Aussagenkalkül.

Außenwelt: die Welt im Raume, die Welt des physikalischen Geschehens im Gegensatz zur Innenwelt des Seelischen. In engerem Sinne: die Welt außerhalb des Leibes, des leiblichen Ich. *Erkenntnistheoretisch* bedeutet das Außen ein vom erkennenden Subjekt Unabhängiges.

Autarkie: die Selbstgenügsamkeit des stoischen Weisen, dem allein die Tugend Glückseligkeit bedeutet. **Wirt-**

schaftliche A.: die Unabhängigkeit einer Volkswirtschaft von jeglicher Einfuhr.

Automat: ein funktionsfähiger körperlicher Mechanismus, der so eingerichtet ist, daß er zur Ausübung seiner Funktionen nur einen äußeren Anstoß, aber keine fortwährenden äußeren Impulse braucht, solange die ihm zuerteilte Kraft wirken kann. DESCARTES betrachtet die Tiere als seelenlose Automaten. — SPINOZA und LEIBNIZ bezeichnen die Seele als geistigen Automaten.

autonom: sich selbst Gesetze gebend; sich selbst bestimmend. **Autonomie:** Selbstgesetzgebung; Selbstbestimmung. Autonomie des Willens ist nach KANT „die Beschaffenheit des Willens, dadurch derselbe ihm selbst (unabhängig von aller Beschaffenheit der Gegenstände des Wollens) ein Gesetz ist." — In der *Politik:* die Möglichkeit eines Staates, seine eigenen Gesetze zu erstellen und mit ihnen die Staats- und Gesellschaftsordnung zu lenken.

Autosuggestion: Selbstsuggestion. (Vgl. Suggestion.)

Avenarius, Richard (1843—1896): Begründer des *Empiriokritizismus* oder der Philosophie der reinen Erfahrung. Er geht aus von einer unaufhebbaren Korrelation zwischen Subjekt und Objekt. Die Kritik der reinen Erfahrung hat die Aufgabe, aus der naiven Erfahrung durch Ausschaltung aller bloß individuellen, logisch unhaltbaren Elemente die „reine Erfahrung" herzustellen. So soll nach und nach ein natürlicher Weltbegriff entstehen, der das Gemeinsame aller möglichen individuellen Erfahrungen umfaßt. Alle qualitative Veränderung ist auf quantitative, das Psychische auf Physisches zurückzuführen. So erhält der Empiriokritizismus eine materialistische Färbung. Hauptwerk: Kritik der reinen Erfahrung, 2 Bde. (1888 bis 1891).

Averroismus: auf den arabischen Philosophen AVERROËS (1126—1198) zurückgehende ARISTOTELES-Interpretation, die die individuelle Unsterblichkeit verneint, die der Gattungsvernunft bejaht.

Avicenna, Ibn Sina (980—1037): der bedeutendste der

arabischen Philosophen, der aristotelisches und platonisches Gedankengut miteinander verbindet.

Axiologie: Wertlehre.

Axiom: Grundsatz; Sätze, die unmittelbar einleuchten, keines Beweises fähig noch bedürftig sind, aber zur Grundlage alles Beweisens dienen, heißen Axiome. *Logische* Axiome sind: der Satz der Identität, der Satz des Widerspruchs u. a. *Mathematische* Axiome: Jede Größe ist sich selbst gleich; durch einen Punkt läßt sich in einer Ebene zu einer Geraden nur eine Parallele ziehen (das Parallelenaxiom) u. a. KANT hebt den anschaulichen Charakter der geometrischen Axiome hervor. Bei der *Axiomatisierung* in der Mathematik (D. HILBERT) und besonders in der Physik gelten die Axiome nur hinsichtlich ihrer formalen Stellung im System und ihrer logischen Unabhängigkeit *(axiomatische Methode)*.

Bachofen, Johann Jakob (1815—1887): Religionshistoriker, durch WOLFSKEHL und KLAGES und durch dessen romantische Deutung antiker und vorantiker Mythen, Kulte und Mysterien wieder bekanntgeworden. In seinem Hauptwerk „Das Mutterrecht" (1861) rekonstruiert Bachofen einen dem (appollonisch-solaren) Patriarchat vorhergehenden Zustand des (dionysisch-chthonischen) Matriarchats. Obwohl die Mythenforschung Bachofen als Außenseiter abgelehnt hat, hat sich doch seine Konzeption des Matriarchats (wenn auch nicht als Vorstufe, sondern als ökonomisch bedingte Parallelentwicklung zum Patriarchat) bestätigt.

Bacon, Francis von Verulam (1561—1626): bedeutender Denker der englischen Renaissance, vor allem Naturphilosoph. Die Naturwissenschaft hat auch die Kultur zu befruchten. Die traditionelle Philosophie lehnt er (mit Ausnahme Demokrits) ab, weil sie deduktiv und syllogistisch vorging statt induktiv und empirisch. Mit Hilfe des naturwissenschaftlichen Experiments soll der globus intellectualis immer weiter erforscht, die Herrschaft des Menschen über die Natur erweitert werden (Wissen ist

Macht). — Im zweiten Teil seines Hauptwerkes „Novum Organum Scientiarum" (1620) entwickelt Bacon seine *Idolenlehre* (Lehre von den Vorurteilen und Trugbildern), auf die später HELVETIUS und HOLBACH, aber auch MARX bei der Entwicklung ihrer *Ideologiebegriffe* immer wieder zurückgreifen. Die Lehre von den Idolen soll das wissenschaftliche Denken sowohl von den „Götzenbildern der Seele" als auch von (religiösen) Vorurteilen und Aberglauben befreien. BACON unterscheidet die *idola tribus* (Trugbilder des Stammes), *idola specus* (der Höhle), *idola fori* (des Marktes), *idola theatri* (des Theaters). Die idola tribus liegen im Grunde der menschlichen Natur selbst, die idola specus im Erkenntnisvermögen jedes Einzelnen, die idola fori schaffen das Zusammenleben der menschlichen Gesellschaft, während die idola theatri aus den Traditionen der Philosophie sich ergeben.

Badische Schule = Südwestdeutsche Schule, die von WINDELBAND und RICKERT vertretene Strömung des Neukantianismus.

Bayle, Pierre (1647—1706): Wegbereiter der französischen Aufklärung (und z. T. der deutschen). Sein Hauptwerk, der „Dictionnaire historique et critique" (1695, 1697), beeinflußte das 18. Jahrhundert nachhaltig.

Bedeutung: Wort und Begriff sind nicht dasselbe. Ein Wort ist ein Lautkomplex oder ein geschriebenes Zeichen für etwas Unsinnliches. Dieses Unsinnliche ist die Bedeutung des Wortes und macht das Wort zur Darstellung eines *Begriffs*. Die Bedeutung ist ein Problem sowohl für die *Logik* als auch für die *Sprachphilosophie*. Die Bedeutung, welche wir mit einem Wort verbinden, kann sich verändern, ohne daß sich das Wort verändert *(Bedeutungswandel)*. Die Bedeutung eines Wortes wird aufgenommen, um sich darin erst zu konkretisieren. Für die Logik hat GOMPERZ den Bedeutungsbegriff ausführlich untersucht. Die Logik nimmt das Wort als zugeschnitten auf die Leistung der Aussage, in der etwas ausgedrückt und zugänglich geworden ist. „Es ‚bedeutet' etwas, sofern es in

Sachliches wieder umzusetzen ist" (H. LIPPS, Untersuchungen zu einer hermeneutischen Logik, 1938). In den „Logischen Untersuchungen" HUSSERLS ist „Bedeuten als Akt" im Unterschied gebraucht zu der „Bedeutung selbst", der idealen Einheit gegenüber der mannigfaltigen Möglichkeit der Akte. Nach GOMPERZ ist die Relation der Bedeutung von der Relation der *Bezeichnung* streng zu unterscheiden. Bedeutung „hat" überhaupt nicht der Lautkomplex, sondern die Aussage, die sinnvolle Rede. So führt das Bedeutungsproblem zur Frage nach dem „Sinn" und dem „Verstehen" (Vgl. Verstehen).

Bedingung: ein Umstand, der etwas anderes ermöglicht. Die logische Bedingung ist der Grund, das so Bedingte die Folge; die reale Bedingung ist die Ursache, das so Bedingte die Wirkung.

Begreifen: verstehendes Erfassen des Wesens, der Ursache und der allgemeinen Zusammenhänge eines Gegenstandes oder Vorganges.

Begriff: „Der Begriff ist eine Vorstellung von bestimmter, eindeutiger, beständiger, gemeinsam festgestellter Bedeutung." (SIGWART) Der Inhalt eines Begriffes besteht aus einem Inbegriff von Merkmalen, die notwendig (wesentlich) oder nur möglich (unwesentlich) sind. Der Inbegriff der Arten, auf die sich der Begriff bezieht, ist sein Umfang. Je reicher der Inhalt, umso ärmer ist der Umfang und umgekehrt. KANT unterscheidet empirische, auf Erfahrung beruhende Begriffe und reine Begriffe a priori, Kategorien als Handlungen des reinen Denkens. Es gibt aber keine gegenständliche Erkenntnis aus bloßen Begriffen; es ist ebenso notwendig, seine Begriffe sinnlich zu machen (d.i. ihnen den Gegenstand in der Anschauung beizufügen) als seine Anschauungen sich verständlich zu machen (d. i. sie unter Begriffe zu bringen). Für HEGEL ist der Begriff das Wesen des Dinges selbst und das System der Begriffe das System der Wirklichkeit. Für SCHOPENHAUER ist Begriff: Vorstellung einer Vorstellung. Für FREGE und RUSSELL ist der Begriff eine *„Satzfunktion"*.

In der *Logik* ist Begriff das „isoliert Meinbare" im Gegensatz zu den Urteilen, die Meinungen über Meinbares sind, das als Sachverhalt selbst jeweils verschieden sein kann. — Man unterscheidet: konkrete und abstrakte, individuelle und allgemeine, positive und negative Begriffe. In den *Kulturwissenschaften:* individualisierende von generalisierenden Begriffen. — Die *Psychologie* erforscht die Bildung des Begriffs im Bewußtsein.

Begriffslogik: in der *Logistik* im Unterschied zur Satzlogik derjenige Teil der reinen Logik, in dem die Begriffe die letzten Elemente bilden. Begriffslogik im Rahmen der Logik-Kalküle ist primär Klassenlogik.

Begriffspyramide: ist ein System von Begriffen, in dem jeder Begriff als Art (species) durch den nächst höheren Begriff (Gattung oder genus) und ihre spezifische Differenz (differentia specifica) bestimmt werden kann.

Begriffsschrift: s. FREGE.

Behaviorismus: Verhaltenspsychologie, eine besonders von amerikanischen Forschern (MC DOUGALL, SHAND, MORGAN, WATSON, THORNDIKE) vertretene Richtung, die die Psychologie unter Verzicht auf Selbstbeobachtung auf die Beschreibung des jedem zugänglichen äußeren Verhaltens von Lebewesen bei bestimmten Umständen beschränken will. Die Psychologie ist eine *Naturwissenschaft* wie jede andere; sie unterscheidet sich von der Physiologie dadurch, daß sie stets das Verhalten des ganzen Individuums ins Auge faßt, nicht die Funktion einzelner Organe.

Bentham, Jeremy (1748—1832): Hauptvertreter der Nützlichkeits-Philosophie *(Utilitarismus)* und neben PALEY einer der Begründer der politischen Philosophie und Politwissenschaft. In seinem Hauptwerk "A Fragment on Government with an Introduction to the Principles of Morals and Legislation" (1789) vereinigen sich Einflüsse von LOCKE, HUME, HARTLEY, VOLTAIRE mit denen von MONTESQUIEU und HELVETIUS, verbinden sich rechtsphilosophische, ethische und psychologische Theorien. Das Prinzip der Nützlichkeit ist die einzig mögliche objektive Basis von Moral und Gesetzgebung. Sein ethisches Grundprinzip findet sich schon in HUTCHESON's „Inquiry concerning Moral Good and Evil": größtmögliches Glück der größtmöglichen Anzahl, Harmonie und Balance des wohlverstandenen Interesses. Benthams Grundgedanke ist: der Mensch steht unter der Herrschaft von Lust und Unlust, die mechanisch zu regulieren und zu kontrollieren sind. Seine utilitaristisch-hedonistische Psychologie hatte besonders durch JAMES und J. ST. MILL großen Einfluß auf die Fortentwicklung der Arbeitswerttheorie, die Grundlegungen der in der klassischen Nationalökonomie implizierten *Anthropologie* und als „Benthamismus" auf die englische Reform um 1850. Bentham sah sich selbst mehr als „humanitarian reformer" denn als Philosoph.

Berdjajew, Nicolai (1875—1948): eschatologischer Existenzphilosoph, der auf der Grundlage der unsystematischen Verschmelzung sehr verschiedenen philosophischen Gedankengutes wie dem von DOSTOJEWSKI, BELINSKY und TSCHERNISCHEWSKY, von KANT, SCHOPENHAUER, NIETZSCHE, KIERKEGAARD und MARX einem mystischen Anarchismus huldigt (Glaube an eine „allgemeine Geistigkeit" und eine universelle Erfahrung, die Existenz und Wissensform zugleich ist) und die neuzeitliche Scheidung von Religion und Ethik aufhebt. Höchste und ursprüngliche Realität ist ihm die Freiheit des „unobjektivierten Subjekts", in dem „die Welt existiert" und das jede Form von Zwang ablehnt. Dagegen bezeichnet Objektivität „die Versklavung des Geistes durch äußere Dinge". Hauptwerke: Der Sinn der Geschichte (dt. 1929); Die Philosophie des freien Geistes (dt. A. 1930); Dream and Reality (1950); Das neue Mittelalter (dt. 2. A. 1950); Existentielle Dialektik des Göttlichen und Menschlichen (dt. 1951); Selbsterkenntnis (dt. 1953); Von des Menschen Knechtschaft und Freiheit (dt. 1954).

Bergson, Henri (1859—1941): französischer Lebensphilosoph, Vertreter einer spiritualistischen Metaphysik, die auf *Intuition* beruht; ähnliche Überwindung des Positivismus wie in Deutschland gleichzeitig durch die Phänomenologie (vgl. Bergsons Intuition und HUSSERLS Wesensschau); beeinflußte SIMMEL und PROUST (A la recherche du temps perdu), ist aber auch vom Pragmatismus abhängig, ist Semipragmatist. Er schreibt den durch Intuition erfaßten Bewußtseinszuständen eine rein qualitative Intensität zu, eine sich stetig verändernde, unräumliche „Dauer" *(durée)* und damit Freiheit. Die zum Wesen der Welt gemachte durée zeigt sich als eine immerwährende schöpferische Entwicklung, als einen Lebensschwung *(élan vital),* der sich seine Ziele in freien Schöpfungen weder in mechanischer noch teleologischer Ordnung setzt. Dem freien Geist gegenüber soll das menschliche Gehirn nur ein automatisches Werkzeug des Handelns sein. Hauptwerke: Essais sur les données immédiates de la conscience (1889), Matière et Mémoire (1896), Le rire (1900), L'évolution créatrice (1907), Les deux sources de la morale et de la religion (1932). **Bergsonismus:** Lehre vom Gegensatz zwischen Intuition und Intellekt, die in die anarchistisch-syndikalistische Theorie Sorels ebenso eingegangen ist wie in die deutsche Lebensphilosophie.

Berkeley, George (1684—1753): englischer Philosoph und Theologe, bildet den Empirismus LOCKES in einen *subjektiven Immaterialismus* um. Berkeley bestreitet Wirklichkeitsgeltung der abstrakten Ideen. Wir können uns rote und gelbe Dinge vorstellen, aber nicht die Farbe im allgemeinen. Alle sog. äußeren Dinge bestehen nur in unserer Vorstellung. Sein ist = Wahrgenommen werden *(esse = percipi)* oder = Erkannt werden. Real ist nur, was sinnlich wahrgenommen wird. Berkeley will nicht die Wirklichkeit der Dinge bestreiten, nur das, was die Philosophen körperliche Substanz oder Materie nennen. Es gibt jedoch ein eigentlich Existierendes, das ist: Das Ich, die Seele oder der Geist. Sein Wesen ist nicht percipi „wahrgenommen werden", sondern percipere „wahrnehmen". Wenn sich Berkeley auch mit den Problemen der modernen Naturwissenschaft beschäftigt hat, so fehlt ihm doch die Einsicht in den Wert physikalischer Grundbegriffe wie Materie, Bewegung. Er gibt demgemäß der teleologischen Weltanschauung vor der mechanischen den Vorzug und will nicht die natürlich wirkenden Ursachen, sondern die Zweckursachen der Dinge aufsuchen. — Hauptwerk: Treatise concerning the Principles of Human Knowledge (1710).

Beschreibung: die Darlegung der in der Wahrnehmung gegebenen Merkmale, Beziehungen, Vorgänge bei Dingen und Ereignissen. Der Physiker KIRCHHOFF stellte der Mechanik die Aufgabe, „die in der Natur vor sich gehenden Bewegungen zu beschreiben, und zwar vollständig und auf die einfachste Weise zu beschreiben." Diese vollständige Beschreibung soll dabei die ursächliche Erklärung ersetzen. DILTHEY unterscheidet die Beschreibung von der *Erklärung* und weist diese den Geisteswissenschaften, jene den Naturwissenschaften zu.

Beweggrund: s. Motiv.

Beweis: Aufzeigen der Gültigkeit einer Behauptung, sei es durch unmittelbare Demonstration des behaupteten Zusammenhanges usw., sei es durch Ableitung eines Satzes aus anderen Sätzen, die als gewiß und notwendig vorausgesetzt sind. Die Beweiskraft richtet sich nach der Gültigkeit der Beweisgründe. Ein Beweis ist falsch, wenn einer der Beweisgründe falsch ist (materialer Fehlschluß) oder wenn die Ableitung aus den Prämissen ungültig ist (formaler Fehlschluß). Enthalten Begründungen solche Fehlschlüsse, so begeht man Beweisfehler: der Zirkelbeweis *(circulus vitiosus)* benutzt den zu beweisenden Satz schon als Beweisgrund; die Erschleichung *(petitio principii)* setzt einen noch unbewiesenen Satz als Beweisgrund voraus. Das *hysteron proteron* (das spätere Früher) kehrt die natürliche Ordnung um, bei der „ersten Lüge" *(proton pseudos)* resultiert ein Beweis aus Sätzen, von denen schon der erste falsch ist.

bewußt: (Vgl. a. unbewußt und Enge des Bewußtseins.)

Bewußtsein: das Wissen von den seelischen Vorgängen, die wir unmittelbar im Vorstellen, Fühlen, Wollen erleben, also der Gesamtinhalt unserer unmittelbaren Erfahrung (so auch in der Psychologie). KANT: Das *empirische Bewußtsein* ist „das Bewußtsein seiner selbst nach den Bestimmungen unseres Zustandes bei der inneren Wahrnehmung"; das *„transzendentale Bewußtsein"* oder das *„Bewußtsein überhaupt"* ist nichts Psychologisches, sondern das Prinzip der objektiven Erkenntnis. Die Immanenzphilosophie beschränkt die Erkenntnismöglichkeit auf die im Bewußtsein gegebenen Erscheinungen. Der Idealismus behauptet im Gegensatz zum Realismus, daß es eine vom Bewußtsein unabhängige Wirklichkeit und Wahrheit gibt. Bei HEGEL ist „das Bewußtsein einerseits das Bewußtsein des Gegenstandes; Bewußtsein dessen, was ihm das Wahre ist und Bewußtsein seines Wissens davon. Indem beide für dasselbe sind, ist es selbst ihre Vergleichung; ... entspricht sich in dieser Vergleichung beides nicht, so scheint das Bewußtsein sein Wissen ändern zu müssen, um es dem Gegenstand gemäß zu machen; aber in der Veränderung des Wissens ändert sich ihm in der Tat auch der Gegenstand selbst. Bei MARX und im *Marxismus* ist Bewußtsein a) synonym mit Überbau gebraucht, b) das konkrete revolutionäre Bewußtsein, das in der gesellschaftlich-sozialen Wirklichkeit die Einheit von Theorie und Praxis herstellt. Zu: **falsches Bewußtsein** s. Ideologie. „**Gebendes Bewußtsein** im prägnanten Sinne und anschauliches, gegenüber unanschaulichem, klares gegenüber dunklem, das deckt sich" (HUSSERL). Das **geschichtliche Bewußtsein** „macht den tatsächlich bestehenden Widerstreit der (Weltanschauungs-)Systeme in der Gesamtverfassung derselben zu seinem Gegenstand" (DILTHEY). Bei HUSSERL ist die „Bewußtseinsmannigfaltigkeit" = „Erscheinungsmannigfaltigkeit". — Man unterscheidet ferner: individuelles und Kollektiv-Bewußtsein. — **Bewußtseinslage** in der Psychologie: Gesamtbestimmung des Ich. **Bewußtseinsmonismus:** ein Zweig der Erkenntnistheorie, der alles Sein ins Bewußtsein verlegt. **Bewußt-**

seinsstrom (W. JAMES): Erscheinung des ununterbrochenen Durchzugs von Bewußtseinsinhalten bei Selbstbeobachtung.

Beziehung: s. Relation; **Beziehungsbegriffe:** s. Relationsbegriffe; **„Beziehungslehre"** (einschl. der „Gebildelehre"): Bezeichnung für das soziologische System L. v. WIESES.

biogenetisches Grundgesetz: „Die Keimesgeschichte ist ein Auszug der Stammesgeschichte" (HAECKEL); die Entwicklung des Individuums ist eine kurze und schnelle, durch die Gesetze der Vererbung und Anpassung bedingte Wiederholung der Entwicklung des zugehörigen Stammes. Es reproduziert dabei typische Erscheinungsstufen der Vorfahren, welche die Ahnenkette des betreffenden Individuums bilden.

Biologie: Wissenschaft vom Leben; umfaßt als allgemeine Biologie die Theorie der Besonderheit der belebten gegenüber der unbelebten Natur. Besondere Fachrichtungen der B. sind: *Zoologie, Botanik, Physiologie*. Entscheidend für die Begründung der B. als einer eigentümlichen Erkenntnisweise ist es, ob und in welcher Weise die biologische Wissenschaft sich gegenüber der „mechanistischen" Naturwissenschaft abgrenzen kann, ob es eigentümliche Prinzipien etwa ganzheitlicher Art neben der Kausalität gibt usw. (s. Vitalismus, Neovitalismus). Die Quantenbiologie wendet die Erkenntnisse der neuesten Atomforschung aus der Quantentheorie auf die Lebenserscheinungen an.

Bolzano, Bernhard (1781—1848): katholischer Theologe, Philosoph und Mathematiker, bedeutend für die mathematische Logik; in der „Wissenschaftslehre" Trennung zwischen Psychologie und Logik, starker Einfluß auf E. HUSSERL. „Die Paradoxien des Unendlichen" (1851), in denen Mathematik als „reine Mathematik" gefaßt wird, enthalten in sich bereits die Mengenlehre.

Brahman: in der indischen Lehre die Weltseele, identisch mit dem Atman; zugleich personifiziert der oberste Gott.

Brentano, Franz (1838—1917): aus der katholischen Tradition hervorgegangen, bemüht sich Brentano besonders um die klärende Bestimmung der psychologischen Grundbegriffe (Psychisches und Physisches als die beiden einzigen Seinsbereiche) sowie um eine Reform der *Urteilslogik* (Zurückführung der prädikativen Urteile auf Existenzurteile). Seine „empirische phänomenognostische Psychologie" (O. Kraus) beruht auf unmittelbarer innerer Wahrnehmung. Das Kriterium ihrer Wahrheit liegt in der von Brentano wieder zu Ehren gebrachten *„Evidenz"*. Starke schulbildende Wirkung vor allem durch den von ihm aus der Scholastik übernommenen Begriff der *„Intentionalität"*, mit dem er die neuzeitliche Bewußtseinsinhaltstheorie überwand und auf dem Wege über die Phänomenologie E. HUSSERLS sowie der „Gegenstandstheorie" MEINONGS zum Wegbereiter der heutigen Ontologie wurde. Hauptwerke: Vom Ursprung sittlicher Erkenntnis (1899), Von der Klassifikation der psychischen Phänomene (1911).

Bruno, Giordano (1548—1600): pantheistischer Naturphilosoph der *Renaissance,* stark beeinflußt von NIKOLAUS CUSANUS. Anhänger des Kopernikus; von der Inquisition verbrannt.

Buddhismus: indische Erlösungsreligion BUDDHAS (um 500 v. Chr.): die Welt ist Leiden, Leben ist Leiden; die Ursache dieses Leidens ist der Durst, die Begierde, das Streben nach Lust, der Wille zum Leben; das Ziel ist Läuterung der Seele, Aufgehen in das Nirwana, das Nichts.

Buridans Esel: ein nach dem scholastischen Philosophen BURIDAN (im 14. Jh.) benanntes Beispiel für die Unmöglichkeit der Willensfreiheit.

Campanella, Thomas (1568—1639): bedeutend wegen seiner politisch-philosophischen *Utopie:* "Civitas solis" (der Sonnenstaat), die zu den grundlegenden Werken des utopischen Sozialismus gerechnet wird und besonders im 17. und 18. Jahrhundert starke Verbreitung und Nachahmung fand. Das Werk ist von PLATONS „Staat" und JAMBLICHOS beeinflußt. Priesterphilosophen leiten seinen sozialistisch-kommunistischen Zukunftsstaat.

Carnap, Rudolf (geb. 1891): Angehöriger des *Wiener Kreises,* wesentlich besonders durch seine semantischen und syntaktischen Analysen; *Logistiker,* der in seiner „Logischen Syntax der Sprache" (1934), in der Syntax als Struktur eines Darstellungssystems bezeichnet wird, unter Anlehnung an die Ergebnisse von HILBERT, TARSKI, LUKASIEWICZ gezeigt hat, daß die wesenhafte Struktur einer Sprache mit Hilfe dieser Sprache selbst dargestellt werden kann. Dabei sieht er von ihrem Bedeutungsgehalt ab und zieht lediglich ihre allgemeine Form in Betracht. Die Regeln der Logik erweisen sich als die Regeln der mannigfaltigen Möglichkeiten logischer Sprachformen und zugleich als Grundregeln im Aufbau eines allgemeinen Zeichensystems. Sprache wird somit zum reinen Kalkül. In der Logik kommt es nicht auf Urteile, sondern auf ihren sprachlichen Ausdruck (nicht ihren Sinn) an. Aufgabe der Philosophie ist somit *Semiotik* (s. d.). Weitere Hauptwerke: Der logische Aufbau der Welt (1928), die Aufgabe der Wissenschaftslogik (1933), Introduction to Semantics (1942).

Carnotsches Prinzip (nach dem französischen Physiker CARNOT): in der Natur ist kein Vorgang möglich, dessen Gesamtwirkung Wärmeübergang von niederer zu höherer Temperatur wäre. Dieser Satz wird mit einer Richtigstellung von CLAUSIUS, wonach ein Teil der Wärme, indem er eine ihm äquivalente Arbeitsmenge erzeugt, als Wärme verschwindet, während der andere Teil der zugeführten Wärme als solche in den kälteren Körper übergeht, der zweite Hauptsatz der mechanischen Wärmetheorie genannt.

Cartesianismus s. Descartes.

Carus, Karl Gustav (1789—1869): Arzt und Philosoph, Freund Goethes, unter dem Einfluß der SCHELLINGschen Naturphilosophie stehender Vertreter einer romantischen Anthropologie und Psychologie. Betonung des Unbewußten im Seelenleben und Grundlegung der Charakterologie: alles Leibliche wird im romantischen Geist als Ausdruck seelischer Kräfte ausgelegt. In unserem Jahrhundert hat Ludwig KLAGES Carus wiederentdeckt. Hauptwerke: Psyche, Zur Entwicklungsgeschichte der Seele (1846), Symbolik der menschlichen Gestalt (1852).

Cassirer, Ernst (1874—1945): ausgehend von der Marburger Schule des Neukantianismus arbeitet er den logischen Gehalt der vorwissenschaftlichen Erkenntnisformen von Sprache und Mythos heraus. Hauptwerke: Das Erkenntnisproblem in der Philosophie und Wissenschaft der neueren Zeit (1906 f.), Substanzbegriff und Funktionsbegriff (1910), Philosophie der symbolischen Formen (1923 bis 1929), An Essay on Man (1944), The Mythos of the State (1945).

causa: Ursache; *causa cognoscendi:* Erkenntnisgrund; *causa efficiens:* wirkende Ursache; *causa essendi:* Seinsgrund; *causa finalis:* Zweckursache; *causa formalis:* gestaltende Ursache; *causa materialis:* Stoffursache; *causa sufficiens:* zureichender Grund; *causa occasionalis:* Gelegenheitsursache; *causa sui:* Ursache seiner selbst. SPINOZA: causa ist die unendliche Substanz Gott. Causa aequat effectum: die Ursache ist der Wirkung gleich, lautet die alte Fassung des Kausalprinzips.

Chamberlain, Houston Stewart (1855—1927): Hauptwerk: Die Grundlagen des 19. Jahrhunderts (1899). Den „Angelpunkt" dieses Buches, das eine Deutung der Geschichte vom rassischen Standpunkt aus gibt, bildet „das Erwachen der Germanen zu ihrer welthistorischen Bestimmung als Begründer einer durchaus neuen Zivilisation und einer durchaus neuen Kultur."

Chaos: ungeordneter Urzustand der Welt, ein mythischer Begriff.

Charakter: Gepräge; die bestimmte feste Eigenart eines Dinges oder Vorganges; im moralischen Sinn die beständige Sinnesart. Im weitesten Sinn bedeutet Ch. jede Form, in der eine Bedeutung, ein Sinn oder ein Wesen sich ausprägt. Diese Wortbedeutung entspricht der Herkunft des Begriffs von dem griechischen Wort χαράσσω, ich ritze ein. So gibt es ästhetische Charaktere, die gedanklich vertieft zum Symbol werden. KANT unterscheidet den empirischen und den intelligiblen Charakter des Menschen. Der Mensch als Teil der Sinnen- und Erscheinungswelt hat einen empirischen Charakter, der in die Kette der Naturursachen verflochten ist, so daß alle seine Handlungen naturgesetzlich bedingt sind wie alles sonstige Naturgeschehen. Der Mensch als zur Welt der Dinge an sich gehörend betrachtet, hat einen intelligiblen Charakter, der nicht unter den Bedingungen der sinnlichen Welt steht, nicht dem Kausalgesetz unterworfen ist, also als frei handelnd betrachtet werden kann. Eine Handlung aus dem empirischen Charakter hergeleitet, ist naturnotwendig, auf den intelligiblen Charakter bezogen, frei. Nach SCHOPENHAUER ist der individuelle Charakter angeboren und unveränderlich. Der intelligible Charakter ist Teil des Weltwillens, unveränderlich und unzerstörbar. — In der modernen *Psychologie* ist Charakter die „Gesamtpersönlichkeit, von der Gefühls- und Willensseite her betrachtet" (KRETSCHMER). Ähnlich LERSCH. Bei KLAGES ist die Intelligenz der Stoff des Charakters. (Vgl. Willensfreiheit.)

Charakterologie: Lehre vom Wesen und von der Entwicklung des Charakters; Persönlichkeitsforschung, insofern sie die wichtigsten individuellen Unterschiede untersucht und durch Aufweisen von konstitutionell bedingten oder geistig geformten Wesenszügen sowie durch Zusammenfassung des gleichartigen Einzelnen zur Aufstellung von Typen gelangt. *Ganzheitspsychologie* und *geisteswissenschaftliche* Psychologie haben die neuere Charakterologie entscheidend gefördert. Zum Aufbau des Charakters vgl. die Arbeiten von LERSCH und KLAGES.

Chiliasmus: der aus der jüdischen Apokalyptik stammende Glaube an das Kommen eines Tausendjährigen Reiches.

Chrysipp (etwa 280—205 v. Chr.): gilt als zweiter Begründer der stoischen Schule.

Cicero, Marcus Tullius (107—43 v. Chr.): römischer Staatsmann, philosophischer Schriftsteller und Redner. Popularisator der stoischen Ethik und Schöpfer der philosophischen Terminologie für die Römer, bis ins 18. Jahrhundert ein geschätzter Klassiker.

Circulus in probando, circulus vitiosus: Zirkelschluß; ein Fehlbeweis, der das, was bewiesen werden soll, schon im Beweisgrund vorausgesetzt.

cogito, ergo sum: ich denke, ich habe Bewußtsein, also bin ich. Nach Descartes in ähnlicher Weise wie in der Philosophie Augustins der sichere Ausgangspunkt aller Erkenntnis, der archimedische Punkt von unerschütterlicher Gewißheit; der Satz bedeutet keinen Schluß, sondern die unmittelbare Selbstgewißheit des eigenen geistigen Seins. Wenn man auch an allem zweifelt, so kann man nicht zweifeln, daß man zweifelt, und als Zweifelnder existiert man. s. Gassendi.

Cohen, Hermann (1842—1918) zusammen mit Paul Natorp: Gründer der „Marburger Schule". 1871 „Kants Theorie der Erfahrung", ein epochemachendes Werk für das Verständnis Kants und die Wiederbelebung des Kantianismus. In „Kants Begründung der Ethik" wird die soziale Bedeutung des kategorischen Imperativs betont. Cohens System: Logik der reinen Erkenntnis (1902); Ethik des reinen Willens (1907); Ästhetik des reinen Gefühls (1912).

coincidentia oppositorum: Zusammenfall der Gegensätze. Nikolaus Cusanus (1401—1464): Gott faßt alles in sich, auch alles Gegensätzliche; in Gott fallen alle Gegensätze zusammen.

Common sense: gemeiner (gesunder) Menschenverstand. Die schottische Schule des gesunden Menschenverstandes (Thomas Rheid, Beattie, Oswald, Stewart) glaubte die von Locke, Berkeley und namentlich von Hume aufgeworfenen Probleme der Gültigkeit des Denkens in Hinsicht auf die Erfahrung durch Berufung auf den common sense entscheiden zu können.

Comte, Auguste (1798—1857): aus Montpellier, französischer Begründer des Positivismus und der modernen *Soziologie,* der er den Namen gegeben hat. Er verwirft jede Metaphysik. Nach seiner an Turgot anknüpfenden geschichtsphilosophischen Lehre durchläuft der menschliche Geist drei Stadien: das *theologische,* das *metaphysische* und das *positive.* Im theologischen Stadium erklärt der Mensch die Natur aus einem besonderen Willen der Dinge oder übernatürlicher Wesen (Stufen des Fetischismus, des Polytheismus und des Monotheismus). Im zweiten Stadium aus abstrakten Ursachen, aus Ideen und Kräften; im dritten, dem positivistischen, spürt der Mensch durch Beobachtung und Experimente die Zusammenhänge der Erscheinungen auf und spricht die konstanten Zusammenhänge in Gesetzen aus. In diesem Stadium, in dem der Gelehrte und der Industrielle herrschen, vollzieht sich die Vereinigung von Theorie und Praxis. Der einzige Glaubenssatz in der dritten Periode soll die Unwandelbarkeit der Naturgesetze sein. Die einzelnen Wissenschaften treten jedoch nicht gleichzeitig in das positive Stadium ein, sondern in einer Reihenfolge, die zugleich eine Entwicklung und Rangordnung (Hierarchie) bedeutet; es sind dies: 1. Mathematik, 2. Astronomie, 3. Physik, 4. Chemie, 5. Biologie, 6. Soziologie. Die Soziologie gilt es, in das positive Stadium zu bringen. Sie umfaßt nicht nur die gesamte Nationalökonomie, sondern auch die Psychologie, die Ethik und die Geschichtsphilosophie. Die Soziologie ist also die Zusammenfassung alles Wissens der Menschheit im état final. Sie ist die neue Religion und symbolisiert die aufgeklärte humanistische Gesellschaft ohne Gott. Die *Soziologie* eröffnet als *Methode, Wissenschaft* und *Geschichtsphilosophie* die Möglichkeit, die menschliche Gesellschaft zu formen und zu beherrschen (physique social). Zwischen Proletariern und positiven Denkern besteht Übereinstimmung über das Ziel ihres Strebens, allen Gelegenheit zu geistiger Entwicklung und das Recht auf Arbeit zu verschaffen. Der Gemeinschaftsgedanke ist die Quelle des Pflichtbegriffs. Hieran schließt sich von selbst die Religion der Humanität. Gegenstand ihrer Verehrung ist das „Grand Etre" der Menschheit. Es umfaßt alle vergangenen, gegenwärtigen und zukünftigen Menschen, die für das Wohl der Gesamtheit gewirkt haben, wirken und noch wirken werden. Die Generalformel von Comtes Religion lautet: Liebe als Prinzip, Ordnung als Grundlage, Fortschritt als Ziel. Den Sinn der Wissenschaft faßt er in der Formel zusammen: „Wissen, um vorauszusehen, voraussehen, um zu können" (savoir pour prévoir, prévoir pour pouvoir). Hauptwerk: Cours de philosophie positive (1830—1842).

Condillac, Etienne de (1715—1780): französischer Aufklärungsphilosoph; Sensualist; stark beeinflußt von Locke; einzige Erkenntnisquelle ist die *sinnliche Wahrnehmung*. Aufmerksamkeit z. B. besteht in der Hingabe an eine Empfindung, Erinnerung in ihrer Nachwirkung. — Hauptwerk: Traités des sensations (1754).

Condorcet, Antoine-Nicola de (1743—1794): französischer Mathematiker und Philosoph, beeinflußt von Condillac. Mit seinem Hauptwerk "Esquisse d'un tableau historique de progrès de l'esprit humain" (1794) Hauptvertreter einer fortschrittstheoretischen Geschichtsphilosophie.

consensus gentium: Übereinstimmung der Völker.

contradictio: Widerspruch; contradictio in adjecto: Widerspruch im Beiwort, wie z. B. hölzernes Eisen.

Cusanus, Nikolaus (1401—1464): eigentlich Nikolaus Chryffs oder Krebs aus Kues an der Mosel, gehört dem Mittelalter und der Neuzeit, der Theologie und der Philosophie an. Er schätzt besonders Platon, die Pythagoreer und die Neuplatoniker, Mathematik und Naturwissenschaften; lehrt schon vor Kopernikus die Kugelgestalt und die Achsendrehung der Erde. Nihil certi habemus in nostra scientia nisi mathematicam (die einzig sichere Wissenschaft ist die Mathematik). Seine Erkenntnislehre lehrt einen Aufbau des Wissens in vier Stufen. In Gott, den der Mensch nie ganz zu erfassen vermag (docta ignorantia), fallen alle Gegensätze zusammen (coincidentia oppositorum). Er hat in vielfacher Hinsicht der Naturphilosophie des 16. Jahrhunderts vorgearbeitet.

Daimonion: eine Art innerer, göttlicher Stimme, die SOKRATES als Mahnung und Warnung in sich spürte und der er Folge leistete. (Vgl. auch die christliche Lehre vom Gewissen.)

Dämonen: Geister; Mittelwesen zwischen der Gottheit und den Menschen. Der Dämonenglaube ist der animistischen Naturauffassung verwandt, wird aber auch philosophisch verwertet, so im Anschluß an Xenokrates in der stoischen Philosophie, in der die Dämonen als Schutzgeister der Menschen heilig gehalten wurden, während später im Christentum die Dämonen als böse Geister galten.

Darwinismus: die von DARWIN 1859 in seinem Werke „Über den Ursprung der Arten durch natürliche Auslese" begründete Abstammungslehre: die einzelnen Lebewesen einer Art sind nie völlig gleich, sondern weichen etwas voneinander ab, so daß sie den Lebensbedingungen mehr oder weniger angepaßt sind. Im Kampf ums Dasein setzt sich das besser Geeignete in langen Zeiträumen durch (vgl. Selektion) und überträgt in immer steigendem Maße die vorteilhaften Eigenschaften durch Vererbung auf die weiteren Generationen, so daß allmählich immer größere Abänderungen in der organischen Welt auftreten, die bis zur Bildung neuer Arten führen können. Dieses *Zuchtwahlprinzip* der Erhaltung der begünstigsten Rassen im Kampf ums Dasein soll eine mechanische Erklärung für die Umwandlung und Entwicklung der Lebewesen abgeben. Der Darwinismus ist im weiteren Sinne einer allgemeinen Entwicklungs- und Abstammungslehre eine wesentliche Annahme der Wissenschaft.

Dasein: in der Existenzphilosophie im Unterschied zur Existenz (s. d.) der allgemeinere Begriff, der gleichsam noch wertneutral gefaßt ist. In diesem Sinne bei HEIDEGGER: „Das Wesen des Daseins liegt in seiner Existenz" (Daseinsanalytik). Ähnlich bei JASPERS: „Nicht ... Dasein also ist Existenz, sondern der Mensch ist im Dasein mögliche Existenz." (Vgl. Existenz, Heidegger, Jaspers.)

Deduktion: Ableitung des Besonderen aus dem Allgemeinen. Die **deduktive Methode** leitet in der Mathematik aus Definitionen und Axiomen Sätze ab und stellt einen sich immer erweiternden Zusammenhang neuer Einsichten her. Die *logische* Form der Deduktion ist der Syllogismus (s. d.). Die Deduktion ist in der modernen Wissenschaft im Gegensatz zu der von Aristoteles bestimmten Scholastik kein Verfahren der Erkenntnis, denn es ist nicht möglich, neue Erkenntnisinhalte aus allgemeinen Sätzen abzuleiten, die mit diesen nicht schon gegeben wären. Dagegen wird sie geübt, uns vorliegende Erkenntnisse in einen geschlossenen Zusammenhang zu bringen, sie nach ihren Inhalten voneinander abzuleiten und so ein geschlossenes System zu bilden. Speziell die mathematischen Naturwissenschaften sehen in dem deduktiven Verfahren ihr Ziel, da es in diesen Wissenschaften darauf ankommt, beobachtete Phänomene auf Gesetze zurückzuführen, die dann in ihrem Zusammenhang miteinander in möglichst strenger deduktiver Form ausgesprochen werden müssen. (Vgl. Induktion, Hypothese.) Nach KANT zeigt die *empirische* Deduktion die Art an, wie ein Begriff durch Erfahrung und Reflexion über dieselbe erworben ist; die *metaphysische* Deduktion gibt die Ableitung der Kategorien aus den Urteilsfunktionen, die *transzendentale* Deduktion macht die objektive Gültigkeit der Begriffe a priori begreiflich.

Definition: Begriffsbestimmung, die vollständige Angabe der in einem Begriff gedachten Merkmale eines Vorstellungsinhalts. Regel: eine Definition geschieht durch Angabe der nächst höheren Gattung und des artbildenden Unterschieds (per genus proximum et per differentiam specificam). Fehler der Definition: die *Zirkel*definition enthält schon den zu definierenden Begriff in der Definition selbst; die *abundante* Definition gibt außer den wesentlichen auch unwesentliche Merkmale an; die *zu weite* Definition gibt zuviel, die *zu enge* zu wenig wesentliche Merkmale an, die Definition darf nicht lediglich negativ sein, wo sie positiv sein kann. Im Gegensatz zu dieser „klassischen" Auffassung lehrt die moderne Logik die genetische D. als Verleihung eines begrifflichen Gegenstands durch sein Entstehen. Beispiel: Ein Kreis entsteht, indem ein Punkt in gleichem Abstand um einen anderen Punkt bewegt wird. (Vgl. Nominal- und Realdefinition, implizit.)

Deismus: Vernunftglaube an Gott; eine auf die gemeinsame Menschenvernunft sich gründende, natürliche philosophische Religion von wesentlich moralischem Inhalt. Die Welt ist danach von Gott erschaffen, aber ihr gesetzmäßiger Verlauf nach den einmal von Gott gegebenen Bedingungen ist unabänderlich und bleibt unabhängig von einem weiteren Einwirken des Weltschöpfers, das für die Wirklichkeit nicht notwendig ist. Daraus resultiert die Ablehnung der Offenbarung. Der erste Vertreter der deistischen Vernunftreligion ist Herbert von CHERBURY (1581—1648). Weitere Deisten im 18. Jahrhundert: TOLAND, COLLINS, TINDAL, VOLTAIRE, REIMARUS, die Philosophen der Aufklärung.

Demiurg: Werkmeister, Weltbildner; bei PLATON der weltbildende Gott, der die Welt im Hinblick auf die Ideen schuf und gestaltete. Der zu den *Neupythagoreern* zählende Numenios (im 2. Jh. n. Chr.) sieht im Demiurg den die Materie gestaltenden zweiten Gott zwischen dem höchsten übersinnlichen ersten Gott und dem dritten, der Welt selbst. Bei den *Gnostikern* (im 2. Jh. n. Chr.), ist der Gott des Alten Testaments der Demiurg als Bildner der Sinnenwelt, der selbst der Erlösung durch den höchsten, in Christus geoffenbarten Gott bedürftig ist.

Demokrit (geb. um 460 v. Chr. in Abdera in Thrakien): griechischer Naturphilosoph. Bedeutend seine Lehre von den Atomen, die zum Fundament der mechanischen

Physik geworden ist. Die *Atome* sind letzte kleinste unteilbare (ἄτομα) Teilchen, aus denen sich die physische Wirklichkeit zusammensetzt. Sie haben weder Farbe, noch besondere Gestalt und sind insofern ohne sinnliche Qualität, d. h. also nicht wahrnehmbar und nur erdacht. Er nennt sie Formen und Gestalten. Die Atomistik Demokrits ist für die moderne Naturwissenschaft von grundlegender Bedeutung geworden. Die Gesetze des Schalles, des Lichtes, der Wärme und die Veränderungen in der Chemie wurden zuerst auf Grund der atomistischen Lehre gefunden. Die Atomistik erklärt das Zustandekommen der physischen Wirklichkeit aus der Bewegung der Atome, also streng mechanisch. Jeder Zufall und jede nach bewußten Zwecken handelnde Gottheit sind ausgeschlossen. Gleichwohl kann man Demokrits System nicht als Materialismus oder Sensualismus ansprechen. Um die Bewegung zu erklären, nahm er den leeren Raum der Eleaten an (τὸ μὴ ὄν). Von diesem Nichtseienden berichtet Sextus Empiricus: „Die Atome und das Leere sind das wahrhaft Seiende". Im Gegensatz zu dem wahrhaft Seienden steht das Sein der Satzung, d. i. der Sinnesempfindung, dessen Subjektivität und Relativität Demokrit betont. Alles Sehen, Hören, Riechen, Schmecken und Tasten gehört zu dieser unebenbürtigen oder dunklen Erkenntnis. Von Demokrit sind 230 ethische Fragmente (zumeist kurze Sittensprüche) erhalten, mit einer Fülle edler Gedanken. Er geht zwar von Lust und Unlust aus; das Ziel bilden aber die Wohlgemutheit, die Wohlbestalltheit und die Unerschütterlichkeit. Das Sittliche liegt in der Gesinnung und hängt von der Einsicht ab.

Demonstration: Beweis, Beweisführung.

Demoralisation: Entsittlichung, Sittenlosigkeit.

denken: im weitesten Sinne jedes bewußte Vorstellen, jeder seelische Vorgang im Unterschiede vom Fühlen, Empfinden und allen sinnlichen Funktionen. So unterschied Descartes' Denken im Sinne der Bewußtheit des seelischen Wesens und Ausdehnung (Körperliches). Die ältere Psychologie nimmt meist eine Dreiteilung des Seelenlebens vor: Denken (im engeren Sinne), Fühlen, Wollen (so Sulzer und Tetens). Die *Denkpsychologie* hat die Aufgabe, Ursprung und Verlauf der Denkprozesse in ihrem Zusammenhange mit dem gesamten Seelenleben zu untersuchen und festzustellen. Die Logik ist Wissenschaft von den allgemeinen Formen, Normen und Gesetzen des Denkens. Als charakteristische Funktionen werden hervorgehoben: das Verbinden, Trennen, Unterscheiden, Vergleichen. Die Grundfunktion des Denkens ist das Urteil. Die KANTische Erkenntnistheorie stellt Anschauen und Denken einander gegenüber: „Die Sache der Sinne ist, anzuschauen; die des Verstandes, zu denken. Denken aber ist: Vorstellungen in einem Bewußtsein zu vereinigen." Aber dieses Denken in Begriffen (Kategorien) erhält die Bedeutung des Erkennens erst durch Beziehung auf gegebene Anschauung. Hauptproblem der kritischen Erkenntnistheorie: „wie subjektive Bedingungen des Denkens sollten objektive Gültigkeit haben." HEGEL entwickelt auf der Annahme einer Identität von Denken und Sein sein System des absoluten Idealismus.

Denkgesetze: 1. *psychologisch:* die Gesetzlichkeit, nach der die wirklichen Denkvorgänge ablaufen; 2. *logisch:* Grundgesetze (Normen) für alles richtige Urteilen und Schließen: a) der Satz der Identität (A ist A), b) der Satz des Widerspruchs (A ist nicht von A), c) der Satz des ausgeschlossenen Dritten (von zwei kontradiktorisch entgegengesetzten Urteilen A ist B und A ist nicht B, muß das eine wahr sein), d) der Satz vom zureichenden Grunde: mit dem Grunde ist die Folge notwendig gesetzt. (Wenn A gilt, dann gilt auch B.)

Denkökonomie: die Lehre des modernen Positivismus von der ökonomischen Denkweise der Wissenschaft: Wissenschaft ist Nachbildung von Tatsachen in Gedanken. (Vgl. E. MACH.)

Dependenz: Abhängigkeit. *Logische* Dependenz bedeutet Abhängen der Gültigkeit eines Urteils von einem anderen, *sachliche* D. die eines Faktums von einem anderen, z. B. der Folge von dem Eingetretensein der Ursache.

Descartes, René (1596—1650): mit seinen regulae ad directionem ingenii (1701) beginnt die moderne *Methodenlehre* der Wissenschaften in einem kritizistischen Sinn. Hier wird die Erkenntnis aller Dinge von der Erkenntnis des Verstandes abhängig gemacht. Was ist menschliche Erkenntnis und wie weit erstreckt sie sich? Er fragt nicht (wie Mittelalter und Renaissance) nach den verborgenen Qualitäten der Dinge, wie viele das tun, ohne gefragt zu haben, „ob dazu die menschliche Vernunft überhaupt zureicht". Wenn man die Wahrheit erforschen will, muß man zunächst seinen eigenen Intellekt prüfen. Die Kraft der Erkenntnis liegt in ihrer Methode, Einheit zu stiften. Die Erkenntnis bleibt dieselbe bei aller Verschiedenheit der Gegenstände. Das Universum des Geistes enthält die Erkenntnis des Universums der Dinge in sich. Die Meditationen beginnen mit einer Kritik der Erkenntnisbedeutung der sinnlichen Vorstellungen. Der Begriff des Körpers als eines sinnlich Gegebenen wird abgewiesen. Hierbei ist die Mathematik, die aus reinen, durch die Intuition gewonnenen Begriffen ihre Schlüsse zieht, das Urbild der Wissenschaft. Die Intuition berührt sich, obwohl das wechselnde Zeugnis der Sinne abgelehnt wird, mit dem Begriff der Evidenz. Von ersten Elementen der begrifflichen Erfassung ausgehend, erschafft die Deduktion ein System von Erkenntnissen. Im Discours (1637), in den Meditationen (1641) und den Prinzipien der Philosophie (1641) sowie in seinen mathematischen Schriften geht Descartes von dem Gedanken aus, man müsse im Leben einmal alle überkommenen Lehrmeinungen bezweifeln und auf einem neuen Grunde aufbauen. Dieses Fundament bildet das *Selbstbewußtsein.* Absolut gewiß ist nur, daß ich denke. Das ist zunächst erkenntnistheoretisch gemeint, erhält aber dann eine metaphysische Bedeutung. Das *Ich* ist eine *Substanz,* die *denkt,* und die von der Erkenntnis unabhängige Welt des Daseienden erscheint wieder. In der Ideenlehre unterscheidet D. die *eingeborenen Ideen* (wie Ding, Wahr-

heit, Bewußtsein), die von außen gekommenen und die von mir selbst gemachten. Zu den eingeborenen rechnet er die Gottes-Idee. Als endliches Wesen kann ich nicht selbst „Ursache" dieser eingeborenen Idee Gottes sein. Damit ist Gott als Ursache bewiesen. — La générosité ist ihm der Schlüssel aller Tugenden. Amor intellectualis zu Gott ist das edelste aller Gefühle. Die rationale philosophische Haltung des D., sein prinzipieller Zweifel an allem, was nicht klar beweisbar ist, ist ein wesentlicher Grundzug des Denkens im modernen Frankreich geworden. Sie hat eine große kulturelle Wirkung in Europa geübt, indem sie die scholastische Denkweise ersetzte; jedoch blieb Descartes im Inhalt der Überzeugungen, die er festhielt, noch stark an das Mittelalter gebunden.
Cartesianismus: die an Descartes anschließende Philosophie, die „die Welt" *rationalistisch* (mathematisch) erklären will.

Description: Beschreibung; deskriptive Wissenschaften: beschreibende Wissenschaften.

Destutt de Tracy (1754—1836): s. Ideologie.

Deszendenztheorie: Abstammungslehre. Alle verschiedenen, jetzt oder früher lebenden Organismen stammen von einer einzigen oder von wenigen einfachen Urformen ab, die sich in stetigem Zusammenhang fortentwickelt haben. (Vgl. Darwinismus.)

Determination: Begrenzung, Bestimmung; *logisch:* im Gegensatz zur Abstraktion die Erweiterung des Inhalts und Reduzierung des Umfanges eines allgemeineren Begriffs durch Hinzufügung eines besonderen, begrenzenden Merkmals. SPINOZAS Satz: „omnis determinatio est negatio", jede Determination ist Verneinung, bedeutet: jede einschränkende Bestimmung ist eine Einschränkung der absoluten Wesensfülle der umfassenden Einheit der Substanz. *Ontologisch:* jede Form der Wirkung, von der die kausale nur eine ist.

Determinismus: das Bestimmt- und Bedingtsein durch Ursachen, besonders die Behauptung der ursächlichen Bestimmtheit der Willenshandlungen im Gegensatz zur Annahme der Willensfreiheit, zum Indeterminismus. (Vgl. Willensfreiheit.)

Dialektik: Unterredungskunst. Verwendet als: a) Methode des indirekten Beweises (ZENON aus Kition); b) Kunst zu diskutieren und durch Scheinbeweise zu glänzen (Sophisten); c) Metaphysik (PLATON); d) Logik des Wahrscheinlichen (ARISTOTELES); e) Logik (STOIKER); f) Begriff für die Gesamtheit aller natürlichen und doch trügerischen Schlüsse (KANT). Die „Transzendentale Dialektik" ist „eine Kritik des Verstandes und der Vernunft in Ansehung ihres hyperphysischen Gebrauchs", die den Schein transzendenter Urteile aufdeckt; g) „Die eigene wahrhafte Natur der Verstandesbedingungen, der Dinge und des Endlichen überhaupt", sie ist „Natur des Denkens selbst" (HEGEL); h) „Wissenschaft von den allgemeinen Entwicklungsgesetzen in der Natur, in der menschlichen Gesellschaft und im Denken" (Diamat, s. d.). Das besagt: die Dialektik ist im Diamat gleichzeitig Ontologie, Methodologie, Logik und Erkenntnistheorie. Diese Auffassung der Dialektik geht auf MARX (s. d.) und ENGELS (s. d.) zurück. Nach Engels umfaßt die Dialektik drei Gesetze. LENIN hebt 16 wesentliche Punkte der Dialektik hervor, die von STALIN auf 4 reduziert werden: 1. Alle Phänomene sind miteinander verbunden; 2. alle Phänomene befinden sich in der Entwicklung; 3. diese Entwicklung geht in dialektischen Sprüngen vor sich; 4. diese Dialektik wird vom „Kampf der Gegensätze" angetrieben. Man unterscheidet im Diamat „objektive" (Untersuchung der Naturgesetze) und „subjektive" Dialektik (Untersuchung der Denkgesetze); i) „Realdialektik" (s. d.) von J. BAHNSEN.

Diallele: s. circulus vitiosus.

Diamat: der sowjetrussische **dia**lektische **Ma**terialismus, der eine Weltanschauung, Wissenschaft und Philosophie umschließt und sich im wesentlichen auf die Systeme von MARX, ENGELS, LENIN und STALIN stützt. In der sowjet-

Diätetik—Differenzierung 65

russischen Philosophie ist in der Dialektik Logik und Methodologie, im Materialismus Ontologie enthalten. Der Materialismus unterteilt sich in *dialektischen* und *historischen*, wobei der dialektische Materialismus die Weltanschauung der Partei, der historische dagegen die exakte Erforschung der gesellschaftlich-sozialen Wirklichkeit und der Geschichte zum Thema hat. Die Weltanschauung des Diamat besagt, daß das Wesen der Welt in der Materie liegt und daß Sein und Bewußtsein des Menschen von der dialektischen Struktur der Wirklichkeit abhängen, wobei von dieser Abhängigkeit ausgehend eine Anpassung des Menschen an die äußere Wirklichkeit gefordert wird (vgl. Dialektik).

Lit.: I. M. Bochenski, Der sowjetrussische dialektische Materialismus (Diamat) (1950); G. A. Wetter, Der dialektische Materialismus (3. A. 1956).

Diätetik: Lebenskunst, Lehre von der richtigen Lebensweise.

dianoëtisch: den Verstand betreffend; bei ARISTOTELES sind dianoëtische im Unterschied zu ethischen Tugenden solche des Verstandes.

Dichotomie: Zweiteilung, zweigliedrige Einteilung.

Diderot, Denis (1713—1784): französischer Enzyklopädist, Schriftsteller. Von Locke, dem Deismus, später dem Materialismus beeinflußt. Hauptmitarbeiter an der Encyclopédie ou Dictionnaire raisonné des sciences, des arts et des métiers (1751—1766). Bedeutend auch als Ästhetiker, der Lessing und Goethe beeinflußt hat.

differentia specifica: artbildender Unterschied. (Vgl. Definition.)

differentielle Psychologie: während die allgemeine Psychologie das den verschiedenen Individuen Gemeinsame gesetzmäßig zu erfassen sucht, will die Psychologie der individuellen Differenzen individuelle Abweichungen in ihrer Gesetzmäßigkeit analysieren (W. STERN).

Differenzierung: Herausbildung von Besonderem aus einem gleichartigen Ganzen.

Dilemma: zweiteilige Annahme; *logisch* ein Schluß nach dem Schema: wenn A wäre, so müßte entweder B oder C sein, nun ist weder B noch C, also ist A nicht. — Das Altertum hat viel beachtete Dilemmen aufgestellt, Gedankenverknüpfungen, aus denen entgegengesetzte Folgen gleich notwendig und gleich unmöglich fließen. (Vgl. Lügner und Krokodilschluß).

Dilthey, Wilhelm (1833—1911): Historiker der Philosophie und der allgemeinen Geistesgeschichte und Wegbereiter der methodischen Selbständigkeit der Geisteswissenschaften. Bei der Herausschälung der drei typischen Grundformen weltanschaulicher Systeme überhaupt (des *Naturalismus,* des *Idealismus der Freiheit* und des *objektiven Idealismus)* ist er selbst dem objektiven Idealismus zuzurechnen. Hauptproblem: „Aus dem fließenden Leben selbst die Kategorien" zu formen und „das Leben aus ihm selber" zu verstehen. Unter *„Leben"* versteht Dilthey, gegen den Rationalismus gerichtet, das wirkliche, „gelebte", geschichtlich sich entwickelnde Leben, das „an sich selbst hermeneutisch" ist. Dilthey verknüpft so Elemente der Lebens- und Geschichtsphilosophie. In grundlegenden Zusammenhang treten im Prozeß der Selbstentfaltung und des Selbstverständnisses des Lebens die Kategorien: *Erlebnis, Ausdruck* und *Verstehen.* Das Fließen des unmittelbaren Erlebnisses wird im Ausdruck, der das Leben fixiert und dadurch schon steigert, artikuliert und bewußt macht. Im Verstehen eignet sich das Leben den fremden Ausdruck an, um so zur Transparenz und zu tieferem Bewußtsein seiner selbst zu kommen. Mit Hilfe der Kategorie der *„Struktur"* (verstanden als „Artikulation oder Gliederung eines vorgegebenen Ganzen") entwickelt Dilthey seine Philosophie als Hermeneutik: die Gebilde der geistigen Welt werden auf das in ihnen enthaltene Lebensverständnis hin analysiert. Mit der *verstehenden* „Strukturpsychologie" bekämpft Dilthey die bloß *erklärende* naturwissenschaftliche Psychologie („Elementenpsychologie"), speziell die Assoziationspsychologie.

Hauptwerk: Einleitung in die Geisteswissenschaften (1883) (vgl. auch Struktur, Verstehen).

Lit.: O. F. Bollnow, Dilthey (2. A. 1955).

Dimension: Ausmessung; räumliche Ausdehnung nach Länge, Breite, Höhe: den drei Dimensionen. Mathematisch hat man den Begriff einer n-fachen Dimension gebildet.

Ding: Kategorie der gegenständlichen Wirklichkeit. Zum Dingbegriff gehört notwendigerweise der der *„Eigenschaft"*. Es kann kein Ding geben ohne Eigenschaften, aber auch keine Eigenschaften, die in der körperlichen Wirklichkeit nicht Eigenschaften eines Dinges sein müßten. HERBART findet einen Widerspruch in dem Verhältnis von Ding und Eigenschaften. Was ist ein Ding? Wir antworten durch Aufzählung der uns bekannten Eigenschaften. Aber „die Mehrheit der Eigenschaften verträgt sich schlechterdings nicht mit der Einheit des Gegenstandes." Wir erkennen nur die Eigenschaften, die das Ding hat, nicht, was das Ding ist; das Ding selbst, der Träger jener Kennzeichen, bleibt unbekannt. Herbart löst den Widerspruch auf durch seine Bearbeitung der Begriffe: es existiert eine Mehrheit von *Realen* (Dingen) mit je einer einfachen Eigenschaft, aus deren Zusammen der Schein des einen Dinges mit vielen Eigenschaften entsteht. MACH erklärt: „Das Ding, der Körper, die Materie ist nichts außer dem *Zusammenhange* der Elemente, der Farben, Töne usw., außer den sogenannten Merkmalen." Das vielgestaltige vermeintliche philosophische Problem von dem *einen* Ding mit seinen *vielen* Merkmalen entsteht durch das Verkennen des Umstandes, daß übersichtliches Zusammenfassen und sorgfältiges Trennen nicht auf einmal geübt werden können. VAIHINGER rechnet den Begriff des Dinges zu den Fiktionen.

Ding an sich: Das Ding an sich ist bei den empirischpsychologischen Philosophen jenes unbekannte Etwas, welches übrigbleibt, wenn man die sekundären und primären Qualitäten vom „Ding" abgezogen hat. (So bei

MALEBRANCHE, D'ALEMBERT, BAYLE.) KANT gebraucht zunächst vor allem noch in der „Dissertation" von 1770, aber auch noch gelegentlich in den älteren Partien der transzendentalen Ästhetik den Begriff des Dinges an sich im hergebrachten Sinn. Aber es gewinnt bei ihm einen neuen Inhalt. „Was versteht man denn, wenn man von einem der Erkenntnis korrespondierenden, mithin davon unterschiedenen Gegenstand redet?" „Es ist leicht einzusehen, daß dieser Gegenstand nur als etwas überhaupt = x gedacht werden müsse, weil wir außer unserer Erkenntnis doch nichts haben, welches wir dieser Erkenntnis als korrespondierend gegenübersetzen können." Der Gegenstand wird noch näher als bloßer „Grenz"begriff bestimmt. Erkenntnis eines Gegenstandes kommt nach Kant dadurch zustande, daß die synthetische Einheit der Kategorie das Mannigfaltige des Raumes und der Zeit zur Einheit des Objekts zusammenfaßt. Ein „Ding an sich", ein rein begriffliches Wesen im positiven Sinne, das unabhängig von der Erkenntnis irgendwie gegeben wäre, anzunehmen, ist sinnlos. Die Dinge heißen *Erscheinungen* (Phaenomena), weil sie von der Art der wissenschaftlichen Voraussetzungen abhängen, inbesondere von *Raum* und *Zeit,* in denen sie „erscheinen", und die so erst zu ihrer Erkenntnis verhelfen. Sie sind so ihrer Absolutheit entkleidet. Der Gedanke des HUMEschen Empirismus, die Dinge seien zwar absolut gegeben, wir könnten aber nicht zu ihnen vordringen, hat für den kritischen Kant keine Bedeutung mehr. Ebenso aber ist mit der transzendentalen „Dialektik" die Position des dogmatischen Rationalismus überwunden, wonach, wie es noch 1770 bei Kant hieß, die Sinnlichkeit die Dinge erkennt, wie sie erscheinen, der Verstand „wie sie sind". Der Gedanke einer voraus, vor der Erkenntnis und unabhängig von ihr gegebenen, absoluten „Welt" ist auf der Höhe der kritischen Philosophie überwunden; aus der Welt-„Substanz" ist die Welt-„Idee" geworden, die nicht mehr „konstitutive", sondern nur *„regulative"* Bedeutung hat, d. h. dazu dient, ins Unendliche (in indefinitum) die Erforschung der Naturerscheinungen zu vereinheitlichen. Gerade in dieser Hinsicht ist Kant als Kritiker der dogmatischen Metaphysik ein Erfolg beschieden gewesen, während die ihm folgenden Philosophen teils den Begriff des „Dinges" an sich vollends kritisch auflösten (FICHTE), teils zu dem Gedanken einer Erkenntnis (materiell) an sich bestehender Dinge zurückkehrten, so daß der dogmatische Empirismus heute noch unter den Einzelforschern zahlreiche Anhänger zählt. „Wenn die Klagen", sagt die Kritik der reinen Vernunft, „wir sehen das Innere der Dinge gar nicht ein, soviel bedeuten sollen, als wir begreifen nicht durch den reinen Verstand, was die Dinge, die uns erscheinen, an sich sein mögen, so sind sie ganz unbillig und unvernünftig; denn sie wollen, daß man ohne Sinne doch Dinge erkennen ... soll. Ins Innere der Natur dringt *Beobachtung* und *Zergliederung* der Erscheinungen, und man kann nicht wissen, wie weit dieses mit der Zeit gehen werde." Daneben entwickelt Kant den Gedanken, daß wir zwar die Dinge an sich nicht gegenständlich erkennen können, daß wir aber unserer selbst als des *intelligiblen Charakters* zugleich als eines Dinges an sich inne werden können. Hieran anknüpfend lehrt SCHOPENHAUER das metaphysische Weltwirken als das hinter allen Erscheinungen stehende absolute Ding an sich.

Diogenes von Sinope: kynischer Philosoph (412 bis 323 v. Chr.); setzte die Lehre des Antisthenes in die Praxis des Lebens um.

disjunkt (geschieden): disjunkte Begriffe sind unterschiedene Artbegriffe bei demselben Gattungsbegriff: rechtwinkliges und schiefwinkliges Dreieck. **Disjunktion:** logische Entgegensetzung. **disjunktiv:** gegensätzlich, entgegengesetzt; in disjunktiven Urteilen werden einem Subjekt verschiedene, einander ausschließende Prädikate zugeordnet: eine ganze Zahl ist entweder gerade oder ungerade; oder es wird verschiedenen einander ausschließenden Subjekten dasselbe Prädikat zugeordnet: entweder

der Kläger oder der Angeklagte hat gelogen. Ein disjunktiver Schluß enthält in seinem Obersatz ein disjunktives Urteil.

Diskrepanz: Mißton, Unvereinbarkeit, Abweichung.

diskursiv (auseinanderlaufend): das Denken wird als diskursiv bezeichnet, weil es in einem Durchlaufen und Vereinigen der verschiedenen Vorstellungen besteht. Diskursiv bedeutet daher begrifflich: Gegensatz zu intuitiv.

disparat: getrennt, unvereinbar; disparat heißen Begriffe, die kein Merkmal gemein haben, wie z. B. Verstand — Tisch.

Disposition: *logisch:* planmäßige Anordnung von Gedanken; *physiologisch* und *psychologisch:* ererbte oder erworbene Anlage, Fähigkeit; auch Gemütsstimmung, seelische Verfassung.

Dissimilation: Auflösung, Abbau der lebendigen Substanz.

Dissipation: Zerstreuung.

distinkt: unterschieden, deutlich. **Distinktion:** Unterscheidung.

Division: Einteilung eines Begriffs in die ihm untergeordneten Artbegriffe; ein divisives Urteil verknüpft ein Subjekt mit verschiedenen Prädikaten, die aber den ganzen Umfang des Subjektbegriffes umfassen müssen: Körper sind ihrem Aggregatzustande nach teils fest, teils flüssig, teils gasförmig.

docta ignorantia: gelehrte Unwissenheit, Wissen des Nichtwissens. Ursprünglich Ausdruck der mystischen Theologie (AUGUSTIN, DIONYSIUS AREOPAGITA u. a.). Von NIKOLAUS CUSANUS zur Bezeichnung seiner Lehre von der überrationalen, auf mathematischen Grenzbetrachtungen beruhenden Erkenntnis des Absoluten verwendet.

Dogma: Lehrsatz; Annahme ohne Beweis; theologisch: Glaubenssatz. Dogmatisch ist ein Denken, das auf Erfahrungserkenntnis und Erfahrungsbeweise verzichtet und die

Ableitung seiner Überzeugung von Glaubenssätzen für hinreichend beweiskräftig hält.

Dogmatismus: das Verfahren, aus vorausgesetzten Grundsätzen streng methodisch Sätze abzuleiten; in erkenntnistheoretischem Sinne die unkritische Voraussetzung einer möglichen Erkenntnis der Dinge an sich. Der Dogmatiker glaubt, in den Begriffen und Grundsätzen a priori metaphysisches Wissen zu besitzen, aus reiner Vernunft das Übersinnliche erkennen zu können, indem er die Vernunftprinzipien für Beweise metaphysischer Sätze (von der Fortdauer der Seele nach dem Tode, von der Freiheit des Willens, vom Dasein Gottes) hält. KANT: Dogmatismus ist die „Anmaßung, mit einer reinen Erkenntnis aus Begriffen ... allein fortzukommen. Dogmatismus ist also das dogmatische Verfahren der reinen Vernunft ohne vorangehende Kritik ihres eigenen Vermögens." Aber „die Kritik ist nicht dem dogmatischen Verfahren der Vernunft in ihrer reinen Erkenntnis als Wissenschaft entgegengesetzt" (denn diese muß jederzeit dogmatisch, d. i. aus sicheren Prinzipien a priori strenge beweisend sein). Dogmatisch bedeutet hier also streng-systematisch, mithin schulgerecht (nicht populär). In diesem Sinne ist WOLFF der größte unter allen deutschen dogmatischen Philosophen. — Dogmatisch ist nicht nur der, der alles, auch Übersinnliches, beweisen will, sondern auch der, der alles Übersinnliches verneint, denn beide überschreiten die Grenzen aller menschlichen Einsicht.

Doktrin: Lehre, Theorie. **Doktrinarismus:** starres Festhalten an einer Doktrin.

Dominante: in der Naturphilosophie REINKES bedeutet Dominante eine Oberkraft, die über den Energien steht und sie lenkt, aber selbst keine Energie ist; sie wirkt richtend, bestimmend auf die Naturkräfte ein, kann aber ohne diese nichts hervorbringen. s. a. *Archetypus*.

Doppel-Ich, Doppelbewußtsein: eine krankhafte Spaltung des Ich in zwei Persönlichkeiten, die in verschiedenen Perioden des Lebens ein verschiedenes, nicht durch Erinnerung verknüpftes Dasein führen. (Max Dessoir, Das Doppel-Ich, 2. verm. A. 1896)

Dualismus: Zweiheitslehre; allgemein eine Aufstellung zweier entgegengesetzter Prinzipien, wie gut und böse, (*ethischer* Dualismus); man unterscheidet ferner: den *religiösen* (Gott und Teufel), den *naturphilosophischen* (Geist und Materie), den *anthropologischen* (Leib und Seele), den *erkenntnistheoretischen* Dualismus (Sinnlichkeit und Verstand). Der *metaphysische* Dualismus PLATONS stellt der vergänglichen Erscheinungswelt das Urbild der ewigen Ideenwelt gegenüber. ARISTOTELES unterscheidet den Stoff, die Materie als das bloß der Möglichkeit nach Seiende und die Form, das gestaltende Prinzip, das aus der Möglichkeit zur Verwirklichung führt; alles Wirkliche ist geformter, zweckvoll gestalteter Stoff. DESCARTES ist der Hauptvertreter des *modernen* Dualismus durch seine Lehre von den beiden geschaffenen Substanzen: der *res cogitans*, der denkenden Substanz, der Seele, und der *res extensa*, der ausgedehnten Substanz, der Materie. Indem er zwischen der seelischen und der körperlichen Welt schroff unterscheidet und die ganze räumliche Natur als für sich bestehend ansieht, begründet er seine mechanische Naturauffassung, die auch die organische Natur, die Tierwelt, einschließt. In engerem Sinne dualistisch ist Descartes' Lehre von Leib und Seele. Im Menschen sind Leib und Seele, die an sich verschiedene Substanzen sind, durch Wechselwirkung in der Zirbeldrüse verknüpft. Nach KANT gilt der Dualismus von Materie und Seele nur im „empirischen Verstande", d. h. im Zusammenhang der gesamten Erfahrung ist Materie dem äußeren Sinne (Raum) wie das denkende Ich vor dem inneren Sinne (Zeit) gegeben. Aber dieser Dualismus darf nicht die Erscheinung mit Dingen an sich gleichsetzen und so den erfahrungsmäßigen Dualismus in einen absoluten, metaphysischen verwandeln. In unserem Jahrhundert: der *methodische* Dualismus zwischen Geistes- und Naturwissenschaft.

Dualität: Zweiheit, Zweigliederung.

Duns Scotus, Johannes (1270—1308): Philosoph der Hochscholastik, dessen kritischer Geist stark von ARISTOTELES, ANSELM und besonders AUGUSTIN beeinflußt ist; Gegner des Thomismus; im Universalienstreit Realist. Glauben und Wissen sind (im Unterschied zu THOMAS) Gegensätze. Sein Aristotelisches Wissenschaftsideal anerkennt die Theologie nicht als wahre Wissenschaft. Dennoch möchte er Philosophie und Dogmatik vereinen. — In seiner (psychologisch-ethischen) Lehre vom Willen nimmt er den *Primat des Willens* und seine Herrschaft über den Intellekt an: voluntas est superior intellectu. Das Wesen des Willens besteht in der *Freiheit*. Diese Freiheit des Willens dehnt er auch auf Gott aus. Sein Wille ist die Urtatsache: die gesamte sittliche und Natur-Ordnung ist von Gott abhängig. Doch ist das innerste Wesen der Freiheit des göttlichen Willens die *Liebe:* aus ihr heraus schafft er den Menschen nach seinem Bilde.

Dynamik: die Lehre von der Bewegung mit besonderer Berücksichtigung der Kräfte, die die Bewegung hervorrufen. Begründer der Dynamik ist GALILEI. Gegensatz: Statik. **dynamisch:** kraftartig, auf Kräften beruhend. Die dynamische Weltanschauung sieht in den Kräften das Wesen der Welt. So LEIBNIZ, der den Kraftbegriff nicht nur seiner dynamischen Physik zugrunde legt, sondern ihn auch metaphysisch verwertet, indem er als Substanzen krafterfüllte Einheiten hinstellt, die Monaden, seelische, unräumliche Krafteinheiten. Einen physikalischen Dynamismus begründete BOSCOVICH (1711—1787), der die Materie aus punktuellen Zentren aufgebaut denkt, zwischen denen anziehende und abstoßende Kräfte wirken. Auch KANT entwickelt eine ähnliche dynamische Theorie der Materie in seinen „Metaphysischen Anfangsgründen der Naturwissenschaft" (1786). Ein einflußreicher Vertreter des Dynamismus in der neuesten Zeit ist Henri BERGSON. (Vgl. Atom.)

Dysteleologie: Unzweckmäßigkeitslehre. HAECKEL weist darauf hin, daß in fast allen höheren Organismen sich auch zwecklose Körperteile finden, verkümmerte, entartete, rudimentäre Organe.

e: Bezeichnung des allgemein verneinenden Urteils; hergenommen von nego, o teilweise verneinend.

Ectypus: Abbild.

Egoismus: im Gegensatz zum *Altruismus* Rückbeziehung aller Werte usw. auf das Ich. Ethisch: Selbstsucht, eigennützige Gesinnung. Nach HOBBES ist der Mensch im Naturzustande ein durchaus selbstsüchtiges Wesen, so daß ein „Krieg aller gegen alle" die Folge ist, homo homini lupus. SCHOPENHAUER: „Die Haupt- und Grundtriebfeder im Menschen wie im Tier ist der Egoismus, d. h. der Drang zum Dasein und Wohlsein." STIRNER vertritt einen unbeschränkten Egoismus. — Der theoretische, erkenntnistheoretische Egoismus ist ein *Solipsismus,* der nur das erkennende Ich für allein wirklich hält.

egozentrisch: menschliche Verhaltensweise, die alles auf sich als Mittelpunkt bezieht und alles von sich aus betrachtet.

eidetisch: auf die „Form", d. h. auf das Wesen, die „ideale Bedeutung" bezüglich (HUSSERL); eidetische Wissenschaften sind „Wesenswissenschaften", die es nicht mit Tatsachen und Wirklichkeiten, sondern mit *Wesenserkenntnis* des *Bewußtseins* zu tun haben. (Vgl. Phänomenologie.) — Psychologisch ist die eidetische Anlage die Fähigkeit, Sinneseindrücke nach Aufhören der Reize deutlich als subjektive Anschauungsbilder wiederzuerleben. Individuen mit der Fähigkeit solcher „Anschauung" heißen *Eidetiker.* Die Eidetik ist besonders von E. R. JAENSCH erforscht worden.

Eidologie: Bilderlehre, HERBARTS Bezeichnung für den Teil der Metaphysik, der die Vorstellungen, die geistigen Erscheinungen erklärt.

Eidos: die Idee als Gestalt, Form, das objektive Weltprinzip PLATONS; bei ARISTOTELES die Form als Wesenheit der Substanz; bei HUSSERL s. Ideation. (Vgl. Idee, Form.)

Einbildungskraft: die Fähigkeit, gehabte Erlebnisse umzugestalten und schöpferisch Neues sinnvoll zu bilden. — KANT nennt Einbildungskraft das Vermögen, einen Gegenstand auch ohne dessen Gegenwart in der Anschauung vorzustellen. Von diesem psychologischen ist der erkenntnistheoretische Begriff der produktiven Einbildungskraft zu unterscheiden, die als synthetische Einheitsfunktion das Mannigfaltige der Anschauung zur anschaulichen Vereinigung bringt.

Einfühlung: allgemein die Fähigkeit, sich in das Seelenleben anderer hineinzuversetzen und mitzufühlen. s. LIPPS.

Einheit: 1. im Sinne des numerisch Einen das Einzelne der Zahl nach; 2. die Zusammenfassung einer Mehrheit zur Einheit. Die „Einheit des Bewußtseins" als synthetische Einheit der Apperzeption ist die Bedingung der Einheit der Erfahrung (KANT).

Einteilung: logische Einteilung eines Begriffs besteht in der Aufführung der Arten, die ihm als Gattungsbegriff untergeordnet sind. Das Merkmal, das der Einteilung zugrunde gelegt wird, heißt der Einteilungsgrund. Die Einteilung muß auf einem einzigen Einteilungsgrunde beruhen. So kann man die Menschen nach der Hautfarbe oder nach einem anderen Merkmale einteilen.

Eklektizismus: das Verfahren, sich durch Auswahl von Gedanken aus verschiedenen früheren Systemen ein eigenes zu bilden. Eklektiker im Altertum besonders CICERO, in der Neuzeit deutsche Philosophen im 18. Jahrhundert, die die strenge Methode WOLFFS verschmähen, wie CRUSIUS, FEDER u.a.

Ekstase: das Außer-sich-sein, das Entrücktsein; bei Philon (im 1. Jh. n. Chr.) das gänzliche Aufgehen in Gott, die mystische Vereinigung mit dem göttlichen Wesen unter Hingabe der Individualität; bei PLOTIN (im 3. Jh. n. Chr.)

die höchste Seligkeit der außerbewußten Verzückung im Einswerden mit der Gottheit; ein Schauen Gottes ähnlich bei den *deutschen Mystikern,* wie ECKHART, SUSO, TAULER, Jakob BÖHME u. a.

Eleaten: von XENOPHANES gegründete griechische Philosophenschule, die ihren Sitz in Elea (Unter-Italien) hatte. Sie lehrten die *Einheit* und *Unveränderlichkeit* des *Seins* gegenüber dem ewigen Werden der Welt wie HERAKLIT es lehrte. Das Sein ist und das Nicht-Sein bzw. das Werden ist nicht. Das Denken, nicht die sinnliche Anschauung führt zur Erkenntnis der Dinge. Zu den Eleaten zählen Xenophanes, Parmenides, Zeno aus Elea und Melissos aus Samos.

Elektra: Name eines bekannten antiken Fangschlusses; fragt man Elektra, ob sie den fern von ihr herangewachsenen Bruder, der jetzt verhüllt als Fremder vor ihr steht, kennt, so ist sowohl ihre Bejahung als auch ihre Verneinung dieser Frage unrichtig, denn sie kennt ihn nicht, weil sie nicht weiß, daß der neben ihr Stehende ORESTES ist; sie kennt ihn, weil er als Orestes, ihr Bruder, ihr vertraut ist (eine leeres Wortspiel mit der Zweideutigkeit des Kennens).

Element: die letzten, nicht weiter zerlegbaren Bestandteile der körperlichen Dinge. Als Begründer der Elementenlehre gilt EMPEDOKLES (im 5. Jahrh. v. Chr.), der (im Gegensatz zu THALES: Urelement = Wasser und ANAXIMENES: Urelement = Luft) alle zusammengesetzten Dinge auf vier „Wurzeln", die später sogenannten vier Elemente: Feuer, Luft, Wasser, Erde, zurückführen wollte, durch deren Verbindung nach bestimmten Proportionen alle Dinge entstehen. Später kam bei den Pythagoreern und bei ARISTOTELES als fünftes Element, als quinta essentia, der Äther hinzu. In der Chemie der Gegenwart zählt man 98 Elemente als Grundstoffe, die im Periodischen System (MEYER, MENDELEJEFF, 1869) nach ihrer inneren Verwandtschaft im System der Elemente geordnet erscheinen. Schon der englische Arzt Prout nahm bereits

1815 an, daß alle Elemente aus Wasserstoff als dem Urelement aufgebaut seien. In der *Atomphysik* fragt man nicht mehr nach den Urstoffen, sondern den Urbausteinen (Elementarteilchen) der Materie. Man unterscheidet das Proton, Neutron, das Alphateilchen, die positiven und negativen Elektrone, das Meson etc. In der *Psychologie:* Bei W. WUNDT ist *psychisches Element* die letzte nicht weiter teilbare Empfindung.

Elenchus: Widerlegung, Gegenbeweis; ignoratio elenchi: Unkenntnis des Widerspruchs zwischen zwei Behauptungen.

Emanation: Ausfluß; PLOTIN (205—270 n. Chr.) läßt die Welt aus dem Einen, der Gottheit, in der Art einer Emanation, eines Überquellens, einer Ausstrahlung in den Abstufungen Geist, Seele, Körper hervorgehen.

Emotion: Gemütsbewegung, Affekt. **emotional:** gefühlsmäßig, dem Gefühl, dem Affekt zugehörig. Heinrich MAIER stellt neben das erkennende, urteilende (kognitive) Denken ein nicht erkennendes, aus dem Gefühls- und Willensleben hervorgehendes Denken: das emotionale Denken, bei dem ein affektives (Ästhetik, Religion) und ein volitives (Ethik, Recht, Sitte) Denken zu unterscheiden ist.

Empedokles (490—430 v. Chr.): griechischer Philosoph und Arzt aus Agrigent. Verneint Entstehen und Vergehen der Substanz, führt jede Veränderung auf Mischung und Entmischung zurück. Begründer der Elementenlehre. Annahme von unveränderlichen, unentstandenen und unvergänglichen Urstoffen, der vier Elemente: Feuer, Luft, Wasser, Erde, die durch Liebe und Haß verbunden und getrennt werden. — Empedokles ist als Mystiker Anhänger des *orphisch-pythagoreischen Seelenwanderungsglaubens.* (Vgl. Element.)

Empfindung: früher auch identisch mit *Gefühl* gebraucht; in der modernen Psychologie: einfacher Bestandteil einer Sinneswahrnehmung (MÜNSTERBERG) oder Aufnahme und Bewußtwerden eines Reizes. Empfindung hat stets Qualität, Intensität, Klarheit und Dauer, sie kann peripher (Sinnes-Organempfindung) oder zentral erregt werden. Unterteilung auch nach den Sinnesorganen: Gesichts-, Geruchs-, Gehör-, Druckempfindung etc.

Empirie: Erfahrung. **Empiriker:** ein Forscher, der sich einseitig auf Beobachtung und Erfahrung stützt.

Empiriokritizismus: eine von Richard AVENARIUS (1843 bis 1896) begründete „Philosophie der reinen Erfahrung", die alle metaphysischen und apriorischen Bestandteile aus dem Erkennen ausscheiden und so eine „reine" Erfahrung herstellen will. Hauptwerk: Kritik der reinen Erfahrung (1888—1891). (Vgl. Lenin.)

empirisch: erfahrungsgemäß, auf Erfahrung beruhend. Empirische Begriffe, Anschauungen, Erkenntnisse sind auf Grund der Erfahrung gebildet.

Empirismus: Erfahrungsphilosophie, eine philosophische Richtung der Erkenntnistheorie, die alle Erkenntnis auf Erfahrung zurückführt. So nahmen schon die Stoiker an, daß die Seele bei der Geburt einer unbeschriebenen Wachstafel zu vergleichen sei, in die sich die Außendinge abdrücken und so Vorstellungen bewirken. Auch die Epikureer lassen alle Erkenntnis aus sinnlichen Wahrnehmungen hervorgehen. In der Neuzeit sind vor allem die englischen Denker Empiristen: BACON, LOCKE, BERKELEY, HUME, J. ST. MILL. Locke: „Ein Versuch über den menschlichen Verstand" (1690) gilt als Hauptvertreter des Empirismus. **Neoempirismus:** Grundthese: alle synthetischen Sätze und deskriptiven Prädikate müssen in einem bestimmten Zusammenhang mit Beobachtbarem stehen. Alle Begriffe werden durch ihre Reduktion auf das Erlebnisgeschehen geklärt. Die empirische Wirklichkeit ist die einzige. Sie besteht aus dem raumzeitlichen System des intersubjektiv Feststellbaren. Über den Empirismus von J. ST. MILL, MACH, WITTGENSTEIN hinausgehend fordert POPPER für die von der *Logik ausgehende Neuorientie-*

rung des Empirismus die Aufgabe seiner herkömmlichen Basierung auf der Induktion. **empiristisch:** Denkweise und Methode, die nur das auf Erfahrung gegründete Denken gelten lassen wollen.

Endursache: eine Ursache, die ein Ziel eines Vorganges vorwegnimmt und durch die Richtung auf dieses Ziel hin wirkt (Kant).

Energetik: in der *Physik:* die Lehre von der Energie und ihren Wandlungen; in der *Philosophie:* der energetische Monismus (OSTWALD). **Energetischer Imperativ:** Vergeude keine Energie, sondern verwerte sie (Ostwald).

Energie: Tätigkeit, Arbeitsfähigkeit. In der *Philosophie* seit ARISTOTELES: die verwirklichende Kraft im Gegensatz zur bloßen Möglichkeit des Stoffes (δύναμις). In der *Physik:* das Gesetz der Erhaltung der Energie, das für die Mechanik schon von Leibniz, für die gesamte Chemie und Physik von J. B. MAYER (1842) entdeckt wurde. Man unterscheidet: Bewegungs-, chemische, kinetische, Wärme-, Strahlungsenergie etc. OSTWALD ersetzte den Substanzbegriff durch den Begriff der Energie (energetischer Monismus). In der *Psychologie* ist Energie = Willensantrieb. **Spezifische Energie:** Nach Joh. MÜLLER (1801—1858) hat jedes Sinnesorgan eine spezifische, ihm eigentümliche Art und Weise, auf Reize zu antworten. Seine Deutung ist umstritten.

Enge des Bewußtseins: das Bewußtsein ist nur imstande, eine begrenzte Zahl von Vorstellungen gleichzeitig zu umfassen. Nach HERBART können sich wegen der „Enge des Bewußtseins" immer nur sehr wenige Vorstellungen über der „Schwelle des Bewußtseins" befinden.

Engels, Friedrich (1820—1895): wissenschaftlicher Theoretiker und Praktiker der Arbeiterbewegung, engster Freund von Karl MARX, mit dem zusammen er den dialektischen Materialismus begründete. Besonders in der Periode bis 1848, so etwa bei der gemeinsamen Abfassung der „Heiligen Familie", der „Deutschen Ideologie" und des „Kommunistischen Manifestes" (1848), sind Engels und Marx in ihren Anschauungen kaum zu unterscheiden. Im Unterschied zu Marx in der Spätzeit stärkere *(positivistische)* Betonung der *Dialektik* und deren Übertragung auf die *Naturwissenschaften,* wobei ein durchgehender Zusammenhang aller Naturerscheinungen behauptet wird. „Dialektik ist die Wissenschaft von den allgemeinen Bewegungs- und Entwicklungsgesetzen der Natur, der menschlichen Gesellschaft und des Denkens." Engels erstellt die drei „Gesetze der materialistischen Dialektik": Das Gesetz des Übergangs der Quantität in Qualität, das Gesetz der gegenseitigen Durchdringung der Gegensätze und das Gesetz der Negation der Negation. Philosophische Hauptwerke: Ludwig Feuerbach und der Ausgang der klassischen deutschen Philosophie (1886); Herrn Eugen Dührings Umwälzung der Wisenschaften, (sog. „Antidühring", gemeinsam mit MARX verfaßt, 1877 f.); Dialektik der Natur (veröffentl. 1925). (Vgl. Dialektik, Diamat, Marx.)

ens: das Seiende, Wesen; ens summum, perfectissimum, realissimum, das höchste, vollkommenste, allerrealste Wesen = Gott und ens a se = Gott; ens ab alio = alles, was erschaffen ist (in der Scholastik).

Entelechie: bei ARISTOTELES die zweckverwirklichende Kraft, Tätigkeit; so ist die Seele die Entelechie, das gestaltende Prinzip des Leibes. DRIESCH hat den aristotelischen Gebrauch der Entelechie wieder aufgenommen: die formbildenden Prozesse des Lebens sollen danach psysikalisch nicht voll erklärbar, sondern durch einen unräumlichen Faktor, die Entelechie, bedingt sein.

Entfremdung, Entäußerung: von HEGEL besonders in der „Phänomenologie des Geistes" als Bezeichnung für den *Verlust der ursprünglichen Freiheit,* in der klassischen Nationalökonomie zur Charakterisierung der Veräußerung der Ware gebrauchter Begriff. Entfremdung ist für Hegel sowohl *unvermittelte Wirklichkeit* (vgl. Vermittlung), die ihrer wahren Bestimmung, aufgehoben zu werden, „entfremdet" ist als auch das *„reine Bewußtsein"* als

„andere Form der Entfremdung, welche eben darin besteht, in zweierlei Welten das Bewußtsein zu haben." MARX hat die Entfremdung besonders anhand seines *Arbeitsbegriffes* entwickelt. „Die Arbeit ist das Fürsichwerden des Menschen innerhalb der Entäußerung oder als entäußerter Mensch." Bei der Produktion von Gütern, der wirtschaftlichen Tätigkeit überhaupt, wird der Mensch seiner wahren Bestimmung als Sein des Seienden entfremdet. Diese Auffassung ist in die *Anthropologie* aller späteren marxistischen Theorien miteingegangen (vgl. Marx).

Verdinglichung: besonders von Georg LUCÁCS im Anschluß an Marx verwendeter Begriff, der, im Unterschied zu der sich mehr auf den einzelnen Menschen in seiner konkreten Not beziehenden Entfremdung den objektiven, auf die Gesamtgesellschaft ausgedehnten Zustand der Wesensentäußerung alles menschlichen Seins und Daseins bezeichnet.

Enthymem: eine „im Geiste" festgehaltene Erkenntnis, die als Prämisse vorausgesetzt, aber nicht ausgesprochen ist; ein verkürzter Schluß: alle körperlichen Substanzen sind ausgedehnt, folglich zusammengesetzt. Hier ist der Obersatz „alles Ausgedehnte ist zusammengesetzt" ausgelassen.

Entität: Wesenheit.

Entwicklung: s. Evolution.

Enzyklopädie: den ganzen Kreis der Bildung umfassende Unterweisung; ein Hauptwerk der französischen Aufklärung ist die von DIDEROT und D'ALEMBERT 1751 bis 1780 in 35 Bänden herausgegebene „Enzyklopädie der Wissenschaften, Künste und Gewerbe". Zu den Enzyklopädisten zählen weiter: VOLTAIRE, TURGOT, HOLBACH, GRIMM und anfangs auch ROUSSEAU.

Epagoge: der Fortgang vom Einzelnen zum Allgemeinen, das logische Verfahren der Induktion.

Epicherem: ist ein Syllogismus (s. d.), in dem eine oder beide Prämissen verkürzte Syllogismen sind.

Epigenesis: die im Gegensatz zur Präformationstheorie von dem deutschen Naturforscher Kaspar Friedrich Wolff 1759 aufgestellte Theorie, daß ein Lebewesen durch Neubildung der im Keime nur als Anlage vorhandenen Organe entsteht. In übertragenem Sinne spricht Kant von einem „System der Epigenesis der reinen Vernunft", daß nämlich die Kategorien von seiten des Verstandes die Gründe der Möglichkeit aller Erfahrung überhaupt enthalten.

Epiktet (um 50—138 n. Chr.): Sklave, später freigelassen; Sittenprediger der (jüngeren) Stoa wie der gleichzeitige Seneca: Betonung des Religiösen. Trotz mancher Ähnlichkeit mit dem Neuen Testament kennt er keine Offenbarung, sondern nur die Vernunft als Grundlage der Ethik. Werke: sieben Bücher „Unterhaltungen" (von Arrian veröffentlicht) und das „Handbüchlein".

Epikur (341—270 v. Chr.): ursprünglich Anhänger des Demokrit, erstrebt er mit Hilfe der Philosophie die Glückseligkeit, die er in die „Schmerzlosigkeit" setzt. Er empfiehlt nicht jede augenblickliche Lust des Fleisches, sondern die *geistige Lust*, Zügelung und Einteilung der Begierden wie es dem Ideal des heiteren, friedlich-stillen Lebens, das der Weise führt, angemessen ist. Physik und Logik sind kaum ausgebildet. Man nennt seine Schule auch die „Philosophie des Gartens".

Ἐποχή = s. Husserl.

Epoche: 1. Enthaltung (von Urteilen), Postulat der antiken Skeptiker. 2. Bei Husserl: phänomenologische Ausschaltung *(„Einklammerung")* der metaphysischen Implikation des natürlichen Weltbildes. 3. Ein durch ein hervorragendes Ereignis bezeichneter *„Zeitpunkt"*, der zum Ausgang eines neuen Geschichtsabschnittes wird. 4. Ein solcher Geschichtsabschnitt selbst (vgl. M. Landmann, Das Zeitalter als Schicksal, 1956).

Erfahrung: das Auffassen von äußeren und inneren Vorgängen als wirklicher Geschehnisse. Grundbegriff des Empirismus. (Vgl. Locke.) Kant (K. d. r. V.): „daß alle unsere Erkenntnis mit der Erfahrung anfange, daran ist gar kein Zweifel", „der Zeit nach geht also keine Erkenntnis in uns vor der Erfahrung vorher, und mit dieser fängt alle an." Aber die Erfahrungserkenntnis ist nicht ein bloßes Zusammensein und Ablaufen von Wahrnehmungen im Subjekt, sondern eine objektive Vereinigung, eine Beziehung der Wahrnehmungen auf ein Objekt. Begriffe a priori (Kategorien) und Grundsätze a priori erweisen sich als die Bedingungen aller möglichen Erfahrung; der Verstand ist so „Urheber der Erfahrung", d. h. ein Apriori liegt der Erfahrungserkenntnis zugrunde. Erfahrung enthält zwei sehr ungleichartige Elemente, „nämlich eine Materie zur Erkenntnis aus den Sinnen und eine gewisse Form, sie zu ordnen aus dem inneren Quell des reinen Anschauens und Denkens." Die reinen Verstandesbegriffe aber dienen dazu, „Erscheinungen zu buchstabieren, um sie als Erfahrung lesen zu können", d. h. aus subjektiven Wahrnehmungen objektive Erkenntnis zu machen. In dieser Leistung des Verstandes liegt zugleich die Begrenzung des Erkennens auf den Bereich der Erfahrung: eine theoretische Erkenntnis des Übersinnlichen, der Dinge an sich, ist unmöglich, denn es fehlt die Beziehung auf Gegebenes: „die Möglichkeit der Erfahrung ist also das, was allen unseren Erkenntnissen a priori objektive Realität gibt." — Die Philosophie der „reinen Erfahrung" will alle Zutaten des Denkens ausmerzen und so den „natürlichen Weltbegriff" herstellen. So der Empiriokritizismus von AVENARIUS.

Erfahrungsurteil: ein auf Erfahrung begründetes Urteil im Unterschied von begrifflichen Urteilen oder Urteilen über Phantasiegebilde. KANT: *Wahrnehmungsurteile* sind Aussagen über Wahrnehmungen, subjektiv gültig, beziehen sich auf einen Zustand des wahrnehmenden Subjekts; *Erfahrungsurteile* (synthetische Urteile a posteriori) sind durch den Verstand objektivierte, zur gegenständlichen Erkenntnis verknüpfte Wahrnehmungen von objektiver, allgemeiner, notwendiger Gültigkeit, beziehen sich auf ein „Bewußtsein überhaupt", d. h. drücken einen von allem Subjektiven befreiten Sachverhalt aus.

Erinnerung: s. Gedächtnis.

Eristik: Streitkunst, wissenschaftlich ausgebildet als Disputierkunst bei den Megarikern, einer sokratischen Schule. Berühmt waren die „Fangschlüsse" dieser „Eristiker". (Vgl. acervus, cornutus, Elektra, der Lügner, Sorites.)

Eriugena, Johannes (810—877): bedeutender Denker des *Frühmittelalters,* der erstmals das frühmittelalterliche Weltbild zu systematisieren und die Dogmen der Kirche mit neuplatonischem Gedankengut zu verknüpfen sucht. Hauptwerk: de divisione naturae.

Erkenntnistheorie: die philosophische Deutung des Sinnes, der Grenzen und der Gültigkeit der Erkenntnis und die entsprechende Auslegung der Erkennbarkeit des Seins. Eine *psychologische* Richtung sucht diese Aufgabe durch Zergliederung und Beschreibung der Erkenntnisvorgänge zu lösen, indem sie so die Entstehung und den Bestand des Erkennens erklärt. Die *kritische* Erkenntnistheorie will in erster Linie die Bedingungen objektiv gültiger Erkenntnis, die logischen Grundlagen des Erkennens aufzeigen. LOCKE stellt sich die Aufgabe, „den Ursprung, die Gewißheit und den Umfang der menschlichen Erkenntnis zu untersuchen", KANT in seiner „Kritik der reinen Vernunft" (1781) will „den Ursprung, den Umfang und die objektive Gültigkeit" der Erkenntnisse a priori bestimmen. Er unterscheidet drei Standpunkte dem allgemeinen Problem einer Erkenntnistheorie gegenüber: der Dogmatismus glaubt, eine Prüfung des Erkennens entbehren zu können, da er ohne weiteres die Möglichkeit der Erkenntnis und sogar einer metaphysischen Erkenntnis voraussetzt; der Skeptizismus bezweifelt von vornherein jedes objektive Erkennen und ist so der Grundsatz einer kunstmäßigen Unwissenheit; der Kritizismus prüft die Möglichkeit des Erkennens durch eine Untersuchung des Erkenntnisvermögens, die Quellen, Umfang und Grenzen festsetzt. Man kann die *Hauptrichtungen* der Erkenntnistheorie nach den Antworten auf zwei Fragen unterscheiden. Auf die Frage nach dem *Ursprunge* der Erkenntnis antwortet der Rationalismus (Apriorismus), daß die Grundzüge der Erkenntnis in der Vernunft, in apriorischen Bedingungen begründet sind, der Empirismus, daß alle Erkenntnis wesentlich durch Erfahrung gegeben ist. Die zweite Frage nach dem *Werte,* der Geltung der Erkenntnis beantwortet der Realismus mit der Annahme, daß das Erkennen ein vollständiges oder doch in gewissen Grenzen sich abspielendes Abbilden der Dinge ist, daß wir also die Dinge so erkennen, wie sie an sich sind, während der Idealismus oder Phänomenalismus behauptet, daß wir die Dinge nur so erkennen, wie sie uns erscheinen, also in den Formen unseres Erkenntnisvermögens. In letzter Zeit hat L. NELSON die Erkenntnistheorie als „Begründung der objektiven Gültigkeit der Erkenntnis" für unmöglich erklärt. Nach REHMKE geht der Erkenntnistheorie die „Grundwissenschaft" voraus, die allein nur das „Gegebene" voraussetzt, noch nicht aber die Unterscheidung von Subjekt und Objekt.

Eros: Liebe; bei PLATON die Liebe zu den Ideen, der philosophische Trieb, der die Seele von der Liebe zum sinnlich gegebenen Schönen hinaufführt bis zur Schau des Urbilds aller Schönheit, der Idee des Schönen und damit auch zur höchsten Idee des Guten.

erotematisch: in Frageform entwickelt, ein Lehrverfahren in Frage und Antwort.

Erscheinung: allgemein alles, was uns in der Sinneswahrnehmung gegeben ist. Einen *metaphysischen* Sinn erhält der Begriff Erscheinung, wenn Erscheinung eine Darstellung einer an sich seienden absoluten Wirklichkeit bedeuten soll. So sieht PLATON in den sinnlich wahrnehmbaren Dingen Erscheinungen der übersinnlichen Ideenwelt, der wahren Urbilder. Auch für LEIBNIZ ist die räumliche Körperwelt eine „wohlbegründete Erscheinung" einer übersinnlichen geistigen Monadenwelt. Rein *erkenntnistheoretisch* bedeutet Erscheinung das in den Formen unserer Erkenntnisbedingungen gegebene Wirkliche, den Inbegriff der gesetzmäßig erfaßten Dinge. Bei KANT ist Erscheinung der „unbestimmte Gegenstand einer empirischen Anschauung"; Erscheinung mit Bewußtsein verbunden heißt Wahrnehmung. Da aber diese Erscheinungen (Wahrnehmungen) durch die Formen des Anschauens und Denkens erfaßt und bestimmt werden, so gilt: „Alle Erscheinungen liegen also als mögliche Erfahrungen ebenso a priori im Verstande und erhalten ihre formale Möglichkeit von ihm, wie sie als bloße Anschauungen in der Sinnlichkeit liegen und durch dieselbe der Form nach allein möglich sind." Aber „es folgt auch natürlicherweise aus dem Begriff einer Erscheinung überhaupt, daß ihr etwas entsprechen müsse, was an sich nicht Erscheinung ist", etwas, das wir zwar nicht erkennen, also ein x, nicht ein a, aber doch als Ding an sich müssen denken können; „denn sonst würde der ungereimte Satz daraus folgen, daß Erscheinung ohne etwas wäre, was da erscheint." Bei FICHTE ist Erscheinung = Produkt der Tätigkeit des Ich. In der *Psychologie* bezeichnet STUMPF die Erscheinungen im Gegensatz zu den „psychischen Funktionen" als Inhalte der Sinnesempfindungen oder als gleichartige Gedächtnisbilder.

Es: s. Psychonanalyse.

Eschatologie: theologische Lehre von den letzten Dingen, sowohl des Einzelmenschen (Tod, Gericht, Himmel bzw. Verdammnis) als auch vom Weltende und der damit verbundenen Neugestaltung einer „sündlosen" Welt.

esoterisch (innerlich): esoterische Lehren und Schriften sind für einen engeren Kreis der Esoteriker, der Eingeweihten, bestimmt. (Vgl. exoterisch.)

Essenz, essentia: Wesen, Wesenheit. Bei Gott fällt nach der Scholastik Essenz und Existenz zusammen. SPINOZAS erste Definition: „Unter Ursache seiner selbst verstehe ich das, dessen Essenz die Existenz einschließt."

essential, essentiell: wesentlich.

Ethik: Wissenschaft vom Guten, vom sittlichen Verhalten und von sittlichen Werten. Der Name Ethik stammt von ARISTOTELES, der der praktischen Philosophie die Bezeichnung Ethik gab und als höchstes Gut die vernunftgemäße geistige Betätigung erklärte. Der Name *Moralphilosophie*, philosophia moralis, geht auf SENECA zurück. Die verschiedenen ethischen Systeme unterscheiden sich vor allem hinsichtlich des Inhalts und der Begründung des Sittlichen. Für die griechische Ethik ist das Gute eng verbunden mit dem Schönen (Kalokagathie). Sie hat einen aristokratischen Charakter. Der von dem Sokratesschüler ARISTIPP zuerst scharf vertretene *Hedonismus* sieht dagegen in dem Streben nach Lust, nach Genuß das Ziel des menschlichen Handelns. Dieser Hedonismus ist eine extreme Abart des *Eudämonismus,* der Glückseligkeitstheorie, die das Glücksstreben zum Mittelpunkte macht. Der moderne *Utilitarismus* (BENTHAM, J. ST. MILL), die Nützlichkeitsphilosophie, kommt zu der Formel, erstrebenswert sei das größte Glück der größten Zahl und verbindet den Egoismus mit dem Altruismus, indem er das Interesse für die anderen mit dem Interesse der eigenen Person verknüpft. Alle diese materiellen Moralprinzipien, die nicht das Gute an sich zum Prinzip erheben, beruhen nach KANT auf einer Heteronomie (Fremdgesetzgebung) und verfehlen damit den Sinn des Moralischen. Das Moralische ist in der Autonomie, der *Selbstgesetzgebung der Vernunft,* bestimmt. Die *moderne* Ethik strebt von dem puritanischen Formalismus der Kantischen Ethik fort und sucht inhaltliche Bestimmungen des Wertes und der Ziele des Handelns. Neben die Individualethik tritt in zunehmendem Maße eine soziale Ethik. Zu: Materiale (Wert-) Ethik im Gegensatz zur formalen Ethik s. M. SCHELER; zu: Gesinnungs- und Verantwortungsethik s. M. WEBER. (Vgl. Imperativ, Egoismus, Altruismus, Eudämonismus.)

Ethos: Sitte, Gemütsart, Charakter. HERAKLIT: dem Menschen ist sein Ethos sein Dämon.

Eubulides: ein Megariker im 4. Jahrhundert v. Chr.; nach ihm sind die Fangschlüsse Elektra, der Verhüllte usw. benannt.

Eucken, Rudolf (1846—1926): bedeutend durch seine Geschichte der philosophischen Terminologie. Sein idealistischer Aktivismus steht im Dienst einer idealistisch-ethisch verstandenen Kultur. Hauptwerk: Die Einheit des Geisteslebens in Bewußtsein und Tat der Menschheit. (1888, 2. A. 1925.)

Eudämonie: Glückseligkeit, nach ARISTOTELES das Ziel alles Handelns, aber nicht sinnliche Lust, sondern Vernunftbetätigung.

Eudämonismus: eine Richtung der Ethik, die das Ziel menschlichen Handelns in der Glückseligkeit sieht. Je nach Auffassung des Glückbegriffs als sinnliche Lust oder geistige Befriedigung, individuelles Wohlbehagen oder soziale Wohlfahrt ergeben sich ganz *verschiedene* eudämonistische Lehren. Eudämonisten sind viele griechische Denker und die Aufklärungsphilosophen im 18. Jahrhundert. Gegner des Eudämonismus ist KANT: die allgemeine Glückseligkeit sich zum Objekt machen, kann zu keinem praktischen Sittengesetz führen, da Glückseligkeit einen von Mensch zu Mensch veränderlichen Inhalt hat. (Vgl. Hedonismus.)

Euthanasie: schöner Tod, die Kunst gut zu sterben.

Evidenz: Augenscheinlichkeit, unmittelbar einleuchtende Gewißheit, anschaulich oder logisch gesicherte Einsicht. (Vgl. Brentano.)

Evolution: Entwicklung; *Evolutionstheorie* (vgl. Präformationstheorie) als biologische Entwicklungslehre schon bei Empedokles, auch bei Kant in Anklängen vorhanden. LAMARCK und DARWIN (vgl. Lamarckismus, Darwinismus) versuchen, die Evolutionslehre zu begründen. SPENCER, der Philosoph des Evolutionismus, hat den Gedanken der Entwicklung aus einem zusammenhangloseren in einen zusammenhängenderen Zustand auf Natur, Geist, Gesellschaft und Geschichte angewendet. — Auch für HEGEL ist die Wirklichkeit ein Entwicklungsprozeß, der sich aber in der logisch-dialektischen Entfaltung der Vernunft, der Idee abspielt.

Ewigkeit: nicht soviel wie unbegrenzte Dauer, sondern Zeitlosigkeit. Die höchste Erkenntnis ist nach SPINOZA die Erkenntnis sub specie aeternitatis, unter der Form der Ewigkeit, der zeitlosen Schau des Wesens der Dinge. Nach LEIBNIZ sind die ewigen Wahrheiten die denknotwendigen Vernunftwahrheiten, wie die mathematischen und logischen, die nicht von der Zeit abhängen, sondern zeitlose Geltung besitzen.

exakt: genau; exakte Wissenschaften sind mathematischer Behandlung zugänglich, wie Astronomie, Physik, Chemie.

existentia: Dasein s. Existenz.

Existential: bei Martin HEIDEGGER dasjenige, was das Sein der Existenz betrifft, was die Existenz konstituiert. **Existentiale Analytik:** Interpretation des Menschen im Hinblick auf die Konstitution seiner Existenz. **Existentialien:** Grundstrukturen oder Seinscharaktere des menschlichen Seins oder Daseins.

Existentialismus: die in Frankreich besonders von J. P. SARTRE, A. CAMUS und M. MERLEAU-PONTY, als christlicher Existentialismus von G. MARCEL und E. MOUNIER (*Personalismus*) im Anschluß an PASCAL und HEIDEGGER vertretene Existenzphilosophie, die (in ihrer Sartreschen Ausprägung) jegliche Transzendenz leugnet, die Endlichkeit des Menschen verabsolutiert und zugleich eine Lehre der grenzenlosen Verzweiflung und grenzenlosen Hoffnung des Menschen ist.

Lit.: René Montigny, J.-P. Sartre und der Existentialismus (1948); Christlicher Existentialismus: Gabriel Marcel, ed. Etienne Gilson (1951).

Existentialität: Sein von Existenz. **Existentiell:** Verständnis, in dem der Mensch seine eigene Existenz begreift.

Existenz: in der *Existenzphilosophie* ist der Begriff der Existenz a) allein auf die menschliche Existenz bezogen und bezeichnet b) im Gegensatz sowohl zu den Traditionen der idealistischen Philosophie als auch der Lebensphilosophie den innersten Kern des Menschen jenseits alles inhaltlich Angebbaren. Bei KIERKEGAARD steht der die ästhetische, ethische bis zur religiösen Existenzstufe durchlaufende, konkret existierende (oder „subjektive") Denker, der sich auf sich selbst bezieht, im Gegensatz zum abstrakt-systematischen Denker Hegels. „Existieren läßt sich nicht denken." Existieren heißt, aus der Verzweiflung an der Endlichkeit des Selbst als Einzelner („der Einzelne") zu sich selbst kommen, selbst sein und sich selbst begreifen. Kierkegaards Existenzbegriff ist ursprünglich wesentlich religiös, auf das „Entweder-Oder" einer absoluten Entscheidung im Angesicht Gottes bezogen. Bei HEIDEGGER ist Existenz a) Sein des Daseins und eine Seinsmöglichkeit, zu der sich das Dasein verhält. Im Unterschied von der Unterscheidung der essentia und existentia eines Seienden ist die Existenz sein Wesen; b) nennt Ek-sistenz im Unterschied zur bloßen existentia (Wirklichsein) „die Bestimmung dessen, was der Mensch im Geschick der Wahrheit ist." Bei JASPERS ist Existenz, was sich zu sich selbst und darin zu seiner Transzendenz verhält. Bei SARTRE ist Existenz alles, was Gegenstand des Bewußtseins werden kann. Existenz ist so mannigfach wie das Sein, das sich seinerseits in An-sich und Für-sich spaltet. Für G. MARCEL ist Existenz identisch mit „Teilhabe", im Grunde aber nicht begreifbar, sondern das, „was der Geist als das eigentlich Unübersteigbare, Untranszendierbare anerkennen muß."
— *Existenzialurteile* behaupten das Dasein von Gegenständen.

Existenzerhellung: bei K. JASPERS: das Transzendieren von den bloßen Daten der Erfahrung zu einer Erhellung des eigentlich menschlichen Seins.

Existenzphilosophie, auch **Existentialphilosophie:** ist eine vor allem in Deutschland nach dem ersten Weltkrieg durchgebrochene philosophische Strömung, die ähnlich der Lebensphilosophie und z. T. auf Grund der Wiederentdeckung KIERKEGAARDS (besonders seines Existenzbegriffes) sich von einem „subjektiv nicht gebundenen zu einem subjektiv gebundenen Denken" (Bollnow) zurückwandte und sowohl die rationalistisch-cartesianische wie auch die Lebens-Philosophie zu überwinden suchte. Die Existenzphilosophie geht vom *Menschen* (dem menschlichen *Dasein*) als einem in der Welt stehenden aus und will ihn aus seiner Entfremdung und Selbstentfremdung (ähnlich wie auch der Marxismus) befreien. Die Hauptvertreter der deutschen Existenzphilosophie sind M. HEIDEGGER und K. JASPERS, ferner die Dichter R. M. RILKE und F. KAFKA. Für Heidegger ist die *Fundamentalontologie* des menschlichen Daseins nur Vorbereitung zu einer universalen Ontologie, er lehnt die Bezeichnung „Existenzphilosoph" ab. Jaspers arbeitet mit der Methode der *Existenzerhellung* (s. d.), doch geht seine umgreifende Metaphysik über seinen existenzphilosophischen Ansatz hinaus, obwohl er die Existenzphilosophie ausdrücklich für sich in Anspruch nimmt.

Lit.: O. F. Bollnow, Existenphilosophie (4. A. 1955); L. Gabriel, Existenzphilosophie (1951); Fr. Heinemann, Existenzphilosophie — lebendig oder tot? (1954); E. Mounier, Einführung in die Existenzphilosophie (1949).

exoterisch: nach außen hin; für die Außenstehenden, Nichteingeweihten, auch im Sinne von populär, nicht streng methodisch. (Vgl. esoterisch.)

Experiment: Versuch, Erfahrung. Das Experiment besteht wesentlich in einer Herstellung von Bedingungen, die eine möglichst zahlenmäßig feststellbare Gesetzlichkeit erkennbar machen. GALILEI ist der Begründer der experimentellen Methode: das aus der Annahme der beschleunigten Bewegung errechnete Fallgesetz prüft er durch Messung des Falls auf der schiefen Ebene. **Experimentell:** auf (geregelten) Versuchen beruhend. **Experimentelle Psychologie:** die von W. WUNDT begründete Psychologie, die mit Hilfe von Experimenten psychische Gesetze (analog der Gesetzbildung in der Naturwissenschaft) erstellen will.

extramental: außerbewußt, außerhalb des Bewußtseins.

extramundan: außerweltlich.

Faktizität: Tatsächlichkeit (Mills „Matter of Fact").

Fallazien: Fehlschlüsse, Trugschlüsse.

Fangschlüsse: Bezeichnung für gewisse Trugschlüsse der Eristiker (Streithähne) der megarischen Schule. (Vgl. acervus, Elektra, Lügner, Kahlkopf, Sorites.)

Fatalismus: ein Glaube, daß alles Geschehen vom Schicksal, Fatum, vorausbestimmt ist, so daß der menschliche Wille dem unabwendbaren Geschick gegenüber ohnmächtig ist. So denken einige Stoiker und der Islam.

Fechner, Gustav, Theodor (1801—1887): vertritt einen von SCHELLING beeinflußten *Panentheismus* und *Panpsychismus*. Alles was existiert, ruht im Göttlichen und ist beseelt, auch Pflanzen und Gestirne. Er begründet die sog. *Psychophysik* und *experimentelle Psychologie*. Die Ästhetik muß „von unten" betrieben, auf Erfahrung und Induktion gestützt werden. Hauptwerke: Zendavesta (1851), Vorschule der Ästhetik (1876).

Fehlschluß: ein formal unrichtiger Schluß, ein Verstoß gegen die Regeln des Schließens. Beispiel: jeder wahre Christ ist ein guter Mensch, kein Heide ist ein wahrer Christ, also — ist kein Heide ein guter Mensch. (Vgl. auch quaternio terminorum.)

Fetischismus: der Glaube an Fetische, Zaubermittel, beliebige Gegenstände, denen Zauberkraft zugeschrieben wird, die als Sitz eines Geistes verehrt werden; die niederste Stufe der Religionsvorstellungen.

Feuerbach, Ludwig (1804—1872): Anhänger HEGELS und der *Hegelschen Linken,* bedeutend durch seine Mittlerstellung zwischen Hegel, dem naturwissenschaftlichen Materialismus und MARX. Unter Beibehaltung der Dialektik unternahm er eine „materialistische Umkehrung" des Hegelianismus. In seiner *Religionskritik* identifiziert er die Theologie mit der Philosophie und reduziert Gott auf den Menschen und die Philosophie auf die *Anthropologie*. Besonders dem Marxschen Ideologiebegriff hat Feuerbach mit seiner Lehre, daß der Mensch seine Religion selbst macht, die Religion als *menschliche Selbstentfremdung* und Gott als Ersatz der ungöttlichen Wirklichkeit aufgefaßt werden müssen, vorgearbeitet. — Wichtig ist auch „die Philosophie der Zukunft" (1843), seine Entdeckung des Du als einer ursprünglichen Gegebenheit, sein Lob der Sinne. Durch den Begriff der *Projektion* arbeitet er auch der Psychoanalyse vor. Hauptwerk: Das Wesen des Christentums (1841).

Fichte, Johann, Gottlieb (1762—1814): bedeutender Vertreter des *deutschen Idealismus*, dessen philosophisches System sich in seiner „Wissenschaftslehre" (1794) — für Fichte ist Wissenschaftslehre = Philosophie — entscheidend in der Fortführung der Kantischen Gedanken und im Widerspruch zu ihm entzündet. Im Gegensatz zu den Kantischen „Vorstellungen" postuliert er die Notwendigkeit eines *absoluten Prinzips,* das diese Vorstellungen zur „Erfahrung" erhebt und ein System ermöglicht. Dieses absolute Prinzip ist ihm das *Selbstbewußtsein*. Während der Dogmatismus das Bewußtsein als von den Dingen produziert erklärt, deduziert der Idealismus die gesamte Erfahrung aus dem Selbstbewußtsein. Durch die Annahme, daß das Selbsbewußtsein die Welt setzt, überwindet Fichte die Kantische Lehre vom Ding an sich (s. d.). Die Welt soll aus dem schlechthin unbedingten Grundsatz: „Setze dein Ich" abgeleitet werden. Dieser Grundsatz ist keine Tatsache, sondern eine Forderung, eine Tathandlung. Er kommt so zu drei besonderen Grundsätzen: 1. Das *Ich* setzt ursprünglich schlechthin sein eigenes Ich. 2. Dem Ich wird schlechthin ein *Nicht-Ich* entgegengesetzt. 3. Ich setze im Ich dem teilbaren Ich ein teilbares Nicht-Ich entgegen. Unter dem Ich ist die Ichheit, die allgemeine Vernunft, nicht das individuelle Ich zu verstehen. Aus dem dritten Grundsatz folgt, daß sich Ich und Nicht-Ich gegenseitig bestimmen. „Das Ich setzt sich als bestimmt durch das Nicht-Ich" ist die Grundlage der *theoretischen* Philosophie. „Das Ich setzt sich als bestimmend gegenüber dem Nicht-Ich" ist die Grundlage der praktischen Philosophie. In der *praktischen* Philosophie liegt das Schwergewicht von Fichtes Denken. Das natürliche Sein ist ihm nur Material des sittlichen Willens. Die Begründung der Sittenlehre geschieht deduktiv. Ich finde mich selbst als mich selbst nur wollend. Die praktische Wissenschaftslehre ist auf einem Entschluß aufgebaut. Ich will selbständig sein, darum halte ich mich dafür. Fichtes *Ethik* geht also von einem Glauben aus. Der erste Glaubensartikel lautet: Ich bin wirklich frei. Der Primat der praktischen Vernunft steht für ihn außer Frage. Die Vernunft bestimmt sich selbst und kann durch nichts außerhalb ihrer selbst bestimmt werden. Sittengesetz und wirkliche Tat werden vereinigt durch die *Freiheit*, die Sinnenwelt durch die intelligible zu bestimmen. Der Naturtrieb, dem der Mensch im gewissen Sinne verhaftet ist, ist das Mittelglied zwischen Freiheit und Notwendigkeit. Aus der Verbindung des Naturtriebes mit dem reinen Trieb nach der Freiheit ergibt sich die Sittenlehre. Der sittliche Trieb hat vom Naturtrieb das Materiale, vom reinen die Form. Fichte hat auch einen kategorischen Imperativ: Handle stets nach bester Überzeugung von Deiner Pflicht! Handle nach Deinem Gewissen! — Der Endzweck der Sittenlehre ist die Realisierung der Vernunft in einer Gemeinschaft freier Wesen. Nicht das Volkswohl, sondern die Gerechtigkeit ist das höchste Gesetz. Von der Sittenlehre getrennt ist die *Rechtslehre*. Die Rechtsgemeinschaft fordert: Beschränke Deine Freiheit so, daß alle andern neben Dir auch frei sein können. — Sein Denken kulminiert in seiner *Staatslehre:* den letzten Zweck der wissenschaftlichen Bemühung sieht er in einer vernünftigen Ordnung der menschlichen Dinge. „Das Recht zum Ich" erklärt er zum allgemeinen menschlichen Grundrecht; das Recht selbst wird ihm zum „Grundbegriff des geistig-seelischen Seins" (Cassirer). Fichte ist Revolutionär; gemäß seiner Lehre von der absoluten Freiheit des Ich, das sich erst im Handeln ergreift, folgt der Primat des menschlichen Wirkens gegenüber dem reinen Denken. — Um die Jahrhundertwende bekommt Fichtes Philosophie einen Zug ins Religiöse und Mystische. Er sucht Gott nicht mehr in der sittlichen Weltordnung, nicht mehr im sittlichen Handeln, sondern im absoluten Sein, im Gefühl, in der Liebe und in der Seligkeit. In dieser Zeit entwickelt er auch eine *religiös gefärbte Geschichtsphilosophie*. Ihr Endziel ist der Vernunftstaat. Die Welt- und die Freiheitsgeschichte bestehen in der fortschreitenden Erziehung des Menschengeschlechts. Hauptwerke: Versuch einer Kritik aller Offenbarung (1792); Die Wissenschafslehre (1794); System der Sittenlehre nach Prinzip der Wissenschaftslehre (1798); Die Bestimmung des Menschen (1800); Der geschlossene Handelsstaat (1800); Reden an die deutsche Nation (1808).

Fiktion: Erdichtung, erdichtete oder doch ohne Rücksicht auf reale Gültigkeit gemachte Annahme. s. VAIHINGER.

Finalität: zweckvolle Wirksamkeit, Zweckgeschehen; causa finalis, die Zweckursache.

Fixierung: Festlegung; in der psychoanalytischen Theorie FREUDS gebrauchter Begriff, der die durch Störungen der Entwicklung verursachte Bindung der Libido an ihre frühen Stufen bezeichnet.

Folge: 1. zeitliche Aufeinanderfolge; 2. logische Abhängigkeit vom Grunde. (Vgl. Grund).

Form: die äußere Hülle, sinnlich wahrnehmbare Gestalt eines Gedachten oder eines Gegenstandes oder auch die Ordnung der Begriffe im Gegensatz zum Inhalt, zur inneren Struktur; bei DEMOKRIT und PLATON sind die „reinen Formen" (ἰδέαι) das wahre Wesen der Dinge; bei ARISTOTELES die zweckmäßig wirkende Kraft, die den Stoff zur Wirklichkeit gestaltet, die bloße Möglichkeit zur

Verwirklichung bringt, so etwa aus dem Marmorblock die fertige Bildsäule durch die zwecktätige Arbeit des Künstlers herausgestaltet. Alles Wirkliche ist geformter Stoff. Die „reine Form" bedarf keines Stoffes, sie ist unmittelbar wirklich als vollkommenes Sein der Gottheit. Die sich an Aristoteles anschließende *Scholastik* entwickelt eine Metaphysik der substantiellen (wesenhaften) Formen. Eine erkenntnistheoretische Bedeutung hat der Formbegriff bei KANT: „In der Erscheinung nenne ich das, was der Empfindung korrespondiert, die *Materie* derselben, dasjenige aber, welches macht, daß das Mannigfaltige der Erscheinungen in gewissen Verhältnissen geordnet werden kann, nenne ich die Form der Erscheinung." Die Materie der Erscheinung wird in der Wahrnehmung, a posteriori, gegeben, die Form aber muß als formale Bedingung der empirischen Anschauung zugrunde liegen. Raum und Zeit sind die reinen Formen der sinnlichen Anschauung, sind Anschauungsformen a priori; die Kategorien sind Gedankenformen, um aus gegebenen Anschauungen Erkenntnisse zu machen; sie sind die intellektuellen Formen aller Erfahrung. Bei HERDER, GOETHE und W. v. HUMBOLDT ist wesentlich der Begriff der „inneren Form" (s. dazu schon SHAFTESBURY). HEGEL unterscheidet (und identifiziert) Form und Wesen: „Die Form ... an ihr selbst ist die in sich zurückkehrende Reflexion oder das identische Wesen." Sie ist „das Scheinen des Wesens an ihm selbst" und die dem Wesen „innewohnende Reflexion". Ferner „schlagen" Form und Inhalt „ineinander um". „Bei dem Gegensatz von Form und Inhalt ist wesentlich festzuhalten, daß der Inhalt nicht formlos ist, sondern ebensowohl die Form in ihm selbst hat, als sie ihm ein äußerliches ist. Es ist die Verdoppelung der Form vorhanden, die das eine Mal in sich reflektiert der Inhalt, das andere Mal als nicht in sich reflektiert, die äußerliche, dem Inhalte gleichgültige Existenz ist." **formal**: auf die Form, nicht den Inhalt bezüglich; die *formale Logik* ist Wissenschaft von den allgemeinen Formen des Denkens, die von einem besonderen und bestimmten Inhalt absieht. **Formalismus**: in der modernen Logik wird die Logik in mathematische Formeln gefaßt und das aus ihnen bestehende einheitliche System als ein Zeichensystem gesetzt. Entscheidend ist die formale Widerspruchsfreiheit (D. Hilbert). — Man unterscheidet auch ethischen und ästhetischen Formalismus.

Frege, Gottlob (1848—1925): Mathematiker und Logiker, der die gesamte moderne Logik und Logistik entscheidend beeinflußt und die logische Begründung der Mathematik eingeleitet hat. Hauptwerk: Begriffsschrift (1879), in dem in systematischer Form wesentliche neue Einsichten in das Wesen der modernen Logik dargestellt und eine Reihe mathematisch-logischer Sätze aus wenigen Grundaxiomen „lückenlos" abgeleitet sind. Frege hat z. B. zuerst den Unterschied zwischen *Variable* und *Konstante*, zwischen *Gesetz* und *Regel* betont, den Begriff der *logischen Funktion*, des *Quantors*, die Idee der *mehrstelligen Funktion* formuliert und die *Theorie der Kennzeichnung* begründet. B. Russel (s. d.) hat Frege wieder entdeckt und seine Gedanken in den „Principia Mathematica" verarbeitet.

Freidenker: eine aus dem englischen Deismus hervorgegangene Richtung, die für volle Denkfreiheit auch der Religion gegenüber eintrat und den positiven Dogmen eine allen Menschen gemeinsame natürliche Vernunftreligion gegenüberstellte. Hauptvertreter Toland (1670 bis 1722), Collins (1676—1729) und Tindal (1656—1733).

Freiheit: unabhängig von Zwang, Bestimmung durch das eigene Selbst. Voraussetzung *aller Ethik.* Man unterscheidet Freiheit von und Freiheit zu. Religiöser und naturwissenschaftlicher Determinismus leugnen die Freiheit. In der Existenzphilosophie ist „die Angst der Schwindel der Freiheit" (Kierkegaard). Bei Jaspers darf die Existenz selbst keine ontologische Struktur haben, weil sonst ihre Freiheit verloren ginge. So ist ihm Freiheit gleich Existenz. Bei Sartre gründet das Nichts die Freiheit, zu der der Mensch in grenzenloser Angst und Einsamkeit verurteilt ist. (Vgl. Willensfreiheit.)

Freud, Sigmund, s. Psychoanalyse.

Fries, Jacob, Friedrich (1773—1843): Hauptwerk: Neue oder anthropologische Kritik der Vernunft (1807), in dem er sich gegen die Vernunftkritik Kants wandte.

Fundamentalontologie: ein von M. Heidegger in seinem Werk „Sein und Zeit" gebrauchter, später aufgegebener Begriff, der die Ontologie des menschlichen Daseins bezeichnet.

Funktion: Verrichtung, Leistung. *Physiologisch:* Betätigungsweise von körperlichen Organen; *mathematisch* (und *logisch):* ein Abhängigkeitsverhältnis zwischen Größen, so daß die Veränderung der einen Größe eine bestimmte Änderung der anderen zur Folge hat, $y = f(x)$ bedeutet: y ist eine Funktion von x. Ernst Mach will die Begriffe Ursache und Wirkung durch den Funktionsbegriff ersetzen. (Vgl. Kausalität.) Ähnliche Bestrebungen bei manchen Vertretern des Neukantianismus (Cassirer, „Substanzbegriff und Funktionsbegriff"). Diese Art des „funktionalen" Denkens ist auch charakteristisch für die neueste Entwicklung der theoretischen Physik. — Nach Frege (Funktion und Begriff, 1891): Ein molekularer Ausdruck (s. d.), in dem eine Variable (s. d.) erscheint. Vgl. auch Aussagefunktion. **Funktionspsychologie:** C. Stumpf unterscheidet Erscheinung und Funktion im seelischen Erlebnis.

Fürsich: bei Hegel die Synthese oder auch Vermittlung aus „Ansich" und „Dasein", auch synonym gebraucht mit der „reinen Entwicklung". Bei Sartre ist das Pour-soi das menschliche Sein in seinem beständigen Werden (von innen gesehen), das dem „absoluten Ich" Kierkegaards nahekommende Fürsich-Dasein der Existenz.

Furcht: s. Angst.

Galilei, Galileo (1564—1642): Naturwissenschaftler und Philosoph, Wegbahner und Begründer der neueren Erkenntnistheorie, Kämpfer gegen die aristotelisch-scholastische Naturauffasung und die Autoritätsgläubigkeit der Kirche. Er entwickelt das Wissenschaftsideal der mechanisch-mathematischen Naturerklärung: die Forschung hat *experimentell* und *induktiv* vorzugehen. Die optischen und akustischen Qualitäten, die sich quantitativ messend nicht nachweisen lassen, sind nur subjektiv. Die Inquisition zwang ihn, sein Eintreten für KOPERNIKUS zu widerrufen. Hauptwerke: Il saggiatore (1623) und Dialog über die beiden Weltsysteme (1632).

Ganzheit: das die einzelnen Teile als Ganzes Umfassende, das mehr als die bloße Summe der Teile ist. Das Ganze und die Teile sind durcheinander bedingt. Nach DRIESCH ist Ganzheit eine echte Kategorie, „ein geordnetes Etwas, in dem jeder Teil seinen ganz bestimmten Beziehungsort hat." — DILTHEY stellt den Begriff der Ganzheit („Totalität unseres Wesens") der Auffassung der atomistisch konstruierenden Assoziationspsychologie gegenüber. (S. a. Gestaltpsychologie.) O. SPANN bildet den Begriff der sozialen Ganzheiten (Gesellschaft als ein Ganzes). HEIDEGGER: „Die Frage nach dem Ganzseinkönnen ist eine faktisch-existentielle." Die „Sorge" (s. d.) ist die Bedingung der „Ganzheit des Strukturganzen des Daseins", das „Ich" hält die Ganzheit des Strukturganzen zusammen. (Vgl. Struktur.)

Gassendi, Pierre (1592—1655): Physiker und Philosoph, Kenner der Schriften Kopernikus' und Galileis, Vorläufer von Newton und Kant in seiner Auffassung von Raum und Zeit, von Lucrez und vom französischen Skeptizismus beeinflußt, richtet sich sein atomistisches System, gegliedert in Logik, Physik und Ethik, gegen Descartes' Satz: *cogito, ergo sum* mit dem Einwand, daß jede andere seelische oder körperliche Tätigkeit uns genau so wie das Denken von unserer Existenz überzeugt. Dabei erkennt er nicht, daß die Einheit des Bewußtseins Ausgangspunkt des cogito, ergo sum ist.

Gattung, Gattungsbegriff: Begriffe, die eine Reihe wesentlicher Merkmale der untergeordneten Artbegriffe zu einer in sich zusammengehörenden gedanklichen Einheit zusammenfassen. — **Gattung im konkreten Sinne** ist die Gesamtheit der unter einen Gattungsbegriff fallenden Gegenstände. So ist die menschliche Gattung als die Gesamtheit aller existierenden Menschen zu unterscheiden vom Gattungsbegriff Mensch.

Gedächtnis: die Fähigkeit, einmal aufgenommene Eindrücke zu bewahren, frühere Vorstellungen wiederzuerwecken oder wiederzuerkennen und dem Bewußtsein neue Eindrücke und Erlebnisse zu vermitteln. **Erinnerung** ist demgegenüber die aktiv-bewußte Wiederbelebung früherer Erlebnis- und Bewußtseinsinhalte.

Gefühl: im Unterschied zu Denken und Wollen, die sich auf die äußere Welt beziehen, galten Gefühle (Lust und Unlust, Liebe und Haß etc.) seit ihrer wissenschaftlichen Entdeckung im 18. Jahrhundert lediglich als „subjektive Zustände". Erst BRENTANO entdeckte die *Intentionalität auch des Gefühls*. Doch gibt es auch rein zuständliche Gefühle (sog. Stimmungen).

Gefühlsmoral: eine ethische Richtung, die die Sittlichkeit auf das Gefühl gründet; im Menschen lebt ein natürliches Gefühl für das Gute und Schöne. So SHAFTESBURY (1671—1713) und HUTCHESON (1694—1747). HUME (1711 bis 1776) und Adam SMITH (1723—1790) führen das sittliche Handeln auf die Gefühle der Sympathie zurück.

Gefühlsphilosophie: eine Philosophie, die wesentlich im Gefühl ihre Grundlage hat und nicht im Denken. Gefühlsphilosophen sind ROUSSEAU, HAMANN, F. H. JACOBI, HERDER. Das religiöse Gefühl ist nach Schleiermacher das „schlechthinnige Abhängigkeitsgefühl".

gegeben: bei KANT: alles, was aus dem Denken nicht ableitbar und für den Erkenntnisakt Voraussetzung ist. Für die *Grundwissenschaft* REHMKES ist das „Gegebene" der Gegenstand der Philosophie überhaupt. Das Gegebene ist der „vorgefundene" Gegenstand, für den noch ganz unentschieden ist, ob er wirklich oder unwirklich ist. Umgekehrt ist für den Neukantianismus der Marburger Schule das Gegebene kein Gegenstand, sondern ein bloßes X, welches nur die Bedeutung hat, die empirische Grenze unseres Erkennens als eine vorläufige festzulegen. Hermann Schwarz hat eine (Religions-)Philosophie des „Ungegebenen" aufgestellt. (Vgl. Ding an sich.)

Gegensatz: in der Logik das Verhältnis zweier Begriffe oder Urteile, die sich gegenseitig ausschließen. Kontradiktorisch entgegengesetzt sind Begriffe, von denen der eine die Verneinung des andern ist, wie schwarz, nicht schwarz; einen konträren Gegensatz bilden Begriffe, die die äußersten Glieder einer Reihe bilden, wie weiß—schwarz, lieben—hassen.

Gegenstandstheorie: Bezeichnung für die, von Brentano beeinflußte, der *Phänomenologie* verwandte, aus psychologischen Voraussetzungen entwickelte Erkenntnislehre Meinongs und seiner Schule. Nach Meinong sind die apriorischen Urteile keine Denkformen, sondern in der Natur ihrer Gegenstände begründet, und selbst die Reflexionsbegriffe haben es mit Gegenständen, nämlich mit „idealen Gegenständen höherer Ordnung" zu tun. Dabei ist zwischen Gegenständlichkeit und Wirklichkeit scharf zu unterscheiden. Jeder Denkinhalt kann als Gegenstand theoretisch behandelt werden, ob er „möglich" oder „unmöglich", ob er „wirklich" oder „unwirklich" ist. Es gibt nach Meinong auch „unmögliche Gegenstände". Wir müssen also beim Urteil unterscheiden zwischen seinem *Objekt,* als dem, worüber geurteilt wird, und seinem *Objektiv,* als dem, was geurteilt wird. Ein Urteil ist dann wahr, wenn sein Objektiv Tatsache ist. Ist die Gegenstandstheorie auf der einen Seite aprioristisch und streng objektivistisch, so ist sie auf der anderen Seite empiristisch.

Geheimwissenschaften: Dessoir unterscheidet in seiner Schrift „Vom Jenseits der Seele" Geheimwissenschaften im weiteren Sinne (Parapsychologie, Spiritismus) und im engeren Sinne (kabbalistische Denkweise, Theosophie).

Geist: im allgemeinen wie Seele der Gegensatz zur Materie, zum Körper; in engerem Sinne das höhere Seelenleben. Bei ANAXAGORAS ordnet der (körperlich aufgefaßte) νοῦς den κόσμος. Der *schöpferische Geist*, aus dem die Materie und das Universum abgeleitet werden, ist das beherrschende Prinzip der religiösen Metaphysik PLOTINS. HEGEL entwickelte eine *Philosophie des Geistes* in drei Stufen: der subjektive individuelle Geist, der objektive Geist als Recht, Moralität, Sittlichkeit (Familie, Gesellschaft, Staat, Geschichte), der absolute Geist als Kunst, Religion, Philosophie. Der Geist der absoluten Sittlichkeit als Geschichte ist im Gegensatz zum Subjekt und Träger der Geschichte *(„Volksgeist")* bei Hegel der *„Weltgeist"*, der „in jeder Gestalt sein dumpferes oder entwickelteres aber absolutes Selbstgefühl und in jedem Volke, unter jedem Ganzen von Sitten und Gesetzen sein Wesen und seiner selbst genoßen hat." Der Gegensatz zwischen Geist und Seele sowie zwischen Geist und Leben, aber auch das Problem des „geistigen Seins" ist neuerdings lebhaft erörtert worden. Den Anstoß hierzu gaben die Arbeiten von Ludwig KLAGES, der den „Geist als den *Widersacher der Seele"* auffaßt. Alles Seelische pulst im Rhythmus des kosmischen Lebens, während der Geist in dieses Geschehen einbricht, die Polarität des ewigen Ein- und Ausatmens zerstört, den Leib entseelt und die Seele entleibt. Von Hegel her entwickelt die Philosophie Wilhelm DILTHEYS die Lehre von dem von allem Seelischen zu unterscheidenden Wesen des Geistes vor allem als *„objektiven* Geist" (vgl. dazu auch H. FREYERS „Theorie des objektiven Geistes"). Nicolai HARTMANN unterscheidet den personalen, den objektiven und den objektivierten Geist. (Das Problem des geistigen Seins, 2. A. 1949.)

Geisteswissenschaft: im Unterschied zu den Naturwissenschaften definiert E. ROTHACKER: „Die Wissenschaften, welche die Ordnungen des Lebens in Staat, Gesellschaft, Recht, Sitte, Erziehung, Wirtschaft, Technik und die Deutungen der Welt in Sprache, Mythos, Kunst, Religion, Philosophie und Wissenschaft zum Gegenstande haben, nennen wir *Geisteswissenschaften*". Die eigene Bedeutung und Würde der Geisteswissenschaften wurde zur Geltung gebracht, vor allem durch die Philosophie HEGELS. Erst um die Mitte des 19. Jahrhunderts ist der Terminus geprägt, DILTHEY hat ihn durchgesetzt: Geisteswissenschaft ist „das Ganze der Wissenschaften, welche die geschichtlich-gesellschaftliche Wirklichkeit zu ihrem Gegenstande haben"; ihre Aufgabe ist es, die Manifestation dieser Wirklichkeit „nachzuerleben und denkend zu erfassen". Wilhelm Wundt sieht die Aufgaben der Geisteswissenschaften überall da, „wo der Mensch als wollendes und denkendes Subjekt ein wesentlicher Faktor der Erscheinungen ist". Alle Geisteswissenschaften haben zu ihrem Inhalt die unmittelbare Erfahrung, wie sie durch Wechselwirkung der Objekte mit erkennenden und handelnden Subjekten bestimmt wird. Sie bedienen sich daher nicht der Abstraktionen und der hypothetischen Hilfsbegriffe der Naturwissenschaften, sondern die Vorstellungsobjekte und die begleitenden subjektiven Regungen gelten ihnen als unmittelbare Wirklichkeit. Grundlage der Geisteswissenschaften soll die Psychologie sein. WINDELBAND ersetzt den Gegensatz von Natur- und Geisteswissenschaften durch die Unterscheidung von Gesetzes- und Ereigniswissenschaften (nomothetischen und idiographischen). Die Naturwissenschaft sucht Gesetze des Geschehens, Naturgesetze, die Geisteswissenschaft, d. h. die Geschichte, will ein einzelnes Geschehen zu voller und erschöpfender Darstellung bringen. Die Naturforschung sucht *Gesetze,* die Geschichte *Gestalten.* In der Naturforschung dient das einzelne gegebene Objekt nur als Typus, als Spezialfall eines Gattungsbegriffs; für den Historiker besteht die Aufgabe, ein Gebiet der Vergangenheit in seiner individuellen Ausprägung zu ideeller Gegenwärtigkeit zu beleben. Das naturwissenschaftliche Denken neigt zur Abstraktion, das historische zur Anschaulichkeit. Auch für RICKERT ist Geschichte Geisteswissenschaft, indem sie hauptsächlich vom geistigen Sein handelt, wobei geistig nicht mit seelisch gleichzusetzen ist, sondern als Geistesleben eine Stellungnahme zu den Kulturwerten bedeutet. Geschichte ist individualisierende *Kulturwissenschaft:* es gilt, den geschichtlichen Gegenstand, eine Persönlichkeit, ein Volk, ein Zeitalter, eine wirtschaftliche, politische, religiöse, künstlerische Bewegung als Ganzes in seiner Einmaligkeit und nie wiederkehrenden *Individualität* zu erfassen. Nach SPRANGER beschäftigt sich die Geisteswissenschaft 1. mit transsubjektiven und kollektiven Gebilden des geschichtlichen Lebens, die als überindividuelle Wirkungszusammenhänge dieses oder jenes Einzelsubjekt umfassen; 2. mit der geistigen Gesetzlichkeit, mit den Normen, nach deren Maß das Einzelsubjekt ein Geistiges in kritisch-objektivem Sinne aus sich heraus gestaltet oder adäquat verstehend in sich hineinnimmt. Nach E. ROTHACKER hätte eine „umfassende *Methodologie* der Geisteswissenschaften die Aufgabe, jeder einzelnen geisteswissenschaftlichen Methode... ihren systematischen Ort im dialektischen Zusammenhang der Weltanschauungen anzuweisen, deren Bewegung, ... das Gesetz des Geistes selbst ist."

Lit.: W. Dilthey, Einleitung in die Geisteswissenschaften (2. A. 1923); E. Rothacker, Einleitung in die Geisteswissenschaften (2. A. 1930); ders., Logik und Systematik der Geisteswissenschaften (2. A. 1947).

Geltung, Gültigkeit: vom Urteil wird dort, wo ein echter Wahrheitsbegriff verloren ist, Gültigkeit, Wahrheit verlangt. Auch den Werten muß Geltung zuerkannt werden (LOTZE). Bei A. LIEBERT ist Geltung „nicht Abstraktion vom Sein, ... sondern sie bedeutet geradezu die Bejahung des Seins, die da aussagt, daß das Sein nicht nur ist, sondern daß es auch gilt, ... daß es einen Sinn hat." — Im *Neoempirismus:* wird Geltung auf Grund der Erfahrung bestimmt, zum Unterschied zu ihr.

Lit.: A. Liebert, Das Problem der Geltung (2. A. 1920).

Gemeinschaft: zuerst von SCHLEIERMACHER im Gegensatz zur „Gesellschaft" verstanden, wird von Ferdinand TÖNNIES gedeutet als ein Grundtyp sozialer Beziehung im Sinne des „organischen" Zusammenlebens einer Menschengruppe.

Lit.: F. Tönnies, Gemeinschaft und Gesellschaft, 1887; 8. A. (1935).

Gemüt: die Gefühlsseite der Seele im Gegensatz zur rein intellektuellen.

Generalisation: Verallgemeinerung, das logische Verfahren eines Schlusses von einem Teil auf die ganze Klasse.

generatio aequivoca oder **spontanea:** Urzeugung, die Annahme, daß das Leben in seiner einfachsten Gestalt aus unorganischer Materie entstanden sei.

generisch: die Gattung betreffend.

genetisch: die Entstehung bezeichnend. Die genetische Methode sucht das gegebene Wirkliche aus elementaren Bedingungen abzuleiten und aus seinem Entstehen und Werden zu erklären und zu würdigen. So geben HUME und FEUERBACH eine psychologische Genesis der Religion, eine Ableitung aus den praktischen Bedürfnissen des Menschen. Der genetische Gesichtspunkt ist maßgebend in der Entwicklungsgeschichte der Organismen und überhaupt in allen geschichtlichen Wissenschaften.

Genie: eine im höchsten Sinne schöpferische Begabung *(Romantik)*. KANT: „Genie ist das Talent (Naturgabe), welches der Kunst die Regel gibt." Wesentlich auch NIETZSCHES Lehre vom Genie (besonders in: Schopenhauer als Erzieher).

genus proximum: die nächsthöhere, übergeordnete Gattung. (Vgl. Definition.)

geozentrisch: auf die Erde als Mittelpunkt bezogen. Geozentrisch war das von PTOLEMÄUS (70—147 n. Chr.) entwickelte und bis KOPERNIKUS herrschende Weltsystem. (Vgl. heliozentrisch.)

Geschichte: gründet in der Seinsbeschaffenheit des Menschen; in seinem Wesen findet der Mensch keine apriorische Bestimmung. Geschichte ist der Inbegriff all dessen, was Menschen hervorbringen. Der *objektive* Geschichtsverlauf beruht auf der *anthropologischen* Urtatsache des geschichtsbildenden Menschen. Für DILTHEY ist Geschichte der Seinsbereich, der von innen heraus für uns *verstehbar*, nicht nur wie die Natur erklärbar ist. Allerdings hat auch die organisch-biologische Natur Geschichte, jedoch unterscheidet sich der Mensch von der Natur nicht nur dadurch, daß er von seiner Geschichte weiß, sondern durch seine Plastizität und Freiheit (v. WEIZÄCKER).

Geschichtlichkeit: 1. in der *Lebensphilosophie* kommt dem Menschen Geschichtlichkeit in zweifachem Sinne zu, einmal als „Geschichtsmächtigkeit", zum anderen als „Geschichtsabhängigkeit. Sie ist ihm essentiell („Ich habe nicht nur Geschichte, sondern ich bin Geschichte"). 2. In der *Existenzphilosophie* wird die objektive Geschichte auf die subjektive Geschichtlichkeit des Menschen zurückgeführt. Während unter Geschichte der objektive zeitliche Zusammenhang zu verstehen ist, bezeichnet Geschichtlichkeit die subjektive Strukturform der Wesen, die Geschichte als ein Merkmal besitzen. HEIDEGGER: „Das Dasein hat faktisch je seine „Geschichte" und kann dergleichen haben, weil das Sein dieses Seienden durch Geschichtlichkeit konstituiert ist." Im Sinn der „Geworfenheit" des menschlichen Daseins, die immer mit dem geschichtlichen „Erbe" sich auseinanderzusetzen hat, niemals ohne Geschichtlichkeit ist, meint der Begriff der Geschichtlichkeit bei JASPERS die Unauflöslichkeit der jeweiligen konkreten Situation. (Vgl. Zeitlichkeit.)

Geschichtsphilosophie: philosophische Disziplin, die von der Geschichtlichkeit des Menschen als fundamentalem Seinsmodus ausgehend, Wesen und Sinn geschichtlichen Daseins zu erhellen und die Fülle des von der Geschichtswissenschaft aufgehäuften Materials durch ein Aufzeigen der im Ablauf der Geschichte sich offenbarenden Grundstrukturen zu gliedern sucht; ja, über die Geschichte durch die Frage nach ihrem Sinn hinausgeht und so als *spekulative Geschichtsbetrachtung* sich erst als Geschichtsphilosophie konstituiert; geschichtsphilosophische Betrachtungen über den Gesamtsinn der Weltgeschichte vom Standpunkte der christlichen Heilsgeschichte finden sich bei den Kirchenvätern, besondern bei AUGUSTIN. Im Mittelalter entwickelt besonders JOACHIM von FLORIS (1131—1201) eine geschichtsphilosophische Theorie der eschatologischen Erwartung. G. B. VICO gilt als Begründer der neueren Geschichtsphilosophie mit seinem Werk „Prinzipien einer neuen Wissenschaft von der gemeinsamen Natur der Völker" (1725), in dem er zu zeigen sucht, wie die Entwicklung der Völker nach einem allgemeinen Gesetz vor sich geht. VOLTAIRE gebraucht zum ersten Male die Bezeichnung „Philosophie der Geschichte" (1765) im Sinne von allgemeinen Betrachtungen über Geschichte. Schon LEIBNIZ hat im Zusammenhange seines Gesamtsystems den Gedanken eines allmählichen Aufsteigens der Vernunft in stetigem Fortschritt vertreten. LESSING deutet die Geschichte unter der Idee einer göttlichen „Erziehung des Menschengeschlechts". HERDER betrachtet in seinen „Ideen zur Philosophie der Geschichte der Menschheit" (1784—1791) die Geschichte der Menschheit in ihrer Entwicklung nach natürlichen Bedingungen und nach Fortschrittsgesetzen der Natur von den niedersten Anfängen bis hinauf zum Ideal der *Humanität*. Geschichte ist ihm „eine reine Naturgeschichte menschlicher Kräfte, Handlungen und Triebe nach Ort und Zeit". KANTS Geschichtsauffassung ist durchdrungen vom Glauben an den Fortschritt der Menschheit als Gattung. Aus dem Urzustande rein tierischer Natur ist der Mensch durch sittliche Arbeit der Vernunft zur Kultur aufgestiegen. „Man kann die Geschichte der Menschengattung im großen als die Vollendung eines verborgenen Planes der Natur ansehen, um eine innerlich und zu diesem Zweck auch äußerlich vollkomenere Staatsverfassung zustande zu bringen, als den einzigen Zustand, in welchem sie alle ihre Anlagen in der Menschheit vollkommen entwickeln kann." Menschengeschichte ist philosophisch nicht zu verstehen, wenn man nicht ihr Ziel kennt. J. G. FICHTE macht das Verstehen der Geschichte abhängig von der Voraussetzung eines *Weltplans,* aus welchem die

Hauptepochen des menschlichen Erdenlebens sich vollständig ableiten und in ihrem Ursprunge sowie in ihrem Zusammenhange untereinander sich deutlich einsehen lassen. Der Zweck des Erdenlebens der Menschheit ist der, daß sie in demselben alle ihre Verhältnisse mit Freiheit nach der Vernunft einrichte. So ergeben sich fünf Grundepochen des Erdenlebens: 1. die Epoche der unbedingten Herrschaft der Vernunft durch den Instinkt; 2. die Epoche, da der Vernunftinstinkt in eine äußerlich zwingende Autorität verwandelt ist; 3. die Epoche der Befreiung, unmittelbar von der gebietenden Autorität, mittelbar von der Botmäßigkeit des Vernunftinstinkts und der Vernunft überhaupt; 4. die Epoche der Vernunftwissenschaft, das Zeitalter, wo die Wahrheit als das Höchste anerkannt und geliebt wird; 5. die Epoche der Vernunftkunst, das Zeitalter, da die Menschheit mit sicherer und unfehlbarer Hand sich selber zum getroffenen Abdrucke der Vernunft aufbaut. — Nach HEGELS „Philosophie der Weltgeschichte" ist die Weltgeschichte zu begreifen als die Entwicklung und Selbstverwirklichung des *Weltgeistes,* der absoluten Vernunft und somit als der „Fortschritt im Bewußtsein der Freiheit". Die Philosophie ist denkende Betrachtung der Geschichte. Der einzige Gedanke, den sie mitbringt, ist der einfache Gedanke, daß die Vernunft die Welt beherrsche, daß es also auch in der Weltgeschichte vernünftig zugegangen sei. Die einzelnen Völker, ihre Staaten und Kulturen sind nur die Stufen, die der allgemeine Weltgeist durchschreitet, jeder einzelne endliche Volksgeist ist bestimmt, nur eine Stufe auszufüllen: „Die Völkergeister stehen um den Thron des Weltgeistes als Vollbringer seiner Verwirklichung, als Zeugen und Zierate seiner Herrlichkeit." In vier großen Perioden verwirklicht sich der Weltgeist: in der orientalischen, griechischen, römischen und germanischen Welt. Der Orient wußte und weiß nur, daß einer frei ist, die griechische und römische Welt, daß einige frei sind, die germanische, daß alle frei sind. Auguste COMTE entwickelt im Anschluß an Turgot eine Geschichtsphilosophie der drei Stadien der Menschheitsentwicklung: des theologischen (als Fetischismus, Polytheismus, Monotheismus), des metaphysischen und des positiven Stadiums. (Vgl. Positivismus.) — *Zur materialistischen Geschichtsauffassung* s. Marx, Lenin, Diamat. — H. RICKERT setzt der Geschichtsphilosophie drei Aufgaben: sie hat als Universalgeschichte oder „Weltgeschichte" das von den historischen Einzelwissenschaften Gefundene zu einem einheitlichen Gesamtbilde, zu einer „allgemeinen Geschichte" zusammenzufassen; als Wissenschaft von den historischen Prinzipien hat sie nach dem allgemeinen „Sinn" oder nach den allgemeinen „Gesetzen" des geschichtlichen Lebens zu fragen; als Wissenschaft vom geschichtlichen Erkennen ist sie als Logik der Geschichtswissenschaft zu bezeichnen, Augangspunkt und Grundlage aller geschichtsphilosophischen Untersuchungen. Allgemeine Kulturwerte der Menschen und Völker leiten die Auswahl des Wesentlichen in der Geschichte. Die Produkte des generalisierenden Denkens und die allgemeinen Elemente der historischen Begriffe dienen immer nur einer Darstellung, die das historische Ganze individualisierend auffassen will. NIETZSCHE verkündet die heidnische Lehre von der ewigen Wiederkehr des Gleichen. Als Geistesphilosophie entwickelt Nicolai HARTMANN die Geschichtsphilosophie. (Das Problem des geistigen Seins, 2. A. 1949.) Vgl. Geisteswissenschaft. SPENGLER glaubt in seinem Hauptwerk „Der Untergang des Abendlandes" (1918 f.) naturgesetzliche Zyklen geschichtlichen Ablaufes von Entstehung, Blüte und Zerfall der Kulturen nachweisen und daraus eine Voraussage über das geschichtliche Schicksal des europäisch-abendländischen Kulturkreises treffen zu können. Er unterscheidet acht in sich geschlossene Kulturkörper. Ebenso entwirft A. TOYNBEE (A Study of History, 1935 f.) ein Bild der Weltgeschichte, wobei er 21 Kulturkörper herausschält, ohne wie Spengler zwingende Schlüsse über Weiterbestehen des europäischen daraus zu ziehen. Aus der existenzphilosophischen Sicht hat zuletzt JASPERS eine Deutung der Weltgeschichte in „Ursprung und Ziel der Geschichte" (1949) gegeben, während Alfred

WEBER die Weltgeschichte kultursoziologisch deutet (Kulturgeschichte als Kultursoziologie, 1935).

Lit.: Johannes Thyssen, Geschichte der Geschichtsphilosophie (1936); R. R. Rocholl, Die Philosophie der Geschichte, Bd. 1 (1878); Karl Löwith, Weltgeschichte und Heilsgeschehen (2. A. 1953).

Gesellschaft: im modernen Sinn als *"Bürgerliche Gesellschaft"* zuerst von FERGUSON (1767) verwendeter Begriff, der speziell die zwischen Staat und Individuum um die Wende des 19. Jahrhunderts sich neu konstituierende soziale Lebens- und Wirtschaftsform bezeichnet, welche auch besonders seit TÖNNIES („Gemeinschaft und Gesellschaft", 1887) als auf „Willkür" des anonymen Warentauschprozesses basierende menschliche Verbindungsform der ursprünglicheren, wärmeren „Gemeinschaft" konfrontiert wird. — MARX faßt die bürgerliche Gesellschaft als *Klassen*gesellschaft auf und lehrt, daß die „gesamte Geschichte der menschlichen Gesellschaft eine Geschichte von Klassenkämpfen sei". (Vgl. Kapitalismus, Gemeinschaft.)
Gesellschaftswissenschaft, Gesellschaftslehre: Wissenschaft, die sich besonders in Anlehnung an den *Marxismus-Leninismus* mit Wesen, Struktur, Form und Dynamik der Gesellschaft befaßt. Oft synonym für Soziologie und Sozialwissenschaft gebraucht.

Lit.: F. Tönnies, Gemeinschaft und Gesellschaft (1887, 8. A. 1935).

Gesetz: *rechtlich:* eine staatliche Vorschrift für das bürgerliche Verhalten; *moralisch:* ein Gebot der sittlichen Vernunft; *naturwissenschaftlich:* ausnahmslose Regel für den Ablauf des Geschehens. *Logisch*: s. Regel.

Gesinnung: geistige Gesamthaltung des Menschen, besonders seine ethischen Urteile.

Gestaltpsychologie (Zweig der *Ganzheitspsychologie.*): im Gegensatz zur Assoziationspsychologie die besonders von WERTHEIMER, KÖHLER u. a. vertretene experimentalpsychologische Vorordnung der „Gestalt" vor die Elemente als eines übergeordneten Ganzen. Da das Ganze mehr ist als die Summe seiner Teile, dürfen alle isolierten psychischen Elemente nur begriffen werden in bezug auf den leitenden Gesamtzusammenhang, die Gestalt.

Geulincx, Arnold s. Okkasionalismus.

Glaube: in seiner ursprünglichen Bedeutung: Zutrauen und Zuversicht in das Göttliche (HEGEL). *Psychologisch:* im Gegensatz zum Wissen ein bloß subjektives Fürwahrhalten. Der *religiöse* Glaube umfaßt alle Abstufungen vom bloßen äußeren Autoritäts- und Wortglauben bis zur freien inneren Vertrauenshaltung gegenüber einem letzten Sinn des Daseins. Bei HUME erhält der Begriff Glaube eine Bedeutung für die *Erkenntnis:* auf Glauben (belief) beruht die Überzeugung vom Dasein einer Außenwelt und von der Gesetzmäßigkeit des Geschehens. KANT unterscheidet drei Stufen des Fürwahrhaltens: Meinen, Glauben, Wissen. „Meinen ist ein mit Bewußtsein sowohl subjektiv als objektiv unzureichendes Fürwahrhalten. Ist das letztere nur subjektiv zureichend und wird zugleich für objektiv unzureichend gehalten, so heißt es Glauben. Endlich heißt das sowohl subjektiv als objektiv zureichende Fürwahrhalten das Wissen." Alles theoretische, dogmatische Wissen vom Übersinnlichen ist unmöglich, es bleibt aber Raum für einen *praktischen Vernunft*glauben, der auf moralischer Gesinnung beruht: „Ich mußte also das Wissen aufheben, um zum Glauben Platz zu bekommen." F. H. JACOBI vertritt eine Glaubensphilosophie, die im unmittelbaren Gefühl Gewißheit der Erkenntnis, der Moral und Religion hat.

Glück, Glückseligkeit: s. Eudämonismus.

Gnosis: Erkenntnis, insbesondere des Göttlichen. Die *Gnostiker,* so BASILIDES und VALENTIN (2. Jh.) versuchen, den Glauben durch Erkenntnis zu ersetzen, dadurch die Erlösung zu gewinnen und durch eine „Vergeistigung" die christliche Religion in eine metaphysische Entwicklungsgeschichte der Gottheit umzuwandeln.

Lit.: H. Leisegang, Die Gnosis (1924).

Gorgias (um 400 v. Chr.): wissenschaftlicher Nihilist. Sophist und Lehrer der Rhetorik in Leontini auf Sizilien. Jede Meinung ist falsch. Gorgias stellt drei Sätze auf: 1. Es existiert nichts. 2. Wenn aber auch etwas existierte, es wäre für den Menschen nicht faßbar. 3. Wenn es auch faßbar wäre, so wäre es unaussprechbar und unmitteilbar.

Gott: das höchste Wesen, der Urgrund aller Dinge, das höchste Gut. (Vgl. Atheismus, Deismus, Pantheismus, Theismus.)

Gottesbeweise: 1. der *kosmologische* Gottesbeweis schließt vom Dasein der Welt auf Gott als letzte Ursache. So ARISTOTELES: Gott als göttlicher Geist ist die letzte Ursache aller Bewegungen, der unbewegte Beweger. 2. Der *teleologische* oder physikotheologische Gottesbeweis schließt von der Zweckmäßigkeit der Welt auf einen zwecksetzenden Weltschöpfer oder Weltbaumeister. So schon SOKRATES, PLATON, ARISTOTELES und die STOIKER, im 18. Jahrhundert dann die Aufklärungsphilosophen und Popularphilosophen, die die Zweckmäßigkeit und Harmonie des Weltganzen in eine platte, auf menschliche Glückseligkeit abgezweckte nützliche Einrichtung aller Dinge umdeuteten. 3. Der *ontologische* Gottesbeweis des ANSELM VON CANTERBURY (um 1100): aus dem Begriffe Gottes als des höchsten und vollkommensten Wesens folgt auch die Existenz; denn ein Wesen, das nur im Geiste, nicht auch in Wirklichkeit existieren würde, würde der Existenz als einer wesentlichen Eigenschaft ermangeln, wäre also nicht das allervollkommenste. In der essentia, der Wesenheit Gottes, liegt die existentia, das Dasein, eingeschlossen. Ebenso schließen DESCARTES, SPINOZA, LEIBNIZ, WOLFF u. a. Dagegen führt Kant aus: Zum Begriff eines Dinges gehören Prädikate wie beim Gottesbegriff Allmacht u. a.; aber Existenz ist kein Bestandteil des Begriffs als solchen, sondern kommt dem ganzen Begriff von einem Gegenstande zu. „Hundert wirkliche Taler enthalten nicht das mindeste mehr als hundert mögliche", nämlich dem Begriffe nach, der ein und derselbe bleibt, ob die Taler existieren oder nicht. Aus einem Begriffe läßt sich das Dasein des ihm entsprechenden Gegenstandes nicht herausklauben, sondern muß besonders erwiesen werden. 4. Der *moralische* oder ethiko-theologische Gottesbeweis verknüpft das Reich des Sittlichen mit dem Gottesbegriff. So KANT: Das höchste Gut, die Übereinstimmung zwischen Glückseligkeit und Glückwürdigkeit, ist nur möglich, sofern ein höchstes moralisches Wesen angenommen wird, das diese Übereinstimmung herstellt. Dieses „Postulat der reinen praktischen Vernunft" vermittelt keine theoretische Erkenntnis einer metaphysischen göttlichen Substanz, sondern ist ein bloßer Vernunftglaube, eine moralische Notwendigkeit.

Grenzbegriff: ein Begriff, der das Erkennen abgrenzt gegen das Nichterkennbare; ein Begriff, der ein Transzendentes, ein jenseits der Erfahrung Liegendes, bezeichnet, aber nicht in die Erfahrung hineinbezieht. So ist bei KANT der Begriff eines Noumenon, eines Dinges an sich, „bloß ein Grenzbegriff, um die Anmaßung der Sinnlichkeit einzuschränken", d. h. um unsere räumlich-zeitliche Erkenntnis als Erkenntnis lediglich der Erscheinungswelt zu kennzeichnen.

Grenzsituation: von K. JASPERS in die Existenzphilosophie eingeführter Begriff, der extreme Situationen wie Leiden, Kampf, Schuld, Zufall bezeichnet, in denen der Mensch seiner Existenz erst inne wird.

Grotius, Hugo (1583—1645): niederländischer Staatsmann und Gelehrter, Begründer eines allgemeinen Staatsrechts und des Völkerrechts. Sein Hauptwerk: De jure belli ac pacis (1625). Bei ihm gewinnt das rationale Denken Selbständigkeit. (Vgl. Thomasius.)

Grund: als logische Begründung Voraussetzung, aus der ein neues Urteil folgt. Grundsatz der Logik: mit dem Grunde ist die Folge gesetzt, mit der Folge der Grund aufgehoben. LEIBNIZ hat den von ihm sogenannten „Grundsatz des zureichenden oder bestimmenden Grundes" als Denkgesetz neben den Grundsatz des Widerspruchs gestellt, und zwar in drei ganz verschiedenen Formen: ein zureichender Grund muß sein, „damit ein Ding existiert, ein Ereignis geschieht, eine Wahrheit besteht"; nebeneinander stehen hier der metaphysische Realgrund des Seins, das Kausalgesetz oder der Realgrund des Geschehens, der logische Grund oder Erkenntnisgrund der Wahrheit. Gegen die Vermischung des logischen Grundes mit dem Kausalgesetz wenden sich CRUSIUS (1743) und KANT (1755). SCHOPENHAUER unterscheidet in seiner Dissertation „Über die vierfache Wurzel des Satzes vom zureichenden Grunde" (1813), das principium essendi, fiendi, agendi, cognoscendi: Seinsgrund in der Mathematik, Grund des Werdens (Kausalgesetz), Grund des Handelns (Gesetz der Motivation), Erkenntnisgrund (Wahrheitsgrund). Der Satz vom zureichenden Grunde in seiner Allgemeinheit drückt aus, „daß alle unsere Vorstellungen untereinander in einer gesetzmäßigen und der Form nach a priori bestimmbaren Verbindung stehen, vermöge welcher nichts für sich Bestehendes und Unabhängiges, auch nichts Einzelnes und Abgerissenes, Objekt für uns werden kann."

Grundsatz: (Vgl. Axiom, Prinzip.) Nach KANT liegen aller Erkenntnis allgemeinste Grundsätze des Verstandes a priori zugrunde als Bedingungen aller möglichen Erfahrung. Diese Grundsätze sind: 1. Axiome der Anschauung: „Alle Erscheinungen sind ihrer Anschauung nach extensive Größen". 2. Antizipationen der Wahrnehmung: „Das Prinzip derselben ist: In allen Erscheinungen hat das Reale, was ein Gegenstand der Empfindung ist, intensive Größe, d. i. einen Grad." 3. Analogien der Erfahrung. (Vgl. Analogien.) 4. Postulate des empirischen Denkens. (Vgl. Postulat.)

Grundwissenschaft: s. Rehmke.

Haeckel, Ernst (1834—1919): Zoologe, hat durch zahlreiche Schriften die Verbreitung des Darwinismus und des

Entwicklungsgedankens gefördert und ist bekanntgeworden durch seinen *materialistischen Monismus* und die Ablehnung des Supranaturalismus. Mit der Lehre von der Beseelung alles Lebenden erneuert er den Hylozoismus der Griechen. Er formulierte das *biogenetische Grundgesetz (s. d.)*. Hauptwerk: Welträtsel (1899).

Hamann, Johann Georg (1730—1788): Glaubensphilosoph, der Kants Trennung von Sinnlichkeit und Verstand sowie jegliche Abstraktion ablehnt und statt dessen den individuellen Glauben als Grundlage der Erkenntnis fordert. Er hat HERDER, aber auch die *Lebensphilosophie* (DILTHEY) beeinflußt. Hauptwerk: Sokratische Denkwürdigkeiten (1759).

Hamilton, William (1788—1856): Ausgangspunkt: die Lehre des Schotten Reid vom gesunden Menschenverstand; außerdem von der Relativität der menschlichen Erkenntnis. Das Unbedingte und das Unendliche sind Gegenstand des Glaubens. Von Interesse seine Logik, die er mathematisch zu behandeln versucht, indem er das Urteil als Gleichung auffaßt. Werk: Lectures on Metaphysics and Logic (1859/60).

haptisch: auf den Tastsinn bezüglich.

Harmonie: Zusammenfügung von Mannigfaltigem zur Einheit. Bei den *Pythagoreern* sind alle Gegensätze zur Harmonie ausgeglichen; die Welt ist Zahlenharmonie. Nach HERAKLIT beruht die Harmonie der Welt auf einer gegensätzlichen Spannung, wie die Harmonie der Leier. Nach LEIBNIZ besteht zwischen den Monaden das Verhältnis der prästabilierten Harmonie, d. h. einer von Gott eingesetzten Übereinstimmung, die unter Ausschluß der Wechselwirkung alle Monaden einheitlich aufeinander abgestimmt erscheinen läßt. So besteht auch zwischen Leib und Seele eine prästabilierte Harmonie, die die körperlichen und die seelischen Vorgänge genau entsprechend verlaufen läßt, ohne daß sie sich gegenseitig beeinflussen. Leib und Seele gleichen zwei Uhren, die stets vollkommen gleich gehen.

Hartley, David (1705—1757): englischer Assoziationspsychologe. Hauptwerk: Beobachtungen über den Menschen, seinen Bau, seine Pflicht und seine Aussichten (1749). Darin führt er alle seelischen Erscheinungen auf die Assoziation einfachster Gehirnprozesse zurück. Der geistigen Assoziation der Vorstellungen entspricht die physiologische der Gehirnerscheinungen. Hartley nimmt zwischen beiden an sich inkommensurablen Reihen Parallelismus an.

Hartmann, Eduard von (1842—1906): durch eine Synthese von SCHOPENHAUER und HEGEL, von naturwissenschaftlichem Realismus und metaphysischer Spekulation, unter Entlehnung des Begriffs des Unbewußten von SCHELLING und in Anlehnung an LEIBNIZ versucht er, mit induktiver Methode zum Unbewußten, als dem absoluten Sein jenseits der konkreten Bewußtseinsinhalte, vorzudringen. Das *absolute Unbewußte* ist der substantielle Urgrund der Welt, dem alle Entwicklungsstufen des Unbewußten und Bewußten der Individuen und des objektiven Geistes nachgeordnet sind. In der Kategorienlehre *transzendentaler Realist:* die „Dinge an sich" sind real außerhalb der Vorstellung, jedoch den Formen der Erkenntnis untergeordnet. Die Körper sind Objektivationen des Unbewußten, die Seele ist die Summe der auf einen Organismus gerichteten Tätigkeit. Hauptwerk: Die Philosophie des Unbewußten (1869).

Hartmann, Nicolai (1882—1950): geht von der Marburger Schule des Neukantianismus aus. — Das *Problemdenken* löst nach ihm das *Systemdenken* in der Philosophie ab. Jede Philosophie durchläuft drei Stufen: Phänomenologie (sachgerechte Beschreibung der Phänomene), Aporetik (Herausarbeitung der Probleme als das Unverstandene in der Phänomenologie), Theorie (Lösung der Aporien). Im Gegensatz zur Marburger Schule glaubt er wieder an die Möglichkeit einer Metaphysik. Alles Philosophieren und jedes erkenntnistheoretisch-systematische Denken geht ihm von einem *metaphysischen Problem-*

hintergrund aus (Jede Erkenntnistheorie muß Metaphysik der Erkenntnis sein) (Grundzüge einer Metaphysik der Erkenntnis, 4. A. 1949). Unter Metaphysik darf man nicht nur die Problemkomplexe von Gott, Welt und Seele verstehen, die kritische Metaphysik hat es vielmehr mit den *Prinzipien alles Seienden* zu tun. Ohne Seiendes aber gibt es keine Erkenntnis: die Kategorien, auf denen apriorische Erkenntnis mit objektiver Gültigkeit bauen soll, müssen *zugleich Kategorien des Realen* sein. So bedarf die Metaphysik einer *Ontologie* als Grundlage, die jedoch im Gegensatz zur „Wesensontoloie" des Mittelalters *„Realontologie"*, aus der Analyse aufweisbarer Problemgehalte gewonnen, zu sein hat. Die Welt baut sich in verschiedenen *Seinsschichten* auf. Jede Seinsschicht hat ihre eigene „Kategorie". Stets hat die höhere Schicht ihre eigene Form und Gesetzlichkeit und stets sind in ihr Form und Gesetze der niederen Schicht enthalten (Der Aufbau der realen Welt, 1949). In seinem „Problem des geistigen Seins" (2. A. 1949) entwickelt Hartmann die Grundzüge seiner *Geschichtsphilosophie*. Das individuell-geistige Sein besteht nur im Vollzug, der Gemeingeist dagegen ist ein reales Gebilde in dem Sinne, daß er in jedem historischen Individuum lebendig ist und gleichzeitig auch über den Individuen als ein Eigenes schwebt (personaler, objektiver, objektivierter Geist). Die Seinweise des geschichtlichen Geistes ist eine prozessuale. — Die *Wertlehre* ist die Grundlage seiner „Ethik" (3. A. 1949), die die Frage nach dem Prinzip des „Guten" stellt. „Das sittlich Gute ist ein Inbegriff von Werten, die alle mit dem Anspruch realisiert zu werden, sich an den Menschen wenden. Und diesen Inbegriff hat das *Wertbewußtsein* des Menschen noch keineswegs zuende erfaßt. Das Reich der Werte in seiner Ganzheit ist noch unentdeckt." Der Mensch steht ewig im Mittelpunkt von „Wertdetermination" und „Realdetermination", von idealer Wertfindung und Wirklichkeit.

Haufenschluß: s. Sorites.

Hedonismus: Lustlehre, eine von ARISTIPP, einem Schüler des Sokrates, begründete hedonistische Philosophie, die die Lust (ἡδονή) als das einzige sittliche Ziel, als das höchste Gut hinstellt, wobei nur die Stärke der Lust, nicht ein Wertunterschied, maßgebend ist. Dieser Hedonismus schlägt bei HEGESIAS, „dem Todesüberredner", in einen Pessimismus um: da alles Streben nach Lust unbefriedigt bleibt, so ist Schmerzlosigkeit, die im Tode am sichersten eintritt, der beste Zustand. EPIKUR veredelt den Hedonismus, indem er die dauernde über die augenblickliche, die geistige über die körperliche Lust stellt.

Hegel, Georg Wilhelm Friedrich (1770—1831): bedeutendster Denker des *deutschen Idealismus;* Religiöse und theologische Grundfragen stehen von Anfang an im Mittelpunkt seines Interesses; daneben der Zusammenhang zwischen Einzelleben und Gesamtleben, das Verhältnis des Ich zum Staat. Aus dem Satz „das Wirkliche ist vernünftig und das Vernünftige ist wirklich" ist seine — später von Marx angegriffene — politisch-konservative Grundhaltung zu verstehen. In Griechenland sieht er nicht das verlorene ästhetische, sondern das verlorene politische Paradies, weil sich der Grieche nicht nur seinesgleichen, sondern auch seinen Göttern gegenüber frei fühlte. Die vollkommenste Organisation, die die Vernunft verwirklichen kann, besteht in ihrer Selbstgestaltung zu einem Volk. Die *Weltgeschichte* bildet das Haupt-Thema der Hegelschen Philosophie. — Das Denken verläuft bei Hegel *antinomisch*. Jeder Augenblick gewinnt sein Sein nur dadurch, daß er das Sein des vorhergehenden vernichtet, indem er dessen Gehalt in sich aufnimmt. *Dialektik* (s. d.) bezeichnet für Hegel sowohl ein allgemeines Entwicklungs- und Gestaltungsgesetz der Wirklichkeit als auch eine Erkenntnismethode dieser Wirklichkeit. Im Setzen und Aufheben des Widerspruchs vermag das Denken Einheit herzustellen. Aus Sein und Nichts entsteht das *Werden*. In der Idee dieser Einheit gipfelt Hegels Religions-, Geschichts- und Staatsphilosophie, aber auch seine Logik und

Methodenlehre. Man bezeichnet Hegels Philosophie auch als *Panlogismus*. Rein mit den Mitteln der Logik versucht er die Welt des Seienden aus dem Wesen des Begriffs herauszudeuten. Auch als Philosophie des Absoluten ist sie anzusehen. Das *Absolute*, im Sinne der von Ewigkeit her vorhandenen Idee ist der Grund der Welt. Das System der Philosophie zerfällt bei Hegel in Logik, Natur- und Geistesphilosophie. Die Wirklichkeit ist die Verwirklichung der sich entfaltenden Vernunft. Daraus erhellt, welche zentrale Bedeutung dem Begriff der *Entwicklung* bei Hegel zukommt. Seine Fruchtbarkeit beweist er in der dialektischen Methode. Diese besagt, daß es im Wesen des Geistes liegt, sich selbst zu entzweien und wieder zur Einheit zurückzukehren. Der Entwicklungsgang der Dinge ist die *Selbsterscheinung des absoluten Geistes*. Der Geist erhebt sich vom Standpunkt des gemeinen Bewußtseins bis zum philosophischen Standpunkt des absoluten Wissens. Das ist die „Phänomenologie des Geistes" (1807). Hegel unterscheidet sechs Stufen dieser Entwicklung: 1. Bewußtsein; 2. Selbstbewußtsein; 3. Vernunft; 4. Geist; 5. Religion; 6. Das absolute Wissen. Die Darstellung des absoluten Wissens ist die Philosophie. — Der Geist richtet sich zunächst auf sich selbst als *subjektiven Geist*. Die Lehre vom subjektiven Geist ist die Hegelsche Psychologie, die in Anthropologie, Phänomenologie und Psychologie im eigentlichen Sinne zerfällt. Der *objektive Geist* entfaltet sich mit Recht, in der Moralität und in der Sittlichkeit. Die Sittlichkeit findet ihre Vollendung im Staat, der Verwirklichung der sittlichen Idee oder der Freiheit. „Allen Wert, den der Mensch hat, alle geistige Wirklichkeit hat er allein durch den Staat, den er wie ein Irdisch-Göttlich verehren soll." Die volle Verwirklichung des objektiven Geistes vollzieht sich in der Weltgeschichte. Die Philosophie der Geschichte bildet einen der Höhepunkte der Hegelschen Philosophie. In den Schicksalen der Völker bringt sich der Weltgeist selbst hervor. Der *Volksgeist* der einzelnen Völkern und die großen Persönlichkeiten sind Werkzeuge in der Hand des Weltgeistes.

Die Weltgeschichte ist nichts anderes als die Entwicklung des Begriffes der Freiheit. Im Kunstschönen stellt sich die Einheit von Idee und Erscheinung dar. Die Kunst ist nicht die höchste Form des Geistes, sondern die Wissenschaft des Begriffs. Die Religion ist Vorstellung des Absoluten. Sie wird also nicht mit dem Gefühl erfaßt. Philosophie ist die höchste Form des *absoluten Geistes*. Sie ist die sich selbst begreifende Vernunft. (Vgl. Ansich, Arbeit, Arbeitsteilung, Aufheben, Bewußtsein, Dialektik, Entfremdung, Form, Fürsich, Position, Rechtsphilosophie, Phänomenologie, Spekulation, Unmittelbarkeit, Vermittlung.) — Weitere Hauptwerke: Logik (1812—1816); Enzyklopädie der philosophischen Wissenschaften (1817); Rechtsphilosophie (1821); Ästhetik (hrsg. v. Hotho 1835—1838). **Hegelianismus:** die in Hegels Schülern fortlebende Philosophie. Man unterscheidet besonders die *Rechts*hegelianer (Rosenkranz, Gabler, J. E. Erdmann etc.) und die *Links*hegelianer (A. Ruge, Br. Bauer etc.). **Neuhegelianismus:** die Wiedererstehung der Philosophie Hegels im 20. Jh., besonders anknüpfend an seine Lehre vom objektiven Geist. Hauptvertreter: B. Croce, Gentile.

Lit.: Fr. Bülow, G. W. Fr. Hegel — Recht, Staat, Geschichte, eine Auswahl aus seinen Werken (1955); W. Dilthey, Jugendgeschichte Hegels (1905); Th. Litt, Hegel (1953); G. Lukácz, Der junge Hegel (1948).

Hegemonikon: das Herrschende; bei den Stoikern der leitende Teil der Seele; auch wird Gott das Hegemonikon der Welt genannt.

Heidegger, Martin (geb. 1889): Existenzphilosoph, ursprünglich Schüler Husserls, von der Lebensphilosophie Diltheys und von Kierkegaards existentieller Erfahrung stark beeinflußt; hat die Existentialisierung des Denkens in Deutschland und Frankreich bewirkt, besonders durch seine radikale Umwandlung der Phänomenologie in *Ontologie*. Das Phänomen selbst wird zum Wesen und Phänomenologie zur Hermeneutik. Das sich Zeigende ist auch Sinn (und das eigentliche Sein) des Phänomens, und somit wird Phänomenologie zur Ontologie. — Es lassen sich zwei Phasen seines Denkens unterscheiden: 1. In seinem

Hauptwerk: „Sein und Zeit" (1927) versucht er eine Hermeneutik des Daseins. „Philosophie ist universale phänomenologische Ontologie, ausgehend von der Hermeneutik des Daseins, die als Analytik der Existenz das Ende des Leitfadens allen philosophischen Fragens dort festgemacht hat, woraus es entspringt und wohin es zurückschlägt." Bei der *Frage nach dem Sein* (Fundamentalontologie) muß zunächst nach dem menschlichen Dasein *(Daseinsanalytik)* gefragt werden, das als ein Element bereits das Seinsverständnis in sich angelegt enthält. *Existenz* (s. d.) bedeutet Seinkönnen, *In-der-Welt-sein* (s. d.), ist die Grundverfassung des Daseins und die *Zeit* (s. d.) Horizont des menschlichen Seinsverständnisses. Aus dem uneigentlichen führt das Gewissen und der Tod den Menschen zum eigentlichen Sein. Dieses Angerufenwerden ist der letzte Sinn der menschlichen Existenz. — 2. Besonders in „Platons Lehre von der Wahrheit" (1947) und in „Was ist Metaphysik?" (5. A.) tritt die „Kehre" seines Denkens ein: Die erkenntnistheoretische Priorität der Existenz vor dem Sein wird ersetzt durch die ontologische des Seins vor der Existenz. Das Sein und nicht mehr die Existenz ist der Ursprung, Existenz wird zur *Ek-sistenz* (ekstatisches Stehen in der Wahrheit des Seins: d. h. das Zentrum unseres Seins verlegt sich nach außen), entsprechend werden die Existentialien (s. d.) vom objektiven Sein her neu interpretiert. Heideggers Grundanliegen ist: a) zu ergründen „was ist wesenhaftes Seins-Denken?" (Was ist Denken, 1954); b) die Metaphysik als Wissenschaft vom Seienden als Seiendem zu überwinden und sie als Wissenschaft vom Sein („Wahrheit des Seins") neu zu begründen. *„Warum ist überhaupt Seiendes und nicht vielmehr Nichts?"* Das verborgene Wesen des Seins enthüllt sich ihm im *Nichts,* sein Seinsbegriff ist zu umreißen als: ständige Anwesenheit (ὄν als οὐσία) und damit der griechischen Auffassung des Seins als Substanz nahe. Heidegger ist ein „Gegendenker", der die Geschichte der Metaphysik und Ontologie zerstören und neu erschaffen (Kant-, Platon-Interpretation) und der auf die Uroffenbarung des

Seins (bei den Griechen) im Gegensatz zur bloßen Subjektivierung des Seins zum Objekt zurückgreifen will. — Weitere Hauptwerke: Kant und das Problem der Metaphysik (1929), Vom Wesen des Grundes (1929), Was ist Metaphysik (1929), Platons Lehre von der Wahrheit mit einem Brief über den Humanismus (1947), Holzwege (1950), Einführung in die Metaphysik (1953). Vgl. Angst, Dasein, Existenz, Existentiale Analytik, Existentialien, Existenzphilosophie, Freiheit, In-der-Welt-sein, Man, Mitsein, Nichts, Sein, Sorge, Welt, Zeit.

Einführ. Lit.: P. Fürstenau, Heidegger — das Gefüge seines Denkens (1957).

Heliozentrisch: s. Kopernikus.

Helvetius, Claude Adrien (1715—1771): s. Ideologie.

Heraklit (544—483 v. Chr.): genannt „der Dunkle", Vorsokratiker, der das *Werden* in den Mittelpunkt seines Denkens stellt. Πάντα ῥεῖ Alles fließt, nichts beharrt. Alles ist zu gleich identisch und nicht identisch. Das *Feuer* ist der Ursprung (ἀρχή) des Seienden, der die werdende Welt ewig neu entwirft und immer wieder zerstört („Der Krieg ist der Vater aller Dinge"). Doch sind diese ehernen Gegensätze beherrscht von einem λόγος als harmonischer Weltvernunft, der der Mensch sich beugen muß. — Heraklit wird auch als Begründer der *Dialektik* (vgl. dort) angesehen.

Herbart, Johann Friedrich (1776—1841): an LEIBNIZ anknüpfender Philosoph und Pädagoge. Philosophie ist ihm Bearbeitung der Begriffe („Realismus"). Der Begriff ist das einzelne „*Reale*" (s. d.) der Empfindung und Vorstellung, wobei die Vernunft die „Realen" (als das absolute Sein) zu setzen hat. Seine mechanistische Assoziationspsychologie wirkte noch auf FREUD (Verdrängung, Enge des Bewußtseins) und ist für die Ausbildung der Sozialpädagogik von Bedeutung. Hauptwerke: Allgemeine Pädagogik (1806), Psychologie als Wissenschaft (1824), Allgemeine Metaphysik (1828).

Herder, Johann Gottfried (1744—1803): Geschichts-, Kunst- und Sprachphilosoph, gegen Kant und die Aufklärung gerichtet, doch selbst aufgeklärt; beeinflußt von LEIBNIZ, SHAFTESBURY und HAMANN, mit dem jungen GOETHE Hauptfigur des Sturm und Drang. Seine frühe Geschichtsphilosophie ist vom Selbstwert und der Selbstgesetzlichkeit alles Individuellen durchdrungen, lehnt die Fortschrittstheorie ab *(Eigenwertslehre)* und lehrt eine unbegrenzte Fülle von eigenständigen Geschichtskreisen. So hat auch jede *Nation* in ihrer Beschränkung, die aber als notwendige Bedingung der individuellen Vollkommenheit gilt, ihren Mittelpunkt immer nur in sich selbst. Doch läßt der spätere Herder über die Beschränkung des Nationalen hinweg alle Menschen miteinander im Gedanken der *Humanität* und in der Vereinigung der Menschheit verbunden sein. „Humanität ist der Zweck der Menschennatur, und Gott hat unserem Geschlecht mit diesem Zweck sein eigenes Schicksal in die Hände gegeben." Die unendliche Stufenordnung der konkreten, individuell-geschichtlichen Lebensformen, die zwischen das Ich und das Absolute tritt, bildet ihr eigenes Verstehen und Erkennen *(= „lebendiges Innewerden")*, ihre eigenen individuellen Begriffe und Gesetzlichkeiten aus. So sind auch etwa — und damit wendet Herder sich gegen Kants Apriorismus — Raum und Zeit genetisch zu begreifen als die Besonderheiten schöpferisch-individueller Prozesse. — Auch in seiner *Sprachtheorie* (Über den Ursprung der Sprache, 1772) ist Herders Grundgedanke enthalten: daß alles bloß Subjektive erst in seiner Objektivation zu sich selbst kommt. So wächst aus wilden Tönen die Sprache und bildet sich und die menschliche Gemeinschaft mit Hilfe der in der Empfindung selbst bereits angelegten Vernunft heraus. Wie die Dichtung ist auch sie als Entfaltung und Ausdruck seelischer Energien zu verstehen. — Hauptwerke: Ideen zur Philosophie der Geschichte der Menschheit (1784—1791).

Lit.: Th. Litt: Kant und Herder als Deuter der geistigen Welt (1930).

Hermeneutik: Kunst der Auslegung; speziell: Methodologie der Theologie, dann der historischen Geisteswissenschaften. Bei DILTHEY ist die Hermeneutik als wissenschaftlich-methodische Form der Auslegung und somit des Verstehens „Kunstlehre des Verstehens schriftlich fixierter Lebensäußerungen". Hermeneutik des Lebensausdrucks wird ihm aber letztlich zum philosophischen Verfahren überhaupt. Im Anschluß an Dilthey bei HEIDEGGER: a) „Analytik der Existenzialität der Existenz", b) „Phänomenologie des Daseins", c) Ausarbeitung der „Bedingungen der Möglichkeit jeder ontologischen Untersuchung".

heterogen: andersgeartet. **Heterogenie:** Entstehung aus Andersgeartetem. **Heterogenie der Zwecke:** das Gesetz, daß „in dem gesamten Umfange freier menschlicher Willenshandlungen die Betätigungen des Willens immer in der Weise erfolgen, daß die Effekte der Handlungen mehr oder weniger weit über die ursprünglichen Willensmotive hinausreichen, und daß hierdurch für künftige Handlungen neue Motive entstehen, die abermals neue Effekte hervorbringen" (WUNDT).

Heteronomie: Fremdgesetzgebung, Abhängigkeit von fremden Gesetzen; KANT: Bestimmung des Willens nicht durch die autonome, sich selbst das Gesetz gebende sittliche Vernunft, sondern durch außerhalb liegende Prinzipien wie Glückseligkeit, Vollkommenheit, Willen Gottes. Diese Heteronomie des Willens ist „der Quell aller unechten Prinzipien der Sittlichkeit." (Vgl. Autonomie.)

Heterothetis (Heterologie, Heterologisches Prinzip): ist bei RICKERT im Gegensatz zum Verhältnis von These und Antithese in der Hegelschen Dialektik das erkenntnistheoretische Prinzip, nach dem das Denken nicht seinen („alogischen") Gegenstand erzeugt, sondern unvermittelt neben ihm steht. Deshalb ist auch der Ansatz seiner Philosophie *dualistisch* und leugnet jede Aufhebung von Wert und Wirklichkeit in einem metaphysischen Absoluten (vgl. Rickert).

Heuristik: Erfindungskunst; ein heuristisches Prinzip ist eine Vermutung oder Annahme allgemeiner Art, die zur Auffindung neuer Einsichten dient. Das heuristische

Verfahren zeigt, auf welchem Wege Erkenntnisse entdeckt und weitergeführt sind, es schildert so den Werdegang der Wissenschaft.

Historischer Materialismus: s. Diamat.

Historische Schule: s. Historismus.

Historismus: a) *geschichtliches Bewußtsein* besonders der *Goethezeit,* das durch Verständnis alles Individuellen von seiner Mitte her und Einordnung aller geschichtlichen Größen und Vorgänge in umfassende Entwicklungsvorgänge gekennzeichnet ist, b) historisch-geisteswissenschaftliche Denkhaltung, die seit Mitte des 19. Jahrhunderts bestimmte historische Methoden *(historische Schule)* herausgeprägt hat, c) *relativistischer* Historismus (l'histoire pour l'histoire), der die konsequente Historisierung des Denkens und alles Gewordenen durchführt und deshalb absolute Werte und Wahrheiten leugnet, d) im Gegensatz zu der anderen großen Wissenschaftsschöpfung der Neuzeit, dem Naturalismus, „grundsätzliche Historisierung unseres Wissens und Denkens" überhaupt (TROELTSCH).

Lit.: E. Troeltsch: Der Historismus und seine Probleme (1922); K. Heussi: Die Krise des Historismus (1932); K. Mannheim: Historismus (1924); Friedrich Meinecke: Die Entstehung des Historismus (1936).

Hobbes, Thomas (1588—1679): Mitbegründer des modernen natur- und staatsphilosophischen Denkens, beeinflußt besonders von GALILEI und DESCARTES, bekämpft die scholastische Metaphysik (De corpore, 1655) und schuf das erste in sich geschlossene System einer *Erfahrungsphilosophie.* Grundgedanke: Alle geistigen Prozesse sind eine Art mathematisierter sinnlicher Wahrnehmung (etwa: Ethik als Willensmechanik, mechanische Erklärung der Ideenassoziation und der Willensakte). Der Mensch wird als animalisches Wesen begriffen, das von der Natur produziert wird und ihr unterliegt (mechanistisch-naturalistische Anthropologie). *Philosophie* ist ihm *Körperlehre,* die analog der Mathematik (Geometrie) jeden begreifbaren wirklichen oder unwirklichen Körper rational zu konstruieren und dessen Erscheinungen mit Hilfe des Schemas von Ursache und Wirkung zu analysieren hat.

So ist ihm auch der Staat ein künstlich konstruierter Mechanismus. — In De cive (1642) und im Leviathan (1651) entwickelt er seine *Staatslehre*. Der Selbsterhaltungstrieb (Egoismus) ist Urtrieb des Menschen und der Naturzustand ist deshalb: bellum omnium contra omnes, homo homini lupus. Der Staat, dessen Wesen absolute Macht ist, beruht auf *Gesellschaftsvertrag*.

Höhlengleichnis: im siebenten Buch seines „Staat" schildert PLATON, wie die Menschen gleichsam gefesselt in einer Höhle sitzen, in die nur die Schattenbilder der wirklichen Dinge hineinfallen können. Diese Schatten sehen sie für die Wirklichkeit an und halten es für die Aufgabe der Wissenschaft, diese Schatten zu erkennen. So stehen den in der bloßen Sinneserkenntnis gegebenen Abbildern oder Erscheinungen die Urbilder oder Ideen gegenüber, wie die Sonne dem in der „Höhle" brennenden Feuer.

Holbach, P. H. Dietrich von (1723—1789) s. Ideologie.

Hominismus: Lehre, nach der es keine absolute Wahrheit gibt, sondern diese nur auf den Menschen bezogen Geltung besitzt (PROTAGORAS).

homogen: gleichartig; KANT: das Vernunftprinzip der Homogenität ist das Prinzip der Gleichartigkeit des Mannigfaltigen unter höheren Gattungen; es führt als heuristischer Grundsatz zur Idee einer höchsten, alle mannigfaltigen Gattungen umfassenden, einzigen obersten Gattung.

Homologie: Einstimmigkeit des Handelns mit der Vernunft, mit der Natur (Stoa).

homo-mensura-Satz: der Satz des Sophisten PROTAGORAS: aller Dinge Maß ist der Mensch, der seienden, daß sie sind, der nichtseienden, daß sie nicht sind.

Homöomerien: gleichartige Teile; so bezeichnete ARISTOTELES die von ANAXAGORAS angenommenen Urbestandteile, Samen aller Dinge, die in unendlich verschiedener Mannigfaltigkeit vorhanden sind und durch Verbindung der gleichartigen Teilchen die gegebenen Dinge bilden: Fleischstoffe das Fleisch, Goldstoffe das Gold usf.

Humanismus: 1. die geistige Bewegung im Zeitalter der *Renaissance,* im Anschluß an das Studium der antiken griechischen Literatur das Ideal des freien Menschentums und der selbständigen Persönlichkeit lebendig zu machen. (Vgl. Renaissance.) 2. Der *Neuhumanismus* (18. und Beginn des 19. Jahrhunderts) knüpft an die ursprünglichen humanistischen Ideen der Renaissance wieder an und macht dann das im Griechentum verwirklicht geglaubte Menschheitsideal einer allgemeinen menschlichen Geistesbildung zum Zielpunkt aller höheren Bildung. Wilhelm von HUMBOLDT, ein Hauptvertreter dieser Bestrebungen, sucht mit diesem humanistischen Geist Universität und Gymnasium zu durchdringen. 3. als *erkenntnistheoretischer* Humanismus (Hominismus) Bezeichnung für die Philosophie des englischen Philosophen F. C. S. SCHILLER, der alle Wahrheit aus den menschlichen Bedürfnissen heraus bestimmt sein läßt und so die Wirklichkeit nach persönlicher Erfahrung erklärt wissen will. (Vgl. Pragmatismus.)

Humanität: Menschlichkeit; die harmonische Entfaltung des wahren Wesens des Menschen zum Ideal edlen Menschentums. Als Ziel der geschichtlichen Entwicklung besonders von HERDER verkündet. Das Ideal der Humanität wird in klassischer Weise verkündet von Goethes „Iphigenie"; es wird von Goethe zusammengefaßt in dem Wort: „Edel sei der Mensch, hilfreich und gut."

Humboldt, Wilhelm von (1767—1835): aufgeklärter Humanist, Freund Goethes und Schillers, beeinflußt von KANT, LEIBNIZ und HERDER, bedeutend als Sprachforscher, Ästhetiker und Staatsmann, Begründer der Berliner Universität (1809). Kennzeichnend für seine Geistesart ist der durch Humanität geläuterte *politische Individualismus.* Im Mittelpunkt seines Denkens stehen der Begriff der Form und der geistigen Energie. Sein Hauptwerk: „Ideen zu einem Versuch, die Grenzen der Wirksamkeit des Staates zu bestimmen" (1792, vollst. Veröffentl. 1851) ist eine Art Erklärung der Menschenrechte als Zweck und Grenzbestimmung der Macht des Staates. Die Forderung der

„*Totalität des Charakters*" ist Maßstab und Prinzip bei der Betrachtung und Wertung des Staatsgedankens. Das Urrecht des Individuums ist das Recht auf Eigentümlichkeit schlechthin, das der Staat zu nivellieren und somit die reine Subjektivität der Individuen in bloße Objektivität aufzulösen tendiert. Der *Staat* hat nur *Mechanismus* zu sein, in dem sich die *Einzelnen* ungehemmt als *Organismen* entwickeln können. Humboldt unterscheidet scharf zwischen Staat und *Nation*. Während der Staat als leere Institution die freie Entwicklung der Individuen hemmt, ist die Nation analog des persönlich-individuellen Lebens ein eigentümliches, höher geordnetes Ganzes, das ein spezifisches Gesetz der Bildung in sich trägt. — In seiner Arbeit „Über die Aufgabe des Geschichtsschreibers" (1822) umfaßt der Historiker ähnlich dem Dichter „alle Fäden irdischen Wirkens und alles Gepräge überirdischer Ideen; die Summe des Daseins ist ... der Gegenstand seiner Beschreibung, und er muß daher auch alle Richtungen des Geistes verfolgen. Spekulation, Erfahrung und Dichtung sind aber nicht abgesonderte, einander entgegengesetzte und beschränkende Tätigkeiten des Geistes, sondern verschiedene Strahlseiten desselben." — In der „Verschiedenheit des menschlichen Sprachbaues" (1836) sieht er in der *Sprache* den Akt der Verwandlung der Welt in Gedanken. Er vollendete die genialen Ahnungen Herders zu einem geschlossenen System. (Vgl. Humanität.)

Hume, David (1711—1776): englischer Aufklärungsphilosoph, Vertreter des *Empirismus*. Alle Erkenntnis geht auf Sinneseindrücke zurück. Er sieht nicht (wie Locke) in den Empfindungen die Einwirkung substantieller Dinge. Wir haben kein Recht, von unseren Empfindungen auf derartige Dinge zu schließen; wir nehmen immer nur Farben, Töne, Gerüche usw. wahr. Die empfindende und vorstellende Seele besteht in nichts als in Komplexen von Empfindungen und Vorstellungen. Kausalität ist in der Erfahrung niemals gegeben. Wir nehmen wahr, daß B auf A folgt, aber nicht, daß es notwendig folgt. „Alle Folgerungen aus Erfahrung sind daher Wirkungen der Gewohnheit, nicht des Schließens." *Kritik* am *Substanz-* und *Kausalbegriff* steht im Mittelpunkt seiner Erkenntnislehre. Hume gibt eine Entwicklung der religiösen Vorstellungen aus kulturhistorischen Prinzipien von den Glaubensvorstellungen der Primitiven über den Polytheismus zum Monotheismus und versucht, den Beweis zu erbringen, daß Religionen nicht gemacht werden, sondern notwendige Schöpfungen des menschlichen Geistes sind. — In der Ethik vertritt er eine Art *Eudämonismus.* Zweck aller menschlichen Tätigkeit ist das Glück. Maßstab der sittlichen Billigung ist die Lust. Das Gefühl der sittlichen Billigung empfinden wir auch bei Handlungen, die unserer Selbstliebe entgegengesetzt sind. Neben der Selbstliebe steht die Sympathie, die uns fremdes Leid und fremde Freude mitempfinden läßt. Hauptwerke: Treatise on Human Nature (1739). — An Enquiry Concerning Human Understanding (1748). (Vgl. Ich.)

Husserl, Edmund (1859—1938): bedeutend in seinem tiefgreifenden Einfluß auf die gegenwärtige, besonders deutsche Philosophie, zunächst von BRENTANO ausgehend, Begründer der *Phänomenologie* ("Wesenswissenschaft"), die mit der Methode der „reinen Wesensschau" die Bedeutung logischer Sätze aufweisen will. In seinen „Logischen Untersuchungen" (1901) bekämpft er den „Psychologismus" und die Psychologie als Grundlage der Logik und zeigt, daß Regeln und Gesetze der Logik nicht psychologischer Natur sind, sondern daß die Gesetze der Logik vielmehr Gegenstände oder Bedeutungen von Sätzen bezeichnen, die der „Idealsphäre" angehören. — Den Übergang vom natürlichen zum phänomenologischen Standpunkt bezeichnet Husserl in den „Ideen zu einer reinen Phänomenologie und phänomenologischen Philosophie" (1913) als *phänomenologische Reduktion.* Diese schließt eine ἐποχή („Einklammerung" aller erfahrungsmäßigen Tatsächlichkeit) in sich ein und ergibt ein „reines Bewußtsein", dessen wir uns unabhängig von seinem erfahrungsmäßigen Gegebensein unmittelbar bewußt sein können. Der phänomenologischen folgt die *transzendentale Reduktion,* die das transzendentale Bewußtsein („das reine Bewußtsein in seinem absoluten Eigensein") abgehoben von jedem individuell-konkreten Bewußtsein freilegt, das gleichzeitig konstitutive Grundlage aller Erfahrung und Wissenschaften ist. — In seiner „Formalen und transzendentalen Logik" (1929) fordert Husserl den Aufbau der Logik auf der *transzendentalen Phänomenologie* und interpretiert die Akte des Bewußtseins als „intentional" (Brentano), die Objekte als intentionale Objekte, die in den intentionalen Akten des transzendentalen Subjekts (Kant) erst konstituiert werden. — Die Wahrheit stützt sich auf Evidenz. Die „Hierarchie der Sätze und ihre Bedeutungen hängen von der Hierarchie der Evidenzen ab und die ersten Wahrheiten und Evidenzen müssen die individuellen sein." In den „Cartesianischen Meditationen" (2. A. 1950) versucht er das moi-même des Descartes zum transzendentalen Ego Kants umzubilden und unser Wissen von der Welt im *reinen Bewußtsein* zu begründen. — In der „Krisis der europäischen Wissenschaften und die transzendentale Philosophie" (2. A. 1954) sollen Objektivismus und Materialismus als bedeutendste Ausprägungen der Krise der abendländischen Wissenschaft durch die transzendentale Phänomenologie überwunden werden. (Vgl. Eidetik, Intentionalität, Phänomenologie, Reduktion.)

Hylozoismus: Stoffbelebung, Stoffbeseelung; die Annahme, die schon die alten griechischen Naturphilosophen machten und die auch in der neueren Philosophie mehrfach vertreten wurde, daß allem stofflichen Sein ein Lebensprinzip innewohnt.

Hyperästhesie: Überempfindlichkeit, krankhaft gesteigerte Erregbarkeit der Sinne.

hyperphysisch, hypophysisch: übernatürlich.

Hypnose: Schlafzustand, durch suggestive Einwirkung künstlich herbeigeführt. Durch Einengung des Bewußtseins wird die Seele für die vom Hypnotiseur ausgehenden

Einflüsse empfänglich. Auch durch eigene Beeinflussung ist der hypnotische Zustand zu erreichen (Autohypnose).

Hypokeimenon: das Zugrundeliegende, s. Aristoteles.

hypostasieren: ein besonderes Sein als eigene Wesenheit unterstellen, verdinglichen, zu einem selbständigen Ding, zur Substanz machen.

Hypothese: zugrundegelegte Annahme; allgemein eine zunächst unbewiesene, jedoch mit starkem Wahrscheinlichkeitsgehalt versehene Annahme, durch die gegebene Tatsachen erklärt werden können. Wissenschaftliche Hypothesen müssen an Tatsachen als richtig erwiesen und auch, durch weitere neue Tatsachen ständig bewährt, verifiziert werden. NEWTONS berühmtes Wort „hypotheses non fingo", Hypothesen erdichte ich nicht, bezieht sich nur auf unwissenschaftliche Hypothesen, die nicht von den gegebenen Erscheinungen ausgehen, sondern willkürlich ausgedacht sind. **Arbeitshypothese:** probeweise, nur als vorläufig angesehene Annahme, die als Hilfsmittel besonders der induktiven Forschung verwandt wird. **hypothetisch:** bedingt angenommen; ein hypothetisches Urteil hat die Form: wenn A ist, ist B; wenn die Sonne scheint, wird der Stein warm. (Vgl. kategorisch.)

Hysteronproteron: Späteres — Früheres, ein Denkfehler, der die Reihenfolge umkehrt und einen Satz durch das beweisen will, was erst aus dem Satze selbst folgen würde.

i: in der Logik Zeichen für das teilweis partikulär bejahende Urteil von der Form: einige S sind P (Vgl. a.).

Ich: Das psychische Ich erscheint als relativ beständiger Beziehungspunkt aller seelischen Vorgänge, die von einem Ich erlebt werden. Bisweilen wird auch der *Leib* in das Ich einbezogen und der übrigen Körperwelt gegenübergestellt. Bei HUME: ist das Ich ein Bündel von Vorstellungen. Nur die Gewohnheit gleichbleibender Vorstellungsbedingungen liegen dem Geist zugrunde, fehlen diese, so lösen sich auch die seelischen Substanzen (die res cogitantes des Descartes) auf. Indem Ernst MACH die Körperwelt,

d. h. die Komplexe von Farben, Tönen usw., durch den Leib als mitbestimmt bezeichnet, kann er auch die Körperwelt in das Ich einbeziehen: „dem entsprechend kann das Ich so erweitert werden, daß es schließlich die ganze Welt umfaßt". — Das *erkenntnistheoretische* Ich KANTS ist als synthetische Einheit des Bewußtseins, als synthetische Einheit der Apperzeption nicht anderes als der Verstand selbst als einheitlicher Inbegriff aller eine objektive Erkenntnis ermöglichenden Funktionen. Im Anschluß an diese Lehre Kants geht FICHTES Wissenschaftslehre von dem *allgemeinen* Ich als Ausdruck einer Tathandlung aus, als Grundprinzip der theoretischen und der praktischen Philosophie. (Vgl. Selbstbewußtsein, Seele.) In der *Psychologie:* Bezeichnung für die Summe der im Individuum vorhandenen Bewußtseinsinhalte. Bei C. G. JUNG ist im Unterschied zum Selbst (als geistig-seelischem Zentrum des Ich) „das Ich der einzige Inhalt des Selbst, den wir kennen. Das individualisierte Ich empfindet sich als Objekt eines unbekannten und übergeordneten Subjekts." In der *Psychoanalyse* S. FREUDS besteht das Wesen der Neurose aus dem Konflikt zwischen den (nichtsexuellen) Ich- und den Sexualtrieben. Die psychische Einheit des Ich erhält narzistischen Charakter, wenn die Ichtriebe aus ihrer Selbsterhaltungsfunktion heraustreten und Libido-Charakter annehmen. So sind also Ich-Libido und Objekt-Libido zu unterscheiden (vgl. Psychoanalyse).

Ichdialektik, Ichprozeß: als Objekt der Erkenntnis betrachtet, unterscheidet sich das Ich von allen anderen Objekten dadurch, daß es *zugleich Subjekt* ist. So bezeichnet FICHTE und nach ihm die Identitätsphilosophie das Ich als Subjekt-Objektivität. Das Ich setzt das Nicht-Ich, die Außenwelt, mit der es sich auseinandersetzt. Dem Ich und dem Nicht-Ich geht jedoch das *absolute Ich* voraus, das bewußtseinsunabhängig ist. — Vor der Reflexion zeigt sich der Ichprozeß als ein progressus in infinitum. Von hier ausgehend bezeichnet HERBART „das Ich als die ärgste aller Einbildungen". — HEGEL nimmt diesen Widerspruch bereits in die Definition des Ich auf, wenn er sagt: „Ich ist der Inhalt der Beziehung (Subjekt-Objektbeziehung) und das Beziehen selbst; es ist es selbst gegen ein anderes und greift zugleich über dies andere über, das für es ebenso nur es selbst ist." Von neueren Denkern haben sich vor allem RICKERT und Julius BERGMANN um den Ichprozeß bemüht. Für Rickert ergibt sich die ganze Fragestellung aus der Trennung des reinen vom empirischen Selbstbewußtsein. Das erkenntnistheoretische Subjekt oder Bewußtsein überhaupt kann nicht, wie der Solipsismus will, mein Bewußtsein sein, weil ich „selbst" (als empirisches Ich) Einheit von Subjekt und Objekt bin. So wird das reine Subjekt zum *Grenzbegriff*, und zwar, wenn wir vom psychophysischen Subjekt ausgehen, zum Grenzbegriff einer Reihe, in der wir uns das Objektive immer kleiner werdend denken. Für Jul. Bergmann liegt im Ich gleichfalls eine unendliche Reihe von Selbsthervorbringungen oder Selbstanschauungen, nur daß Bergmann sich bemüht, den angeblichen Widerspruch des Ich aufzulösen. Andere, wie SCHUPPE und ÖSTERREICH, haben die ganze Lehre von der Ichdialektik als sophistisch zurückgewiesen bzw. sich mit der Unerklärlichkeit des Selbstbewußtseins begnügt. (Vgl. Solipsismus.)

Ideal: Musterbild, Ziel, höchste Vollkommenheit. Unter Ideal versteht KANT die Idee als ein einzelnes, durch die Idee bestimmtes Ding. So ist der Weise des Stoikers ein Ideal, d. i. ein Mensch, der bloß in Gedanken existiert, aber mit der Idee der Weisheit völlig übereinstimmt. Das *transzendentale Ideal* der reinen Vernunft ist die in einem Einzelwesen Gott verdinglichte Idee eines Alls der Realität; das Ideal des höchsten Gutes ist „die Idee einer solchen Intelligenz, in welcher der moralisch vollkommenste Wille mit der höchsten Seligkeit verbunden, die Ursache aller Glückseligkeit in der Welt ist, sofern sie mit der Sittlichkeit (als der Würdigkeit glücklich zu sein) in genauem Verhältnis steht." In dem Ideal des Philosophen aber ist der Weltbegriff der Philosophie personifiziert und das Urbild dargestellt, d. h. der Philosoph ist der „Lehrer im Ideal", der alle Vernunfterkenntnisse als Werkzeuge ansetzt und nutzt, um die wesentlichen Zwecke der menschlichen Vernunft zu fördern. SCHILLER hat in seinen Gedankendichtungen dem Ideal eine überwältigende Kraft verliehen. (Vgl. Schillers Gedicht: „Das Ideal und das Leben".) Man unterscheidet ferner logisches, ethisches, ästhetisches Ideal. In der *Psychologie:* ein vom Individuum besonders bevorzugter und gepflegter Bewußtseinsinhalt. **ideal:** 1. musterhaft, vorbildlich; 2. = ideell, nur gedacht, nur in der Idee wirklich, also unwirklich.

Idealismus: 1. *metaphysisch*: die Anschauung, daß alles wahrhaft Wirkliche nur ideellen geistigen Wesens sei. Der platonische Idealismus stellt der veränderlichen Erscheinungswelt der wahrnehmenden Einzeldinge die unveränderliche, unräumliche, nur im Denken zu erfassende ewige Ideenwelt, eine geistige Welt, gegenüber. LEIBNIZ erblickt die wahren Substanzen in seelischen, unräumlichen, unkörperlichen Einheiten, den Monaden, deren jede ein Spiegel des Universums ist. BERKELEY verneint den Begriff der materiellen Substanz, da nur Wahrnehmungsinhalte unmittelbar gegeben seien, aber keine Materie; es gibt nach ihm nur geistige Substanzen, Seelen: eine Metaphysik des „Immaterialismus" oder Spiritualismus. FICHTE, SCHELLING und HEGEL haben den **deutschen Idealismus** wesentlich aus den Gedanken LESSINGS, HERDERS, SCHILLERS und HÖLDERLINS und aus der Kritik der Kantschen Philosophie heraus geschaffen. Doch sind sowohl der *späte* Fichte als auch der *späte* Schelling über Hegels Problem, die Wirklichkeit aus der Selbstbestimmung der Vernunft zu begreifen, hinausgegangen, indem sie nach der *Möglichkeit der reinen Selbstbestimmung der Vernunft* fragen. Insofern hat der deutsche Idealismus in Fichte, Schelling und Hegel drei ganz *verschiedene* Ausprägungen gefunden und ist *nicht* als logisch-fortschreitende Entwicklung von Fichte über Schelling zu Hegel zu verstehen. — DILTHEY unterscheidet zwei Typen der idealistischen Weltanschauung: den objektiven Idealismus eines SPINOZA, LEIBNIZ, SHAFTESBURY, GOETHE, SCHELLING, SCHLEIERMACHER, HEGEL und den Idealismus der Frei-

Idealität 135

heit, vertreten durch PLATON, KANT, FICHTE. Die Weltanschauung des objektiven Idealismus ist von der Verhaltungsweise des Gefühlslebens bestimmt, sie steht unter dem Gesichtspunkt der Werte der Dinge, der Lebenswerte, der Bedeutung und des Sinnes der Welt: die ganze Wirklichkeit erscheint dabei als der Ausdruck eines Innern, als die Entfaltung eines unbewußt oder bewußt wirkenden seelischen Zusammenhanges. Der Idealismus der Freiheit läßt die Weltauffassung durch das Willensverhalten bestimmen, und so entspringt das Schema der Unabhängigkeit des Geistes von der Natur. (Vgl. Weltanschauung.) 2. *Erkenntnistheoretisch:* die Lehre, daß die Erkenntnis sich nicht auf transzendente Dinge bezieht, sondern vom erkennenden Subjekt bedingt innerhalb der Denkinhalte bleibt. Der subjektive Idealismus betrachtet das Individuum als das erkennende Subjekt und erklärt alle Erkenntnis für subjektiv. Berkeley löst alles Sein in Ideen, Wahrnehmungen auf und gilt so auch erkenntnistheoretisch als subjektiver Idealist. SCHOPENHAUER erklärt: die Welt ist meine Vorstellung, kein Objekt ohne Subjekt, kein Subjekt ohne Objekt. KANTS *transzendentaler* (formaler, *kritischer*) Idealismus sieht in Raum und Zeit nur sinnliche Formen unserer Anschauung, nicht aber Bestimmungen der Objekte als Dinge an sich, so daß wir alle Erscheinungen als bloße Vorstellungen, nicht als Dinge an sich ansehen müssen. Dieser transzendentale Idealismus ist zugleich empirischer Realismus, denn er erkannt an, daß unseren äußeren Anschauungen etwas Wirkliches im Raume entspricht. Sieht man die Hauptaufgabe des Kantischen Kritizismus in dem Herausarbeiten der die Erkenntnis bedingenden Begriffe und Grundsätze a priori, so kann man diese Erkenntnistheorie transzendental-logischen oder methodischen Idealismus nennen. — 3. *Ethisch:* die Überzeugung vom überragenden Werte des Sittlichen. So wird Fichtes Philosophie, für die die Welt nur das „versinnlichte Material unserer Pflicht" ist, als *ethischer* Idealismus bezeichnet. (Vgl. Materialismus.)

Idealität: ideelles Sein, Sein im Bewußtsein, als Vorstellung. KANT lehrt die transzendentale Idealität von Raum und Zeit: Raum und Zeit haben keine absolute Realität, wie NEWTON und die mathematischen Naturforscher behaupteten, sondern nur empirische Realität als Formen der Erscheinungswelt, als Bedingungen aller möglichen Erfahrung, aber zugleich transzendentale Idealität, d. h. sie sind keine Formen der Dinge an sich, sie haben keine Bedeutung für ein metaphysisches Sein, da wir aus den Formen unserer Anschauung nicht absolut Reales, aus Bedingungen der sinnlichen Erkenntnis nicht Dinge an sich machen dürfen.

Ideal-Realismus: die Anschauung, daß das in der Vorstellung Gegebene doch zugleich mit Wirklichem zusammenhängt.

Idealtypus: ein von Max WEBER erarbeiteter Begriff der *verstehenden Soziologie*. Der Idealtypus wird „gewonnen durch einseitige Steigerung eines oder einiger Gesichtspunkte und durch Zusammenschluß einer Fülle von diffus vorhandenen Einzelerscheinungen zu einem in sich einheitlichen Gedankengebilde. In seiner begrifflichen Reinheit ist dieses Gedankengebilde nirgends vorfindbar, eine Utopie, trotzdem für die Erscheinung des tatsächlichen Kausalzusammenhanges von größtem Werte." (Gegensatz: Gattungs- bzw. Realtypus.)

Lit.: Max Weber, Zur Objektivität sozialwissenschaftlicher und sozialpolitischer Erkenntnis (1904).

Ideation, Ideierung: Wesensschauung, an Platon anknüpfender Grundbegriff HUSSERLS. Grundvorgang: empirische Erfahrung oder individuelle Anschauung können in Ideation „umgewandelt" werden, „eine Möglichkeit, die selbst nicht als empirische, sondern als Wesensmöglichkeit zu verstehen ist. Das Erschaute ist dann das entsprechende reine Wesen oder Eidos." (Vgl. Scheler, N. Hartmann.)

Idee: Gestalt, Form. PLATON versteht unter Ideen Allgemeinbegriffe, Gattungsbegriffe, die eine metaphysische, übersinnliche Existenz besitzen; sie sind die ewigen, unveränderlichen Urbilder der Erscheinungen, der Einzeldinge, welche nur Abbilder der Ideen sind. In der Stufenfolge der Ideen ist die Idee des Guten, die mit der Gottheit zusammenfällt, die höchste Idee, die Sonne der Ideen. Neben dieser metaphysischen Bedeutung hat Platon auch einen erkenntnistheoretischen Sinn mit der *Ideenlehre* verbunden: die Ideen sind Vernunftgründe, Gesetze des Seins, Grundlagen zur Erforschung der Erscheinungen. ARISTOTELES verwirft die Trennung von Idee und Erscheinung und verlegt die Ideen in die Einzeldinge als die zweckmäßig wirkenden, gestaltenden Kräfte. Bei den Neuplatonikern und AUGUSTIN werden die platonischen Ideen zu Gedanken Gottes. Ebenso werden im Mittelalter die Ideen zumeist als Urbilder im göttlichen Geist betrachtet, nach denen Gott die Dinge erschaffen hat. In der neueren Philosophie wird unter Idee ganz allgemein Vorstellung, Bewußtseinsinhalt verstanden, so bei DESCARTES und LOCKE; bei HUME ist Idee (idea) das (abgeschwächte) Abbild einer Wahrnehmung. Eine neue Bewertung erhält der Begriff Idee bei KANT: die Vernunft sucht zu der stets nur bedingten Erkenntnis des Verstandes das Unbedingte, die letzte Einheit der Erkenntnis und kommt so zu drei Klassen von Ideen: zur absoluten Einheit des denkenden Subjekts, zur absoluten Einheit der Reihe der Bedingungen der Erscheinungen, zur absoluten Einheit der Bedingungen aller Gegenstände des Denkens überhaupt. Wir haben so die *psychologische Idee* der Seele, die *kosmologische Idee* des Weltganzen, die *theologische Idee* eines höchsten Wesens. Diesen Ideen kann kein kongruierender Gegenstand in der Sinnenwelt gegeben werden; sie sind, objektiv genommen, transzendent, d. h. übersteigen die Grenzen aller Erfahrung. Die Ideen gestatten also keinen konstitutiven Gebrauch, d. h. sie geben uns keine Begriffe von Gegenständen; ein solcher Gebrauch wäre transzendent und würde zu dem trüglichen Scheinwissen der Metaphysik führen. Dagegen haben die Ideen „einen vortrefflichen und unentbehrlichen regulativen Gebrauch, nämlich den Verstand zu einem gewissen Ziele zu richten, in Aussicht auf welches die Richtungslinien aller seiner

Regeln in einem Punkt zusammenlaufen, der, ob er zwar nur eine Idee (focus imaginarius), d. i. ein Punkt ist, aus welchem die Verstandesbegriffe wirklich nicht ausgehen, indem er ganz außerhalb der Grenzen möglicher Erfahrung liegt, dennoch dazu dient, ihnen die größte Einheit neben der größten Ausdehnung zu verschaffen". Die *psychologische Idee* der Seele dient dazu, die systematische Einheit in der Erklärung der Erscheinungen der Seele auszudrücken; die *kosmologische Idee* des Weltbegriffes dient zur Regel, die Bedingungen aller Naturerscheinungen in einer solchen nirgend zu vollendenden Untersuchung zu verfolgen, als ob dieselbe an sich unendlich und ohne ein erstes und oberstes Glied sei. Die *theologische Idee* von Gott als der einen allgenugsamen Ursache bedeutet nur die Regel, systematische Einheit des Mannigfaltigen im Weltganzen und vermittels derselben den größtmöglichen empirischen Vernunftgebrauch möglich zu machen. Nach HEGEL entwickelt die Logik alle Formen des Seins und ist eine Entfaltung der alles in sich fassenden Idee. Dieses Reich der Ideen bildet bei Hegel wie bei Platon den Grund und die Voraussetzung alles einzelnen Daseins. In allem Endlichen erkennen wir den Glanz der einen ewigen Idee, und so umflicht sich das Kreuz der endlichen Gegenwart mit den Rosen eines ewigen, unendlichen Sinnes. SCHOPENHAUER erblickt in den unwandelbaren Naturkräften die platonischen Ideen, in denen die Welt sich objektiviert. Diese Ideen, die zwischen den flüchtigen und vergänglichen Einzeldingen und dem Willen stehen, sind raum- und zeitlos und so eine „adäquate Objektivität des Willens. Die Kunst, als Werk des Genius, wiederholt die durch reine Kontemplation aufgefaßten Ideen, das Wesentliche und Bleibende aller Erscheinungen der Welt.

Ideenassoziation: s. Assoziation.

Identität: Dieselbigkeit, völlige Gleichheit. Begriffe vom selben Inhalt sind identisch; jeder Begriff ist mit sich selbst identisch. Satz der Identität: A ist A, in mathematischer Form: jede Größe ist sich selbst gleich. — LEIBNIZ stellte das logisch-metaphysische principium identitatis in-

discernibilium, das Prinzip der Identität des Nichtzuunterscheidenden auf: zwei völlig gleiche, nicht unterscheidbare Dinge kann es nicht geben, sie wären sonst eins.
Identitätsphilosophie: eine metaphysische Einheitslehre. PARMENIDES: Denken und Sein sind identisch. SPINOZA behauptet, „daß die denkende Substanz und die ausgedehnte Substanz ein und dieselbe Substanz sind, die nur bald unter diesem, bald unter jenem Attribut aufgefaßt wird. Ebenso sind auch ein Modus der Ausdehnung und die Idee dieses Modus ein und dasselbe Ding, nur auf zwei verschiedene Weisen ausgedrückt." SCHELLING: „Natur und Geist sind im Grunde dasselbe", „der Grund von Natur und Geist, das *Absolute,* ist die Identität des Realen und Idealen". Aller Dualismus ist vernichtet, alles soll absolut Eines werden: Objekt und Subjekt, Natur und Geist, Reales und Ideales fallen im Absoluten zusammen.

Identitätsschluß: Syllogismus (s. d.), in dem aus zwei Identitätsurteilen ein drittes folgt (A = B; C = B; A = C). **Identitätsurteil:** Urteil nach der Formel A = A (s. d.).

Ideologie: in der Gegenwart verwendet a) als Ersatz für die „Idee", für alles Geistige schlechthin; b) als gedankliches Mittel zur Fixierung der zwischen Geist und Gesellschaft bestehenden Beziehungen (vgl. Wissenssoziologie); c) als Bezeichnung der Inadäquatheit bestimmter Denkformen mit der gesellschaftlich-sozialen Wirklichkeit. Das **Ideologische Bewußtsein** als eine dieser Denkformen bleibt jedoch im Gegensatz zum utopischen (s. d.) hinter der Wirklichkeit zurück; d) als *politisches Kampfmittel,* bestimmte Teile oder die gesamte „kategoriale Apparatur" des gegnerischen Denkens ideologisch zu enthüllen. Diese *ideologische Enthüllung* fremder Denkstile und Denkstandorte impliziert die *ideologische Verhüllung* des eigenen Denkstandortes und ist besonders bei gesellschaftlichen Gruppen, Schichten und Klassen zu beobachten, die im gesellschaftlichen Gesamtgefüge ein eigenes Selbstbewußtsein und eine Selbstlegitimierung erst ausbilden. *Historisch:* a) bei DESTUTT

De Tracy (Eléments d'Idéologie, 1801–1815) ist Ideologie („Science des Idées") die philosophische Grundwissenschaft; b) der *erkenntnispsychologische* Ideologiebegriff: die in den Sinnen wurzelnden Interessenmotive und religiösen Vorurteile lenken das Denken vom rechten Wege zur Erringung der objektiven Wahrheit ab (vgl. Bacon); c) der *sozialkritische* Ideologiebegriff Helvetius' und Holbachs: Konkretisierung des erkenntnispsychologischen Ideologiebegriffes im Sinne einer politisch-reformatorischen Sozialkritik *(Priestertrug-Theorie);* d) die Konfrontierung *Ideologie : Aktion* und die abwertende Bezeichnung alles nur Geistigen als ideologisch durch Napoleon I.; e) der Marxsche Ideologiebegriff: ideologisches Bewußtsein = prinzipiell *falsches Bewußtsein,* d. h. eine aus den eigenen ökonomischen und machtpolitischen Interessen entspringende bewußte Verhüllung des eigenen Denkstandortes, besonders der bürgerlichen Klasse. Das falsche Bewußtsein ist identisch mit der objektiven Unmöglichkeit, das „gesellschaftliche Sein" adäquat zu erkennen und zu beherrschen. Der ideologische *Überbau* (alles Geistige schlechthin) ist kausal determiniert durch den gesellschaftlich-sozialen *Unterbau.* — **Ideologienlehre** ist der wissenschaftlich-systematische Versuch einer Enthüllung der ideologischen Verhüllungen „der menschlichen Parteiungen, insbesondere der politischen Parteien." (Mannheim) — (Vgl. Wissenssoziologie, Utopie.)

Lit.: H. Barth, Wahrheit und Ideologie (1945); Th. Geiger, Ideologie und Wahrheit (1953); K. Mannheim, Ideologie und Utopie (3. A. 1952).

idiographisch: das wissenschaftliche Denken, das das Einzelne in seiner einmaligen geschichtlichen Gestalt betrachtet, nennt Windelband idiographisch. (Vgl. Geisteswissenschaft.)

Idol: Bild, Trugbild, Abgott, Götzenbild. **Idolenlehre.** Vgl. Bacon; **Idolatrie:** Götzendienst; s. a. Ideologie.

ignava ratio: „faule Vernunft" nannten die Stoiker die Meinung ihrer Gegner, daß aus der Leugnung der Willensfreiheit ein blinder Fatalismus folge, so daß die Vernunft überhaupt keinen Einfluß auf das Leben habe.

KANT will „jeden Grundsatz so nennen, welcher macht, daß man seine Naturuntersuchung, wo es auch sei, für schlechthin vollendet ansieht, und die Vernunft sich also zur Ruhe begibt, als ob sie ihr Geschäft völlig ausgerichtet habe."

ignorabimus: wir werden nicht wissen. (Vgl. Welträtsel.)

ignoratio elenchi: Unkenntnis des Gegenbeweises, die sich im Übersehen des eigentlich zu Beweisenden bemerkbar macht.

Imagination: Einbildung, Phantasie; SPINOZA nennt die unterste Stufe der Erkenntnis die Imagination, die auf Sinneseindrücken beruhende Erkenntnis der Einzeldinge, die als verstümmelt, verworren, unzulänglich, inadäquat gekennzeichnet werden muß, während die ratio, die Vernunft, wahre, adäquate Erkenntnis des Seins vermittelt.

Imago: Bild, Traumbild; nach C. G. JUNG ist der stärkste Archetypus (s. d.) die Mutterimago.

immanent: innebleibend, innewohnend; 1. *metaphysisch:* Gott ist die causa immanens, die innewohnende Ursache aller Dinge, nicht ein transzendenter, jenseitiger Schöpfer; diese Immanenz Gottes besonders im Pantheismus Giordano BRUNOS und SPINOZAS; 2. *erkenntnistheoretisch:* innerhalb der Erfahrung bleibend. KANT: „Wir wollen die Grundsätze, deren Anwendung sich ganz und gar in den Schranken möglicher Erfahrung hält, *immanente,* diejenigen aber, welche diese Grenze überfliegen sollen, *transzendente* Grundsätze nennen." **Immanenz:** das Immanentsein; der Pantheismus lehrt eine Immanenz Gottes, ein Enthaltensein in der Welt, eine Innerweltlichkeit Gottes.

Immanenzphilosophie: von W. SCHUPPE (Die immanente Philosophie, 1897) vertretener Standpunkt, nach dem ein das Bewußtsein transzendierendes Sein nicht besteht und das Dasein und alles Seiende in ihren Erscheinungsweisen als Bewußtseinsinhalte zu fassen sind und mit dem menschlichen Bewußtsein zusammenfallen. Es werden „an Stelle des allgemeinen Seins die beiden einzig denkbaren Spezies gesetzt: das Sein, welches das Subjektsein oder Ichsein oder Denken ist, als der primäre Begriff des Seins, und dann das Sein, welches das Objektsein oder der Bewußtseinsinhalt ist, als ein zweiter Begriff des Seins, letzteres nach der sog. Realität und dem Grade der Gewißheit dem ersteren ganz gleich, in der Art aber von ihm unterschieden" (Wilhelm SCHUPPE); andere Vertreter ähnlicher Richtung: A. v. LECLAIR, Max KAUFMANN.

Immaterialismus: Nicht-Materialismus. BERKELEY gibt seiner Philosophie diesen Namen, um seinen Gegensatz gegen den Materialismus zu kennzeichnen, der die Materie, den Stoff als real, als Substanz voraussetzt, während er zu zeigen versucht, daß diese Annahme einer körperlichen Substanz unsinnig ist. **immateriell:** unkörperlich, stofflos.

Immoralismus: Bekämpfung der herrschenden Moral oder Leugnung der Gültigkeit irgendeiner Moral.

Imperativ: das Gebot; KANT unterscheidet den *hypothetischen* und den *kategorischen* Imperativ; der hypothetische stellt die praktische Notwendigkeit einer möglichen Handlung als Mittel zu etwas anderem vor, der kategorische Imperativ der Sittlichkeit erklärt die Handlung ohne Beziehung auf einen andern Zweck für sich als notwendig: „Handle so, daß die Maxime deines Willens jederzeit zugleich als Prinzip einer allgemeinen Gesetzgebung gelten könne"; in anderer Form: „Handle so, daß du die Menschheit, sowohl in deiner Person als in der Person eines jeden andern jederzeit zugleich als Zweck, niemals bloß als Mittel brauchst."

implizit: eingeschlossen, einbegriffen. Unter impliziter Definition versteht man eine Definition durch Axiome: die mathematischen Grundbegriffe sollen dadurch definiert sein, daß sie den Axiomen genügen (David HILBERT).

Impression: erkenntnistheoretisch: Empfindung (vgl. HUME). In der Kunstgeschichte: **Impressionismus:** Richtung in der Malerei am Ausgang des 19. Jahrhunderts, die im Gegensatz zum Expressionismus den Gegenstand in seinem unmittelbaren Eindruck für das Auge wiedergeben will.

inadäquat: unangemessen; die sinnliche Erkenntnis ist nach idealistischer Auffassung inadäquat dem ideellen Sein, nach kritisch-realistischer Auffassung ist das Denken und Vorstellen der Wirklichkeit an sich inadäquat, d. h. unangemessen.

In-der-Welt-sein: bei HEIDEGGER Grundverfassung des Daseins (s. d.), wobei das In-sein als Angewiesensein der Existenz auf die Welt (nicht als räumliches Darinnensein) aufgefaßt wird. Die bisherige erkenntnistheoretische Frage: Wie kommt das Bewußtsein zur Welt? ist falsch gestellt und entspringt einem atomistischen Vorurteil.

Indeterminismus: Lehre von der Willensfreiheit, der Nichtbestimmtheit des Willens durch Ursachen. (Vgl. Willensfreiheit.)

Indifferentismus: 1. Gleichgültigkeit gegenüber Anschauungen und Bestrebungen. 2. Ein Vermittlungsversuch in dem Universalienstreit der Scholastik, besonders vertreten von ADELARD VON BATH: das Einzelding ist das Wirkliche, aber in allen Individuen sei als Indifferentes (Nichtverschiedenes) eine Gemeinsamkeit von Gattungseigenschaften vorhanden.

Indifferenz: Gleichgültigkeit, Unterschiedslosigkeit. SCHELLING faßte das Absolute, die Vernunft, als Indifferenz von Natur und Geist, Objekt und Subjekt, als Identität des Idealen und des Realen auf.

Individualbegriff: ein Begriff, der sich auf ein bestimmtes Einzelwesen bezieht. (Vgl. Allgemeinbegriff.)

Individualethik: die Ethik, die nur das Individuum, den einzelnen handelnden Menschen, bei der Begründung der Moral als maßgebenden Wert und als Ziel der sittlichen Förderung im Auge hat. In diesem Sinne lehrt Simmel ein „individuelles Gesetz" für jeden sittlichen Menschen.

Individualismus: die Lehre, die das Individuum als eine für sich selbst und um ihrer selbst willen bestehende Wirklichkeit auffaßt und nach der die Einzelpersönlichkeit in ihrem Eigenwert den höchsten Wert im Gegensatz zu allen Formen und Forderungen der Gemeinschaft, Gesellschaft und des Staates darstellt. *Historisch:* die SOPHISTEN empfinden den Menschen als Maß aller Dinge. Die Renaissance schafft das Ideal des aristokratischen Individuums, die Vertragstheorien der *Aufklärung* konstruieren die Gesellschaft aus dem Miteinander freier Individuen, der *deutsche Humanismus* um die Wende des 19. Jahrhunderts vertritt in Dichtung, Philosophie und Pädagogik die Forderung nach Bildung der humanen, rein menschlich-sittlichen Persönlichkeit. STIRNER entwickelt einen übersteigerten Subjektivismus der selbstherrlichen Persönlichkeit (vgl. Anarchismus), NIETZSCHE einen aristokratischen Individualismus in seinem Typus des Übermenschen. — In der Metaphysik des Individualismus ist das Einzelne allein wirklich (vgl. Nominalismus); bei Giordano BRUNO ist eine universalistische Anschauung vom Weltganzen mit der Annahme der individuellen Existenz der körperlich-geistigen Monaden vereinigt; LEIBNIZ macht in seiner Monadenlehre das individuelle Sein zum Wesen der Welt. — (Vgl. Sozialismus.)

Individualpsychologie: Aufgabe: das Einmalige im Individuum, die individuelle Bestimmtheit und Wesenheit zu erfassen. Alfred ADLERS „Individualpsychologie" versucht, als „Neurosenpsychologie" die einzelnen seelischen Vorgänge aus dem Wesen des Individuums und seinem Erleben heraus zu verstehen. Als Grundtrieb nimmt er den Willen zur Macht, den *Geltungstrieb,* an, der mit dem bei Kindern und Erwachsenen vorhandenen Minderwertigkeitsgefühl zu kämpfen hat. Konsequenzen des Minderwertigkeitsgefühls sind nach Adler der *„männliche Protest"* als ordnendes und treibendes Prinzip oder die *„Konfliktneurose".* Das Fundament der individualpsychologischen Methode liegt in der Auffassung, daß „in jeder neurotischen Attitüde" deren Anfang und Ziel schon beschlossen liegen und daß aus dieser Einzelgebärde „Symptome, Bereitschaften und Charakterzüge" der Gesamtpersönlichkeit erschlossen werden können. Hauptwerk: Über den nervösen Charakter (4. A. 1928).

Individuation: Sonderung des Allgemeinen in Einzelwesen. In der Scholastik erhob sich das Problem der Individualität, die Frage nach dem Seinsgrund des Einzelwesens (principium individuationis). Nach Duns Scotus ist die Einzelform, die Individualität, etwas Ursprüngliches, nicht weiter Ableitbares, eine in sich selbständige Wirklichkeit, also bedarf es keines besonderen Grundes für das Einzelne. Thomas von Aquino ähnlich wie Aristoteles setzt als Grund dafür, daß dasselbe Allgemeine, die „Form" (etwa die Menschheit), sich in vielen verschiedenen Einzelwesen verwirklicht, die Fähigkeit der „Materie", sich in Raum und Zeit quantitativ verschieden zu bestimmen. — Nach Schopenhauer sind Raum und Zeit das principium individuationis, das den von aller Vielheit freien Willen, das Ding an sich, in unzählige Erscheinungen gespalten sein läßt.

Induktion: im Gegensatz zur Deduktion Hinführung vom Einzelnen zum Allgemeinen, vom Bekannten aufs Unbekannte. Als eine Verallgemeinerung aus der Erfahrung leitet der *induktive Schluß* aus Einzelfällen ein allgemeines Gesetz ab (vgl. J. St. Mill). Die Induktion ist also ein Schlußverfahren vom Bekannten aufs Unbekannte, eine Verallgemeinerung aus der Erfahrung. Das Grundprinzip und die Grundvoraussetzung aller Induktion ist der „Satz von der Gleichförmigkeit des Naturlaufs", also die Annahme, daß es in der Natur parallele Fälle gibt, daß das, was einmal geschieht, unter denselben Verhältnissen stets wieder geschehen wird. Das Kausalgesetz gilt demnach als Grundaxiom der Induktion. Beobachtung und Experiment sind die beiden Hauptbestandteile der *induktiven Methode*. — Als Begründer des induktiven Verfahrens gilt nach Aristoteles Sokrates, insofern er aus Beispielen des praktischen Lebens Definitionen allgemeiner Begriffe zu gewinnen suchte. Aristoteles gibt die erste logische Erörterung der Induktion. Streng wissenschaftlich gültig ist nur die vollständige Induktion der Mathematik (Schluß von n auf + 1), das Beweisverfahren der Arithmetik. Als einzig fruchtbare Methode für alle Wissenschaften preist BACON zu Beginn der Neuzeit die Induktion, ohne freilich selbst etwas wissenschaftlich Beachtenswertes zu leisten. HUME und MILL haben die Induktionsmethode tiefer begründet. Nach dem Grade der Allgemeinheit unterscheidet WUNDT drei Stufen der Induktion: 1. die Auffindung empirischer Gesetze; 2. die Verbindung einzelner empirischer Gesetze zu allgemeineren Erfahrungsgesetzen; 3. die Ableitung von Kausalgesetzen und die logische Begründung der Tatsachen. (Vgl. Instanzen.)

influxus physicus: physischer, körperlicher Einfluß (auf die Seele); im weiteren Sinne die von DESCARTES begründete Lehre von der Wechselwirkung zwischen Leib und Seele, nach der Seele und Leib in der Zirbeldrüse aufeinander einwirken. (Vgl. Wechselwirkung.)

Inhärenz: das Verbundensein mit etwas, das Anhaften der Eigenschaften an Dingen, der Akzidentien an der Substanz.

Inhalt: logisch: Inhalt eines Begriffs als Inbegriff aller das Wesen seines Gegenstandes bestimmenden Merkmale.

innerer Sinn: s. Sinn.

Innervation: Nervenerregung, Nerventätigkeit.

Inspiration: geistige Eingebung, übersinnliche Offenbarung.

Instinkt: Naturtrieb; Instinkte sollen es erklären, daß bei Lebewesen Verhaltungsweisen und Handlungen regelmäßig vorkommen, die zweckmäßig sind, ohne daß ihr Ziel bekannt sein kann. *Instinkthandlungen* sind unabsichtlich zweckmäßige Handlungen, die im Dienste der Lebenserhaltung stehen. Instinkthandlungen vollziehen sich ohne Bewußtsein vom Ziel, geschehen aber nicht automatisch, sondern passen sich den Umständen an.

Instrumentalismus: Lehre, daß die Wahrheit nur Mittel oder Werkzeug zur besseren Verwendbarkeit der Vorstellungen sei. (Vgl. Pragmatismus, Amerikanische Philosophie.)

Integration: Wiederherstellung, Vereinigung; bei SPENCER die Vereinigung des zerstreuten Stoffes zu einem Ganzen. (Vgl. Disintegration.) **Integrationspsychologie:** von E. R. JAENSCH vertretene Lehre, die die ganzheitliche Einheit der Person als auch deren Einheit mit Gemeinschaft und Gesellschaft vertritt.

intellectus agens: in der scholastischen Philosophie der tätige Geist im Unterschiede zum „intellectus possibilis", durch den die Seele alles werden kann, während der intellectus agens alles tun kann und die Denkobjekte im Denken verwirklicht.

Intellekt: Verstand, Denkkraft, Geist. (Vgl. Verstand.)

Intellektualismus: allgemein die Anschauung, daß der Intellekt, das Denken, die maßgebende Kraft des Seelenlebens sei, nicht Gefühl oder Wille. Der Mensch als Vernunftwesen ist das Maß aller Dinge. SOKRATES begründet eine intellektualistische Ethik mit seiner Zurückführung des Handelns auf Wissen: Tugend ist Wissen und lehrbar, niemand ist willentlich böse, nur wer die rechte Einsicht nicht besitzt, handelt unrecht, denn niemand will sich selbst schädigen. Ein Intellektualismus, der Welt- und Lebensanschauung wesentlich durch Einsicht, Denken bestimmt wissen will, herrscht in der Denkweise der Neuzeit vor. LEIBNIZ und HEGEL sind die entschiedensten Intellektualisten, indem sie dem Intellekt eine metaphysisch grundlegende Bedeutung zuerkennen. (Vgl. Voluntarismus.)

intellektuelle Anschauung: s. Anschauung.

intelligibel: nur dem Verstande erfaßbar, übersinnlich. Die übersinnliche Welt, mundus intelligibilis, steht gegenüber der sinnlichen Erscheinungswelt, mundus sensibilis. Intelligible Gegenstände hielt KANT 1770 noch für den Verstand erkennbar. Nach der „Kritik der reinen Vernunft" (1781) ist ein Gegenstand intelligibel, der nicht Erscheinung, sondern ein Noumenon ist. Auf der Höhe der kritischen Philosophie ist die „intelligible Welt" ein bloßer Standpunkt der Betrachtung, die Idee des Unbedingten angewandt auf die Natur. (Über den intelligiblen Charakter vgl. Charakter.)

Intensität: Angespanntheit, Stärke. **intensiv:** angespannt, innerlich kraftvoll, stark. KANT: „In allen Erscheinungen hat das Reale, was ein Gegenstand der Empfindung ist, intensive Größe, d. i. einen Grad", d. h. jede Empfindung kann abnehmen und allmählich verschwinden. Alle Erscheinungen sind ihrer Anschauung nach extensive, ihrer Wahrnehmung nach intensive Größen.

Intention: 1. Absicht; 2. das Gerichtetsein der Vorstellungen auf ein gemeintes Objekt. BRENTANO hatte auf den intentionalen Charakter alles Psychischen hingewiesen.

Intentionalität (Zielgerichtetheit): ein besonders von E. HUSSERL im Anschluß an BRENTANO verwendeter Begriff, der das Wesen der „psychischen Akte" ausmacht und das-sich-auf-den-Gegenstand-beziehen meint. In den *intentionalen Erlebnissen* ist ein (realer oder idealer) Gegenstand angezielt (vgl. Akt).

Intermundien: Zwischenwelten; in als leere Räume zwischen den Weltkörpern gedachte Intermundien verlegt EPIKUR den Sitz der Götter, wo sie als selige Idealgestalten leben, ohne sich um Welt und Menschen zu kümmern.

Intoleranz: Unduldsamkeit gegen Andersmeinende. (Vgl. Toleranz.)

Introjektion: Hineinwurf; nach R. AVENARIUS (Kritik der reinen Erfahrung, 1888 f.) bezeichnet die Introjektion die Hineinverlegung der Empfindungen in unsere Seele, wodurch die ursprünglich einheitliche Wirklichkeit erst in Subjekt und Objekt gespalten wird.

Introspektion: Innenschau; Selbstbeobachtung, die introspektive Beobachtung der eigenen seelischen Erlebnisse.

Intuition, intuitiv: innere Anschauung, anschaulich im Gegensatz zu *diskursiv;* eine Erkenntnis durch Intuition oder eine intuitive Erkenntnis soll in einer geistigen Schau bestehen, die uns sicheres, unmittelbar erfaßtes Wissen gibt im Gegensatz zu dem erst zu beweisenden begrifflichen Wissen. DESCARTES und LOCKE sahen in der Intuition eine Quelle unmittelbar einleuchtender Wahrheiten, so des Satzes cogito, ergo sum; SPINOZA stellte die scientia intuitiva als die höchste Stufe der Erkenntnis hin, die uns als anschauendes Wissen das Wesen der Dinge erschließt.

Intuitionismus: Lehre, die alles Erkennen aus dem intuitiven Erfassen im Gegensatz zum diskursiven Denken aufbaut. „Philosophieren besteht darin, sich durch eine Aufbietung der Intuition in das Objekt selbst zu versetzen" (BERGSON).

Ironie: Verstellung, ein Verhalten, das in spöttischer Weise das Gegenteil des eigentlich Gemeinten ausdrückt. Die *Sokratische Ironie* besteht in der pädagogischen Methode, daß SOKRATES sich selbst unwissend stellte und dann den anderen durch Fragen zum Geständnis der gänzlichen Unwissenheit brachte, während er, Sokrates, doch wenigstens wisse, daß er nichts wisse. So war der Boden geebnet, um ein wirkliches Wissen zu begründen. — Die *romantische Ironie* ist die Stimmung, „welche alles übersieht, sich über alles Bedingte unendlich erhebt, auch über eigene Kunst, Tugend oder Genialität" (Fr. SCHLEGEL). Bedeutend ist SOLGERS Philosophie der Ironie. (Vgl. KIERKEGAARDS Werk „Über den Begriff der Ironie".)

Irrationalismus: eine Metaphysik des Irrationalen, die das Wesen der Welt für die Vernunft als unfaßbar erklärt, ja den absoluten Weltgrund als irrational, als Unvernunft bezeichnet. So der spätere SCHELLING in seiner positiven Philosophie und SCHOPENHAUER in seiner Metaphysik des irrationalen Willens.

Irritabilität: Reizbarkeit, Erregbarkeit.

Irrtum: Gedanke, der der Wirklichkeit oder den Gesetzen der Logik (formaler-materialer Irrtum) nicht entspricht. Bei DESCARTES ist Irrtum ein Akt der Willensfreiheit, der aber als Schuld des Selbstbewußtseins aufgefaßt wird (Freiheitslehre). Der Irrtum entsteht, wenn

Bejahung und Verneinung willkürlich und ohne Grund angewendet werden, ohne daß das zugrundeliegende Urteilsmaterial vorher geklärt worden ist. Diese Lehre geht zurück auf die *Stoiker* sowie auf AUGUSTIN und DUNS SKOTUS.

Isomorph: gleichförmig; **Isomorphie:** Gleichgestaltigkeit; in der *Logistik* ist Isomorphie oder ordinale Ähnlichkeit (simple ordinality) die besonders von B. RUSSELL entwickelte Theorie von der Identität zweier formaler Strukturen, die nur in ihren formalen Qualitäten ähnlich (und identisch) sind.

Jacobi, Friedr. Heinrich (1743—1819): Begründer der deutschen *Gefühls-* und *Glaubens*philosophie. Alle Begriffsphilosophie mündet notwendig in den Spinozismus. Darunter versteht er blinden Naturmechanismus, Materialismus. Erkenntnistheoretisch ist Jacobi Anhänger eines naiven Realismus. Vor dem Spinozismus kann nur der Glaube retten. Hauptwerke: Über die Lehre des Spinoza in Briefen an Moses Mendelssohn (1785); David Hume über den Glauben oder Idealismus und Realismus (1787); Von den göttlichen Dingen (1811).

James, William: s. Amerikanische Philosophie, Pragmatismus.

Jaspers, Karl (geb. 1883): Psychiater und Existenzphilosoph, beeinflußt von KANT, SCHELLING, KIERKEGAARD und Max WEBER. Seine Philosophie kreist um *Existenz* und *Transzendenz* („transzendentale Existenzphilosophie"), um die Frage, wie das uneigentliche Sein des Menschen in ein eigentliches verwandelt werden könne. Er glaubt mit Kant, daß erst *nach Überwindung der Subjekt-Objekt-Spaltung das Sein erreicht* werden kann. Der Glaube ist die „Erfahrung des Umgreifenden", der mit Schelling erstrebten Subjekt-Objekt-Einheit. Sein Hauptwerk „Philosophie" (1. A. 1932) basiert auf den drei sich gegenseitig durchdringenden Weisen des Transzendierens: dem Transzendieren in der *„Weltorientierung"*, in der *„Existenzerhellung"* und in der *„Metaphysik"*. Seine „Philosophische

Logik" (1. Bd. „Von der Wahrheit" 1949) ist „eine existentielle Allogik", die die logischen und methodischen Monismen zu überwinden versucht durch eine umfassende „Logiksynthese". Der *einen* individuellen Wahrheit des persönlichen Lebens kann man im Gegensatz zu den ungegenständlichen anderen Wahrheiten, die nicht allgemeingültig und nicht an Identität und Widerspruch gebunden sind, nur inne werden, sie nicht mit Hilfe des Bewußtseins umfassen. — Jaspers unterscheidet drei Arten von *Metaphysik:* die *„prophetische"*, die *„wissenschaftliche"* und die *„aneignende"*, wobei er die beiden ersteren als „verworfene Methoden" bezeichnet, die wegen der Unmöglichkeit der Gegenständlichkeit einer Metaphysik heute untergegangen seien. Der heutige Metaphysiker muß also *Historiker* der Metaphysik sein, der verstehend als Betrachter aus der Distanz in die Geschichte eindringt und an den älteren Metaphysiken, durch ihren Bezug zur Transzendenz, eine neue Metaphysik entzündet. Der identische Kern der früheren Metaphysiken, der sich durch alles Geschichtliche erhält, soll *„angeeignet"* werden (KIERKEGAARD). Jaspers opfert also die Gegenwartsmetaphysik der Wiederverlebendigung des zeitlosen Kerns der früheren Metaphysiken, ohne dabei das Geschichtliche neu zu beleben; er glaubt, daß durch die Beschäftigung mit den früheren Metaphysiken das *Transzendenzerlebnis* in uns aufklingt und daß dadurch der wahre Gehalt der früheren Metaphysiken für uns zum Appell werden kann. Weitere Hauptwerke: Allgemeine Psychopathologie (1903), Psychologie der Weltanschauungen (1919), Ursprung und Sinn der Geschichte (1949), Die großen Philosophen (Bd. I, 1957) (vgl. a. Existenz, Existenzphilosophie, Freiheit, Geschichtlichkeit, Grenzsituation, Kommunikation, Nichts, Sein, das Umgreifende, Welt, Zeit).

Jung, Carl Gustav, s. Tiefenpsychologie.

Kabbala: Überlieferung; die neben dem schriftlichen Gesetz der Juden bestehende Überlieferung; im Mittelalter dann die aus der älteren Geheimlehre hervorgegangene mystische Religionsphilosophie.

Kahlkopf: ein Fangschluß des Megarikers EUBULIDES: wer besitzt einen Kahlkopf? Nicht der, der 1, 2, 3 usw. Haare verloren hat; also führt schließlich kein Weg vom vollen Schopf zum Kahlkopf. (Vgl. Sorites.)

Kairos (καιρός): das rechte Maß, überhaupt das rechte Verhältnis, besonders der rechte Zeitpunkt. Der Religionsphilosoph Paul TILLICH führte diesen Terminus in die Religions- und Geschichtsphilosophie ein (Kairos — Zur Geisteslage und Geisteswendung, 1926), wo damit der bedeutsame Augenblick bezeichnet wird, in welchem ein Mensch den Einbruch des Ewigen in die Gegenwart erfährt.

Kalkül: in der Logik: ein System von Zeichen mit dazugehörigen Operationsregeln, die sich auf die Form, nicht den Sinn dieser Zeichen beziehen.

Kalokagathia: (καλοκαγαθία): Verschmelzung von Schönheit und Tugend: das griechische Bildungsideal.

Kanon: Richtschnur, Regel.

Kant, Immanuel (1724—1804): Begründer des transzendentalen Idealismus. Die naturwissenschaftlichen Schriften der vorkritischen Zeit zeigen ihn als Anhänger Newtons. Am bedeutendsten die Allgemeine Naturgeschichte und Theorie des Himmels (1755), in der die sogenannte Kant-Laplacesche Theorie (s. d.) von der Entstehung unseres Sonnensystems entwickelt wird, sowie die auf SHAFTESBURY und BURKE fußenden Beobachtungen über das Gefühl des Schönen und Erhabenen (1764). 1766 erschienen die Träume eines Geistersehers, erläutert durch Träume der Metaphysik. HUMES Schriften und LEIBNIZ' Nouveaux essais hatten großen Einfluß auf Kant. Hume weckt ihn aus seinem dogmatischen Schlummer, wie er selbst erklärt. — Kritik der reinen Vernunft (1781). *Transzendental* ist alle Erkenntnis, „die sich nicht sowohl mit Gegenständen, sondern mit unserer Erkenntnisart von Gegenständen, sofern diese a priori möglich sein soll, überhaupt beschäftigt". Nicht die Erkenntnis muß sich nach den Gegenständen richten, sondern die Gegenstände nach der Erkenntnis. So vollzog Kant eine *„Kopernika-*

nische Wendung". Unter einer transzendentalen Erörterung versteht Kant die Erklärung eines Begriffs als eines Prinzips, woraus die Möglichkeit anderer synthetischer Erkenntnisse a priori eingesehen werden kann. Die *Kategorien* sind „selbstgedachte erste Prinzipien a priori unserer Erkenntnis". Sie sollen als Bedingungen a priori der Möglichkeit der Erfahrung den objektiven Grund für diese Möglichkeit abgeben. Die *transzendentale Methode* verlangt, daß die Philosophie die Grundlagen des Seins in den Grundlegungen der Wissenschaften aufsucht und nachweist. Unabhängig von der wissenschaftlichen Erkenntnis gibt es keinen Gegenstand im theoretischen Sinne. Die Trennung Ich-Welt ist erkenntnistheoretisch nicht zulässig, da beide von der Erkenntnis abhängig sind. Die Gesetze bringen Einheit unter die Erscheinungen. Dabei wird betont, daß die Vernunft mit ihren Prinzipien in einer Hand und mit dem nach jenen ausgedachten Experiment in der anderen an die Natur herangehen soll. Unsere theoretische Erkenntnis bezweckt letzten Endes *synthetische Erweiterungsurteile a priori*. — Die Dinge richten sich nach der Erkenntnis. So sind die Bedingungen der Möglichkeit der Erfahrung zugleich Bedingungen der Möglichkeit der Gegenstände der Erfahrung. *Die Bedingungen der Möglichkeit der Erfahrung sind die die Gegenstände ermöglichenden Bedingungen*. Ohne sie (die Begriffe von Zeit, Raum, Zahl usw.) ist überhaupt keine Aussage von Objekten möglich. Der oberste Grundsatz aller synthetischen Urteile fordert Gesetzlichkeit. — Kant fand seine Methode in der Beschäftigung mit NEWTONS „Philosophiae naturalis principia mathematica". Auf den reinen synthetischen Grundsätzen, als dem „Hebel" der Erfahrung, beruht das ganze System der Erfahrung. Erfahrung ist stets bedingt. Die Vernunft dagegen sucht stets das Unbedingte und enthält in sich den Grund zu Ideen, deren Gegenstand in keiner Erfahrung adäquat gegeben werden kann. —Der leitende Gesichtspunkt, unter dem Gegenstände der beschreibenden Naturwissenschaft betrachtet werden, ist der Zweckgedanke. Naturformen werden als Naturzwecke vorgestellt. Die systematische Einheit der Natur ist ein logisches Prinzip, das in drei Regeln zerfällt: 1. Gleichartigkeit des Mannigfaltigen unter höheren Gattungen; 2. Varietät des Gleichartigen unter niederen Gattungen; 3. Affinität der Begriffe. Es handelt sich um drei regulative (nicht konstitutive) Prinzipien. — Kants *Ethik* beruht auf der Idee der *Freiheit*. Er fand das Sittliche in einer Bestimmung des Willens, das allem Vernünfteln über seine Möglichkeit und allen Folgerungen, die daraus zu ziehen sind, vorhergeht. „Es ist überall nichts in der Welt, ja überhaupt auch außerhalb derselben zu denken möglich, was ohne Einschränkung für gut könnte gehalten werden, als allein ein guter Wille." Alle materiale Ethik, mag sie sich auf das physische oder moralische Gefühl, auf den Willen Gottes oder das Prinzip der Vollkommenheit berufen, ist damit abgewehrt. „Man könnte der Sittlichkeit nicht übler raten, als wenn man sie von Beispielen entnehmen wollte." Das *Sittengesetz* ist das allgemeine Gesetz für den Menschen als Vernunftwesen. Mit der Vorstellung einer allgemeinen Gesetzgebung hängt die Idee der Menschheit zusammen, die der Einzelne als Urbild und Triebfeder seiner Handlungen in der Seele trägt. Der Mensch ist vermöge der Autonomie seines Willens Schöpfer des Sittengesetzes. Die Idee der Menschheit wird zur „Idee der Menschheit in mir", d. i. der Persönlichkeit. Der Mensch wird so zum Zweck an sich selbst. Das Sittengesetz lautet in der Form des *kategorischen Imperativs:* „Handle so, daß Du die Menschheit sowohl in Deiner Person als in der Person eines jeden andern jederzeit zugleich als Zweck, niemals bloß als Mittel brauchst." — Das Vermögen, das weder Erkennen noch Wollen ist, ist das Gefühl. Die ästhetische Idee ist von anderer Art als die Idee der theoretischen Vernunft. Sie ist auf keine Begriffe zu bringen. Das *Genie* ist das Vermögen ästhetischer Ideen. Schöne Kunst ist die Kunst des Genies. Das Genie ist original und nicht wissenschaftlich. Seine Produkte sind exemplarisch. Nur von ihnen kann die Kunst ihre Regeln ableiten. Die wahre Propädeutik der schönen Kunst besteht in der Humanität als allgemeinem Teilnehmungsgefühl und dem Vermögen, sich innigst und allgemein mitteilen zu können. Die Griechen sind ewige Muster dieser Kunst. Weitere Hauptwerke: Prolegomena (1783); Kritik der praktischen Vernunft (1788); Kritik der Urteilskraft (1790); Religion innerhalb der Grenzen der bloßen Vernunft (1793).

Lit.: E. Cassirer, Kants Leben und Lehre (1918).

Kant-Laplacesche Theorie: die von KANT (Allgemeine Naturgeschichte und Theorie des Himmels, 1755) und ähnlich von LAPLACE (Exposition du Système du Monde, 1796) vertretene Theorie, nach der der Himmelsraum ursprünglich von einem gleichmäßig in ihm verteilten Urstoff angefüllt war, aus dem sich durch kreisförmige Rotationen die Fixstern- und Planetensysteme gebildet haben (Kant) bzw. nach der sich das Sonnensystem aus rotierenden Gasnebeln geformt hat (Laplace).

Kapitalismus: Wirtschaftssystem, das auf der Grundlage individualistisch-liberalistischer Wirtschafts- und Sozialordnung *(Privateigentum an Produktionsmitteln)*, dem rational kalkulierenden, expansiven, zur Akkumulation neigenden Betrieb in seinem *Rentabilitätsstreben (Arbeitsethos* und *Askese)* unter der Verwendung des Kapitals als produziertem Produktionsmittel, der *Arbeitsteilung* und der revolutionären maschinellen *Technik* ruht und das durch seine dynamischen *Expansions-* und *Kontraktionsprozesse* den *Gegensatz* zwischen *Kapital* und *Arbeit* (Klassenbildung) begünstigt. Man unterscheidet seit SOMBART Früh-, Hoch- und Spätkapitalismus. (Vgl. Sozialismus.)

Lit.: E. Heimann, Kapitalismus und Sozialismus (1931); W. Sombart, Der moderne Kapitalismus (1902, Bd. 3, 1927); Fr. Sternberg, Kapitalismus und Sozialismus vor dem Weltgericht (1951); Th. Wilson, Der moderne Kapitalismus und der wirtschaftliche Fortschritt (dt. 1952).

Kardinaltugenden: Grundtugenden; PLATON bezeichnete vier, seiner Einteilung der Seele entsprechende Haupttugenden: die Tugend der Vernunft ist die Weisheit, dem mutvollen Willen entspricht die Tapferkeit, der Begierde die Selbstbeherrschung, und diese drei werden in

Harmonie gehalten durch die Gerechtigkeit. Die Kardinaltugenden des Christentums sind Glaube, Liebe, Hoffnung.

Karma: Tat, Werk; die Lehre des Buddhismus, daß das jeweilige Dasein durch die Taten früherer Daseinsformen bestimmt und für das künftige Schicksal in einer neuen Form maßgebend ist.

Kasuistik: Betrachtung von Gewissensfällen, von Konflikten der Pflichten.

Kategorie: ARISTOTELES ordnet alle möglichen Denkbestimmungen der Dinge in zehn „Hauptgattungen der Aussagen über das Seiende", in zehn Kategorien oder Aussagearten: Substanz, Quantität, Qualität, Relation, Ort, Zeit, Lage, Haben, Tun, Leiden. Die *Stoiker* haben diese zehn auf vier Kategorien zusammengezogen: Substanz, Eigenschaft, Beschaffenheit, Verhältnis. Diese Kategorien haben eine metaphysische Seinsbedeutung. DESCARTES und SPINOZA unterscheiden Ding *(Substanz)* und dessen wesentliche *(Attribute)* und unwesentliche *(modi)* Eigenschaften. Unter Bezugnahme auf Aristoteles nennt KANT die Verstandesbegriffe a priori Kategorien. Es sind Stammbegriffe des reinen Verstandes, die keineswegs angeboren sind, sondern sich bei Gelegenheitsursachen der Erfahrung im Bewußtsein erzeugen, aber als „Handlungen des reinen Denkens" einen Denkinhalt besitzen, der nicht durch Wahrnehmung bestimmt ist. Die Funktionen des Verstandes können also insgesamt gefunden werden, wenn man die Funktionen der Einheit in den Urteilen vollständig darstellt. So kommt Kant zu seiner *Tafel der Kategorien:* 1. der Quantität: Einheit, Vielheit, Allheit; 2. der Qualität: Realität, Negation, Limitation; 3. der Relation: der Subsistenz und Inhärenz (substantia et accidens), der Kausalität und Dependenz (Ursache und Wirkung), der Gemeinschaft (Wechselwirkung zwischen dem Handelnden und Leidenden); 4. der Modalität: Möglichkeit — Unmöglichkeit, Dasein — Nichtsein, Notwendigkeit — Zufälligkeit. Das eigentliche neue Problem ist nun zu untersuchen, wie diese „subjektiven Bedingungen des Denkens sollten objektive Gültigkeit haben". Die

Kategorien sind nicht subjektiv im Sinne der Psychologie, sondern sie sind als Bedingungen aller möglichen Erfahrung die objektivierenden Funktionen aller gegenständlichen Erkenntnis, also Entfaltungen des denkenden „Subjekts", und damit objektiv.

kategorisch: aussagend, behauptend; meist im Gegensatz zu hypothetisch (s. d.); kategorische Urteile enthalten die einfache Aussage S ist P; kategorische Schlüsse haben als Obersatz kategorische Urteile. — Über den kategorischen (unbedingten) Imperativ s. Imperativ.

Katharsis: Reinigung, Läuterung. Als Zweck der Tragödie erklärt ARISTOTELES, durch Mitleid und Furcht die Reinigung dieser Affekte oder auch Befreiung von diesen Affekten zu bewirken. Jede Läuterung ist zugleich eine Befreiung.

Kausalität: Ursächlichkeit, Grundprinzip der Verknüpfung von Ursache und Wirkung **(Kausalitätsgesetz, auch Kausalitätsprinzip)**; das Prinzip der Kausalität findet sich zuerst bei den Atomisten LEUKIPP und DEMOKRIT so ausgesprochen: nichts geschieht von ungefähr, sondern alles aus einem Grunde und mit Notwendigkeit. Eine durchgängige allbefassende Kausalität, die auch die menschlichen Handlungen in den notwendigen Weltlauf einbezieht, ist Grundgesetz des Weltalls nach der stoischen Lehre, während EPIKUR eine metaphysische Willensfreiheit als Ursachlosigkeit zur Rettung der moralischen Verantwortlichkeit annahm. Der neuere Rationalismus setzt vielfach Ursächlichkeit gleich logischer Folge; so SPINOZA: ex data causa determinata necessario sequitur effectus, aus einer gegebenen bestimmten Ursache folgt notwendig die Wirkung. HUME erkannte, daß das Kausalgesetz die Voraussetzung aller Induktion, aller Erfahrungserkenntnis ist; er zeigte aber, daß Ursache und Wirkung nicht logisch verknüpft sind, sondern daß die Wahrnehmung uns nur eine regelmäßige Aufeinanderfolge der Vorgänge zeige, so daß nur die wiederholte Wahrnehmung des gleichförmigen Naturlaufs uns durch Gewohnheit bestimme, an einen tatsächlichen notwendigen Zusammenhang, also an

Ursächlichkeit des Geschehens, zu glauben. Nach KANT ist das Gesetz der Kausalität der Grundsatz a priori: „alle Veränderungen geschehen nach dem Gesetz der Verknüpfung der Ursache und Wirkung" oder auch: alles, was geschieht, hat eine Ursache. — Der *Positivismus* von Ernst MACH sieht in dem Glauben an die geheimnisvolle Macht, Kausalität genannt, die Gedanken und Tatsachen in Übereinstimmung hält, einen starken Zug von Fetischismus und hofft, daß die künftige Naturwissenschaft die Begriffe Ursache und Wirkung völlig beseitigen wird. Der Ursachebegriff muß durch den mathematischen Funktionsbegriff ersetzt werden. — Eine „Krise des Kausalitätsbegriffs" ergibt sich aus der Quantenmechanik HEISENBERGS. Dem *Wiener Kreis* gilt das Kausalitätsgesetz hinsichtlich des Indeterminismus der atomaren Vorgänge nur als Wahrscheinlichkeitsregel. **Psychische Kausalität:** Ursächlicher Zusammenhang seelischer Vorgänge.

Lit. zu Kausalität: Joh. E. Heyde, Entwertung der Kausalität — Für und wider den Positivismus (1957).

Kausalnexus: ursächliche Verknüpfung von Ereignissen.

Kepler, Johannes (1571—1630): entwickelt aus einer neuplatonisch-pythagoräischen Naturphilosophie das System einer Weltharmonie, in welcher die Harmonie der Seele in der des Weltalls ruht; fand die drei (sog. Keplerschen) Gesetze der Planetenbewegung und vervollkommnete das astronomische Fernrohr. Hauptwerk: Harmonices munde (1619).

Kettenschluß: s. Sorites.

Kierkegaard, Sören (1813—1855): der eigentliche, lange vergessene Begründer des existientiellen Denkens und der *Existenzphilosophie,* der sich gegen das abstrakte Bewußtsein besonders von DESCARTES und HEGEL, gegen „Nivellierung" (Kritik der Gegenwart, 1846) und gegen „Entfremdung" (Die Krankheit zum Tode, 1849) des Menschen von sich selbst, ähnlich wie auch der junge MARX, richtet und die *(christlich-religiöse) Existenz* (s. d.) *des Einzelnen* in den Mittelpunkt seines Denkens stellt. Im Gegensatz zu HEGEL spricht er von einer *Dialektik der*

Existenz, in der in die Bewegung der Existenz auch das Denken als existentielles Denken eingeht. Das absolute Selbst des Menschen soll im Sein „in der Einheit von Endlichkeit und Unendlichkeit" verwirklicht werden. Das geschieht mit der „Spontaneität" und „Leidenschaft" des Denkens und der Innerlichkeit, das Unmögliche, Selbstverwirklichung und Selbstaufhebung der Existenz, das „Paradoxe" (Gegenvernünftige) gegen Vernunft und objektive Ordnung durchzusetzen, um aus der Verzweiflung des *uneigentlichen* Seins und Wissens wieder zum *eigentlichen* Sein und Wissen kommen zu können (Abschließende unwissenschaftliche Nachschrift, 1846). Aus der Stufe der endlichen Person („Religion A") tritt der Mensch in einen dialektischen Prozeß über die Phasen der ästhetischen und ethischen in die Phase der religiösen Existenz („Religion B") als der absoluten Erfüllung des Daseins ein, in der die religiöse Existenz ganz aus Gott heraus und nur für Gott lebt. Im Raum dieser Existenz stoßen göttliche und menschliche Freiheit zusammen. Auch die *Freiheit* ist dialektisch, der Mensch ist frei zum Sein oder Nichtsein. Das *Nichts* ist der mögliche Wirklichkeitsraum des Menschen, Gott oder das Sein selbst. „Das Nichts erzeugt Angst", und deshalb ist „die Angst die Wirklichkeit der Freiheit als Möglichkeit vor der Möglichkeit". Entsprechend darf das Christentum nicht historisch interpretiert, sondern muß in der persönlichen Entscheidung der Existenz (Entweder-Oder, 1843) gelebt und betrachtet werden. *Wahrheit* ist für Kierkegaard „Subjektivität", der Mensch hat wahrhaft im Angesicht Gottes zu existieren. — Für die moderne Theologie (Karl BARTH, GOGARTEN, GUARDINI) und Philosophie (HEIDEGGER, JASPERS) ist Kierkegaard grundlegend geworden. Zum Begriff des Einzelnen s. Existenz. Weitere Hauptwerke: Furcht und Zittern (1843), Philosophische Brocken (1844), Der Begriff Angst (1844), Einübung im Christentum (1850).

Klages, Ludwig (1872—1956): nach dem von ihm wieder entdeckten CARUS u. a. Neubegründer der „Ausdrucksforschung" (bedeutend für Graphologie und Charakterologie, s. d.) auf der Grundlage einer *Lebensphilosophie*, die auf dem *Gegensatz* von „*Geist*" und „*Seele*" gebaut ist; in ihr zerbricht der Geist die Leib-Seele-Einheit wie auch die für die nur erlebende Seele mit metaphysischer Wahrheit erfüllte „Wirklichkeit der Bilder". Hauptwerk: Der Geist als Widersacher der Seele (1929 f.).

Klasse: in der *Logik:* Ausdehnung eines Begriffes. *Soziologisch:* ein vornehmlich von der marxistischen Gesellschaftslehre geprägter und verwendeter Begriff, der eine Gruppe von Personen in gleicher oder ähnlicher sozioligischer und wirtschaftlicher Lage kennzeichnet. Der *Marxismus* lehrt die Aufsplitterung der Gesellschaft in „Klassen" nach Maßgabe des Eigentums an Produktionsmitteln und der dadurch bedingten gesellschaftspolitischen Macht (Gegensatz von Kapital und Arbeit, Klassenkampf).

Klassenkalkül: in der Logistik: behandelt Ausdehnung und Umfang von Begriffen.

Klassenlogik: Theorie der Beziehungen zwischen zwei Klassen. (Vgl. Klasse.)

Klassifikation: in der *Logik:* Einteilung nach systematischen Gesichtspunkten, so daß der ganze Umfang des Begriffs durch die Einteilungsglieder umfaßt wird; in der *Naturwissenschaft:* besonders in Zoologie, Botanik, Mineralogie ist die Klassifikation von Bedeutung.

Klassifikationsmethode: in der *Psychologie* Untersuchungsweise, bei der die Zahl der Versuchspersonen nach Eigenschaften abgestuft und gruppiert wird (LIPPMANN).

Koexistenz: das Zusammensein, Zugleichsein. Da die Wahrnehmung uns nur eine Koexistenz bestimmter Eigenschaften liefert, so muß nach HUME der Begriff Substanz durch Vorstellung eines solchen Zusammenseins von Eigenschaften ersetzt werden.

kognitiv: das kognitive Denken ist das erkennende, urteilende Denken, dem Wahrheit zukommt; nur der kognitiven Geltung, der Wahrheit der Urteilsfunktion, korrespondiert durchweg ein wirkliches Sein der Objekte (Heinrich MAIER). (Vgl. emotional.)

Koinzidenz: Zusammenfall. (Vgl. coincidentia oppositorum.)

kollektiv: zusammenfassend; **Kollektivbegriffe** (Sammelbegriffe) bezeichnen die Zusammenfassung einer Anzahl von Dingen zu einem Ganzen, wie Familie.

Kollektivismus: im Gegensatz zum Individualismus (s. d.) Verabsolutierung der menschlichen Gemeinschaft (vgl. Sozialismus).

Kollektivpsyche s. das kollektive Unbewußte.

Kollision: Zusammenstoß; man spricht von einer Kollision der Pflichten, wenn scheinbar miteinander unverträgliche sittliche Forderungen zur Entscheidung stehen.

Kommunikation: K. JASPERS unterscheidet *Daseins*kommunikation und *existentielle* Kommunikation. Während die erstere den tiefsten Seinsgrund des Menschen nicht erreicht, sagt Jaspers von der zweiten: „Ich kann nicht selbst werden, ohne in Kommunikation zu treten." Erst in der absolut offenen existentiellen Kommunikation offenbart sich die Existenz gleichzeitig sich selbst und dem anderen („existentielle Gemeinschaft") und kommt in diesem Offensein erst zur Wirklichkeit. (Vgl. Kierkegaard, Marcel, Mitsein.)

Kommunismus: Lehre von der *klassenlosen Gesellschaft*, in der *Privateigentum, Klassen-* und *Standesprivilegien völlig beseitigt* sind und *ökonomische, politische* und *soziale Gleichheit aller* herrscht. Heute ist der Kommunismus „ein autoritär-totalitäres, materialistisch-dogmatisches, technisch-dynamisches Herrschafts-, Wirtschafts- und Gesellschaftssystem" (O. K. Flechtheim).

Lit.: J. Monnerot, Soziologie des Kommunismus (1952); Fr. Borkenau, Der europäische Kommunismus (1952).

komparativ: vergleichsweise, auf Vergleichung beruhend.

Komplex: Zusammenfassung zu einem einheitlichen Ganzen. — Eine affektbehaftete Vorstellungsgruppe, die in das Unterbewußtsein verdrängt als Zwangsvorstellung das Seelenleben beeinflußt. (Vgl. Psychoanalyse.) **Komplexpsychologie:** vermeidet als Zweig der Ganzheitspsychologie die bloße Addition des Seelischen und ordnet die Komplexqualitäten (= selbständig veränderliche Beschaffenheit des Bewußtseins) den Gestaltqualitäten über (F. KRUEGER).

Konditionismus, Konditionalismus: konditionäre Betrachtungsweise soll nach VERWORN die kausale ersetzen. An Stelle der Ursache tritt die Summe aller Bedingungen.

Konklusion: Schluß, Folgerung, der aus den Prämissen abgeleitete Schlußsatz.

konkret: das unmittelbar anschaulich Gegebene; konkrete Begriffe bezeichnen Anschauliches, einzelne Gegenstände der Anschauung. Gegensatz: abstrakt.

konsekutiv: abgeleitet heißen in der Logik Merkmale, die aus anderen folgen; aus dem Merkmal der Parallelität der Gegenseiten eines Parallelogrammes folgt die Gleichheit dieser Seiten.

Konsequenz: Folgerichtigkeit, logische Folge.

Konstante (konstanter Ausdruck): die innerhalb einer Rechnung oder Funktion unverändert bleibende Größe, die einen bestimmten Sinn besitzt. Dagegen zeigt die **Variable** (= variabler Ausdruck) leere Stellen auf, in die Konstante eingesetzt werden können.

konstitutiv: bestimmend; Merkmale, die als wesentliche dem Begriffe notwendig zukommen, den Begriff konstituieren, heißen konstitutive. — KANT unterscheidet konstitutive und regulative Prinzipien. Die konstitutiven Prinzipien sind Grundsätze des Verstandes, die die Erfahrungserkenntnis der Gegenstände ermöglichen und a priori bestimmen, während die Ideen der Vernunft nicht als konstitutive Prinzipien der Erweiterung unserer Erkenntnis über die Erfahrung hinaus mißbraucht werden dürfen, sondern als regulative Prinzipien der systematischen Einheit der Erkenntnis dienen. (Vgl. Idee.)

Konstruktion: 1. *mathematisch:* „einen Begriff konstruieren heißt: die ihm korrespondierende Anschauung a priori darstellen" (KANT); 2. die *philosophische* Begriffskonstruktion ist das Verfahren, durch logische Entwicklung der Begriffe die Wirklichkeit zu bestimmen, konstruieren zu wollen. Konstruktive Denker sind besonders SCHELLING und HEGEL.

Konszientialismus: Lehre, daß es nur im Bewußtsein Wirkliches gibt; alles Sein ist Bewußtsein, kein Sein außerhalb des Bewußtseins. (Vgl. Immanenzphilosophie.)

Kontemplation: Betrachtung, Beschaulichkeit, geistige Schau der Wahrheit, des Göttlichen durch Versenkung in die Seele, besonders geübt in der Mystik. Das kontemplative, der Betrachtung geweihte Leben steht gegenüber dem aktiven, tätigen. — Der Zustand der „reinen Kontemplation" wird als Bedingung der ästhetischen Betrachtungsweise von SCHOPENHAUER gefordert: Aufgehen in die Anschauung, Sichverlieren ins Objekt, Vergessen der Individualität, Erhebung des erkennenden Individuums zum reinen Subjekt des willenlosen Erkennens.

kontingent: benachbart; lassen sich die Artbegriffe eines Gattungsbegriffs in eine Reihe mit konträren Endgliedern anordnen, so heißen die benachbarten Begriffe kontingent; kontingent auch = zufällig. **Kontingenz:** Zufälligkeit, Möglichkeit des Anders-sein-könnens. Kontingenz steht zwischen Notwendigkeit und Unmöglichkeit. Alles Endliche ist nach mittelalterlichen Denkern kontingent, ebenso sprach man von der Kontingenz der Willensfunktionen. Aus der Kontingenz der Welt wird der kosmologische Gottesbeweis geführt. Auch die einzelnen Naturgesetze werden, da sie nicht logisch notwendig sind, als Kontingenzgesetze betrachtet (LEIBNIZ, BOUTROUX).

Kontinuität: Stetigkeit; als Grundgesetz betrachtete LEIBNIZ die lex continui, das Gesetz der Stetigkeit. Alles existiert und vollzieht sich in kontinuierlichen, stetigen Übergängen ohne Sprung; auch die Monaden bilden eine stetige Stufenfolge. In der Natur gibt es keine Sprünge, alle Veränderungen folgen dem Gesetz der Kontinuität, da weder die Zeit noch die Erscheinungen in der Zeit aus kleinsten Teilen bestehen. — Die *Kontinuitätshypothese* der Physik vertritt im Gegensatz zu Atomistik die Annahme, daß der Raum stetig von Materie erfüllt ist. So setzte DESCARTES Raum und Materie gleich und ließ die Bewegungen sich von Punkt zu Punkt übertragen. Eine neuen Kontinuitätshypothese wurde durch J. J. THOMSON und HELMHOLTZ zu einem Weltbild der Wirbelatome ausgestaltet. In der *Quantenmechanik* wird eine Sprunghaftigkeit des atomaren Geschehens im Gegensatz zur Kontinuitätshypothese angenommen.

kontradiktorisch: widersprechend; zwei Begriffe stehen im kontradiktorischen Gegensatz, wenn die Setzung des einen die Verneinung des anderen besagt: schwarz, nichtschwarz; zwei Urteile, die sich gegenseitig ausschließen, stehen in kontradiktorischem Gegensatz: S ist entweder P oder Nicht-P, der Angeklagte ist entweder schuldig oder nichtschuldig.

konträr: entgegengesetzt; in konträrem Gegensatz stehen zwei Begriffe, die sich zwar gegenseitig ausschließen, aber noch mit anderen Begriffen sich in den Umfang des höheren Begriffs teilen; die am weitesten voneinander abstehenden Glieder solcher Reihe sind konträr entgegengesetzt, wie schwarz und weiß, lieben und hassen. Konträr entgegengesetzt sind solche Urteile, die den größtmöglichen Gegensatz bezeichnen, aber noch ein drittes Urteil als möglich erlauben; die beiden Urteile „alle Menschen sind aufrichtig" und „kein Mensch ist aufrichtig" lassen noch die Möglichkeit offen, daß einige Menschen aufrichtig sind.

Kontraposition: Gegensetzung; Umstellung der Glieder eines Urteils derart, daß das kontradiktorische Gegenteil des Prädikats zum Subjekt wird; aus dem Urteil: S ist P folgt durch Kontraposition: kein Nicht-P ist S, z. B. aus dem Urteil: alle Metalle sind Elemente folgt: kein Nicht-Element ist ein Metall.

Kontrast: ein durch gegenseitiges Voneinander-Abheben bewirkter größerer Unterschied, etwa bei Farben oder Gefühlen, so daß diese als gegensätzlich empfunden werden.

Konvention: Übereinkunft, eine Festlegung von Begriffen zum Zwecke der Naturerkenntnis, etwa der Zeitmessung durch Bestimmung der Rotation der Erde als Maß der Zeit. **Konventionalismus:** von H. POINCARÉ (Wissenschaft und Hypothese, 1904) in Anlehnung an KANTS Lehre von der transzendentalen Deduktion geprägter Begriff, der am Beispiel der euklidischen Geometrie demonstrieren soll, daß jedes mögliche Meßresultat in jeder möglichen Geometrie systematisch interpretierbar ist und daß die jeweils im Vordergrund stehenden Fundamentalsätze als Konventionen, als willkürliche Regeln, festgesetzt werden.

Konversion: Umkehrung; in einem Urteil die Vertauschung von Subjekt und Prädikat; aus dem Urteil: alle S sind P wird: einige P sind S; aus dem Urteil: alle Pudel sind Hunde folgt durch Konversion: einige Hunde sind Pudel.

Konzeption: Begriffsbildung, Fassen des Gedankens.

Konzeptualismus: eine philosophische Vermittlungsrichtung im Universalienstreit der Scholastik, die das Allgemeine weder als real wie der Realismus, noch als bloßes Wort wie der Nominalismus, sondern als allgemeinen Begriff (conceptus) auffaßte, der ein den Dingen gemeinsames zusammenfaßt. Hauptvertreter ABÄLARD. (Vgl. Universalienstreit.)

Koordination: Beiordnung; Unterschied: Subordination; koordiniert sind Begriffe, die demselben nächsthöheren Grundbegriff untergeordnet sind.

Koordinationslehre: das Verhältnis von Leib und Seele ist danach weder durch Wechselwirkung noch durch den psychophysischen Parallelismus zu erklären, sondern die wissenschaftliche Erkenntnis kann nur Tatsachen und Gesetzmäßigkeiten von Tatsachen konstatieren (Lehre vertreten vom Positivismus).

Kopernikus, Nikolaus (1473—1543): Astronom, löst das ptolemäische durch das heliozentrische Weltsystem ab. Hauptwerk: De revolutionibus orbium caelestium (1543). — Als **Kopernikanische Wendung** bezeichnet auch KANT seine „Kritik der reinen Vernunft", weil sie nicht mehr die Vernunft sich nach den Dingen richten, sondern die Dinge gleichsam um die Sonne der Vernunft kreisen läßt.

Korollar: Folgesatz, Zusatz.

Korpuskularphysik: die Auffassung, nach der die Materie aus Korpuskeln (Körperchen) besteht, die einen Raum einnehmen und vollständig ausfüllen. Sie sind (mathematisch) teilbar ins Unendliche. Hauptvertreter: DESCARTES.

Korrelate: Wechselbegriffe, in wechselseitiger Beziehung stehend; korrelative Begriffe sind Ursache—Wirkung, Riese—Zwerg. **Korrelation:** Wechselbeziehung.

Korrespondenzprinzip: von N. BOHR als Fortführung der Heisenbergschen Unbestimmtheitsrelation aufgestellte Theorie, nach der klassische und quantenmechanische Beschreibungen von Tatsachen nur auf der Grundlage der Erfüllung der Unbestimmbarkeitsbeziehungen der betreffenden Größen korrelierbar sind. (Vgl. Unbestimmtheitsrelation.)

Kosmogonie: Weltentstehung; eine Weltbildungslehre auf mechanischer Grundlage gab schon der Atomist DEMOKRIT (etwa 460—360 v. Chr.): die Atome stoßen in ihrer Bewegung aufeinander und geraten in eine Wirbelbewegung, die immer mehr Atomketten erfaßt; die größeren Atome ballen sich zur Erde zusammen, während die kleineren runden Feueratome die Gestirnwelt bilden. DESCARTES entwirft in seinen „Prinzipien der Philosophie" (1644) ein Weltsystem, das ebenfalls durch Wirbelbewegung der den Raum vollständig erfüllenden Materie entstanden ist, indem jedes Sonnensystem aus einem ungefähr kugelförmigen Wirbel, der sich um eine Achse dreht, hervorgegangen sein soll. Auf NEWTONS Mechanik gestützt macht KANT 1755 einen neuen Versuch einer Kosmogonie in seiner „Allgemeinen Naturgeschichte und Theorie des Himmels oder Versuch von der Verfassung und dem mechanischen Ursprung des ganzen Weltgebäudes nach Newtonischen Grundsätzen abgehandelt". Im Urzustande war der Grundstoff der Welt in einer allgemeinen Zerstreuung, aus der nach den Gesetzen der Anziehung und Abstoßung sich der gegenwärtige Weltbau ableiten läßt. Der französische Mathematiker und Physiker LAPLACE nimmt in seiner „Darstellung des Weltsystems" (1796) die Rotation eines glühenden Gasballs als Ausgangspunkt seiner Betrachtung an. Es bilden sich dann Ringe, die um die Kernmasse kreisen, aus den zerfallenden Gasringen schließlich Kugeln, die sich zu Planeten zusammenballen.

Kosmologie: eigentlich „Weltlehre", aber auch Lehre von der Weltentstehung. (Vgl. Kosmogonie.)

Kosmologischer Gottesbeweis: aus der „Zufälligkeit" der Welt wird auf einen notwendigen Urgrund geschlossen. (Vgl. Gottesbeweise.)

Kosmopolitismus: Weltbürgertum; begründet in der kosmopolitischen Ethik der *Stoiker:* da alle Menschen teilhaben an derselben Vernunft, so sind alle Menschen Brüder in dem gemeinsamen Vaterlande, der Welt. Eine weltbürgerliche Gesinnung beseelte auch den deutschen Humanismus um die Wende des 18. Jahrhunderts. KANT: Die menschliche Gattung ist eine Menge von Personen, die das friedliche Beisammensein nicht entbehren und dabei dennoch einander beständig widerwärtig zu sein nicht vermeiden können; folglich durch wechselseitigen Zwang unter von ihnen selbst ausgehenden Gesetzen sich von der Natur zu einer weltbürgerlichen Gesellschaft bestimmt fühlen (die „gesellige Ungeselligkeit" oder der „Antagonismus" der Menschen). Aber dieses Ziel ist eine unerreichbare Idee, kein konstitutives Prinzip, als daß man schon jetzt bei den bestehenden Gegensätzen diesen Friedenszustand erwarten könnte, sondern ein regulatives Prinzip, das uns auffordert, dieser Idee als einer Bestimmung des Menschengeschlechts fleißig nachzugehen. FICHTE erklärte als das „Vaterland des wahrhaft ausgebildeten Europäers

— im allgemeinen Europa, insbesondere in jedem Zeitalter — denjenigen Staat, der auf der Höhe der Kultur steht".

Kosmos: 1. Schmuck; 2. Ordnung, Zierde; 3. Bezeichnung für Welt. **Kosmostheorie:** Lehre vom Weltall.

Kraft: der Ursprung des Kraftbegriffs liegt wohl in der Wahrnehmung der Muskelanstrengung, wenn wir einen schweren Körper in beschleunigte Bewegung versetzen. Die Mechanik versteht nach NEWTONS Definition unter Kraft das Produkt aus Masse und Beschleunigung. In dem von Robert MAYER und HELMHOLTZ aufgestellten „Satz von der Erhaltung der Kraft" ist der hier irreführende Ausdruck Kraft später durch den *Energiebegriff* ersetzt worden. LEIBNIZ erkannte schon das mechanische Prinzip der lebendigen Kraft, den Energiesatz der Mechanik: die gegen eine Kraft geleistete Arbeit ist gleich der Abnahme des halben Produktes aus Masse und Geschwindigkeitsquadrat. — BOSCOVICH und KANT versuchten, die Materie in Kräfte aufzulösen: anziehende und abstoßende Kräfte erklären die Eigenschaften der uns materiell erscheinenden Welt. (Vgl. Energie.)

Kreatianismus: eine kirchlich-metaphysische Lehre, daß die von Gott geschaffene Seele bei der Zeugung mit dem Leibe vereinigt wird.

Krisis, Theologie der Krisis (dialektische Theologie): der spekulative Idealismus der Romantiker, der jede absolute Transzendenz aufhob, hatte auch den Begriff eines transzendenten Gottes und mit ihm überhaupt die Persönlichkeit Gottes aufgehoben. Für KANT schon war Gott nur der Begriff des „Ideals der reinen Vernunft" bzw. ethisches Postulat; für FICHTE fiel die Gottheit mit der moralischen Weltordnung zusammen, für SCHELLING war Gott zwar das Absolute, aber das Absolute, welches die Welt einschloß, daher nicht selbst persönlich sein konnte. Diese ganze Richtung des spekulativen Idealismus mußte sich nach ihrem Zusammenbruch als *Anthropologismus* entpuppen, und in der Tat hat L. FEUERBACH (wie auch schon David Friedrich STRAUSS) die Grundauffassung der *Romantik* nur anders formuliert, wenn er die Gottheit zur Projektion des Menschen machte. Da auf diese Weise die eigentlich religiösen Lebensfragen leer ausgingen, übte als erster Sören KIERKEGAARD vernichtende Kritik an dieser ganzen religionsfeindlichen Denkweise. Für ihn ist das entscheidende Problem das der Wirklichkeit oder *Existenz;* und an Stelle der HEGELschen Dialektik setzt er eine *existentielle Dialektik:* im Glauben verhalte ich mich nicht betrachtend oder denkend, sondern existierend. Auf Kierkegaard greift nun die moderne Schule Karl BARTHS, GOGARTENS und E. BRUNNERS zurück, wenn sie lehrt, daß alle Antwort auf religiöse Fragen nicht aus dem Denken, sondern aus der *Offenbarung* stamme.

Kriterium: Kennzeichen, Merkmal, Prüfstein.

Kritik: Beurteilung, Prüfung.

Kritizismus: der von KANT entwickelte philosophische Standpunkt, der im Gegensatz zum vorgeblichen metaphysischen Wissen des *Dogmatismus* und zum alles Erkennen in Zweifel ziehenden Skeptizismus durch eine „Kritik der reinen Vernunft" feststellen will, ob und inwieweit eine Vernunfterkenntnis möglich ist. Quellen, Umfang und Grenzen der Erkenntnis sind festzulegen, um so die wirkliche Erkenntnis vor dogmatischen leeren Behauptungen zu behüten und gegen skeptische Angriffe zu sichern. Die *kritische Methode* der „Selbsterkenntnis" will nicht das psychologische Selbst in seinem Werden und Bestehen darstellen und erklären, sondern die logischen Bedingungen und Begründungen für alles Erkennen in dem Selbst der Vernunft als dem systematischen Quellpunkt wissenschaftlicher Welterkenntnis ausfindig machen; denn „nicht die Natur der Dinge, welche unerschöpflich ist, sondern der Verstand, der über die Natur der Dinge urteilt", ist Gegenstand der kritischen Philosophie, der Verstand nicht als seelische Realität, sondern als logische Einheitsfunktion.

Lit.: Kritizismus hrsg. von Fr. Myrho (1926).

Krokodilschluß: ein antikes Dilemma: ein Krokodil ergreift ein Kind, das einer Frau entfallen war. Der um Rückgabe bittenden Mutter sagt das Krokodil: ich werde dir dein Kind zurückbringen, wenn du mir die Wahrheit sagst, was ich tun werde. Die Frau sagte: Du wirst mir das Kind nicht wiedergeben. Hat sie richtig geraten, so muß das Krokodil das Kind zurückgeben, tut es dies, so hat die Frau nicht die Wahrheit gesagt, das Kind wird also nicht wiedergegeben. (Das Erraten einer zukünftigen Handlung, die selbst von diesem Erratenden abhängig sein soll, ist an sich unsinnig.)

Külpe, Oswald (1863—1915). Hauptwerk: „Die Realisierung" (1912). Bedeutend auch als Psychologe.

Kulturphilosophie: philosophische Betrachtungsweise, die Wesen, Sinn, Struktur, Formen und Bedingungen der *Kultur* zusammenfassend im Unterschied zur bloßen Sprach-, Staats- und Religionsphilosophie etc. untersucht. H. FREYER versteht unter Kulturphilosophie im Gegensatz zu einer Theorie der Kulturwissenschaften eine „Theorie der kulturellen Welt", die der Frage nach Ordnung und Gliederung der Geistes- oder Kulturwissenschaften notwendig folgt. Kulturphilosophen sind etwa die SOPHISTEN, aber auch CASSIRER, RICKERT, SIMMEL. **Kulturanthropologie** s. Anthropologie; **Kulturwissenschaften** s. Geisteswissenschaften; **Kulturmorphologie, Kulturzyklen-Theorie** s. Geschichtsphilosophie.

Lit.: H. Freyer, Theorie des objektiven Geistes (1923).

Kyniker: eine sokratische Schule, begründet von ANTISTENES: Tugend ist Bedürfnislosigkeit. Der Name stammt entweder von dem Versammlungsort im Gymnasium Kynosarges oder von dem griechischen Namen für Hund wegen der einfachen, als hündisch gescholtenen Lebensweise, wie sie in DIOGENES verkörpert ist. Durch ihre übertriebene Betonung des Natürlichen auch im Geschlechtlichen gaben sie Anlaß zu der Auffassung des Zynischen als des Schamlosen.

Lamarckismus: die auf J. LAMARCK (Philosophie zoologique, 1809) zurückgehende *Entwicklungslehre,* nach der die Umweltbedingungen die Entwicklung bestimmen und besonders Gebrauch oder Nichtgebrauch der Organe verändern, auf den Organismus einwirken und so allmählich unter dem Einfluß der Vererbung die lebendige Natur umgestalten.

Leben: bei PLATON ist Leben = Seele und gehört zur Welt des Werdens. In SCHELLINGS Naturphilosophie, die die Natur als Organismus auffaßt, ist Leben der Zentralbegriff. SPENCER versteht Leben (auch das gesellschaftliche Leben) als fortschreitende Anpassung der inneren Vorgänge an die Umwelt. DRIESCH vertritt den Begriff der „*Ganzheit*" als Grundtheorie des Lebendigen und die „Autonomie" des Lebens. Im Anschluß an ihn hat man die Auffassung vertreten, daß der spezifische Charakter der biologischen Kausalität die „*Maschinentheorie*" des Lebens durchbricht, welche den physikalisch-chemischen Gesetzlichkeiten analoge Kausalverhältnisse auch für den Bereich des Organischen fordert. So lehnt etwa LOTZE, vom Standpunkt des Mechanismus ausgehend, den Begriff der „Lebenskraft" ab. In der *Lebensphilosophie* ist Leben Grundbegriff. „Hinter das Leben kann die Erkenntnis nicht zurückgehen" (DILTHEY). „Leben überhaupt" = pantheistisch aufgefaßtes „All-Leben", im engeren Sinne das konkrete geschichtliche Leben, das im einzelnen zusammengesetzt ist aus den Elementen a) des Selbst und der Welt, b) dem in der Geschichte formierten Ganzen der Lebensordnungen und der verbindenden Gemeinschaftlichkeit, die über dem individuellen Leben steht. In der modernen *Biologie* ist Leben jede von einem „Innenleben" bestimmte „organologische Struktur", „in welcher jeder Teil auf das Ganze bezogen ist, also ‚zweckmäßig' ist für dessen Entwicklung, Wiederherstellung und Fortpflanzung, als für eine Selbsterhaltung und Arterhaltung" (A. WENZL). (Vgl. organisch, Vitalismus, Lebensphilosophie.)

Lebensanschauung: die Auffassung vom Sinn und Wert des Lebens im Zusammenhange mit dem Weltganzen.

Lebensformen: bei SPRANGER die „Idealtypen, die als Schemata oder Normalstrukturen an die Erscheinungen der historischen und gesellschaftlichen Wirklichkeit angelegt werden sollen."

Lebensgeister: spiritus animales, nichts Geistiges, sondern im Blut gebildete feinste, gasartige Teilchen, die im Gehirn auf die Seele wirken. So besonders bei DESCARTES.

Lebensphilosophie: im Gegensatz zu den vernunftgläubigen Richtungen des Positivismus und des Neukantianismus in Deutschland besonders von NIETZSHE, DILTHEY, SIMMEL, SPENGLER, in Frankreich von BERGSON vertretene irrationalistische Bewegung, die die Totalität des konkreten Lebens in ihren naturgegebenen und geschichtlichen Bezügen untersucht und die moderne Metaphysik vorbereitet. An die Stelle des cogito tritt das vivo; das „Bewußtsein überhaupt" in seiner abstrakten Idealität wandelt sich zum wirklichen Bewußtsein, das vom Strom des unmittelbaren Erlebnisses genährt wird. Enge Verbindungen bestehen zum Pragmatismus (s. d.) und zur Existenzphilosophie, besonders der M. HEIDEGGERS (s. d.).

Legalität: Gesetzlichkeit; legal ist eine Handlung, wenn sie äußerlich mit dem vom sittlichen Gesetz Geforderten übereinstimmt; moralisch, wenn sie aus Achtung für das Sittengesetz geschieht (KANT).

Leibniz, Gottfried Wilhelm (1646—1716): die Philosophie von Leibniz steht im engsten Zusammenhang mit der wissenschaftlichen Forschung seiner Zeit. Nach der Art der Begründung der neueren Mechanik will er die Natur auf mechanische Weise erklären. Die Atome und das Leere gibt er auf, da die Prinzipien wahrer Einheit im Stoff allein nicht zu finden sind. Nur ein formales Atom kann zu wahrer Einheit führen. Auch die Metaphysik muß sich auf feste Beweise, ähnlich denen der Mathematik, stützen. Das metaphysische Grundproblem ist das der *Substanz*. Die Ausdehnung allein genügt nicht zur Konstitution dieses Begriffes; denn der physikalische Gegenstand enthält mehr als der mathematische: und zwar das unausgedehnte Intensive. — L. kommt durch die Aufstellung des Kraftbegriffs zur Dynamik. Jede Größe ist „un être capable d'action". Die Kraftträger (deren Vielheit er gegen Spinoza betont) nennt er *Monaden*. Sie sind ohne Gestalt und Ausdehnung. Nur durch ihre inneren Eigenschaften (Vorstellungen) unterscheiden sie sich voneinander. Jede Monade ist selbständig und ein lebendiger Spiegel des Universums. Es besteht eine Stufenfolge der Monaden von der niedrigsten bis zur ultima ratio rerum, d. i. *Gott*. Der Verstand Gottes ist die Region der ewigen Wahrheiten. Sie können aus der Induktion oder der Sinnlichkeit als bloß verworrener Erkenntnis nicht eingesehen werden. — Leibniz will Mechanismus und Teleologie verbinden. Die alleinige Berücksichtigung der bewirkenden Ursachen reicht zur Begründung der obersten Gesetze der Bewegung nicht aus. Die „Endzwecke" sind zu Hilfe zu nehmen. Der Gedanke der Entwicklung und der Kontinuität wird aus dem Zweckprinzip abgeleitet. Der *Mechanismus* bleibt in voller Geltung, dient aber dazu, Zwecke zu verwirklichen. Der Unterschied von Mechanismus und Teleologie tritt in dem Unterschied von Leib und Seele hervor: „Die Körper handeln nach den Gesetzen der bewirkenden Ursachen oder Bewegungen; die Seelen nach den Gesetzen der Zweckursachen durch Begehrungstriebe, Zwecke, Mittel. Die ,*prästabilierte Harmonie*' lehrt, wie beide übereinstimmen und doch die Selbständigkeit beider gewahrt bleibt." In der *Theodizee* sucht Leibniz die Unvollkommenheit der Welt mit der höchsten Vollkommenheit und Güte ihres göttlichen Schöpfers in Einklang zu bringen. Hauptwerke: Meditationes de cogitatione, veritate et ideis. Acta Eruditorum (1684); Nova methodus de maximis et minimis (1684); Système nouveau de la nature et de la communication des substances (1695); Nouveaux essais sur l'entendement humain (1704); Essai de la Theodicée sur la bonté de Dieu, la liberté de l'homme et l'origine du mal (1710); La monadologie (1714).

Lemma: Lehrsatz; ein aus anderen Wissensgebieten übernommener Satz.

Lenin, Wladimir Iljitsch (1870—1924): Gründer der russischen Sowjetrepublik und Theoretiker des Marxismus (s. d.). Als Philosoph bedeutend nur in seinen philosophischen Werken: Materialismus und Empiriokritizismus (1909) und den „Philosophischen Heften" (1933). Ursprünglich vom Neukantianismus und AVENARIUS' Empiriokritizismus ausgehend, verschmilzt er MARX und ENGELS zu einer Einheit und entwickelt später eine Erkenntnistheorie (sog. *Abbildtheorie*, s. d.), in der Logik, Dialektik und Erkenntnistheorie identisch sind. Die Philosophie hat *parteilich* zu sein. Das Kriterium der Erkenntnis ist die *Praxis,* d. h. im wesentlichen die *revolutionäre Aktion.* Er unterscheidet einen *philosophischen* (Materie als unwandelbare Kategorie) und einen *naturwissenschaftlichen Materiebegriff* (der relativ und wandelbar ist und inhaltlich bestimmte Aussagen über den Begriff des Seienden gibt). In seiner voluntaristisch gefärbten *Staats-* und *Revolutionstheorie* mißt er dem Bewußtsein und bewußten Willen der Person und der proletarischen Elite einen weit höheren Wert zu als Marx und Engels und geht damit entscheidend über diese beiden Denker hinaus. **Leninismus:** Philosophisch: Weiterbildung der *marxistischen Erkenntnistheorie.* Allgemein: nicht auf Sowjetrußland beschränkte Weiterentwicklung und Konkretisierung des historischen und dialektischen Materialismus im Zeitalter des Spätkapitalismus und der „proletarischen Revolution".

liberum arbitrium: der freie Wille, Willensfreiheit. (Vgl. Willensfreiheit.)

Libido: Begierde, Lust. In der Psychoanalyse S. FREUDS Bezeichnung der (quantitativ meßbaren) sexuellen Lust; bei C. G. JUNG (Wandlungen und Symbole der Libido, 2. A. 1925) die ursprünglich im Lebensstrom enthaltene „psychische Energie".

Limitation: Einschränkung; nach KANT eine Kategorie, die Realität mit Negation verbindet. Ein limitatives, von Kant unendliches Urteil genannt, hat die Form S ist nicht-P. Sage ich: die Seele ist nicht-sterblich, so setze ich die Seele in den unbeschränkten Umfang der nichtsterbenden Wesen.

Lipps, Hans (1889—1941): Existenzphilosoph der „Zweiten Phase" (Bollnow) der Existenzphilosophie, der „die Verfassung dessen durchsichtig machen will", was die bloße Menschenkenntnis nur festhält, „um nachempfindend auf die Spur von Zusammenhängen zu kommen, in den Möglichkeiten des Menschen seine Natur und die Art seiner Existenz aufzudecken." Hauptwerke: Untersuchungen zu einer hermeneutischen Logik (1938), Die menschliche Natur (1941).

Lipps, Theodor (1851—1914): bedeutend als Ästhetiker, vor allem durch seinen Begriff der „Einfühlung". Das Ich kann sich in jedes Objekt einfühlen, indem es alles mit seinen Stimmungen und Kräften erfüllt und sich in der Außenwelt spiegelt. Auf dieser Einfühlung beruht die ästhetische Wertung. Gegen Lipps' Theorie der Einfühlung gewendet ist W. WORRINGERS „*Abstraktion und Einfühlung*", in der er eine Ästhetik zu entwickeln versucht, die vom „Abstraktionsdrange des Menschen" ausgeht und die Schönheit im „Kristallinischen", in der abstrakten Gesetzmäßigkeit und Notwendigkeit zu begründen sucht. Lipp's Hauptwerk: Ästhetik, 2 Bde. (1903—1906).

Litt, Theodor (geb. 1880): Kultur- und Geschichtsphilosoph, Anthropologe, Soziologe, der im Anschluß an DILTHEY das „Verstehen" als ursprüngliches Verhältnis zwischen beseelten Seelen innerhalb einer Kultur auffaßt (vgl. Verstehen). Hauptwerke: Individuum und Gemeinschaft, (3. A. 1926); Wissenschaft, Bildung, Weltanschauung (1928); Kant und Herder als Deuter der geistigen Welt (1930).

Locke: John (1632—1704): der Hauptvertreter des englischen Empirismus. Vorkämpfer für persönliche, wirtschaftliche, politische und religiöse Freiheit. In politischer Hinsicht ist er der Vater des Konstitutionalismus. Locke bekämpft (gegen Descartes und Herbert v. Cherbury) die Theorie von den angeborenen Ideen und Begriffen —

nicht vom erkenntnistheoretischen, sondern vom *psychologisch-entwicklungsgeschichtlichen* Standpunkt aus. Alle Erkenntnisse sind für ihn erworben. Locke fragt nicht nach der Gewißheit der Erkenntnis, sondern: Wie kommt der Mensch zu seinen Vorstellungen? Durch äußere und innere Beobachtung wird die Seele (ursprünglich tabula rasa) mit Erfahrung erfüllt. In der Seele wird die *Empfindung* (sensation) hervorrgerufen und Vorstellungen geweckt, an denen sich der Geist übt (reflection) und die Ideen entspringen (im Glauben, Zweifeln, Schließen und Wollen). „Nihil est in intellectu, quod non antea fuerit in sensu". Locke geht von den Dingen außer uns aus. Er weist nachdrücklich auf den Beitrag der Empfindung hin. Er unterscheidet primäre und sekundäre Qualitäten. Jene sollen wirklich in den Körpern vorhanden sein, diese nur in unserer Vorstellung. Auch die Gottesvorstellung ist nicht angeboren. Hauptwerk: An essay concerning human understanding (1680 bis 1690).

Logik: Denklehre; Wissenschaft von den Gesetzen des richtigen Denkens. Die Logik zerfällt in *Elementarlehre* und *Methodenlehre*. Die Elementarlehre beschäftigt sich mit den Elementen, den Formen des Denkens: mit Begriffen, Urteilen, Schlüssen. Die Methodenlehre zeigt, wie aus diesen Elementen das Ganze eines wissenschaftlichen Systems wird; sie betrachtet besonders das wissenschaftliche Untersuchungs- und Beweisverfahren. Der erste systematische Ausbau der Logik wird ARISTOTELES verdankt, der in seinen logischen Schriften die Lehre vom Begriff, Urteil, Schluß, Beweis behandelt. Der Begriff Logik geht auf die Stoiker, wahrscheinlich auf ZENON zurück. Von der Logik rühmt KANT, „daß sie seit dem Aristoteles keinen Schritt rückwärts hat tun dürfen" (= brauchen), daß sie merkwürdigerweise auch „bis jetzt keinen Schritt vorwärts hat tun können". Von dieser *formalen*, nur die Form des Denkens betrachtenden Logik unterscheidet sich KANTS Begriff der „*transzendentalen Logik*", die wesentlich mit der erkenntnistheoretischen Untersuchung über die Möglichkeit einer Erkenntnis a priori zusammenfällt: „Eine solche Wissenschaft, welche den Ursprung, den Umfang und die objektive Gültigkeit solcher Erkenntnisse bestimmte, würde transzendentale Logik heißen müsen." Eine *metaphysische Logik*, die Sein und Denken in eins setzt, ist nach HEGEL die Grundwissenschaft. Den allgemein anerkannten Grundbestand an logischen Erkenntnissen stellen die Systeme der Logik von DROBISCH und SIGWART dar. Die *symbolische Logik* heißt Logistik. Die Logik im Zusammenhang der Philosophie des Existentialismus entwickelt Karl JASPERS, Logik, Bd. I: Von der Wahrheit (1948).

Lit.: v. Freytag-Löringhoff, Logik (1955).

Logikkalkül: allgemein: die Methode, logische Begriffe durch Symbole und Formeln auszudrücken. Speziell: die Menge der logisch gedeuteten Kalküle (s. d.).

Logismus: Vernunftschluß, Betrachtung vom logischen Standpunkte aus.

Logistik: ist die Gesamtheit der Logikkalküle und der Theorien über diese. Sie ist aus der klassischen formalen Logik hervorgegangen, setzt diese immer voraus und arbeitet mit mathematischen *Symbolen*. (Deshalb auch symbolische Logik genannt.) Logistik ist nur dort eine besondere Art reiner philosophischer Logik, wo sie sich mit deren Gegenstand: Identität und Widerspruch und den Verbindungen beider befaßt. Meist ist sie dem Mathematiker dienende *angewandte Logik*.

Lit.: O. Becker, Einführung in die Logistik (1951); Bochenski-Menne, Grundriß der Logistik (1954); v. Freytag-Löringhoff, Logik (1955).

Logizismus: vor allem durch FREGE und RUSSELL vertretene Identität zwischen Logik und Mathematik. Alle mathematischen Begriffe können durch logische definiert und alle mathematischen Sätze aus logischen Operationen abgeleitet werden.

Logos: Wort, Gedanke, Vernunft. HERAKLIT hat zuerst den Begriff des Logos für das Prinzip alles Seins eingeführt. Das allen Gemeinsame ist der Logos als Weltvernunft und Weltgesetz. In der pantheistischen Metaphysik der Stoa ist der Logos die göttliche Urkraft, die als „samenhafte" Vernunftkraft die Welt gestaltet. Nach PHILON von Alexandria ist der Logos der Mittler zwischen Gott und Welt, durch das „Wort" ist Gott Schöpfer der Welt, der Logos ist der erstgeborene Sohn Gottes, der zweite Gott. Der „Logos in uns" erkennt die Schöpfung als Wirkung des heiligsten Wortes und damit das Wort selbst. Die christliche Theologie entwickelt dann den Logosbegriff als das in dem Gottessohn fleischgewordene Wort. (Vgl. Johannesevangelium.)

Lokalisation: die Zuordnung der verschiedenen seelischen Tätigkeiten zu verschiedenen Stellen der Großhirnrinde. (S. Phrenologie.)

Lotze, Rudolf-Hermann (1817—1881): Vertreter eines teleologischen Idealismus, der Glauben und Wissen versöhnen will. Mit dem Begriff des organisch wie anorganisch herrschenden, jedoch einer Teleologie untergeordneten Mechanismus bekämpft er den der „Lebenskraft". Die Heidelberger Schule des *Neu-Kantianismus* (RICKERT, WINDELBAND) ist teilweise von ihm abhängig. Hauptwerk: Mikrokosmos (1856—1864).

Lukasiewicz, s. Metalogik.

Lullische Kunst: die ars magna, die große Kunst des Raymund LULLUS (um 1300), eine Art Gedankenmaschine zu konstruieren, die alle möglichen Begriffe mechanisch miteinander kombiniert und so alle Wahrheiten auffinden läßt.

lumen naturale: das natürliche Licht; im Mittelalter das natürliche Erkenntnisvermögen im Gegensatz zur übernatürlichen Offenbarung. In der neueren Philosophie (bei DESCARTES u. a.) die Vernunfterkenntnis.

Mach, Ernst (1838—1916): ähnlich wie AVENARIUS Vertreter des jungen *Positivismus*. Die Wissenschaft als Denkökonomie (s. d.) hat die Aufgabe der Ordnung von Erfahrungstatsachen. Naturgesetze sind Abbreviaturen von Einzelbeobachtungen. Die Empfindungen sind weder subjektiv noch objektiv. Hauptwerk: Die Analyse der

Empfindungen und das Verhältnis des Physischen zum Psychischen (2. A. 1900). (Vgl. Lenin, Denkökonomie.)

Magie: Zauberkunst; der namentlich auch noch in dem Zeitalter der Renaissance herrschende Glaube, durch geheime Künste die Kräfte und Geister der Natur erkennen und dienstbar machen zu können.

Maier, Heinrich (1867—1933): begründete eine neue Wirklichkeitstheorie und gelangte zu einer Metaphysik der physischen und geistigen Wirklichkeit. Hauptwerke: Die Syllogistik des Aristoteles (1900), Sokrates (1913), Philosophie der Wirklichkeit (1926).

Maieutik: Hebammenkunst; bei SOKRATES: durch methodisches Fragen im Gespräch den anderen zur Erkenntnis zu bringen.

Makrogesetze: „Gesetze, welche die Abhängigkeit der Naturprozesse voneinander über größere, wahrnehmbare und daher direkter Messung zugängliche Erstreckungen wiedergeben" (SCHLICK). Beispiele: das Coulombsche Gesetz, das Newtonsche Gravitationsgesetz. (Vgl. Mikrogesetz.)

Makrokosmos: die große Welt, das Weltganze, das Weltall. (Vgl. Mikrokosmos.)

Malebranche s. Okkasionalismus.

Man: in der Philosophie Martin HEIDEGGERS: das Man, „das kein Bestimmtes ist und das alle, obzwar nicht als Summe, sind, schreibt die Seinsart der Alltäglichkeit vor." Das Man ist also das seines Seins beraubte Dasein in der Gesellschaft.

Manifestation: Sichtbarmachung, Offenbarung, Kundgebung.

Mantik: Seherkunst (Mantie), Wahrsagung.

Marcel, Gabriel (geb. 1889): französischer Philosoph und Dramatiker, nach KIERKEGAARD Hauptvertreter des *christlichen Existenzialismus,* der im Gegensatz zum cogito, ergo sum des DESCARTES ein „ich *glaube,* also bin ich" setzt und sich um eine Umwandlung des Empirismus, die gleichzeitig eine Umwandlung der Metaphysik ist, bemüht. Seine Metaphysik ist eine Art mystischer Empirismus. Er geht von seiner persönlichen konkreten Erfahrung aus: unsere Erfahrung ist zunächst nicht eine von Objekten, sondern von Subjekten und beruht auf *„Teilhabe"* an ihrem Leben. Entsprechend wandelt sich die abstrakte Vernunft zur *Reflexion*. Die erste *(psychologische)* Reflexion ist analytisch und löst die Einheit der Erfahrung auf, die zweite (synthetische oder *metaphysische*) Reflexion bezieht sich auf das Geheimnis des Metaproblematischen und stellt, als Lebensfunktion gebraucht, die verlorene Einheit der Erfahrung wieder her. — Auch Marcel will, wie alle Existenzphilosophie, die Entfremdung überwinden. Durch das *Haben* (avoir-possession), als einer Quelle der Entfremdung, verlieren die Menschen das Sein, leiden an *ontologischer* Minderung (déficience ontologique), erfahren aber ein „ontologisches Bedürfnis". Der Übergang vom „Problem" zum *ontologischen Mysterium* (mystère ontologique) überwindet die *Entfremdung*. Sein ist dabei ursprünglich *„Miteinandersein"*, und das Ich ist nur solange im Sein, solange es — im Gegensatz zu der „Jemeinigkeit" HEIDEGGERS — mit dem *Du* lebendig verbunden ist. Die Wirklichkeit des Du ist Kommunikation des Seins. Deshalb ist Sein das Gegenwärtigsein des anderen in der *Treue*. Treue ist der Ort des Seins, und nur von der Treue (und Liebe) her, die gleichzeitig auch hoffnungspendende Treue zu *Gott* ist, ist eine neue Ontologie zu schaffen. So kreist Marcels Philosophie um Glauben, Liebe, Treue, Hoffnung als Orte des Seins und führt unmittelbar zur Religion hin. Hauptwerke: Journal métaphysique (1927), Être et Avoir (1935), Homo viator (1944).

Maritain, Jacques (geb. 1882): französischer Philosoph und Schriftsteller, wesentlicher Vertreter des *Neuthomismus*, dessen Denken um einen „theozentrischen Humanismus" und die Möglichkeit der christlichen Existenz kreist. Hauptwerke: „Primauté du Spiritual" (1927), „Du Régime temporel et de la Liberté" (1933, dt. A. 1936), „Science et Sagesse" (1936).

Marx, Karl (1818—1883): zunächst Anhänger Hegels und bis 1842 dem Kreis der Linkshegelianer (A. Ruge, Br. Bauer etc.) angehörend. Einfluß auf die Ausgestaltung seiner Gedanken nahmen ferner besonders die philosophische Religionskritik Feuerbachs (s. d.), die Lehren der utopischen Sozialisten L. Blanc, Fourier, Proudhon, St. Simon und Owen und die englischen Nationalökonomen Adam Smith, J. Mill, D. Ricardo. In seiner Frühzeit (bis 1848) beschäftigt sich Marx besonders mit philosophischen (anthropologischen) und soziologischen (ideologiekritischen) Problemen, die grundlegend für die späteren ökonomischen Analysen sind. In diese Frühzeit, die mit dem gemeinsam mit Engels verfaßten „Kommunistischen Manifest" (1848) abschließt, fällt die besonders intensive Zusammenarbeit mit diesem, charakterisiert durch die ebenfalls gemeinsam verfaßten Werke „Die heilige Familie" (1843—1844) und „Die deutsche Ideologie" (1845). An Feuerbachs *Religionskritik* anschließend kritisiert Marx Recht, Politik, Philosophie und die gesamten bestehenden wirtschaftlich-gesellschaftlichen und politisch-sozialen Verhältnisse seiner Zeit. Ausgehend von dem Gedanken, daß nicht das Bewußtsein des Menschen das Sein, sondern das „gesellschaftliche Sein" das Bewußtsein bestimme, entwickelt Marx damit bereits in der Frühzeit die Grundzüge seiner späteren Lehre vom *Unterbau* (Basis) — *Überbau* und die Kerngedanken seiner *Geschichtsphilosophie,* den sogenannten historischen Materialismus. Grundlage des Geschichtsprozesses ist für Marx die *Arbeit* (Produktion der zur Aufrechterhaltung des Lebens notwendigen Lebensmittel). Von der gesellschaftlichen Arbeit (s. d.) aus, die zugleich *Selbstverwirklichung* und *Selbstentfremdung* des Menschen ist, beurteilt Marx den gesellschaftlichen Gesamtprozeß. Aus der Arbeit entsteht erst die geistige und gesellschaftliche Welt; gleichzeitig aber führt die *Arbeitsteilung* (Teilung von Kopf- und Handarbeit) zu ihrem Auseinanderfallen im Sein und Bewußtsein. In der kapitalistischen, auf dem Privateigentum an Produktionsmitteln aufgebauten Wirtschafts- und Sozialordnung tritt nun das in der Arbeit liegende Entfremdungsmoment immer stärker hervor: Der Mensch verliert sich selbst in der und durch die Arbeit (Entäußerung, Entfremdung, Verdinglichung). Aus dieser Verlorenheit *(„Notwendigkeit")* muß sich der Mensch befreien. Das ist der eigentliche Sinn der Marxschen Geschichtsphilosophie. Im kapitalistischen Wirtschaftssystem existieren nur drei Klassen: *Arbeit, Kapital* und *Intelligenz.* Besonders *Arbeit* und *Kapital* stehen sich als die beiden gegenseitig entfremdeten Klassen gegenüber. Diese Vorstellung des Kampfes zwischen Arbeit (Proletariat) und Kapital (bürgerliche Klasse) dehnt Marx nun auf die gesamte Geschichte seit dem Schwinden des Urkommunismus und dem Beginn der arbeitsteiligen Gesellschaftsordnungen aus. Das Proletariat enthüllt in diesem Emanzipationskampf die verhüllende *Ideologie („falsches Bewußtsein")* der bürgerlichen Klasse, — der ihre geschichtlich-gesellschaftliche Situation nicht bewußt ist und auch nicht bewußt werden kann —, indem es sich der objektiven gesellschaftlich-geschichtlichen Situation bewußt wird und dieses Bewußtsein mit Hilfe seiner Ideologie, dem historischen Materialismus, revolutionär in der *„Praxis"* verwirklicht *(„wahres Bewußtsein").* Die Selbstverwirklichung des Menschen ist nur dem Proletariat möglich, weil nur dieses *zugleich Subjekt* und *Objekt* des historischen Prozesses ist. Nur das Proletariat wird die Menschheit aus dem Stadium der Sklaverei, Ideologiehaftigkeit und Ausbeutung — nach der historisch notwendigen Übergangszeit der *„Diktatur des Proletariats"* — in die *klassenlose Gesellschaft („Freiheit")* hinüberführen, in der auch die Ideologien fehlen werden. Diese Auffassungen verdeutlichen, daß Marx die *dreitaktige,* in der Vermittlung und Synthese ausklingende *Dialektik* HEGELS in eine *zweitaktige,* nur aus These (bürgerliche Klasse) und Antithese (Proletariat) bestehende *Kampfesdialektik,* die mit der Vernichtung der Gegensätze endet, umwandelt. Für diese Gedankengänge entscheidend ist das Frühwerk „Ökonomisch-philosophische Manuskripte" (1844). Diese im wesentlichen geschichtsphilosophischen

Gedanken der Frühzeit werden ab 1850 durch die Ausarbeitung der ökonomischen Theorien Marx' ergänzt. In der Einleitung zur „Kritik der politischen Ökonomie" hat Marx seine Geschichtsphilosophie zusammengefaßt: „In der gesellschaftlichen Produktion ihres Lebens gehen die Menschen bestimmte, notwendige, von ihrem Willen unabhängige Verhältnisse ein, Produktionsverhältnisse, die einer bestimmten Entwicklungsstufe ihrer materiellen Produktivkräfte entsprechen. Die Gesamtheit dieser Produktionsverhältnisse bildet die ökonomische Struktur der Gesellschaft, die reale Basis, worauf sich ein juristischer und politischer Überbau erhebt, und welcher bestimmte gesellschaftliche Bewußtseinsformen entsprechen. Die Produktionsweise des materiellen Lebens bedingt den sozialen, politischen und geistigen Prozeß überhaupt." etc. — Im Anschluß an die Arbeitswerttheorie der klassischen Nationalökonomie ist für Marx die *gesellschaftlich notwendige Menge Arbeit*, die in den *„Waren"* (nach Marx nur solche Güter, die durch Arbeit entstanden sind) steckt, deren Wert. Bei der Produktion von Waren entsteht nun der sogenannte *Mehrwert* (Überschuß an Arbeitsleistung über den Arbeitslohn), der dem Kapitalisten zufällt. Von der Mehrwertlehre ausgehend, glaubt Marx das *ökonomische Entwicklungsgesetz* des Kapitalismus gefunden zu haben. Die fortschreitende Technik ersetzt immer mehr das variable (Lohn-)Kapital durch konstantes Kapital (produzierte Produktionsmittel). Der *„tendenzielle Fall der Profitrate"* (= Verhältnis des Mehrwertes zum gesamten Kapital) produziert nur so lange eine „Akkumulation" des Kapitals, wie sich der Ertrag des gesamten Kapitals für den Kapitalisten lohnt. Ist dies nicht mehr der Fall, so schränkt er die Produktion ein, entläßt Arbeiter, es entsteht die „industrielle Reservearmee" und die „Krise". In dieser *Krisentheorie* Marxens ist gleichzeitig auch das Moment der Entwicklung enthalten. Mit der Zeit werden die Krisen immer heftiger und lassen schließlich den Kapitalismus zusammenbrechen und den Umschlag zum *Sozialismus* eintreten. Aus dem Gesetz des tendenziellen Falles der Profitrate leitet Marx ferner die *Zusammenbruchs-, Konzentrations-, Akkumulations-, Verelendungs-* und die *Sozialisierungstheorie* ab. — Weitere Hauptwerke: Das Elend der Philosophie (1847); Zur Kritik der politischen Ökonomie (1859); Das Kapital, Bd. I (1867); Kapital, Bd. II (1885 hrsg. von Fr. Engels); Kapital, Bd. III (1894, hrsg. von Fr. Engels); Theorien über den Mehrwert, hrsg. v. Karl Kautsky (1904 f.).

Lit.: (zum jungen Marx): H. Barth, Wahrheit und Ideologie (1945); H. Popitz, Der entfremdete Mensch (1953); ferner: Jean-Yves Calvez, La pensée de Karl Marx (1956); zum späten Marx vgl. O. Morf, Das Verhältnis von Wirtschaftstheorie und Wirtschaftsgeschichte bei Karl Marx (1951).

Marxismus: besonders die im Anschluß an Marx und Engels vertretene Richtung des Sozialismus (vgl. Diamat).

Einführ. Lit.: W. Theimer, Der Marxismus (1950).

material: inhaltlich, sachlich.

Materialisation: nach spiritistischer Lehre soll sich aus dem Körper bestimmter Medien eine besondere Materie abscheiden, die sich durch seelische Kräfte zu den verschiedensten Gebilden umformt. Solche Materialisationsphänomene (Bildung von Händen, Füßen, ganzen Gestalten) bestehen nur kurze Zeit, es tritt Dematerialisation ein, die Substanz zieht sich wieder in das Medium zurück.

Materialismus: eine Richtung der Metaphysik, die alles Seiende, auch Seele, Geist und Bewußtsein, aus der Materie erklären, auf Stoff zurückführen will. Der *äquative* Materialismus setzt das Seelische dem Stofflichen gleich, der *attributive* erklärt es als Eigenschaft der Nerven, der *kausale* als Wirkung, Produkt der Nervenvorgänge. Begründet ist die materialistische Weltanschauung von DEMOKRIT, der den Atomismus auch auf die Seele ausdehnt, indem er die Seele aus besonders feinen, runden, Feueratomen bestehen läßt, die wir einatmen und die uns als Wärme durchziehen. Anhänger dieses Materialismus sind EPIKUR und seine Schule, besonders der Dichter LUKREZ mit seinem Lehrgedicht: de rerum natura, über die Natur der Dinge. Die Stoiker sind nur scheinbar Materialisten, denn der ganze Stoff der Welt ist nach ihnen durchwaltet von einer göttlichen Vernunft. Die Lehren Demokrits werden im 17. Jahrhundert erneuert durch GASSENDI. Eine Blütezeit erlebt der Materialismus im 18. Jahrhundert in den Werken „L'homme machine" des LA METTRIE und „Système de la nature" des Baron HOLBACH, die einen materialistischen und auch atheistischen Standpunkt vertreten. Um die Mitte des 19. Jahrhunderts entstand in Deutschland eine materialistische Strömung, vertreten besonders durch VOGT, MOLESCHOTT und Ludwig BÜCHNER, dessen „Kraft und Stoff" weiteste Verbreitung fand. — Von dem theoretischen, metaphysischen ist der praktische, *ethische* Materialismus scharf zu scheiden, der den Sinnengenuß als höchstes Gut und den Egoismus als Moralprinzip predigt. — ENGELS identifiziert die erkenntnistheoretische Frage nach dem Verhältnis von Denken und Sein mit der ontologischen nach dem Verhältnis von Geist und Natur. Er *vermengt* damit die *Begriffe „Materialismus"* und *„Realismus"*. Darin folgen ihm später auch LENIN und STALIN. So gibt der dialektische Materialismus (= Diamat, s. d.) im wesentlichen den „klassischen" naturwissenschaftlichen Materialismus wieder. Seine Grundzüge, die sich auf Lenins philosophischen Materiebegriff stützen, sind folgende: die Welt ist „ihrer Natur nach materiell"; die Materie ist unendlich und Subjekt aller Veränderung; die Materie ist in Bewegung, und zwar ist diese Bewegung eine konkret räumliche. „In der Welt existiert nichts als die sich bewegende Materie, und die sich bewegende Materie kann sich nicht anders bewegen als in Raum und Zeit" (Lenin). Zur Übertragung des dialektischen Materialismus auf den Gesellschaftsprozeß s. Diamat. (Vgl. Engels, Lenin, Marx.)

Lit.: F. A. Lange, Geschichte des Materialismus (1877).

Materie: Stoff; 1. *metaphysisch* bei ARISTOTELES das eine Grundprinzip alles Wirklichen neben der Form; die Materie oder der Stoff ist das bloß Mögliche, das erst nach Zwecken geformt wird, wie der Marmorblock als Stoff zur Bildsäule dient. Materie, Stoff tritt später in Gegensatz zu Geist, Seele; so im Dualismus des DESCARTES.

2. *Erkenntnis-theoretisch* unterscheidet KANT Form und Materie der Erscheinung: Materie ist das in der Erscheinung, was der Empfindung korrespondiert, Form ist das Ordnungsprinzip. Die Materie (Empfindung) wird durch Wahrnehmung gegeben; die Form liegt als allgemeines Prinzip a priori zugrunde; so macht der „Raum in Gedanken den physischen Raum, d. i. die Ausdehnung der Materie selbst möglich." Der metaphysische Begriff einer materiellen Substanz wird von BERKELEY und HUME damit aufgehoben, daß die Wahrnehmung uns nur Empfindungszusammenhänge, aber kein substantielles Sein zeigt. Ernst MACH sieht in der Materie nur ein Gedankensymbol für einen relativ beständigen Komplex sinnlicher Elemente, ein festes Verbindungsgesetz der Empfindungen; Atome und Moleküle sind „ökonomische Symbolisierungen der physikalisch-chemischen Erfahrung". 3. *Naturwissenschaftlich* haben wir sehr verschiedene Anschauungen über die Materie: a) die Atomhypothese, b) die dynamische Theorie der Materie von BOSCOVICH, KANT u. a., c) die Kontinuitätshypothese, d) die energetische Auffassung OSTWALDS, e) die elektroatomistische Theorie vom Aufbau der Materie aus positiven und negativen Elementarladungen. (Vgl. Atom, Element, Form, dynamisch, Kontinuität, Energie.) Zu Lenins Materiebegriff s. Lenin.

Mathematische Logik: s. Logistik.

Maxime: maxima propositio: höchster Grundsatz; Prinzip des Wollens, Prinzip zu handeln, welches sich die sittliche Persönlichkeit selbst zur Regel macht.

Mechanik: die allgemeine Mechanik ist die Wissenschaft von den Naturvorgängen, soweit es sich ausschließlich um Bewegung von Körpern handelt. Die Mechanik zerfällt in die beiden Gebiete der Statik, der Lehre von den Gleichgewichtsbedingungen und der Dynamik, der allgemeinen Lehre von den Bewegungen. Während man früher glaubte, alle physikalischen Vorgänge der Mechanik einordnen zu können, legt man jetzt den Dualismus von Mechanik und Elektrodynamik zugrunde.

Mechanismus, Mechanistik: Zurückführung der Naturtatsachen auf die Mechanik, z. B. von Farben und Tönen auf bewegte „Materie in Schwingungen". Der *biologische* Mechanismus tritt in Gegensatz zum Teleologieglauben des *Vitalismus*. Er will auch die Lebensvorgänge mechanisch und physikalisch-chemisch erklären. Die *psychologische* Mechanistik erklärt das Seelenleben aus der Assoziation von Vorstellungsatomen. (Vgl. Mechanik, Teleologie.) **mechanistisch:** vom Standpunkte der Mechanik aus, oft gleichbedeutend mit mechanisch.

Meditation: Nachdenken, Nachsinnen, Betrachtung.

Meinong, Alexus (1853—1920): begründet die „Gegenstandstheorie". Diese beschäftigt sich mit dem „reinen" Gegenstande als solchem, ganz gleich, ob er gedacht wird oder nicht gedacht wird, wirklich, möglich oder unmöglich ist. Werke: Untersuchungen zur Gegenstandstheorie und Psychologie (1904); Über die Stellung der Gegenstandstheorie im System der Wissenschaften (1907); Über Möglichkeit und Wahrscheinlichkeit (1915). — (Vgl. Gegenstandstheorie.)

Mendelssohn, Moses (1729—1786): Vertreter der Aufklärung, lehnt Pantheismus und Atheismus ab, wirkt für die Gleichberechtigung der Juden. Werke: Phädon oder über die Unsterblichkeit der Seele (1767); Morgenstunden (1787).

Merkmal: logisch: besonderer Inhalt des Begriffs; wesentliche Merkmale nennt man diejenigen, ohne die der Begriff nicht gedacht werden kann, die sein logisches Wesen bestimmen; unwesentliche Merkmale können dem Gegenstande zukommen, sind aber nicht notwendig. (Vgl. konsekutiv und konstitutiv.)

Merleau-Ponty, Maurice (geb. 1908): französischer Existenzphilosoph und Schriftsteller, der in seinem philosophischen Hauptwerk: La phénoménologie de la perception (1943) *existenzphilosophische* und besonders *phänomenologische* Gedanken mit solchen der existentiellen

Psychologie und *Psychopathologie* im Anschluß an die Arbeiten von GOLDSTEIN verbindet und sich vor allem gegen den cartesianischen Dualismus von Leib und Seele richtet. Psychisches und Physisches gehen ineinander über, so verwirklicht sich die *Existenz* jeden Augenblick in der Bewegung. Diese ist Mitte zwischen An-Sich und Für-Sich, Psychischem und Physischem. Der *Körper* des Menschen ist Träger des Vorgegenständlichen In-der-Welt-Seins; einen Körper besitzen ist identisch mit dem Leben in einer bestimmten *Welt*. Bewußtsein ist dementsprechend „das Sein bei der Sache vermittels des Körpers". Dieser ist ferner sich selbst auslegender Ausdruck und damit Zugang nicht nur zu den Dingen, sondern auch zum Verstehen und Vernehmen der Ausdrucksweisen der anderen. — In seiner *politischen Philosophie* (Les aventures de la dialectique, 1955) zählt Merleau-Ponty zur parteilich nicht gebundenen *Gauche Francaise* und beschäftigt sich unter dem Einfluß von MARX, HEGEL, BERGSON und HEIDEGGER mit Wesen, Struktur und Erscheinungsformen der Dialektik. (S. Perzeption.)

Metabase: (μετάβασις εἰς ἄλλο γένος) der logische Sprung von einem Gebiete auf ein anderes, ein Beweisfehler, der darin besteht, daß nicht die Wahrheit des zu Beweisenden begründet, sondern eine ganz verschiedene Behauptung bewiesen wird.

Metalogik: nach SCHOPENHAUER ist das Metalogische „zur Grundlage der Logik gehörig": „endlich können auch die in der Vernunft gelegenen formalen Bedingungen alles Denkens der Grund eines Urteils sein, dessen Wahrheit alsdann eine solche ist, die ich am besten zu bezeichnen glaube, wenn ich sie metalogische Wahrheit nenne." N. HARTMANN: metalogisch ist die aktuelle Beziehung zwischen Subjekt und Objekt als solche, die weder seelischer Art noch ideale Struktur ist. Gegensatz: Prologik (Görland). In der *Logistik:* Von LUKASIEWICZ und TARSKI 1930 im Anschluß an HILBERTS Meta-Mathematik eingeführte Theorie, die analog der Meta-Mathematik das inhaltliche Schließen, jedoch lediglich zum Nachweis der Widerspruchsfreiheit der Axiome anwendet.

Metamorphose: Gestaltenwandel. Goethe: Metamorphose der Pflanzen. (Vgl. Metempsychose.)

Metapher: Übertragung, Bild, bildlicher Ausdruck; **metaphorisch:** bildlich.

Metaphysik: der Name verdankt seinen Ursprung einem äußerlichen Umstand. Im 1. Jahrhundert v. Chr. veranstaltete ANDRONIKUS eine Herausgabe der aristotelischen Schriften in der Reihenfolge: den logischen Schriften folgten die naturwissenschaftlichen (physischen), der „Ersten Philosophie" (Wissenschaft vom Seienden, von den letzten Gründen und allgemeinen Begriffen des Seins) die übrigen Werke. Aus dieser Anordnung τὰ μετὰ τὰ φυσικά (das nach dem Physischen) entstand später die Bezeichnung „Metaphysik" für die erste Philosophie des ARISTOTELES. Metaphysik ist der Versuch, Sein und Sinn von Welt und Leben zu ergründen. Als Grundproblem erhebt sich die Frage nach dem Wesen des Seienden, der Wirklichkeit. Vier Hauptrichtungen geben die Antwort. Der *Materialismus* kennt nur das Sein der Materie und will auch den Geist auf den Stoff zurückführen; der *Spiritualismus* (auch metaphysischer Idealismus genannt) erhebt das Geistige zur wahren Wesenheit und sieht im Materiellen nur eine Erscheinung; der dogmatische *Dualismus* spaltet die Wirklichkeit in zwei Substanzen: Seele und Leib, Geist und Materie; die *Identitätslehre (Monismus)* sieht in Geist und Materie bloß zwei Seiten der einen Wirklichkeit, die in der Substanz zur Einheit zusammenfallen. Nach der Anzahl der Prinzipien unterscheidet man: Monismus oder Singularismus, Dualismus, Pluralismus, je nachdem ein, zwei oder mehrere Prinzipien zugrunde gelegt werden. — KANT unterscheidet zwei Begriffe der Metaphysik: die *dogmatische* Metaphysik will aus Begriffen eine Erkenntnis des Übersinnlichen herleiten; die *kritische* Metaphysik untersucht die Grundlagen der Erkenntnis in ihrer systematischen Einheit und weist die Bedeutung der apriorischen Elemente nach; sie ist Kritik als kritische Erkenntnistheorie, die „das Vermögen der Vernunft in Ansehung aller reinen Erkenntnis a priori untersucht" und zerfällt als System in eine Metaphysik der Natur und eine Metaphysik der Sitten. Die Metaphysik der Natur betrachtet die Natur als Inbegriff aller Gegenstände der Sinne nach ihren apriorischen Grundlagen; die Metaphysik der Sitten enthält „die Prinzipien, welche das Tun und Lassen a priori bestimmen und notwendig machen". — In neuerer Zeit versucht eine *induktive* Metaphysik vom Erfahrungsmäßigen auszugehen, um dann durch Verallgemeinerung, Erweiterung und Steigerung der Gesichtspunkte zu einer Weltanschauung zu gelangen, die über den engen Kreis der gegebenen Erfahrung hinausgeht (so z. B. FECHNER). Nach BENEKE muß sich Metaphysik, wie jede andere Wissenschaft, auf innere Erfahrung stützen. Nach dem Zurücktreten des Kantianismus hat die Metaphysik, teils im Sinn einer Erneuerung der Scholastik, teils als kritisch begründete *Ontologie* (JACOBY, Nikolai HARTMANN), teils als allgemeine Weltanschauungslehre wieder größere Bedeutung erlangt. (Vgl. Materialismus, Dualismus, Spiritualismus, Identitätsphilosophie, Weltanschauung.)

Metempsychose: Seelenwanderung; die Ansicht, daß die Seele zu ihrer Läuterung in periodischem Wechsel ihren Sitz in verschiedenen Tier- und Menschenseelen nehme, findet sich vor allem in der indischen Philosophie, bei den Pythagoreern und bei PLATON. LEIBNIZ lehnt den Seelenwandel ab, tritt dagegen für den Gestaltenwandel bei einer unzerstörbaren, den Tod überdauernden Seelenmonade ein.

Methode: das planmäßige Verfahren einer Wissenschaft, um Erkenntnisse zu gewinnen. Die logische Methodenlehre zeigt allgemein, wie dieses Ziel einer wissenschaftlichen Erkenntnis zu erreichen ist, nämlich ein vollständiges und allgemeingültiges Wissen in einem System von Begriffen und Urteilen herzustellen. (Vgl. Induktion, Deduktion.)

Methodologie: Methodenlehre; **methodologisch:** auf die Methodenlehre bezüglich. (S. Geisteswissenschaften.)

Mikrogesetze: Gesetze des Verhaltens der Natur in kleinsten raumzeitlichen Bezirken, deren Größe weit unter der Grenze unmittelbarer Wahrnehmung liegt. Die Physik strebt nach Mikrogesetzen als Erklärungsprinzipien hin. (Vgl. Makrogesetze.)

Mikrokosmos: die kleine Welt, der Mensch als Welt im Kleinen. Schon die *Stoiker* nannten den Menschen eine kleine Welt, die Welt einen großen Menschen. Daran anknüpfend wurde in dem Zeitalter der *Renaissance* die Lehre entwickelt, daß der Mensch ein Extrakt, eine Quintessenz des Weltganzen sei, ein Mikrokosmos, aus dem die ganze Welt begriffen werden kann, wie auch umgekehrt aus der Welt der Mensch zu erkennen ist.

Milieu: Bezeichnung für die allgemeinen äußeren Lebensumstände (Umwelt) und -bedingungen (Klima, wirtschaftlich-soziale, gesellschaftliche Umwelt etc.), die den Menschen beeinflussen. Die heute als überholt angesehene **Milieutheorie** (von COMTE und TAINE aufgestellt) behauptet die primäre Abhängigkeit des Menschen von seinem Milieu.

Mill, John Stuart (1806—1873): Logiker und Nationalökonom, beeinflußt vom Positivismus und Utilitarismus (s. Bentham). In seinem *philosophischen* Hauptwerk: System der deduktiven und induktiven Logik (1843) wird zum ersten Mal eine Logik des Empirismus und der Induktion versucht. Wesentliche Erkenntnisse über das Verhältnis von Logik und Sprache. Zur Einführung in die klassische Logik ist das Werk immer noch lesbar. In seinem *nationalökonomischen* Hauptwerk: Principles of Political Economy (1848) vermittelt er die abschließende Systematik der englischen nationalökonomischen Klassiker, vor allem der Lehren von Adam SMITH, RICARDO, J. MILL sowie einen Ausgleich zwischen Sozialismus und Liberalismus

Misologie: Haß gegen die Vernunft.

Mitsein: bei HEIDEGGER: „Dasein ist wesenhaft Mitsein". (Vgl. Marcel, Kommunikation, Dasein.)

Mneme: Gedächtnis; die Mnemetheorie von Richard SEMON versucht zu zeigen, daß zwischen dem bewußten Gedächtnis und dem unbewußten Gedächtnis der organisierten Materie die wesentliche Identität der Reproduktion besteht: „die Mneme als erhaltendes Prinzip im Wechsel des organischen Geschehens."

Mnemotechnik: Gedächtniskunst; die Kunst, durch allerlei Hilfsmittel die Leistung des Gedächtnisses zu stärken.

Modalität: Art und Weise des Seins, Geschehens und Gedachtwerdens. *Modale Urteile:* problematische (der Möglichkeit), assertorische (der Wirklichkeit), apodiktische (der Notwendigkeit); die Grundsätze der Modalität sind „die Postulate des empirischen Denkens überhaupt" (KANT), — HELMHOLTZ bezeichnete den Unterschied zwischen den Empfindungen verschiedener Sinne (ob Farbe, Ton usw.) als Unterschied in der Modalität, den zwischen den Empfindungen eines Gebiets (blau, rot) als Unterschied in der Qualität. (Vgl. Postulat.)

Modifikation: Zustandsänderung, Abänderung; Empfindungen, Vorstellungen sind „Modifikationen des Gemüts" und gehören als solche zum inneren Sinn (KANT).

Modus: Art und Weise, Regel, das rechte Maß; DESCARTES versteht unter dem modus eine Modifikation der Attribute der Substanz; so sind alle Besonderheiten des Körpers (Lage, Gestalt, Bewegung) **modi** der *Ausdehnung,* alle Besonderheiten des Geistes (Fühlen, Wollen, Begehren, Vorstellen, Urteilen) modi des *Bewußtseins.* SPINOZA definiert: „unter modus verstehe ich die Affektionen (vorübergehende Zuständlichkeiten) der Substanz"; modi sind alle endlichen unselbständigen Einzeldinge, Einzelheiten, die in den zwei gänzlich getrennten Reihen des Räumlichen und des Denkens als vorübergehende Formen der unendlichen Substanz existieren.

modus ponens und **modus tollens:** darunter versteht man in der Logik zwei Arten hypothetisch-kategorischer Schlüsse, bei denen entweder von der *Gültigkeit* des Grundes auf die Gültigkeit der Folge oder von der *Ungültigkeit* der Folge auf die Ungültigkeit des Grundes geschlossen wird. Man schließt modo ponente:

>A ist B (Obersatz)
>nun ist A (Untersatz)
>also ist B (Schlußsatz).

Dagegen modo tollente:

>A ist B (Obersatz)
>nun ist B nicht (Untersatz)
>also ist A nicht (Schlußsatz).

modus rectus und **modus obliquus:** in seiner Psychologie unterscheidet BRENTANO die Wahrnehmung *modo recto* und *modo obliquo*. Schon für die Vorstellung ist es evident, daß im Vorgestellten zugleich etwas anderes mitvorgestellt sein kann, das doch nicht ausdrücklich als solches vorgestellt wird. Wir können etwas empfinden und uns selbst als Empfindendes empfinden. Auf diese Unterscheidung gründet sich vornehmlich BRENTANOS *Zeitwahrnehmungstheorie*.

Möglichkeit: 1. *logische* Möglichkeit als Widerspruchslosigkeit des Gedachten; 2. *reale* Möglichkeit der Dinge. Der logisch mögliche Begriff kann ein leerer Begriff sein; von der Möglichkeit der Begriffe ist daher nicht auf die Möglichkeit der Dinge zu schließen. Real möglich ist, „was mit den formalen Bedingungen der Erfahrung (der Anschauung und den Begriffen nach) übereinkommt" (KANT). Alle Erfahrungserkenntnis vollzieht sich in den Formen der Anschaung, Raum und Zeit, sowie den Kategorien und Grundsätzen a priori als den Bedingungen objektiver Erkenntnis. Auf diesen formalen Bedingungen beruht alle mögliche Erfahrung, alle Möglichkeit der Erfahrung, d. h. sie ermöglichen die Erfahrung, sie sind die Prinzipien der Ermöglichung der Erfahrung. Insofern kann gesagt werden: „Die Möglichkeit der Erfahrung ist also das, was allen unseren Erkenntnissen a priori objektive Realität gibt" (KANT); 3. *metaphysischen* Sinn hat der Begriff der Möglichkeit im System des ARISTOTELES: der Stoff oder die Materie enthält nur die Möglichkeit dessen, was zur Wirklichkeit erst durch die Form, die Zweckkraft, werden kann. (Vgl. Form, Materie.)

Monade: Einheit; den schon bei den Griechen als Zahleinheit und metaphysische Einheit verwendeten Begriff der Monade nimmt Giordano BRUNO in seine Weltanschauung auf; das Ganze der Welt, die unendliche Einheit, entfaltet sich schöpferisch in individuellen Einheiten, den Monaden, die eine Einheit von Geist und Materie sind und jede in ihrer Weise die Welt widerspiegeln. LEIBNIZ ist der Schöpfer der **Monadologie,** der Monadenlehre: die wahren Substanzen sind selbsttätige, kraftbegabte, seelische Einheiten, Monaden, deren Wesen Vorstellen ist. *Jede* Monade ist ein *Spiegel* des *Universums.* Die Monaden bilden eine Stufenfolge von den untersten, nackten oder schlummernden Monaden, deren Seelenleben noch unbewußt ist, bis zur göttlichen Monade, der Monade der Monaden. Eine monadologische Anschauung von der Seele vertreten im 19. Jahrhundert HERBART und LOTZE.

Monismus: Einheitslehre; im Gegensatz zum Pluralismus; Annahme eines einzigen Prinzips. Soweit das Streben nach einheitlicher Auffassung der Wirklichkeit, nach einheitlicher Weltanschauung zur Aufhebung aller wesensmäßigen Unterschiede im Sein führt, lassen sich philosophische Systeme als monistisch kennzeichnen. Es seien nur einige Hauptrichtungen hervorgehoben: 1. der *metaphysische* Monismus legt der gesamten Wirklichkeit ein einziges Prinzip, nur eine Art des substantiellen Seins zugrunde, so der Materialismus die Materie, der Spiritualismus den Geist, die Identitätsphilosophie die Einheit von Geist und Materie, der Pantheismus die Einheit von Gott und Natur, der Theismus eine schöpferische göttliche Ursache; 2. der *naturwissenschaftliche* Monismus ist die

Energetik Wilhelm OSTWALDS, die als Naturphilosophie eine Vereinheitlichung der gesamten Naturauffassung durch Unterordnung unter den Energiebegriff erstrebt, aber doch schließlich in eine metaphysische Weltanschauung einmündet, die die Gesamtwirklichkeit, Natur und Geist, Welt und Mensch, energetisch erfassen will; 3. der *erkenntnistheoretische* Monismus sucht den Gegensatz von Sein und Bewußtsein, Objekt und Subjekt, Physischem und Psychischem, Innenwelt und Außenwelt, Erscheinung und Ding an sich in eine Einheit aufgehen zu lassen. So schon BERKELEY mit seiner Gleichsetzung von Sein und Wahrgenommenwerden, ebenso die moderne Immanenzphilosophie (SCHUPPE), der Positivismus, der das Ich soweit erweitert, daß es schließlich die ganze Welt umfaßt, so daß der Gegensatz zwischen Ich und Welt, Empfindung oder Erscheinung und Ding wegfällt (Ernst MACH). Streng erkenntnistheoretischen Charakter trägt der monistische Standpunkt, der nur eine Art des Wirklichen in dem Sinne anerkennt, daß in nur einem System von quantitativen Begriffen die Erkenntnis aller Dinge des Universums möglich ist. 4. Der *psychologische* Monismus nimmt eine Einheit von Gehirn und Seele, ein Zusammenfallen von Nervenvorgängen und seelischen an: die eine Wirklichkeit erscheint als Zweiheit nach den beiden verschiedenen Betrachtungsweisen. Der Ausdruck Monismus stammt von Christian WOLFF für die Ansicht, die nur eine Art der Seins, Körper oder Seelen, annimmt. (Vgl. Identitätsphilosophie.)

Monotheismus: Ein-Gott-Lehre. Schon XENOPHANES (im 6. Jh. v. Chr.) hat den Polytheismus bekämpft: nur ein einziger Gott könne unter Göttern und Menschen der größte sein. Philosophisch klar entwickelt ist der monotheistische Standpunkt zuerst bei ARISTOTELES: Gott ist rein in sich ruhende Tätigkeit, reines Denken, Denken des Denkens, die außerweltliche Ursache der Welt, das vollkommene Sein. (Vgl. actus purus, Theismus.)

Montaigne, Michel de (1533—1592): Philosoph der französischen Renaissance; Schöpfer des modernen Skeptizismus. Im Ich und im Selbstbewußtsein findet er die einzige Sicherheit des Lebens und der Erkenntnis. Sein Selbst steht im Mittelpunkt seiner Meditationen. Verfasser der „Essais" (1580). (Vgl. Moralismus.)

Montesquieu, Charles Louis de (1689—1755): Seine Werke: Lettres Persanes (1721), Esprit des Lois (1798), Considérations sur les causes de la grandeur des Romains et de leur décadence (1734) sind Studien zur Grundlegung der politischen Philosophie und der Politik als Wissenschaft.

Moral: Sittlichkeit, Sittenlehre.

Moralismus: 1. Betrachtung aller Lebensgebiete ausschließlich vom *moralischen Standpunkt* aus. Das Sittliche ist höchster Wert und Zweck des Lebens. 2. *Moralistik* von lat. mores, auch philosophia moralis (Agrippa von Nettelsheim) und science morale (Malebranche), umfaßt das *gesamte Wesen* des Menschen, Sitten, Gebräuche, Lebensformen, Charaktere, Individualitäten in *beschreibend-schildernder,* nicht normativer Form. (Montaigne: Les autres forment l'homme. Je le recite.) Obwohl die höchste Stufe des europäischen Moralismus, teilweise geradezu in der Form einer moralistischen Phänomenologie wie bei MONTAIGNE, in Frankreich ausgebildet worden ist (LA ROCHEFOUCAULD, VAUVENARGUES, MONTESQUIEU, CHAMFORT, RIVAROL, GALIANI, Fürst von LIGNE, JOUBERT), treten Vorformen moralistischen Denkens bereits in Spanien und Italien auf. *Historisch* geht der Moralismus aus dem Erschlaffen der theologischen Systemkraft und der Ablösung einer alles durchwaltenden ethisch-metaphysischen Idee durch empirisch-praktische Ideen am Ende des 15. Jahrhunderts hervor (H. Friedrich). — Der Moralismus erforscht und bejaht die Verschiedenheit der menschlichen Natur, die eine strenge Vereinheitlichung nicht zuläßt. Die sittlichen Normen in den Werken der Moralisten sind mehr Ausflüsse der Neigung und des persönlichen Geschmacks. Bis in die Gegenwart hinein hat sich, besonders in Frankreich (ALAIN, CAMUS), das moralistische

Denken als *Zwischenform* zwischen Philosophie und Literatur erhalten.

Lit.: H. Friedrich, Montaigne (1949).

Moralität: Sittlichkeit; Handlung um des Sittengesetzes willen enthält Moralität (vgl. Legalität). HEGEL unterscheidet Moralität, die Unterordnung des Einzelwillens unter das Pflichtgebot, und Sittlichkeit, die Verwirklichung des Sittlichen in Familie, bürgerlicher Gesellschaft und Staat.

Moralphilosophie: Wissenschaft vom Wesen und den Grundlagen des Sittlichen. (Vgl. Ethik.)

moral sense: moralischer Sinn; ursprüngliche, in der Natur des Menschen liegende Unterscheidungsgabe für Recht und Unrecht, eine unmittelbar gefühlsmäßige Billigung des Moralischen (SHAFTESBURY, HUTCHESON).

Motiv: Beweggrund des Handelns; der Satz vom zureichenden Grunde des Handelns wird von SCHOPENHAUER als Gesetz der Motivation bezeichnet; da die Motive nicht nur von außen einwirken, sondern auch von innen erkannt werden, so ist die Motivation die Kausalität von innen gesehen. **Motivation:** Verknüpfung von *Ursache* und *Wirkung* im Seelischen im Gegensatz zu den Kausalzusammenhängen im Physischen.

Mutterrecht: s. Bachofen.

Mystik: eine Erkenntnis des Übersinnlichen durch innere Schau und kultische Handlungen, ein gefühlsmäßiges Erfassen und Erleben (Askese, Kontemplation, Meditation) des Göttlichen, ein Versenken der Seele in sich selbst, um so eine unmittelbare Verschmelzung des Selbst mit Gott und der Welt herbeizuführen. *Historisch:* mystische Elemente enthalten besonders der Neuplatonismus und die Philosophie des Mittelalters, die neben der Vernunftlehre einen **Mystizismus** schuf (Mystizismus ist die Ausdehnung der Mystik zur Grundlage aller Seinserklärung bzw. der meist pejorativ gewertete Hang zum Okkulten, Schwärmerischen und zum Aberglauben). Zum Mystizismus neigten Bernhard von CLAIRVAUX (12. Jh.) u. a. Zur *deutschen* Mystik zählt man Meister ECKHART, Johann TAULER, THOMAS à KEMPIS (14. und 15. Jh.), Jacob BÖHME, Angelus SILESIUS (17. Jh.), Franz von BAADER (19. Jh.). Die deutsche Mystik hat die Philosophie SCHELLINGS und SCHLEIERMACHERS nachhaltig beeinflußt.

Mythologie: Wissenschaft vom Mythos, seiner Geschichte und seinen Ausdeutungen. Unter den **mythologischen Theorien** unterscheidet man etwa die Entartungs- und Fortschrittstheorie, die naturalistische, animistische, symbolistische Theorie, die Illusions-, Suggestions- und Apperzeptionstheorie des Mythos.

Lit.: Karl Kerényi, Einführung in das Wesen der Mythologie (1941). Vgl. a. C. G. Jung.

Mythus, Mythos: urspr. Fabel, Göttergeschichte; das wissenschaftliche Bewußtsein mit anthropomorpher Naturauffassung und -deutung; bei BACHOFEN symbolischer Ausdruck gewisser Urerlebnisse der Völker. „Der Mythus ist gläubige Personifikation" (Fr. Th. Vischer). Dem mythischen Bewußtsein fehlt vor allem jede feste Grenzscheide zwischen bloß Vorgestelltem und der wirklichen Wahrnehmung, zwischen Wunsch und Erfüllung, zwischen Bild und Sache. Das Bild ist ihm unmittelbar Sache. Dieses unreflektierte und ungeschiedene Bewußtsein ist nicht imstande, einen scharfen Trennungsstrich zwischen Leben und Tod oder Wachen und Träumen zu ziehen. Nach P. HAMACHER beruht der tiefste Sinn des Mythus auf einer auch heute noch möglichen Ergänzung und Vollendung unseres Wesens und unseres Schicksals. Der Mythus ist danach der Weg, auf dem der Menschengeist zum Absoluten emporsteigt. Die tiefsten Sehnsüchte und Hoffnungen jeder Zeit sollen im stets neu geprägten Mythus ihren Ausdruck finden. Schon NIETZSCHE hat die Bedeutung des Mythos für jede echte Kultur hervorgehoben. Man unterscheidet etwa den *theogonischen* (Darstellung der Entstehung der Götterwelt), den *kosmogonischen* (Erschaffung der Welt durch die Götter), den *eschatologischen* Mythos.

naiv: angeboren, natürlich, unverkünstelt; der naive Realismus sieht die gegebene Wahrnehmungswelt als die Wirklichkeit an. (Vgl. Realismus.) Bei SCHILLER im Gegensatz zu *sentimental*.

Nativismus: im Gegensatz zum Empirismus; Lehre vom Angeborenen; in der Psychologie die Lehre, daß Raum- und Zeitanschauung unmittelbar in der Wahrnehmung gegeben sind wie Farbe, Ton usw.

Natorp, Paul (1854—1924): Neukantianer und Pädagoge, mit H. Cohen Begründer der „Marburger Schule", Vorkämpfer für eine Pädagogik im Sinne PESTALOZZIS (und gegen HERBART). Hauptwerke: Platos Ideenlehre (1903), Die logischen Grundlagen der exakten Wissenschaften (1910), Sozialidealismus (1920).

Natur: „Unter der Natur verstehen wir gemeinhin die Gesamtheit aller körperlichen Dinge und der mit ihnen verknüpften Phänomene einschließlich der ihnen tatsächlich oder vermeintlich zugrundeliegenden Vorgänge und Agentien, von denen wir annehmen, daß ihr Dasein und Sosein von unserem Willen und Zutun unabhängig sei" (E. MAY). Natur ist: 1. im Gegensatz zur Kultur das noch nicht vom Menschen beinflußte Dasein; 2. das mechanische Sein und Geschehen der materiellen Dinge im Gegensatz zum Geist; 3. das Gesamtsein überhaupt als das allumfassende Wirkliche (Natur oder Gott); 4. das Wesen, der Wesenscharakter; 5. in erkenntnistheoretischer Fassung das Dasein der Dinge, sofern es nach allgemeinen Gesetzen bestimmt ist.

natürliches Licht: s. lumen naturale.

Naturalismus: das Zurückgehen auf die in der Natur gegebenen Verhältnisse und Bedingungen, die Bewertung vom Standpunkt des Natürlichen, des Naturgegebenen aus. Der Naturalismus gibt die Natur als für sich selbst genügsam aus. Der Naturalist will nur das natürliche Sein als Wirklichkeit gelten lassen. In der *Ästhetik:* Kunsttheorie, die (Ende des 19. Jh.) lehrt, daß die künstlerische Darstellung unmittelbar von der Natur und der natürlichen Wirklichkeit auszugehen habe. (Vgl. Realismus.)

natura naturans: die erzeugende schöpferische Natur; bei Giordano BRUNO die unendliche göttliche Weltkraft, bei SPINOZA die Einheit der göttlichen Substanz in ihrer immanenten Kausalität.

natura naturata: die gewirkte Natur, die Welt der Einzeldinge, wie sie, durch Gott verursacht, in Gott zusammengefaßt bleibt.

Naturphilosophie: 1. in der griechischen Philosophie und bis in die Neuzeit hinein wesentlich dasselbe wie Naturwissenschaft; noch NEWTON nannte seine Weltmechanik „mathematische Prinzipien der Naturphilosophie"; 2. metaphysisch der Versuch, durch philosophische Betrachtung der Natur eine höhere Naturerkenntnis zu gewinnen. So wollte SCHELLING in seinen „Ideen zur Philosophie der Natur" die Naturwissenschaft philosophisch entstehen lassen, indem er ein besonderes Organ der Anschauung und des Begreifens der Natur in Anspruch nimmt. HEGEL aber stellt sich die Aufgabe, die Natur a priori zu konstruieren, die Natur aus dem Absoluten, der Idee, abzuleiten; 3. eine wissenschaftliche Naturphilosophie ist eine Philosophie nicht über die Natur, sondern über die Naturwissenschaft, über die Grundbegriffe, Grundlagen und Voraussetzungen der naturwissenschaftlichen Erkenntnis wie Materie, Raum, Zeit, Gesetzmäßigkeit, Mechanismus, Vitalismus. So stecken die naturphilosophischen Probleme in den Naturwissenschaften und werden in der philosophischen Betrachtung in ihrer Bedeutung aufgewiesen und mit den allgemeinen weltanschaulichen Fragen in Beziehung gebracht.

Lit.: E. May, Kleiner Grundriß der Naturphilosophie (1949).

Naturrecht: die von der Vorstellung „des" Menschen als eines vernünftigen Wesens ausgehende Allgemeingültigkeit beanspruchende Rechtsvorstellung, die schon bei PLATON, ARISTOTELES und in der Stoa in Anklängen vorhanden ist, im Mittelalter als Vernunftrecht zur Ethik gehört, jedoch besonders im 17. und 18. Jahrhundert mächtig hervortritt (GROTIUS, THOMASIUS, PUFENDORF, ROUSSEAU, KANT, FICHTE). Erst die Romantik entdeckt, daß alles positive Recht sich notwendig historisch wandelt.

Naturwissenschaften: s. Geisteswissenschaften.

Negation: Verneinung. Bei HEGEL das zweite Glied seiner dialektischen Triade. (S. Position.)

Neopositivismus: s. Wiener Kreis. (Vgl. Physikalismus.)

Neovitalismus: der neuere Vitalismus. (Vgl. Vitalismus.)

nervus probandi: der Nerv des Beweises, der eigentliche, entscheidende Beweisgrund.

Neuhegelianismus: s. Hegel.

Neukantianismus: die sich sowohl gegen den Hegelianismus als auch gegen den positivistischen Materialismus des späten 19. Jahrhunderts richtende Strömung, die a) KANTS *kritischen Idealismus* und die Methoden des modernen naturwissenschaftlichen Denkens verband, b) KANTS *Ethik* besonders auf die sozialpädagogischen Probleme der Zeit ausdehnte (NATORP) und c) durch die Verbindung des Kantschen Kritizismus mit dem von DILTHEY beeinflußten Begriff der Geisteswissenschaften eine *Wertphilosophie* zu schaffen suchte. — Der Neukantianismus teilt sich in die sog. *Marburger* Schule (F. A. LANGE, H. COHEN, P. NATORP) und die *Südwestdeutsche* (Badische) Schule (W. WINDELBAND, H. RICKERT).

Neuplatonismus: s. Platon.

Neuron: kleinste Nerveneinheit und Bauelement des gesamten Nervensystems.

Neuthomismus: die seit der Enzyklika Aeterni Patris (1879) von der katholischen Kirche empfohlene Erneuerung des Thomismus (s. d.). (Vgl. Maritain.)

Nichts: bei HEGEL (Logik) entsteht aus Sein und Nichtsein (Nichts) das Werden. — In der *Existenzphilosophie* ist das Nichts die andere Seite des In-der-Welt-Seins. Nur das Sein kann dem Nichts verglichen werden (HEIDEGGER). Das Nichts ist also eingeschlossen in die Struktur des menschlichen Daseins. Würde dieses nicht in das Nichts hinausgehalten, so könnte es nicht aus dem Seienden „heraustehen". KIERKEGAARD wie HEIDEGGER sehen das Nichts als möglichen Wirklichkeitsraum; da aber nur die Grundbefindlichkeit der „Angst" (s. d.) das Nichts offenbart, wird dieser Wirklichkeitsraum auch wieder in Frage gestellt. — (S. a. Sartre.)

Nietzsche, Friedrich (1844—1900): Lebens- und Kulturphilosoph, Ethiker und Dichter, der das philosophische Denken des 20. Jahrhunderts entscheidend beeinflußt hat. Zwei Voraussetzungen bestimmen seine *Kulturphilosophie:* Die Lehre vom *Mythos* und der Begriff der *Norm*. Schon in seinem Jugendwerk „Die Geburt der Tragödie aus dem Geist der Musik" (1872) sieht er, beeinflußt von Wagner und Schopenhauer, im *„Dionysischen"* und *„Appollinischen"* die kulturprägenden Mächte, die er am *Griechentum* aufzeigt; in der Verherrlichung eines idealisierten Griechentums entwirft er als Kritik an seiner Zeit das Bild einer größeren, heldenmütigen, selbstherrlichen Zukunft, in der eine ästhetische Kultur den Menschen zu sich selbst befreit und erlöst. Der Bruch mit Wagner leitet die zweite Periode ein. Der höchste Wert des Lebens ist nicht nur die Kunst, sondern Erkenntnis und Wissenschaft, die den Menschen von den Mächten des Mythos unabhängig machen, nicht Metaphysik, nur *positive Wissenschaft* fundieren jetzt die Kultur. Diese fast intellektualistische Phase seines Denkens wird abgelöst durch eine dritte, der der Wille zur Macht die höchste Möglichkeit zur Erfüllung des Menschentums bedeutet. Der *„Wille zur Macht"* ist der Wert an sich, der die künstlichen Setzungen menschlicher Moral sprengt und als Ideologie der Schwächeren denunziert. Das führt zur *„Umwertung aller Werte"* und zur Postulierung des *„Übermenschen"*. Der wahre Mensch ist Künstler und Freigeist. Er muß alle bisherige Geschichte verneinen und den Übermenschen hervorbringen. „Wo der Staat aufhört, da beginnt erst der Mensch." Nietzsche wendet sich nicht gegen die Moral überhaupt, sondern nur *gegen* eine *entartete christliche Moral*. Er sieht darin ein System von Sklavengeboten. Gegen die Sklavenmoral des Christentums stellt er die Herrenmoral des Übermenschen. Hauptwerke: Vom Nutzen und Nachteil der Historie für das Leben (1874); Menschliches, allzu Menschliches (1878—1880); Die fröhliche Wissenschaft (1882); Also sprach Zaratustra (1884); Jenseits von Gut und Böse (1886); Zur Genealogie der Moral (1887); Der Wille zur Macht (1. Bd. 1882). (Vgl. a. Nihilismus.)

Lit.: Zur Revision des Nietzsche-Bildes: Friedrich Nietzsche, Werke in 3 Bänden, herausgegeben von Karl Schlechta (1954—1956).

Nihilismus: Vollständige Verneinung bestehender Anschauungen, Dogmen oder Verhältnisse; Leugnung allen Seins, überhaupt aller Seinsmöglichkeit. Im Mittelalter im theologischen Sinne gebräuchlich, wurde der Ausdruck 1799 durch JACOBI in die Philosophie eingeführt (Briefwechsel mit Fichte). Der *theoretische* Nihilismus verneint die Möglichkeit einer Erkenntnis der Wahrheit; der *praktische* Nihilismus stellt die Verpflichtung sittlicher Normen in Abrede. NIETZSCHE bezeichnet sich selbst „als den *ersten und vollkommenen Nihilisten Europas*" und den „europäischen Nihilismus" als „Konsequenz der bisherigen Wertinterpretation": „Der Nihilismus ist die zu Ende gedachte Logik unserer großen Werte" („Ein Nihilist ist der Mensch, welcher von der Welt, wie sie ist, urteilt, sie sollte nicht sein"). Obwohl er den Nihilismus nur als „pathologischen Zwischenzustand" ansieht, könnte er doch „als Leugnung einer wahrhaften Welt ... eine göttliche Denkweise sein." (Vgl. Nietzsche.) — Auch in die Politik drang der Ausdruck Nihilismus und galt soviel wie Ablehnung der bestehenden Ordnung (Nihilisten).

Nikolaus Cusanus s. Cusanus, Nikolaus.

Nirwana: das Auslöschen, das Erlöschen; Zustand der

Sündlosigkeit und Leidlosigkeit, der durch Vernichtung der Leidenschaften, der Sünde und Verblendung schon bei Lebzeiten erreicht werden kann.

Noëma: Gedanke, das Gedachte, der Sinn und Gehalt eines Bewußtseinsaktes, nicht psychisch real, nur als ein ideales Sein existierend. Das Noëma ist dem „Erlebnis rein immanent", der Sinn der Wahrnehmung. So hat die Wahrnehmung ihr Noëma, das Wahrgenommene selbst, ebenso hat die jeweilige Erinnerung ihr Erinnertes als solches, das Urteilen das Geurteilte als solches. Überall ist das noëmatische Korrelat genau so zu nehmen, wie es im Erlebnis immanent liegt (HUSSERL).

Noësis: Denken, Erkennen; nach HUSSERL das Sinngebende im Nous, im Geist; die hyletischen, stofflichen unmittelbaren Erlebnisdaten werden durch die sinngebenden noëtischen Momente, die Noësen, geformt. Hyletische und noëtische Bestandstücke bilden eine reale Erlebniseinheit. Jedes Bewußtsein ist ein „sinnhabendes", noëtisches.

Noëtik: Erkenntnislehre.

Nominaldefinition: Worterklärung, rein sprachliche Erklärung, keine eigentliche Definition. (Vgl. Realdefinition.)

Nominalismus: eine Richtung im *Universalienstreit* des Mittelalters, die den Allgemeinbegriffen keine Wirklichkeit, sondern nur die Bedeutung von Worten, Sammelnamen zuerkannte (vgl. Realismus). Im 11. Jahrhundert von ROSCELIN begründet, dann im 14. Jahrhundert von Wilhelm von OCKHAM erneuert. Nur Einzeldinge haben Existenz, ihre Erkenntnis beruht auf Wahrnehmung. Der Nominalismus ist eine Quelle des englischen Empirismus. BERKELEY geht vom Nominalismus aus und bestreitet, daß Allgemeinbegriffe, Gattungsbegriffe überhaupt vorstellbar seien, vielmehr sei nur das in der Wahrnehmung Gegebene wirklich; Materie ist eine abstrakte Allgemeinidee ohne Realität. (Vgl. Universalien.)

Nomos: Ordnung, Gesetz.

Nomothetik: Gesetzeswissenschaft; nomothetisch ist das

wissenschaftliche Denken in der Naturwissenschaft. (Vgl. Geisteswissenschaft.)

Noologie: Geisteslehre. Euckens noologische Methode besteht in der Beziehung auf eine das Menschliche überragende *höhere* Geisteswelt im Gegensatz zur psychologischen Methode, die nur vom menschlichen Bewußtsein ausgeht. Neben K. Mannheim begründet W. Sombart die Soziologie noologisch (Noosoziologie).

Norm: Regel, die Geltung beansprucht, ein Wertmaßstab; man unterscheidet logische, ethische, ästhetische Normen. **normativ:** normgebend, nach festen Regeln beurteilend und wertend; normative Wissenschaften sind Logik, Ethik, Ästhetik.

Notwendigkeit: eine logische oder formale Notwendigkeit liegt in der logisch geforderten Verknüpfung und Ableitung von Begriffen und Sätzen; denknotwendige Wahrheiten sind solche Wahrheiten, die auf dem Satze des Widerspruchs beruhen, deren Gegenteil undenkbar ist (Leibniz); eine synthetische Notwendigkeit ist nach Kant in allen apriorischen Sätzen enthalten; eine notwendige Existenz, eine materiale Notwendigkeit im Dasein wird erkannt, wenn der Gegenstand durch den Zusammenhang mit dem Wirklichen nach allgemeinen Bedingungen der Erfahrung bestimmt ist. Hegel konfrontiert die Notwendigkeit dialektisch stets mit der Freiheit, die er als „die *Wahrheit der Notwendigkeit*" definiert. Die absolute Notwendigkeit, die Hegel von der „zufälligen" und der „inneren" unterscheidet, verschmilzt mit der absoluten Freiheit und enthält sie in sich selbst. Zur soziologisch-ökonomischen Wendung dieses Freiheit-Notwendigkeit-Schemas s. Marx.

Noumenon: Gedankending, Verstandeswesen. Platon unterschied Phainomena und Noumena, Erscheinungen oder Sinnendinge und Gedankendinge oder rein geistige Wesenheiten. Kant stellt einander gegenüber Erscheinungen, Phaenomena, die in Raum, Zeit und durch die Kategorien erfaßbar sind, und Noumena, Dinge an sich, die unserer theoretischen Erkenntnis unzugänglich sind. Ein Noumenon in „positiver Bedeutung" wäre ein Ding einer nichtsinnlichen, intellektuellen Anschauung; ein Noumenon im „negativen Verstande" ist ein Ding, sofern es nicht Objekt unserer sinnlichen Anschauung ist. Der erste Begriff trägt metaphysischen Charakter, der zweite ist ein Grenzbegriff, der unsere Erkenntnis als sinnliche, als phänomenale kennzeichnet. (Vgl. Idee.)

Nous: Vernunft, Geist, ὁ νοῦς : bei ANAXAGORAS ist der Nous der Urheber der Bewegung und Gestaltung des Stoffes, der Weltbildner. Bei PLATON und ARISTOTELES ist der Nous der vernünftige, geistige Teil der Seele, bei PLOTIN die erste Ausstrahlung des göttlichen Urgrundes.

o: Symbol für das partikulär verneinende Urteil. (Vgl. e.)

Objekt: Gegenstand, im weitesten Sinne alles, worauf sich unser Bewußtsein richtet. In der scholastischen Philosophie und noch bis ins 18. Jahrhundert hinein bedeutet im Gegensatz zu heute Subjekt das, was zugrunde liegt, der Gegenstand (substantia), Objekt dagegen das, was als Vorstellung im Vorstellenden entgegengesellt (objiciert) wird. Im Begriff Objekt ist nach KANT das Mannigfaltige einer gegebenen Anschauung vereinigt. FICHTE formuliert als „Gesetz des Bewußtseins": kein Subjekt, kein Objekt, kein Objekt, kein Subjekt. Dieser Satz „kein Objekt ohne Subjekt" macht nach SCHOPENHAUER auf immer allen Materialismus unmöglich, denn alles Objektive, Ausgedehnte, Wirkende, also alles Materielle ist bedingt und nur relativ vorhanden, „denn es ist durchgegangen durch die Maschinerie und Fabrikation des Gehirns." Das Zerfallen in Objekt und Subjekt ist diejenige Form, unter welcher allein irgendeine Vorstellung nur überhaupt möglich und denkbar ist. (Vgl. objektiv.)

objektiv, Objektivität: sachlich, Sachlichkeit, sich auf ein Objekt beziehend. Unabhängigkeit vom Subjektiven Das Problem der objektiven Gültigkeit steht im Mittelpunkt der kritischen Philosophie. Vom „Objekt an sich" ist nicht mehr die Rede. Objektive Erkenntnis ist unabhängig vom psychologischen Subjekt, der Seele, aber abhängig vom erkenntnistheoretischen Subjekt, dem „Bewußtsein überhaupt", dem Inbegriff der Erkenntnisbedingungen, da alle Feststellung objektiver Sachverhalte abhängt von der Einheit der Apperzeption, dem Selbstbewußtsein. So sind auch Raum und Zeit von objektiver Gültigkeit in Ansehung der Erscheinungen, und alle Objektivität bedeutet nichts als notwendige, vom Denksystem bestimmte Allgemeingültigkeit. (Vgl. Kategorie.)

Objektivation: Vergegenständlichung. Alle Naturerscheinungen und Naturkräfte bilden nach SCHOPENHAUERS Metaphysik eine Stufenfolge der Objektivation des Willens von den allgemeinsten Naturkräften bis zum Menschen hinauf.

Objektiver Geist: s. Hegel.

Objektivismus: Erkenntnistheorie, die die Erkennbarkeit objektiver Ideen lehrt.

Ockham, Wilhelm von (um 1300): kritischer Erneuerer des *späteren Nominalismus* (Hochscholastik), wendet er sich gegen den Realismus des THOMAS VON AQUIN und DUNS SCOTUS. Philosophisch wesentlich ist er als Logiker und Erkenntnistheoretiker. Ausgangspunkt seines Denkens ist die Unbedingtheit des Glaubens. Sie gibt ihm das Recht, selbst den Papst und die Kirche zu bekämpfen. Alles Wirkliche ist Erlebnis des Subjektes. Die Universalien sind nur Symbole der Einzeldinge, welche allein existieren. Deshalb ist auch die intuitive Schau die einzig natürliche Form der Erkenntnis.

Lit.: G. Martin, Wilhelm von Ockham, Untersuchungen zur Ontologie der Ordnungen (1949).

Ödipuskomplex: s. Psychoanalyse.

Ökonomie: Haushaltung, Wirtschaftlichkeit. **Nationalökonomie:** Wissenschaft von der Wirtschaft und den wirtschaftlichen Prozessen. (Vgl. Denkökonomie.)

Okkasionalismus: Theorie der Gelegenheitsursachen. Die Okkasionalisten GEULINCX (1625—1669) und MALE-

BRANCHE (1638—1715) verwerfen die Lehre DESCARTES' von der Wechselwirkung zwischen Leib und Seele, weil derart verschiedene Substanzen nicht aufeinander wirken können, und lassen Gott zwischen Leib und Seele vermitteln: bei Gelegenheit etwa eines Willensaktes bewirkt Gott die entsprechende Leibesbewegung. Bei MALEBRANCHE wird diese Lehre dadurch vertieft, daß wir „alle Dinge in Gott schauen", die in ihm als der „höchsten Vernunft" ihre Einheit finden.

Okkultismus: Geheimwissenschaft; Lehre von okkulten, verborgenen, rätselhaften Dingen wie Gedankenlesen, Hellsehen, Materialisationen usf., die mit Hilfe der bekannten Naturgesetze nicht erklärt werden können. (Vgl. Telepathie, Telekinesie, Spiritismus.)

Ontogenese, Ontogenie: die individuelle Entwicklung der Organismen, die Keimesgeschichte. Gegensatz: Phylogenese.

Ontologie: Seinslehre, Wissenschaft vom Seienden schlechthin; erster Teil der alten, dogmatischen Metaphysik. — Christian WOLFFS Ontologie will als erster allgemeiner Teil der Metaphysik die Wirklichkeit durch Begriffe bestimmen. Heute wird von Nicolai HARTMANN der alten, rationalen Ontologie eine kritische gegenübergestellt: „Es gibt ein reales Seiendes außerhalb des Bewußtseins, außerhalb der logischen Sphäre und der Grenzen der ratio; die Objekterkenntnis hat Beziehung zu diesem Seienden und gibt ein Stück von ihm wieder, wie sehr immer die Möglichkeit dieser Wiedergabe unbegreiflich sein sollte; aber sie deckt sich nicht mit dem Seienden nicht." In der gegenwärtigen Philosophie steht die Ontologie zwischen Phänomenologie, Metaphysik und den Erfahrungswissenschaften. (Vgl. Günther Jacoby, Allgemeine Ontologie der Wirklichkeit, 1925—1932; N. Hartmann, Zur Grundlegung der Ontologie, 1935; zur **Fundamental-Ontologie** s. M. Heideggers Sein und Zeit (1927).) **ontologisch:** sich auf das Sein beziehend, seinsmäßig, für das Sein geltend. (Vgl. Gottesbeweis (ontologischer).)

Opposition: Entgegensetzung, Gegensatz. Der unmittelbare Schluß durch Opposition folgert aus der Wahrheit eines Urteils die Unwahrheit seines Gegenteils und umgekehrt.

Optimismus: die Anschauung, die in Welt und Leben den Sieg des Guten erhofft. Der Philosoph des Optimismus ist LEIBNIZ: das ganze Universum ist ihm der Ausdruck des vollkommensten göttlichen Wesens; trotz aller Übel ist die Welt doch die beste aller Welten, die Gott unter allen möglichen Welten verwirklicht hat. Die ganze Aufklärungszeit war von Optimismus beherrscht.

Ordnunglehre: DRIESCH (Ordnungslehre, 1912) teilt die Philosophie in Ordnungslehre („erkenntnistheoretische Logik") und Wirklichkeitslehre („Metaphysik"). Die Ordnungslehre beginnt mit dem „ich habe bewußt geordnetes Etwas", ihre Methode ist die *Ordnungsschau.*

organisch: nach Art eines Organismus, zweckvoll gestaltet, innerlich zusammenhängend, belebt. Früher herrschte die Ansicht, daß die im Organismus vorkommenden chemischen Verbindungen nur unter Mitwirkung einer besonderen Lebenskraft entständen. Organische Chemie heißt richtiger Chemie der Kohlenstoffverbindungen. (Vgl. Leben.)

Organische Staatstheorie: Theorie der sog. „Organiker" (A. MÜLLER, C. L. von HALLER, GÖRRES), die unter dem Einfluß Hegels, der romantischen Staatswissenschaft und Nationalökonomie und der historischen Rechtsschule den Staat als lebendigen Organismus auffassen und nicht als Zweckveranstaltung der Individuen (Ablehnung der Rousseau'schen Staatsauffassung). Schon in der antiken Philosophie ist das Bild vom Staate als Großindividuum geprägt worden (PLATON, auch ARISTOTELES). HOBBES und SPINOZA haben sich gleichfalls dieses Bildes bedient. Unter den Romantikern sind es besonders Adam MÜLLER, SCHELLING, BAADER und KRAUSE, welche diese Auffassung metaphysisch und zuletzt theologisch vertieften. HEGELS Staatslehre, die den Staat als höchste Manifestation des objektiven Geistes bezeichnet, sowie SCHLEIERMACHERS Gesellschaftslehre leisteten ihr ebenfalls Vorschub. In der neueren Jurisprudenz ist v. GIERKE der Hauptvertreter der organischen Staatstheorie. Nach ihm ist der Verband (und vornehmlich der Staatsverband) ein Lebewesen, bei dem das Verhältnis der Einheit des Ganzen zur Vielheit der Teile der Regelung durch äußere Normen zugänglich ist. (Vgl. O. Spann.)

Organismus: Lebewesen, ein gegliedertes, sich zum Ganzen fügendes, einheitliches System. KANT: „Ein organisiertes Produkt der Natur ist das, in welchem alles Zweck und wechselseitig auch Mittel ist." Dieses Prinzip ist ein allgemeiner Gesichtspunkt der Beurteilung der inneren Zweckmäßigkeit organisierter Wesen. SCHELLING sucht in seiner Naturphilosophie den Gegensatz des Unorganischen und Organischen zu überwinden, indem er die gesamte Natur als einen großen Organismus ansieht, als eine Stufenfolge vom Unbewußten bis zum vollen Bewußtsein. (Vgl. Haeckel, Ordnungslehre.)

Organon: Werkzeug. Die logischen Schriften des ARISTOTELES wurden später unter dem Titel „Organon", Werkzeug der wissenschaftlichen Erkenntnis, zusammengefaßt. BACON veröffentlichte 1620 gegen ARISTOTELES sein „Neues Organon". KANT: Ein Organon der reinen Vernunft würde ein Inbegriff derjenigen Prinzipien sein, nach denen alle reinen Erkenntnisse a priori erworben und wirklich zustande gebracht werden können.

Ortega y Gasset, José (1883—1955): spanischer Kulturphilosoph, der, von DILTHEY, SIMMEL und dem Neukantianismus ausgehend, eine Überwindung des Rationalismus aus der Position eines *lebensphilosophischen Individualismus* anstrebt. Mit dem Begriff der *„reinen Vitalität"* will er den Dualismus von Geist und Leben überwinden. *Kultur* ist das sich selbst als bloße Vitalität aus einer inneren objektiven Gesetzlichkeit zum Logos transzendierende Leben, das sich so selbst erst gewinnt (vgl. Simmel). Auf dieser Funktion der Kultur, aus dem Leben selbst hervorzuwachsen und immer nur dem Leben relationierbar zu sein, gründet sein „*Perspektivismus*", der die konstitutive Lebensgebundenheit jeder Kultur und damit auch jeder Wahrheitserkenntnis behauptet. Hauptwerke: Der Aufstand der Massen (1. A. 1929), Über die Liebe (1932), Buch des Betrachters (1934), Geschichte als System (1943), Das Wesen geschichtlicher Krisen (1943).

Ostwald, Wilhelm (1853—1932): Chemiker, begründete den „energetischen Monismus" und eine nach ihm genannte Farbenlehre.

Palingenese: Wiedergeburt; bei den *Stoikern:* Erneuerung der Welt; bei den *Pythagoreern*, PLATON, den *Neuplatonikern:* Seelenwanderung; im *Darwinismus:* das Wiederauftreten phylogenetisch früherer Entwicklungsstufen beim Keimwachstum jüngerer Lebewesen.

Panentheismus: Lehre, daß das All in Gott ist, eine Art Verschmelzung von Theismus und Pantheismus: die Welt ist in Gott, aber Gott über der Welt als höchste, göttliche Persönlichkeit. So der Schöpfer des Namens Panentheismus Chr. KRAUSE.

Panlogismus: All-Vernunft-Lehre. Die Wirklichkeit ist Verwirklichung der Vernunft, Entfaltung der Vernunft; Logik ist zugleich Metaphysik. (S. besonders HEGEL.)

Panpsychismus: Allbeseelungs-Lehre: alles ist in verschiedenen Abstufungen beseelt. Panpsychisten sind die Hylozoisten, die eine allgemeine Stoffbeseelung annehmen, ferner besonders SPINOZA, SCHELLING, FECHNER.

Panspermie: Allbesamung; eine ursprünglich mythologische Hypothese zur Deutung des Ursprungs des Lebens auf der Erde. Nach S. ARRHENIUS (Werden der Welten, 1907): Übertragung des Lebens von einem organismenreifen Weltkörper auf einen anderen durch organische Keime, die ewig im Weltraum fliegen.

Pantheismus: Allgottheitslehre; Gott und die Welt fallen zusammen. Pantheistische Färbung trägt die Religionsphilosophie des XENOPHANES. Auf das Weltganze schauend, erklärte er das Eine für die Gottheit; Gott ist ganz

Auge, ganz Denken, ganz Ohr, mühelos alles mit des Geistes Denkkraft bewegend. Einen entschiedenen Pantheismus lehrte die *stoische* Philosophie: die ganze Welt ist durchwaltet von einer göttlichen Urkraft, die als vollkommenste Vernunft alles aufs zweckmäßigste eingerichtet hat. Einen *teleologischen, ästhetischen* Pantheismus entwickelte in der Neuzeit Giordano BRUNO: Gott ist die allen Dingen innewohnende Ursache, ist Welturacche und Weltzweck zugleich und umfaßt alle Vollkommenheit, alle Schönheit und Harmonie. Einen *mathematisch-mechanischen* Pantheismus vertritt SPINOZA: alle Wirklichkeit (Substanz), Gott und Natur, fällt in eins zusammen, substantia — sive deus — sive natura. Durch die Notwendigkeit der göttlichen Natur ist alles Einzelne bestimmt, alle Zweckvorstellungen und menschlichen Wertungen wie gut und böse, schön und häßlich, sind bloße Vorurteile. Freilich ist der Mensch als Vernunftwesen ein ewiger Bestandteil der göttlichen Substanz und hat in der Geistesliebe zu Gott eine Einheit mit Gott. Pantheistischen Charakter trägt SCHELLINGS Identitätsphilosophie und HEGELS Panlogismus.

Panthelismus: Allwillenslehre, die metaphysische Lehre SCHOPENHAUERS, die in einem Weltwillen das innerste Wesen, das Ding an sich, findet.

paradox: wider die gewohnte Meinung, widersinnig; ein Paradoxon, eine Paradoxie: ein scheinbar Widersinniges. — In der *Logik:* Aussage, die scheinbar zur gleichen Zeit wahr und falsch ist. In der *Logistik* unterscheidet man logische und metalogische Paradoxien. Bedeutend: RUSSELLsche Paradoxie: Die Klasse aller Klassen, die sich nicht selbst als Element enthält, enthält sich selbst als Element. (Vgl. Antinomie.)

Parallelismus: das Gleichlaufen, vollständige Entsprechen. Der *logische* Parallelismus nimmt an, daß Denkformen und Seinswirklichkeit sich entsprechen, ohne identisch zu sein (SCHLEIERMACHER), der *metaphysische* faßt das Wirkliche als zwei parallel gehende Reihen des geistigen und körperlichen Seins und Geschehens auf (SPINOZA), der *kognitiv-ethische* läßt die ethische Einsicht eine Form der Erkenntnis sein (Kants synthetisches Apriori umfaßt die kognitiven und ethischen Aximone). Der auf DESCARTES zurückgehende *psychophysische* behauptet, daß physiologisches und psychisches Geschehen berührungslos nebeneinander herlaufen und keine Wechselwirkung zwischen ihnen stattfindet. Bei FECHNER führt dieser Parallelismus zur Identitätslehre (Seelisches und Körperliches sind zwei Seiten derselben Wirklichkeit).

Paralogismus: Fehlschluß; KANT sieht in den metaphysischen Lehren von der Substantialität, Einfachheit und Einheit der Seele Paralogismen der Vernunft, d. h. Fehlschlüsse, die in der Natur der Menschenvernunft ihren Grund haben, indem das logische Subjekt des Denkens mit einer metaphysischen Substanz verwechselt wird.

Parapsychologie: Disziplin der Psychologie, die sich mit den aus dem normalen Verlauf des Seelenlebens heraustretenden (z. T. okkulten) Erscheinungen wie etwa Hypnose, Ekstase, Traum, Suggestion etc. beschäftigt. (Name von Max DESSOIR.)

Parerga und Paralipomena: Titel der von SCHOPENHAUER seinen „wichtigeren, systematischen Werken nachgesandten Nebenarbeiten", etwa: Nebenwerke und Nachträge (Randbemerkungen).

Parmenides (um 500 v. Chr.): Vorsokratiker, der die Einheit, Unvergänglichkeit und Unteilbarkeit des Seienden lehrt. *„Nur das Sein ist, das Nichtsein ist nicht."* Daraus folgert er das Nichtsein des Werdens. Was die Sinne als Vielheit und Werden wahrnehmen, ist *trügerischer Schein,* der ein Meinen, aber nicht die Wahrheit begründet. *Denken* und *Sein* sind *identisch.*

Parousie: Gegenwärtigkeit der platonischen Ideen in den Dingen.

partikulär: teilweise, besonders; in partikulären, besonderen Urteilen gilt das Prädikat nur von einem Teil des Umfangs des Subjekts: einige S sind P.

Partiton: Einteilung eines Ganzen in seine Teile. In der Logik: Einteilung des Inhalts eines Begriffs.

Pascal, Blaise (1623—1662): christlicher Existenzdenker und Mathematiker. Begründer der *Wahrscheinlichkeitsrechnung* und Entdecker des nach ihm benannten Pascalschen Satzes über Kreissechsecke. In seinem Denken verbindet er die geometrische Klarheit DESCARTES' mit der strömenden Lebendigkeit MONTAIGNES. In den Lettres Provinciales (1657) bekämpft er als Anhänger des Jansenismus von PORT ROYAL die Jesuiten. In seinem Hauptwerk, den Pensées sur la Religion (1669) versucht er in aphoristischer Form, vom Grundgefühl der *Ungeborgenheit* des Menschen ausgehend, eine „Apologie der christlichen Religion". Sie kreist um Elend und Größe des Menschen (misère et grandeur de l'homme) und sieht in der Totalität des *konkreten gläubigen Daseins* die *Wahrheit.* Pascal stellt den „*esprit de finesse*", als dem Organ der Intuition, dem „Geist der Geometrie" gegenüber. Der esprit de finesse ist dem „*coeur*" als eine Erscheinungsform des Geistes und dem Organ der Werterfahrung verwandt. Esprit de finesse und coeur können die ewig sich wandelnde Wirklichkeit durch ihre „bewegliche Exaktheit" (Spoerri) eher und schärfer erkennen als der Geist der Geometrie. Das geschieht besonders durch den *Blick ins Ganze,* wie er dem esprit de finesse eigen ist. „Man muß die Sache auf einmal, mit einem einzigen Blick sehen und nicht im Nacheinander der logischen Folgerung." Pascals Denken und sein *religiöser Individualismus,* die Stetigkeit und Kontinuierlichkeit des menschlichen Daseins ablehnend, haben das *moderne Existenzdenken* stark beeinflußt. Pascal hat in den Pensées, an die französische moralistische Tradition anknüpfend, das Grundgefüge einer *christlichen Anthropologie* gegeben.

Einführ. Lit.: Th. Spoerri, Der verborgene Pascal (1955).

Perfektionismus (auch Perfektilibismus, Perfektibilität): Vervollkommnung, 1. die etwa von CONDORCET, DARWIN und SPENCER vertretene Geschichtsphilosophie bzw. *entwicklungstheoretische* Auffassung, daß die Vervollkommnung der Gattung Mensch Sinn und Ziel der Geschichte bedeute; 2. *ethische* Lehre, daß die Vervollkommnung sittliche Aufgabe des Menschen sei (Leibniz, Wolff).

Peripatetiker: Schüler, Anhänger des ARISTOTELES; so genannt nach den Säulengängen (περίπατοι), in denen der Meister mit den Jüngern philosophierend wandelte. Die Schule des ARISTOTELES hieß die peripatetische.

Personalismus: Persönlichkeitsstandpunkt; Anschauung, daß alles Wirkliche personaler Natur sei, alles Leben Selbstbewußtsein in abgestuften Graden der Vollkommenheit (oftmals, so bei SCHLEIERMACHER und GOETHE, im Gegensatz zum Pantheismus gebraucht). Zu B. P. BOWNE, Personalism (1908) vgl. Amerikanische Philosophie. — Als „kritischen Personalismus" bezeichnet W. STERN (s. d.) seine Konfrontierung von Person und Sache.

Perspektivismus: die Lehre, daß jede Auffassung des Seienden von dem je anderen Standort des denkenden Subjekts abhängig und deshalb nur relativ berechtigt ist. S. a. ORTEGA Y GASSET, ferner Relativismus, Positivismus, Pragmatismus, Lebensphilosophie. Die *Wissenssoziologie* (s. d.) K. MANNHEIMS enthält, besonders im Übergang vom „Partikularisieren" zum „Relationieren" bestimmter wissenssoziologisch analysierter Faktizitätszusammenhänge, ausgesprochen perspektivistische Züge.

Perzeption: Wahrnehmung, Vorstellung; bei LEIBNIZ das bloße Haben einer Vorstellung im Unterschied von der *Apperzeption*, der bewußten Vorstellung. KANT versteht unter Perzeption eine Vorstellung mit Bewußtsein: Empfindung, Anschauung, Begriff. — Maurice MERLEAU-PONTY wendet in seiner „Phénoménologie de la Perception" (3. A. 1945) und in „La Structure du Compartement" (2. A. 1949) die Phänomenologie E. HUSSERLS auf die Wahrnehmungstheorie und die moderne Psychologie und Psychopathologie an. Unter *Wahrnehmung* versteht er eine spezifische Seinsweise, in der die Wahrnehmungsfelder von dem betreffenden wahrnehmenden Subjekt geordnet werden. **perzipieren:** wahrnehmen, erfassen. Der erkenntnistheoretische Subjektivismus lehrt: „esse est percipi", Sein bedeutet aufgefaßt werden.

Pessimismus: die Überzeugung, daß Welt und Leben schlecht seien. Der bedeutendste Philosoph des Pessimismus ist SCHOPENHAUER: metaphysisch begründet ist die pessimistische Welt- und Lebensanschauung durch die Annahme eines vernunftlosen, ziellosen Willens als Urgrund alles Seins. So ist die Welt die schlechteste aller Welten und alles Leben Leiden. Der Optimismus ist eine wahrhaft ruchlose Denkungsart, ein bitterer Hohn auf die namenlosen Leiden der Menschheit. E. v. HARTMANNS Pessimismus betont ebenfalls die Unseligkeit des Lebens und der Welt, die besser nicht wären; aber das Ziel der Weltentwicklung ist die Erlösung durch den fortschreitenden Weltprozeß, an dem der Mensch mitzuarbeiten hat. Einen absoluten Pessimismus vertritt der italienische Dichter und Philosophie LEOPARDIE (1798—1837): „Wir wissen nichts, wir sind nichts, und wir haben nichts zu hoffen. Alles ist eitel."

petitio principii: Forderung des Beweisgrundes; das zu Beweisende darf nicht schon mit in die Beweisgründe aufgenommen werden.

Phänomen: (τὸ φαινόμενον): das Erscheinende, Erscheinungen, die sich den Sinnen, dann auch Gegenstände jeder Art, die sich der Erkenntnis offenbaren; a) das „bloße" Phänomen im Gegensatz zum metaphysischen Ding an sich (KANT: „Erscheinungen, sofern sie als Gegenstände nach der Einheit der Kategorien gedacht werden, heißen Phänomene"); b) das Manifest- und Offenbarwerden des Ansich, des Absoluten. So in HEGELS Phänomenologie des Geistes. (Vgl. dazu auch HEIDEGGERS „Das Sich-an-ihm-selbst-zeigende, das Offenbare.") Bei SARTRE ist das Phänomen relativ-absolut, relativ dem gegenüber, dem es erscheint, absolut insofern es erscheint, wie es ist. (Vgl. Phänomenologie, Heidegger, Sartre, Noumenon.)

Phänomenalismus: die erkenntnistheoretische Richtung, die die theoretische Erkenntnis auf die Erscheinungswelt einschränkt. Wir erkennen die Dinge, wie sie uns erscheinen, d. h. wie sie von uns in den Formen des erkennenden Bewußtseins: Raum, Zeit, Kategorien aufgefaßt werden, nicht wie sie an sich selbst sind. Hauptvertreter ist KANT. Gegensatz: Realismus.

Phänomenologie: Erscheinungslehre; bei HEGEL als „Phänomenologie des Geistes" die Lehre von den Entwicklungsstufen des menschlichen Bewußtseins: Bewußtsein, Selbstbewußtsein, Vernunft, sittlicher Geist, Religion, absolutes Wissen. Bei STUMPF ist Phänomenologie die Lehre von den Farben und Tönen, die weder physisch (physisch sind da nur Schwingungen) noch psychisch sind. Bei HUSSERL (s. d.) bedeutet Phänomenologie *(„Wesenswissenschaft")* das Stehenbleiben bei den Phänomenen, ihre methodische Erfahrung durch unmittelbare Intuition („Wesensschau") unter „Einklammerung" der metaphysischen Frage. Wenn wir uns in reiner Schauung, etwa von Wahrnehmung zu Wahrnehmung blickend, zur Gegebenheit bringen, was Wahrnehmung an sich ist, so haben wir das Wesen der Wahrnehmung schauend gefaßt. Die Phänomenologie E. HUSSERLS ist ursprünglich als Gegenströmung gegen den Psychologismus (s. d.) entstanden. Sie ist selbst weder Psychologie noch Erfahrungswissenschaft, sondern apriorische Wissenschaft. Die *phänomenologische Methode* ist von MAX SCHELER ausgebaut worden. Während Husserl durch „Einklammern der natürlichen Gegebenheiten" die hintersinnige Seinsschicht aufzudecken sucht, will SCHELER von innen her, d. h. vom Seelischen aus, an diesen Gegebenheiten überzeitliche Werte und Wertzusammenhänge aufweisen. Er verbindet also die Wesensschau mit emotionalen Momenten und hat sich um die Aufdeckung moralischer und religiöser Wertschichten verdient gemacht (Begründung einer materialen Wertethik im Gegensatz zur formalistischen Ethik KANTS). A. PFÄNDER hat die Phänomenologie auf die Logik, M. GEIGER auf die Ästhetik, A. REINACH auf die Rechtsphilosophie übertragen. M. HEIDEGGER (s. d.), der bedeutende Schüler Husserls, hat die *Phänomenologie* in *Ontologie verwandelt*.

Philon (geb. um 25 v. Chr.): seine Philosophie ist entstanden aus der Verbindung der jüdischen Religion mit der griechischen Philosophie, in erster Linie der des PLATON, dann der STOA. Seine Logoslehre übte großen Einfluß auf das christliche Denken aus, besonders auf das Evangelium des Johannes. Durch die Lehre von der mystischen Versenkung in die Gottheit wurde Philo der Vorläufer des Neuplatonismus.

Philosophia perennis: immerwährende Philosophie (Ausdruck von A. STEUCO), immer und überall geltende Wahrheiten, die zusammen das höchste, auf Gott gerichtete Wissen verkörpern. (Vgl. a. Neuthomismus.)

Philosophia prima: Erste Philosophie, bei ARISTOTELES die Metaphysik.

Philosophie: Weisheitsliebe; bei den Griechen und bis in die Neuzeit hinein hatte Philosophie die allgemeine Bedeutung: a) Wissenschaft, wissenschaftliche Forschung und Erkenntnis. Das Streben, alles Sein, Wissen und Handeln auf letzte Grundlagen zurückzuführen und sicher zu begründen, führt schon bei PLATON zu einem umfassenden philosophischen System, das eine Dreiteilung in Dialektik (Logik), Physik und Ethik zeigt. In der Neuzeit treten als Hauptgebiete der reinen Philosophie hervor: Metaphysik und Ontologie, Logik und Dialektik, Noëtik (Erkenntnislehre), Ethik und Ästhetik; dazu kommen die Disziplinen der angewandten Philosophie wie Naturphilosophie, Rechtsphilosophie, Geschichtsphilosophie, Religionsphilosophie etc. KANT stellt neben den Schulbegriff der Philosophie als einer systematischen Einheit des Wissens noch den Weltbegriff der in dem Ideal des Philosophen als Urbild personifiziert ist. In dieser Absicht ist Philosophie die Wissenschaft von der Beziehung aller Erkenntnis auf die wesentlichen Zwecke der menschlichen Vernunft, und der Philosoph ist der Gesetzgeber der menschlichen Vernunft; b) die Philosophie hat also auch Grundlage der Einzelwissenschaften zu sein und deren Methoden, Begriffe und Ergebnisse zu systematisieren.

Lit.: H. Leisegang, Einführung in die Philosophie (1951); Th. Litt, Einleitung in die Philosophie (1933); A. Brunner, Die Grundfragen der Philosophie (1949); M. Heidegger, Einführung in die Metaphysik (1953).

Phrenologie: Geistlehre, auch Schädellehre genannt, vor allem im Anschluß an F. J. GALL (um 1800), nach dem die Schädelformen den inneren Hirnwindungen und diese den eindeutig zu lokalisierenden Funktionen des Seelenlebens entsprechen; gilt heute als überholt.

Phylogenie: Stammesgeschichte; entwicklungsgeschichtliche, allmähliche Formwandlung und Umbildung der organischen Natur. Gegensatz: Ontogenese.

Physik: allgemein Naturlehre; im Altertum Naturphilosophie, heute im weiteren Sinne die Wissenschaft von der anorganischen Natur in Abgrenzung gegen die Biologie; im engeren Sinne Wissenschaft der allgemeinen Gesetze, die für alles materielle Geschehen gelten, soweit dabei der Stoff als solcher ungeändert bleibt, während die Chemie die stofflichen Veränderungen untersucht. Doch läßt sich eine strenge Scheidung von Physik und Chemie heute nicht mehr durchführen.

Physikalismus: *allgemein:* Erklärung und Beschreibung aller Lebensprozesse nach den Methoden der Physik. These: Jeder wissenschaftliche Satz ist in einen inhaltsgleichen physikalischen übersetzbar. *Speziell:* die von NEURATH und CARNAP aufgestellte Theorie, nach der psychologische Zustände und Prozesse in die „physikalische Sprache übersetzbar" sind. Nach dieser Theorie ist „die Psychologie ein Zweig der Physik" (Carnap).

Physikotheologie: natürliche Gotteslehre. Der physikotheologische Gottesbeweis schließt aus der unermeßlichen Mannigfaltigkeit, Ordnung, Zweckmäßigkeit und Schönheit der Welt auf das Dasein einer höchsten Vernunft als Urheber der Welt. (Vgl. Gottesbeweis.)

Physiologie: früher allgemein Naturlehre; neuerdings Wissenschaft von den Funktionen des Organismus.

physisch: natürlich; körperlich im Gegensatz zum Seelischen, Psychischen.

Platon (427—347 v. Chr.): ihre Vollendung erreicht die griechische Philosophie und Wissenschaft in den Systemen des DEMOKRIT (s. d.), PLATON und ARISTOTELES (s. d.). (Für Platon selbst allerdings ist der Begriff „System" nur sehr bedingt anwendbar, da seine Dialoge sich genetisch entwickeln und auch die Berichte des Aristoteles über ihn unvollständig sind.) Besonders Demokrit und Platon wandten sich in der und durch die Auseinandersetzung mit der *griechischen Aufklärung*, wie sie die *Sophisten* (s. d.) und besonders *Protagoras* (s. d.) in seiner Theorie der Wahrnehmung verkörpern, wieder der *Metaphysik* zu. Platon ist wesentlich aber auch *Schüler* des *Sokrates*. Sein Rationalismus ist deshalb ein metaphysisch-ethischer Rationalismus: die Frage nach dem wahren Sein, der wahrhaften Wirklichkeit trägt ihren sittlichen Endzweck in sich selbst. Die *Ideenlehre* entwickelt er so in Anlehnung an Sokrates und im Widerspruch zu den Sophisten. Den in der Auseinandersetzung mit Protagoras erkannten zwei verschiedenen Weisen der Wirklichkeit (der οὐσία oder dem τὸ ὄντως ὄν, der wahren, metaphysisch-unkörperlichen Wirklichkeit und der γένεσις, der niederen körperlichen Welt des Werdens) entsprechen zwei Erfahrungsmöglichkeiten. Die „Gestalten" (ἰδέαι) sind die Gattungsbegriffe der οὐσία, dieser als seinsmächtiger bewerteten Wirklichkeit und bezeichnen ihr wahres Wesen und ihre reine Form. Ihre Erkenntnis erzeugt gleichsam die *Tugend*. Doch können auch die Erscheinungen der niederen Wirklichkeit an den ἰδέαι teilhaben (μέθεξις); während dieser Teilnahme sind die Gattungsbegriffe an ihr anwesend, gegenwärtig (παρουσία). Zwar hat Platon seine Gattungsbegriffe selbst nicht systematisch aufgebaut, doch steht die *Idee des Guten* (das ἕν), aus der Platon dann eine endlose Staffelung der Schichten des Seienden ableiten kann, an der Spitze aller Gattungsbegriffe. Am deutlichsten prägt sich der *Dualismus* der Ideenlehre in Platons Vorstellung von der *Seele* aus: einmal gehört die Seele dem Reich der Ideen, der höheren Wirklichkeit an, ist sie unsterblich. Zum anderen ist sie aber auch Teil des Lebendig-Körperlichen. Dieser Dialektik entsprechen die zwei Welten der Seele, der νοῦ (Vernunft) und der θυμός (Mut) sowie die ἐπιθυμία (Begierde). Obwohl der ausgesprochenen Verinnerlichung und Vergeistigung der Ideenlehre auch eine ebensolche Ethik entspräche, dehnt Platon seine Ethik, die eine *politische Ethik* ist, auf das ganze menschliche Sein und Leben aus: Das Ideal ist die Vollkommenheit der Gattung, nicht des Einzelnen. Er unterscheidet *vier Kardinaltugenden*, die σοφία (Weisheit), die ἀνδρεία (Tapferkeit), die σωφροσύνη (Besonnenheit), und die δικαιοσύνη (Gerechtigkeit). — In seiner *Staatslehre*, die logisch mit seiner politischen Ethik verknüpft ist, ist der Staat Erziehungsanstalt der menschlichen Gesellschaft zum höchsten sittlichen Ideal und zur höchsten Tugend. Platon wollte mit seinem Idealstaat dem Zerfall der Polis entgegenwirken. Der Staat ist der Mensch im Großen. Den drei Ausdrucksformen der Seele der Ideenlehre entsprechen *drei gesonderte Stände:* 1. Ackerbauer, Handwerker und Kaufleute (γεωργοί καὶ δημιουργοί), 2. die Hüter und Helfer (φύλακες), 3. die Regierenden oder die Philosophen (ἄρχοντες καὶ φιλόσοφοι). Seinem *autokratischen Bildungsprinzip* gemäß glaubt Platon, daß die Leiden der Menschen und der Verfall der staatlichen Ordnungen nicht aufhören werden, ehe nicht die Philosophen herrschen oder die Könige Philosophen sind. — Neben der Ideenlehre (und Psychologie) und der Staatslehre entwickelt Platon noch eine mathematisierende und zugleich theologisierende *Naturphilosophie*. Hauptwerke: 1. *Jugendschriften:* Apologie des Sokrates, Kriton, Laches, (Tapferkeit), Eutyphron, Lysis, Ion, Kl. Hippias, Charmides, Politeia, B I; 2. *Schriften der Reife*: Protagoras (Einheit und Lehrbarkeit der Tugend), Kratylos (Sprache), Menon (Wiedererinnerung), Gorgias (Herrenmoral), Euthydemos, Phaidros (Ideenlehre), Symposion (Eros-

Idee), Phaidon (Unsterblichkeit der Seele), Politeia, B. II—X; *Altersschriften:* Theaitetos (Erkenntnislehre), Sophistes, Parmenides, Politikos (Bestimmung des Wesens des Staatsmannes), Philebos, Timaios (Weltschöpfung), Kritias, Nomoi (Gesetze). **Platonismus:** die Fortentwicklung der Ideenlehre Platons von der älteren Akademie bis ins philosophische Denken des 20. Jahrhunderts hinein. **Neuplatonismus:** im wesentlichen die Erneuerung der Philosophie Platons durch Plotin (s. d.).

Einführ. Lit.: P. Friedländer, Platon, 3 Bde. (2. A. 1954 ff.)

Plechanow, Georgij Valentinowič (1856—1918): russischer marxistischer Philosoph, bedeutend als Kämpfer für einen intransigenten Marxismus und gegen den revisionistischen philosophischen Kritizismus des Neukantianismus. — Seine Erkenntnistheorie ist (ähnlich wie bei Helmholtz) die sog. *Hieroglyphentheorie,* nach der Empfindungen und Vorstellungen nicht Abbilder des außer uns Seienden, sondern nur konventionelle Zeichen (Hieroglyphen) sind. Die historische Evolutionstheorie von MARX wird auch auf den Menschen angewendet. Sein *Marxismus* ist eher ein auf die *Soziologie angewendeter Darwinismus.* Besonders die geographische Lage bestimmt die sich automatisch entwickelnden Produktivkräfte, die ihrerseits Kultur, Staat und Sitte entstehen lassen. Hauptwerke: Zur Frage der Entwicklung der monistischen Geschichtsauffassung (1895); Über die Rolle der Persönlichkeit in der Geschichte (1898); Die Grundprobleme des Marxismus (1910).

Pleroma: die Fülle der geistigen Welt ist die Gesamtheit der Äonen, der ewigen Wesenheiten: Lehre des Gnostiker VALENTIN.

Plotin (205—270): Leiter einer Philosophenschule in Rom, hat den Platonismus aufgenommen und umgestaltet: Die Energie der Seele besteht im Denken und daher in dem „in sich selber tätig sein". Er lehrt Identität von Denken und Sein, Parallelität von Welt- und Einzelseele, Kosmos und Individuum. Gott ist Endziel der Welt, jenseits des Seins (Transzendenz), aber doch dessen Ursprung.

Das Denken ist sein erstes Erzeugnis. Es trägt (als Nous) in sich den intelligiblen Kosmos. Gemäß den Grundelementen des Seins entstehen die Urbilder alles Seins, die *Ideen*. Sie prägen sich der Weltseele ein. Diese ordnet nach den Ideen die Welt der Erscheinungen zur Natur. Die *Materie* ist Gegensatz zum Nous und bildet mit ihm die Welt. Die Materie ist nicht das Böse; ihre Entfernung vom Ureinen bedeutet Vereinzelung und Individualisierung. Aber alles Gestaltlose will Gestalt annehmen und eilt (wie auch die Seele) auf das ewige Sein = Gott zu. Vorherrschend ist ein *kontemplativ-ästhetischer Grundzug* seines Denkens. Die Gottheit wird in die Idee des Schönen gesetzt; der Eros, das Grundprinzip aller echten Kunst, ist für ihn das beseelende Prinzip der Welt. Hierin ist er Vorläufer Shaftesburys und Schellings. Hauptwerk: Enneaden.

Pluralismus: die metaphysische Lehre, daß die Wirklichkeit aus vielen Dingen besteht, daß der metaphysischen Erklärung der Wirklichkeit eine Mehrheit an Prinzipien zugrunde gelegt werden muß. So W. JAMES und JAKOWENKO, F. C. S. SCHILLER.

Pneuma: Hauch, Lebenshauch; nach ARISTOTELES ist die Seelentätigkeit an die Lebenswärme gebunden, die dem Blute als Lebenshauch (πνεῦμα) beigemischt ist; bei den *Stoikern* ist der warme Lebenshauch, Pneuma, die göttliche allbelebende Urkraft, die die Welt durchdringt und auch das Lebensprinzip der Einzeldinge ist. Auch die *Epikureer* fassen die Seele als feurigen, luftartigen Hauch auf. Im Urchristentum wird der heilige Geist als τὸ ἅγιον πνεῦμα bezeichnet.

Pneumatologie: Geisteslehre; auch im Sinne von Psychologie bei neueren Philosophen gebraucht; so spricht KANT von Pneumatismus als Lehre von der Seelensubstanz.

Polarität: das Sichgegenüberstehen von zwei Polen, zwei entgegengesetzten Kräften, die aber doch einen Ausgleich, eine Ergänzung bilden und erstreben. Grundbegriff der **Heraklitischen** *Metaphysik:* der Streit ist der Vater aller Dinge, alles vollzieht sich in Gegensätzen, die sich ausgleichen. Die Harmonie der Welt beruht auf einer Spannung wie die Harmonie des Bogens und der Leier. Das Prinzip der Polarität beherrscht SCHELLINGS Naturphilosophie, spielt auch in Goethes Weltanschauung eine bedeutende Rolle: GOETHE sieht in der Polarität ein Urphänomen: „Das Geeinte zu entzweien, das Entzweite zu einigen, ist das Leben der Natur", ist das Ein- und Ausatmen der Welt, in der wir leben, weben und sind. (Systole und Diastole.)

Politische Philosophie: fragt besonders nach Wesen und Struktur des Politischen und analysiert ähnlich wie die **Wissenschaft von der Politik** die Gesellschaft (Beziehung zwischen Individuum und Gesellschaft), den sozialen Mechanismus sowie Geschichte, Typen und Probleme des modernen Staates. Jede politische Philosophie impliziert *anthropologische* und *geschichtsphilosophische* Leitbilder und Fragestellungen. Zwischen der *Sozialphilosophie* und der *politischen Soziologie* stehend ist die politische Philosophie besonders in Frankreich und in den angelsächsischen Ländern ausgebildet worden. (Vgl. Montesquieu, Geschichtsphilosophie, Sozialphilosophie.)

Lit.: S. Eric Weil, Philosophie politique (1956).

Polytheismus: Vielgötterei. Gegensatz: Monotheismus. Den Polytheismus verwarf schon XENOPHANES (im 6. Jh. v. Chr.): ein einziger Gott, unter Göttern und Menschen der größte.

Popularphilosophie: allgemeinverständliche Philosophie; als Popularphilosophen gelten besonders die deutschen Aufklärungsphilosophen, die philosophische Lehrmeinungen in klarer Form darstellen und verbreiten wollen. Popularphilosophen: SULZER, GARVE, MENDELSSOHN u. a.

Position: 1. Setzung, Bejahung (das Sein ist nach Herbart absolute Position); 2. die Bejahung, Bestätigung eines Urteils im Gegensatz zur Negation. — Bei HEGEL ist die Position oder Affirmation das erste Glied seiner dreitaktigen Dialektik (Position, Negation, Negation der Negation = erneute Position). (Vgl. Negation.)

Positivismus: (Name von A. COMTE, s. d.): eine Philosophie, die bereits auf der Erforschung der positiven Tatsachen durch die Einzelwissenschaften basiert und sich selbst nur noch die Klassifikation der Wissenschaften, Erkenntnistheorie und Logik vorbehält. Allgemeine metaphysische Begriffe, auch die Frage nach den Ursachen alles Seienden, lehnt der Positivismus ab. Begründer: David HUME.

Possibilität: Möglichkeit.

post hoc, ergo propter hoc: danach, folglich dadurch, ein Fehlschluß, der aus der bloßen Zeitfolge ein Ursachverhältnis, aus dem bloßen Folgen ein Erfolgen macht.

Postprädikamente: die von ARISTOTELES den Kategorien hinzugefügten Begriffe: opposita, prius, simul, motus, habere (Entgegengesetztes, früher, zugleich, Bewegung, Haben).

Postulat: Forderung, Annahme, Setzung, die zur Begreiflichkeit eines Sachverhaltes nötig, aber unbeweisbar ist.

Potentialität: Möglichkeit; Gegensatz: Aktualität, Wirklichkeit; **potentiell:** der Möglichkeit nach.

Potenz: Möglichkeit, Vermögen; SCHELLING nennt die einzelnen Stufen der Naturentwicklung Potenzen: Materie, Licht, Organismus.

Prädestination: Vorherbestimmung; die Lehre AUGUSTINS, daß die Menschen durch göttliche Vorausbestimmung erlöst oder verdammt werden, ohne durch eigene Kraft dabei etwas zu vermögen. So auch CALVIN, indem er den freien Willen des Menschen völlig ausschaltete.

Prädikabilien: abgeleitete Verstandesbegriffe; so sind der Kategorie der Kausalität die Prädikabilien der Kraft, der Handlung, des Leidens untergeordnet (KANT); die Kategorien heißen auch *Prädikamente*.

Prädikat: das im Urteil vom Subjektsbegriff Ausgesagte; das logische Prädikat darf nicht mit einem realen (d. i. der Bestimmung eines Dinges) verwechselt werden.

Prädikatenlogik: in der Logistik: behandelt Inhalte von Begriffen.

Präexistenz: Dasein der Seele vor diesem Leben; in Form der Seelenwanderung Lehre des Buddhismus, der Pythagoreer u. a.; bei PLATON die Annahme einer Existenz der Seele vor der Geburt (vgl. Anamnesis).

Präformation: Vorgestaltung; die von LEIBNIZ, v. HALLER, BONNET, SWAMMERDAM, SPALLANZANI, LEUWENHOEK u. a. vertretene Lehre, daß die Teile eines Organismus schon im Keime vorgebildet in verkleinertem Maßstabe enthalten sind; Präformations- oder Einschachtelungstheorie: alle Entwicklung ist nur Entfaltung eines schon Daseienden. (Vgl. Kants Präformationssystem der reinen Vernunft.)

Prämissen: Vordersätze eines Schlusses; aus zwei Prämissen leitet der einfache Schluß den Schlußsatz ab. (Vgl. Syllogismus.)

prästabilierte Harmonie: vorherbestimmte Übereinstimmung; in der LEIBNIZ'schen Philosophie bedeutet sie den gesetzmäßigen Verlauf des Gesamtgeschehens, dessen Einzelvorgänge in den Monaden Gott von vornherein aufeinander harmonisch abgestimmt hat. (Vgl. Harmonie.) Die klassische Nationalökonomie, besonders das Werk A. Smith's, ist von dieser Lehre stark beeinflußt: der ins Gesellschaftlich-Politische gewendete „Harmonismus" wurde zur sozialphilosophischen Grundlage des Systems der freien Konkurrenz.

pragmatisch: auf das Handeln bezüglich, nützlich, praktisch. Die pragmatische Geschichtsschreibung stellt die Ereignisse in ihrem inneren Zusammenhange dar.

Pragmatismus: ursprünglich von C. S. PEIRCE (vgl. Amerikanische Philosophie) im Anschluß an Kants „Kritik der reinen Vernunft" gebraucht, bezeichnet eine besonders in der angelsächsischen Philosophie von J. DEWEY (The Theory of Inquiry, 1938), W. JAMES (Pragmatismus, dt. Ausgabe 1908; Essays in Pragmatism, 1948) und F. C. S. SCHILLER (Humanismus — Beiträge zu einer pragmatischen Philosophie, dt. 1911) vertretene, vom Positivismus, Utilitarismus und der Lebensphilosophie beeinflußte Richtung der modernen Philosophie. Grundgedanke: Das Denken, jede Weltanschauung und Philosophie findet ihre Wert- und Wahrheitskriterien nur in den Möglichkeiten ihrer praktischen Nutzanwendungen für das Leben. „Was fruchtbar ist, allein ist wahr." Erkennen und Denken sind daher nur Werkzeuge für das praktische Handeln (Instrumentalismus).

Lit.: E. Baumgarten, Die geistigen Grundlagen des amerikanischen Gemeinwesens, 2 Bde. (1938); J. v. Kempski, Charles S. Peirce und der Pragmatismus (1952); G. H. Mead, Philosophy of Act (1938).

praktisch: auf das Tun bezüglich, praktische Wissenschaften haben mit Anwendungen der theoretischen Erkenntnis zu tun, sind technischer Art. Zur praktischen Philosophie rechnet man Ethik, Rechtsphilosophie, die mit dem menschlichen Willen zu tun haben. Praktische Vernunft beschäftigt sich mit den Bestimmungsgründen des Willens (KANT).

primär: von erster Art, wesentlich, ursprünglich. (Vgl. Qualität.)

Primat: Vorrang, erste bevorzugte Stellung und Geltung. Für die Kantische Philosophie besteht der Primat der praktischen Vernunft über die theoretische, insofern das Faktum des Sittengesetzes mit Folgerungen wie Gott, Freiheit, Unsterblichkeit verknüpft ist, die die theoretische Vernunft nicht beweisen kann, wenn sie auch ihre Möglichkeit offen läßt.

principium identitatis indiscernibilium: s. Identität.
principium individuationis: s. Individuation.
Prinzip(ien): Ursprung, Grundlage, Grundgedanke, Grundsatz. Metaphysisch: Urgrund; ethisch: Grundregeln

des sittlichen Handelns, Grundsätze der sittlichen Beurteilung; erkenntnistheoretisch: Grundbestimmungen für das Erkennen. **Kausalprinzip:** These, daß alles eine Ursache hat. Bei N. HARTMANN sind Prinzipien = Kategorien. (Vgl. ferner a. Kausalität.)

Priorität: zeitliches Vorhergehen; Vorrang.

Privation: Beraubung, Mangel.

Probabilismus: Wahrscheinlichkeitsstandpunkt; 1. theoretisch die skeptische Lehre, daß es kein sicheres Wissen, sondern nur wahrscheinliches Wissen gibt; 2. praktisch die Meinung, daß man sich auch beim Handeln, falls keine volle Sicherheit möglich ist, nach einer mehr oder weniger wahrscheinlichen Meinung richten kann.

Problem: Aufgabe, Frage, die vom wissenschaftlichen Denken gestellt wird. Eine neue Problemstellung ist oft Ursache für den Fortschritt der Wissenschaften. **problematisch:** fraglich, zweifelhaft, ungewiß, unbestimmt; ein problematisches Urteil hat die Form: S kann P sein.

Progreß: Fortschritt, Fortgang von der Bedingung zum Bedingten. Die *progressive* Methode ist die deduktive, die vom Allgemeinen zum Besonderen schreitet.

Progression: in der Libido-Theorie C. G. JUNGS gebrauchter Begriff, der die Vorwärtsbewegung der Libido und als deren Folge die Assimilierung der Person an die Umwelt bezeichnet.

Projektion: das Hinausverlegen der Empfindungen in den Raum.

Prolegomena: Vorwort, Vorbemerkungen, Einleitung; KANTS „Prolegomena zu einer jeden zukünftigen Metaphysik, die als Wissenschaft wird auftreten können", (1783), sind eine kürzere Einführung in die kritische Erkenntnislehre.

Prolepsis: Vorwegnahme; bei den Stoikern die aus den Sinneswahrnehmungen in der Seele von selbst entstehenden Begriffe; nach EPIKUR die aus der Sinneswahrnehmung stammenden Begriffe (Vorwegnahmen), die in der Wahrnehmung allein ihren Erkenntniswert besitzen.

Propädeutik: Vorübung, Vorbereitung für eine Wissenschaft.

Proposition: Satz, Urteil; propositio maior: Obersatz, propositio minor: Untersatz eines Schlusses.

Protagoras (480—410 v. Chr.): einer der markantesten Sophisten. „Von den Göttern weiß ich nichts, weder, ob es welche gibt, noch auch, ob es keine gibt." Der Hauptsatz seiner Philosophie lautet: „Der Mensch ist das Maß aller Dinge, der seienden, daß sie sind, der nichtseienden, daß sie nicht sind."

proton pseudos (erste Lüge): Grundirrtum, erste falsche Voraussetzung für die daraus folgenden Irrtümer.

Psyche: Hauch, Seele; **psychisch:** seelisch.

Psychoanalyse: die von dem Psychiater S. FREUD (1856—1939) geschaffene Theorie und Technik der Neurosenbehandlung (Psychotherapie), die besonders auf die Auffassungen vom doppelten Bewußtsein (double conscience) der französischen Hysterie- und Hypnoseforschung (CHARCOT, JANET) und auf die experimentellen Beobachtungen J. BREUERS zurückgeht. Die Grundannahme der Psychoanalyse ist, daß neben dem Bewußten und Bewußtsein des Menschen ein Unbewußtes und besonders *Unterbewußtes* existiert, das zwar vom Menschen selbständig nicht ohne weiteres bewußt gemacht werden kann, jedoch auf das bewußte Leben entscheidend einwirkt. Für die Auffassung des Unterbewußten als einen unser bewußtes Leben beeinflussenden Faktor sprechen die Träume (Traumdeutung, 1900), die als Erfüllung geheimer, ins Unterbewußte verdrängter Wünsche (vgl. *Verdrängung*) erscheinen, ferner gewisse *Fehlleistungen* im Alltagsleben wie Verhören, Versprechen, Vergessen, Vergreifen etc. (Psychopathologie des Alltagslebens, 1912) und schließlich gewisse nervöse Erscheinungen wie Hysterie, Zwangsvorstellungen und Phobien *(Abwehrneurosen)*. Diesen Psychoneurosen (den sog. *Komplexen*) sollen persönliche Erlebnisse besonders in den Frühphasen der *Sexualität* (Freud unterscheidet die orale, anale und phallische Phase) sowie Entwicklungstörungen der infantilen Sexualität zugrunde liegen. So erscheint der *"Oedipuskomplex"* als Haß gegen den Vater und Verliebtheit in die Mutter, der *"Kastrationskomplex"* als Angst des Kindes vor der Kastrationsdrohung in der "Oedipusituation". Wesentlich ist ferner FREUDS Unterscheidung in *"Ich"* (Bewußtsein), *"Es"* (Triebreservoir der Seele) und *"Überich"* (Gewissen). Die psychoanalytische Heilmethode hat das Ziel, die Komplexe aus dem Unterbewußten ins Bewußte zu heben, um so die neurotischen Ursachen und Symptome durch *Bewußtmachung* (Einfallsmethode, beruht auf freiem Assoziieren) aufzulösen. — Die Psychoanalyse Freudscher Prägung hatte weit über ihre psychotherapeutische Anwendung hinaus großen Einfluß, besonders durch ihren Charakter der Enthüllung und Entlarvung. Sie wurde später ins *Weltanschauliche* ausgedehnt. — Von der psychoanalytischen Schule Freuds spalteten sich 1911 die individualpsychologische A. ADLERS, 1913 die tiefenpsychologische (Züricher) Schule C. G. JUNGS ab. Weitere Hauptwerke Freuds: Totem und Tabu (1913), Vorlesungen zur Einführung in die Psychoanalyse (1916), Neue Folge der Vorlesungen zur Einführung in die Psychoanalyse (1933), "Jenseits des Lustprinzips" (1920), Das Unbehagen in der Kultur (1930). — Vgl. ferner: Fixierung, Libido, Regression, Sublimierung, Verdrängung, Individualpsychologie, Tiefenpsychologie.

Psychographie: Beschreibung der Eigentümlichkeiten einer bestimmten Person auf Grund einer systematischen Feststellung ihrer Charaktereigenschaften. Das gewonnene Bild ist das Psychogramm.

Psychoid: nach der vitalistischen Anschauung treten bei den Organismen zu den anorganischen Faktoren noch nichtphysikalische hinzu, die von DRIESCH als Entelechien oder Psychoide bezeichnet werden. (Vgl. Vitalismus.)

Psychologie: Seelenkunde, Wissenschaft von den seelischen Vorgängen. Die allgemeine Psychologie klassifiziert und systematisiert die seelischen Vorgänge und Zustände. *Historisch:* Erst mit DESCARTES erfolgt die Ausrichtung auf das Bewußtsein, nachdem von ARISTOTELES bis zum Mittelalter das seelische als die erste Entelechie (s. d.) des Körpers gefaßt worden war. (Bewußtseinsseelenbegriff = Seele ist Bewußtsein. Früher: Seele hat Bewußtsein.) Erst die *Naturwissenschaften* haben die Psychologie zur Wissenschaft gemacht, doch haben sie sie auch durch die Fassung der Psychologie als „Elementarpsychologie" und die auf sie zurückgehenden vielen gegensätzlichen Auffassungen wie Assoziationspsychologie, Sinnesphysiologie, Psychophysik, Völkerpsychologie etc. in ihrer Einheitlichkeit zerstört. Erst das 20. Jahrhundert hat mit der *Ganzheits- und Strukturpsychologie* die Ganzheit des Seelischen wieder herausgearbeitet und sich gleichzeitig der empirisch-psychologischen Forschung zugewandt. Die geisteswissenschaftlich-verstehende Psychologie erforscht den Menschen als ganzheitliche Einheit (zusammen mit der philosophischen Anthropologie). In der naturwissenschaftlichen Psychologie wird Seele als Innenraum betrachtet, in dem sich Vorstellungen nach Gesetzen anziehen wie im Außenraum Atome. Nach den *Methoden* unterscheidet man: Struktur-, Ganzheitspsychologie, Psychoanalyse, Konstitutionspsychologie, Integrationspsychologie etc.; nach den *Sachgebieten* unterscheidet man: Entwicklungspsychologie, Individualpsychologie, Sozial-, Tiefen-, Sexual-, Parapsychologie; nach den *Gruppen* unterscheidet man: Kinder-, Völker-, Massen-, Tier-, Pflanzenpsychologie etc.; nach *Fähigkeiten* unterscheidet man: Denk-, Gefühls-, Willens-, Funktionspsychologie etc. Anwendungsgebiete der Psychologie sind: a) *kulturell:* Religions-, Kunst-, pädagogische, medizinische Psychologie; b) *praktisch:* Arbeits-, Wirtschafts-, Industriepsychologie etc. **Psychologismus:** die Anschauung, bei der alle Gebiete der Philosophie wie Logik, Erkenntnistheorie (Noëtik), Ethik, Ästhetik als Teilgebiete der psychologischen Forschung angesehen und psychologisch begründet werden, da Psychologie als Wissenschaft vom Seelischen alles Geistige unter sich begreifen soll.

Psychomonismus: Auflösung alles Seins in seelisches Sein; alle Wirklichkeit ist psychischer Natur (VERWORN u. a.).

Psychophysik: ihr Begründer G. Th. FECHNER nennt die Lehre von den Gesetzen, nach denen Leib und Seele zusammenhängen, Psychophysik. Das Weber-Fechnersche *psychophysische Grundgesetz* lautet: Damit die Empfindungsstärken in einer gleichmäßigen, arithmetischen Reihe wachsen, müssen die Reizintensitäten in einer geometrischen Reihe zunehmen, oder: die Empfindungsstärken E wachsen proportional den Logarithmen der zugehörigen Reize R : $E = k \cdot \log R$.

Psychose: Beseelung; jetzt: Seelenstörung, Geisteserkrankung.

Psychovitalismus: die Meinung einiger Vitalisten, die organische Natur nicht ohne die Wirksamkeit seelischer oder seelenartiger Kräfte erklären zu können (PAULY, FRANCE, SCHNEIDER, Rudolf WAGNER). (Vgl. Vitalismus.)

Pufendorf, Samuel (1632—1694): einflußreicher Rechtsgelehrter, der das Recht unabhängig von der Theologie und nach naturwissenschaftlich-systematischen Gesichtspunkten gestalten wollte. Unter dem Einfluß von GROTIUS und HOBBES ist ihm das *Naturrecht* der durch Vernunft und Beobachtung der menschlichen Natur erkennbare göttliche Wille. Der Staat entspringt unmittelbar nicht aus göttlichem Recht, sondern aus den *Gesellschaftsverträgen* der Individuen, die ihr Individualinteresse mit ihrem Geselligkeitsstreben verbinden. Pufendorf verteidigt die *Religionsfreiheit*.

Qualität: Eigenschaft, Beschaffenheit; die aristotelisch-mittelalterliche Lehre von der *qualitates occultae*, den verborgenen, nicht wahrnehmbaren Eigenschaften, wird in der Neuzeit durch die quantitative Naturauffassung abgelöst. GALILEI, DESCARTES, HOBBES, LOCKE unterscheiden *primäre* (objektive) Qualitäten wie Gestalt, Größe etc., und *sekundäre* (subjektive) wie Farbe, Ton etc. Diese Lehre ist wesentlich Grundlage der modernen Physik. — Die Qualität eines *Begriffes:* Merkmale, die seinen Inhalt bestimmen. Die Urteile sind ihrer Qualität nach unterteilt in: *bejahende* (affirmative), *verneinende* (negative) und *limitative*. Je höher die Qualität eines Begriffes, umso geringer seine Quantität (Umfang).

Quantentheorie: eine von M. PLANK (1900) aufgestellte und von EINSTEIN weiter ausgebildete Theorie, nach der Größen, die bisher als Kontinua galten (Zeit, Licht etc.), nun in Elementarquanten eingeteilt werden müssen.
Quantenmechanik: die von W. HEISENBERG begründete Übertragung dieser Theorie auf die atomaren Prozesse, nach der die mechanischen Vorgänge im Atom nicht mehr als stetig aufgefaßt werden können.

Quantität: Größe, Menge; Quantität als Kategorie umfaßt Einheit, Vielheit, Allheit (KANT). Nach der Quantität unterscheidet man allgemeine, besondere, einzelne Urteile. — Im quantitativen Weltbild der modernen Physik sind die Qualitäten ausgeschaltet und durch Quantitäten ersetzt.

quaternio terminorum: Vierzahl der Begriffe; ein Fehler des Schlußverfahrens, der durch Mehrdeutigkeit eines Begriffs, besonders des Mittelbegriffs, entsteht.

Quietismus: eine Lebensauffassung, die durch Abwendung vom Weltgetriebe und durch Versenkung in die Seele und das Göttliche Seelenruhe gewinnen will; etwa der Buddhismus sowie aller Mystizismus.

Quietiv: Beruhigungsmittel; nach SCHOPENHAUER wird die Erkenntnis der Nichtigkeit des individuellen Daseins zum Quietiv alles Wollens.

Quintessenz: als die quinta essentia, die fünfte Wesenheit, galt zuerst der Äther als das feinste Element, später wurde Quintessenz eine Bezeichnung für den feinsten Auszug, für das Wesentliche.

ratio: Vernunft, im Gegensatz zur Intuition reines Denken des Verstandes (vgl. diskursiv); auch: Grund.

rational: vernunftgemäß, aus der Vernunft stammend, Gegensatz: empirisch. Rationale Philosophien sind besonders die von DESCARTES (s. a. Cartesianismus) und Christian WOLFF.

Rationalismus: im Gegensatz zum Empirismus und Sensualismus Standpunkt der Vernunfterkenntnis, der Vernunftbetrachtung. Der *erkenntnistheoretische* Rationalismus behauptet, daß die Erkenntnis wesentlich auf Denken, Verstand, Vernunft beruht. In der Vernunft sind Begriffe a priori und Sätze a priori gegeben wie Substanz, Kausalität, Substanzgesetz, Kausalgesetz, die eine Erkenntnis der Wirklichkeit geben. Rationalisten waren viele griechische Denker, vor allem PARMENIDES und PLATON. In der Neuzeit begründet DESCARTES die rationalistische Theorie der Erkenntnis. Nicht in der sinnlichen Wahrnehmung, sondern in den Vernunftbegriffen, den *ideae innatae*, den angeborenen, besser eingeborenen Begriffen ist die Wahrheit gegeben. Solche ideae innatae sind mathematische Begriffe, Denkbegriffe wie Substanz, Kausalität. Sie sind eingeboren, d. h. sie beruhen auf Vernunft, ihre Wahrheit ist nicht in der Sinneswahrnehmung, sondern im Denken zu begründen. Denn „alles ist wahr, was ich klar und deutlich einsehe", wobei wahr zugleich wirklich bedeutet. Rationalisten sind ferner SPINOZA, LEIBNIZ, KANT, HEGEL. Seinen Höhepunkt in Deutschland fand der Rationalismus in der Philosophie Chr. WOLFFS. HEGEL entwickelt einen universellen Rationalismus, der das Rationale und das Wirkliche, metaphysisch verknüpft, betrachtet: „Was vernünftig ist, das ist wirklich; und was wirklich ist, das ist vernünftig." Einen *theologischen* Rationalismus vertreten der Deismus und die Aufklärungsphilosophie des 18. Jahrhunderts in der Lehre von der natürlichen Religion, die in der Vernunft als Maß aller geschichtlichen Religionen gegeben ist.

Raum: die antike Atomistik nahm einen leeren Raum an, in dem die Atome sich bewegen. Diese Anschauung

DEMOKRITS bekämpften die Eleaten, namentlich ZENON mit seinen Ausführungen gegen die Bewegung (vgl. Achilles) und dem Gedanken, daß, wenn alles in einem Raume sein soll, auch der Raum selbst wieder in einem umfassenderen Raume gedacht werden muß und so fort ins Unendliche. PLATON spricht vom ewigen „Reich des Raumes, das, keiner Vernichtung zugänglich, allem Entstehenden eine Stätte gewährt und das ohne Sinneswahrnehmung erkannt wird." Der Raum nimmt eine Mittelstellung zwischen der Ideenwelt und der Welt der sinnlichen Wahrnehmung ein. Nach ARISTOTELES ist der Raum die umschließende Grenze eines Umschlossenen, also kann es keinen leeren Raum geben. DESCARTES setzt Raum und Körper gleich; die Materie erfüllt den Raum stetig. Für LEIBNIZ ist der Raum nichts Substanzielles, sondern nur die Vorstellung der Ordnung der koexistierenden Erscheinungen. Damit widerspricht Leibniz der Lehre Newtons, der der Mechanik einen absoluten, stets gleichen, unbeweglichen Raum zugrunde legt. Nach KANTischer Auffassung ist der Raum als *Anschauungsform a priori* eine Bedingung der mathematischen Naturerkenntnis, aber nicht selbst ein reales Ding. Durch die moderne Metageometrie (Riemann-Lobatschewsky) ist der Euklidische, dreidimensionale Raum zu einem Sonderfall möglicher Räume geworden, wodurch besonders in Verbindung mit Einsteins Relativitätstheorie neue weittragende Probleme erwachsen sind. (Vgl. Idealität; Zeit; absolut.)

real: sachlich, wirklich, unabhängig vom Denken, vom Subjekt.

Realdefinition: Sacherklärung, die den Inhalt des Gedachten bestimmt. (Vgl. Nominaldefinition.)

Realdialektik: im Unterschied zur Begriffsdialektik (vgl. Marx) die Dialektik des Seienden und der Wirklichkeit selbst in „ihrem An-sich" (Julius BAHNSEN: Der Widerspruch im Wissen und Wesen der Welt, Prinzip und Einzelbewährung der Realdialektik, 1880—1882).

Reale: bei HERBART (s. d.) die letzten Seinselemente.

Realgrund: Bezeichnung für die Ursache des Geschehens im Unterschied vom Erkenntnisgrund, dem logischen Grund eines Urteils.

Realidealismus: s. Idealrealismus.

Realisierung: Verwirklichung; Untersuchung der Frage: Wie ist eine Setzung und die Bestimmung von Realen möglich? Aufzeigung der Methoden, die Wirklichkeit zu erkennen und zugleich die Bahn für die Metaphysik als Wissenschaft, als induktive Vollendung realwissenschaftlicher Erkenntnis frei zu machen. (KÜLPE, Die Realisierung, 3 Bde., 1912—1923.)

Realismus: das Wort hat zwei grundverschiedene Bedeutungen: 1. *metaphysisch:* in Anlehnung an PLATON und gegen den Nominalismus gerichtet behaupteten die „Realisten" der Scholastik: die Allgemeinbegriffe sind das Wirkliche, universalia sunt realia, und zwar ante rem, vor dem Einzelding. Hauptvertreter: WILHELM VON CHAMPEAUX und ANSELM VON CANTERBURY (um 1100). Es kommt danach ein gemäßigter Realismus im Anschluß an ARISTOTELES auf: die Allgemeinbegriffe sind das Wirkliche im Einzelding, universalia sunt realia in re (THOMAS VON AQUINO; s. a. Universalien); 2. *erkenntnistheoretisch* bezeichnet Realismus die Richtung, die der Erkenntnis eine selbständige, vom Erkennen unabhängige Wirklichkeit gegenüberstellt, die im und vom Erkennen erfaßt wird. Der *naive* Realismus nimmt die wirkliche Welt als in der Wahrnehmung und an und für sich gegeben und erkennbar an. Der *kritische* Realismus (in Deutschland: HERBART, LOTZE, KÜLPE, DRIESCH u. a.) scheidet vor allem die Empfindungen als subjektiv aus diesem Weltbilde aus, hält aber daran fest, daß es zum Wesen der Erkenntnis gehört, eine wirkliche Welt oder die Welt des an sich Wirklichen zu ergründen. (Zur Fortbildung des kritischen Realismus besonders in Nordamerika s. Amerikanische Philosophie.) So glaubt der Rationalist wie DESCARTES, SPINOZA, die Wirklichkeit durch Vernunft, der Empirist wie LOCKE, durch Erfahrung wesentlich so zu erkennen, wie sie an sich selbst ist. KANT weist die realistische Ansicht, die auch Raum und Zeit als etwas an sich Gegebenes, also äußere Erscheinungen als Dinge an sich ansieht, als transzendentalen Realismus zurück und vertritt selbst einen *empirischen* Realismus, nach dem alle äußere Wahrnehmung unmittelbar etwas Wirkliches im Raume beweist, ja das Wirkliche selbst ist, aber doch als Erscheinung in den Formen des Anschauens und Denkens verbleibt. In der *Ästhetik* bezeichnet der Realismus eine Kunstrichtung (etwa im Zeitraum von 1830—1880), die den Idealismus ablöst und die ihrerseits vom Naturalismus abgelöst wird.

Realität: Wirklichkeit, das wirkliche Sein. Objektive Realität der Erkenntnis bedeutet Beziehung auf einen Gegenstand. In der modernen Philosophie hat das Problem der Realität besondere Bedeutung für KÜLPE (Die Realisierung, 3 Bde., 1912—1923) und Heinrich MAIER (Philosophie der Wirklichkeit, 3 Bde., 1928 f.). (Vgl. Erfahrung.)

Realrepugnanz: in seiner kleinen, vorkritischen Schrift, dem „Versuch, den Begriff der negativen Größen in die Weltweisheit einzuführen", unterscheidet KANT zwischen logischem und realem Gegensatz (= Realrepugnanz). Unter dem logischen Gegensatz ist hier der *kontradiktorische* (vgl. dort) zu verstehen, bei dem Gesetztes und Entgegengesetztes einander nach dem Satze des Widerspruchs ausschließen. Auch in der Realrepugnanz hebt „eins dasjenige auf, was durch das andere gesetzt ist" (nämlich ein Prädikat eines Dinges das andere); aber das Resultat ist nicht wie beim logischen Gegensatz *Nichts* (nihil negativum), sondern *Null* (nihil privativum). KANT erläutert das Gemeinte an dem Beispiel der negativen Zahlen im Verhältnis zu den positiven. In $A - A = O$ sind beide A positiv, „doch so, daß eines dasjenige aufhebt, was durchs andere gesetzt ist, welches hier durch das Zeichen — angedeutet wird." Der Begriff der Realrepugnanz spielt eine gewisse Rolle auch in Kants kritischer Naturphilosophie, insofern diese sich auf das Gegeneinander zweier ursprünglicher Kräfte, Attraktion und Repulsion, gründet. Voll ausgewertet wird er jedoch erst in der „Realdialektik" von J. BAHNSEN (vgl. Realdialektik) und in der Ontologie N. HARTMANNS.

Rechtsphilosophie: behandelt seit der *Sophistik* und PLATON Wesen, Begriff und Entwicklungsgeschichte des Rechts und der Gerechtigkeitsidee. In der „Rechtsphilosophie" HEGELS ist diese identisch mit seiner Lehre vom „objektiven Geist", wobei das abstrakte Recht die These, die Moralität die Antithese und die Sittlichkeit die Synthese ist. (Vgl. Sozialphilosophie.)

Lit.: H. Coing, Grundzüge der Rechtsphilosophie (1950); E. Fechner, Rechtsphilosophie — Soziologie und Metaphysik des Rechts (1957); W. Sauer, Lehrbuch des Rechts- und Sozialphilosophie (2. A. 1949).

Reduktion: Zurückführung. HUSSERL unterscheidet die *phänomenologische* (als Ausklammerung des natürlichen Weltglaubens) von der *eidetischen* Reduktion (Zurückführung auf das Wesentliche). (Vgl. Husserl.)

Reflexion: Zurückbeugung; 1. Überlegung, Selbstbeobachtung, innere Wahrnehmung, das Sichzurückwenden des Denkens auf sich selbst. Bei LOCKE die auf das Innere gerichtete Seite der Erfahrung, die die seelischen Tätigkeiten zu Bewußtsein bringt. Bei HEGEL nimmt das „Verhalten des Bewußtseins" nicht bloß wahr, sondern „ist sich auch seiner Reflexion in sich bewußt" und trennt diese von der einfachen Auffassung ab. Die Reflexion erstrebt bei ihm das Wissen vom Wissen (ARISTOTELES). 2. *Physikalisch:* das Zurückwerfen von Wellenbewegungen. **Reflexionsbegriffe** sind nach KANT solche, die bei der Betrachtung eines bereits Erkannten entstehen; sie treten stets in Dichotomie auf (Inneres und Äußeres, Einfaches und Zusammengesetztes usw.). Indem man sie logisch trennt, entstehen metaphysische Behauptungen von absoluter Geltung wie z. B. die Leibnizsche Monadologie. **Reflexionsmoral:** Lehre, daß der sittliche Wille sich nur durch Reflexionen, „durch vernünftige Einsicht und Überlegung" bestimmen sollte. Dieser Standpunkt eines ethischen Intellektualismus (im Gegensatz zur Gefühlsmoral) war vorherrschend im Altertum. Vertreter in der Neuzeit: Cudworth, Clarke, Leibniz, Wolff.

Regel: in der *Logik:* im Unterschied zu Gesetz (besagt das, was ist, ist also Aussage) ist Regel eine Weisung über die Art des Vorgehens.

Regreß: Regressus, Rückgang vom Bedingten zu den Bedingungen, vom Besonderen zum Allgemeinen; ein Regressus in infinitum wäre ein Rückgang ins Unendliche, der unmöglich ist; aber der Regressus in der Reihe der Welterscheinungen geht in indefinitum, d. h. es gibt für ihn zwar keine Schranken, aber eine Grenze, die im Unbedingten liegt. **regressiv:** zurückschreitend; die regressive Methode ist die analytische Methode, die vom Bedingten zu den Bedingungen zurückführt; besonders von Galilei ausgebildet.

Regression: in der Psychoanalyse Freuds: Wiederbelebung früherer Erlebnisstufen (vgl. Verdrängung).

regulativ: zur Regel dienend; die Ideen der reinen Vernunft haben einen regulativen Gebrauch als Prinzipien der systematischen Einheit aller Erkenntnisse. (Vgl. Idee.)

Rehmke, Johannes (1848—1930): Philosophie wird zur Grundwissenschaft, die im Gegensatz zu den Einzelwissenschaften mit dem Allgemeinsten, dem Gegebenen schlechthin zu tun hat. — Alles Gegebene (Gewußte), Wirkliches oder Nichtwirkliches, ist ein Einziges oder Allgemeines, d. h. es findet sich nur einmal oder mehrmals. Der Gegensatz: „Einziges — Allgemeines" konstituiert die Grundwissenschaft. Hauptwerk: Philosophie als Grundwissenschaft (1910). (Vgl. Grundwissenschaft.)

rein: ungemischt mit fremden Bestandteilen; Kant nennt alle Vorstellungen rein, in denen nichts, was zur Empfindung gehört, angetroffen wird; Erkenntnisse sind rein, denen nichts Empirisches beigemischt ist. Raum und Zeit sind reine Anschauungen. Die reine Mathematik handelt nicht von Dingen der Natur wie die angewandte.

Reine Naturwissenschaft besteht in den apriorischen Grundsätzen, den synthetischen Urteilen a priori, die die empirische Naturerkenntnis erst möglich machen.

Reinkarnation: Wiederverkörperung der Seele in einem neuen Leibe. (Vgl. Seelenwanderung.)

Reiz: psychologisch: Reizaufnahmefähigkeit (Irritabilität) ist Grundeigenschaft alles Lebendigen. Die Reizaufnahme ist nur innerhalb gewisser Grenzen möglich **(Reizschwelle, Reizhöhe)** und innerhalb dieser Grenzen diskontinuierlich. Wesentlich ist die relative, nicht die absolute Zunahme der Reizintensität (Webersches Gesetz).

Rekognition: Wiedererkennung: nach KANT ist die Rekognition eine Bedingung objektiver Erkenntnis, indem sie die Vorstellungen zur Einheit des Gegenstandes im Begriff vereinigt.

Relation: Verhältnis, Beziehung, Relationsbegriffe sind Begriffe der Vergleichung und Entgegensetzung wie Ursache-Wirkung, Zeit- und Ortsbestimmung, Maß, Grad u. a. Im Denken der modernen Naturwissenschaft und Erkenntnistheorie tritt der Relationsbegriff gleichbedeutend neben den Substanzbegriff.

Relationenkalkül: Teil des Logikkalküls, der zu den wesentlichen Neuentdeckungen der Logistik gehört. Eine **Relation** (= mehrstelliger Begriff) „kann betrachtet werden als die Klasse von Paaren (x, y), für welche eine gegebene Funktion Ψ (x, y) wahr ist" (B. RUSSELL).
Relationslogik: Theorie der Beziehungen zwischen Relationen.

Relativismus: allgemein: eine geistige Haltung, die alles Absolute, Unbedingte leugnet und nur ein auf den Menschen als Gattung oder Individuum bezogenes Relatives anerkennt. Man unterscheidet: erkenntnistheoretischen und ethischen, oder Wahrheits- und Wertrelativismus. Der *erkenntnistheoretische* Relativismus besagt, a) daß jedes Urteil, wenn es auch denselben Gegenstand meint, entsprechend den verschiedenen urteilenden Subjekten verschieden ausfällt, b) daß absolute Wahrheit nicht erreichbar ist. Den erkenntnistheoretischen Relativismus vertreten auch — in freilich sehr verschiedener Art — Skeptizismus, Positivismus und Kritizismus. Der *ethische* Relativismus behauptet, daß keine an sich geltende Wertwelt existiert, nach der sich das Subjekt in seinen Werten ausrichten könnte. **Relationismus:** der relationale Charakter der Erkenntnis = ihre Abhängigkeit vom Dasein eines urteilsfähigen und vernehmenden Subjekts bzw. die Rückbeziehung von Aussagegehalten auf eine bestimmte Weltauslegung und diese auf ein bestimmtes gesellschaftlich-soziales Sein (Wissenssoziologie). Der Relationismus braucht keinen (destruktiven) Relativismus einzuschließen.

Lit.: E. May, Am Abgrund des Relativismus (1949).

Relativitätstheorie: die klassische Mechanik Newtons nahm an, daß der Zeitabstand zwischen zwei Ereignissen und der räumliche Abstand zwischen zwei Punkten eines starren Körpers vom Bewegungszustande des Bezugskörpers unabhängig seien, daß also die Bedeutung dieser zeitlichen und räumlichen Angaben eine absolute sei. Die *spezielle* Relativitätstheorie Einsteins (1905) behauptet eine Relativität der Bewegungen für den Spezialfall der geradlinigen und gleichförmigen Bewegungen: der Bewegungsbegriff hat nur relativ zu einem materiellen Bezugskörper einen physikalischen Sinn. Die Feststellung der Gleichzeitigkeit zweier Ereignisse an verschiedenen Orten führt zu verschiedenen Resultaten, wenn sie von Körpern vorgenommen wird, die sich zueinander bewegen; die Feststellung ist abhängig vom Bewegungszustande des Messenden. Die Dauer eines Ereignisses ist keine absolute Größe, sondern ebenfalls abhängig vom Bewegungszustande des Bezugskörpers, von dem aus sie gemessen wird. Die *allgemeine* Relativitätstheorie (1913) dehnt das Relativitätsprinzip auf beliebige, beschleunigte Bewegungen aus und führt zu umwälzenden Einsichten. Die Masse ist relativ; sie hängt von der *Geschwindigkeit* ab. Die beiden Sätze von der Erhaltung der Masse und der Energie werden in eins verschmolzen. Jeder Körper darf als beschleunigt oder unbeschleunigt betrachtet werden, je nachdem man eine bestimmte *Gravitationskraft* hinzudenkt oder hinwegdenkt; mit der Beschleunigung wird zugleich die Gravitation relativiert. Die Eigenschaften des wirklichen Raumes entsprechen nicht den euklidischen Aximonen, die allgemeine Relativitätstheorie ist mit den Sätzen Euklids unvereinbar. — Die positivistische Philosophie sieht im allgemeinen in den Lehren der Relativitätstheorie eine Bestätigung ihrer positivistischen Grundeinstellung. Die philosophischen Konsequenzen der Relativitätstheorie werden entwickelt von E. Cassirer, Heinrich Maier u. a.

Religion: „Gläubige Überzeugung von Dasein und Walten übersinnlicher Mächte, die unserm irdischen Geschehen ein sinnvolles Ziel setzen und sittliche Forderungen an uns Menschen stellen, durch welche dieses Ziel erreicht werden soll" (Hellpach). **Religionsphilosophie:** die religionsphilosophische Forschung untersucht Ursprung, Wesen, Bedeutung, Wahrheitsgehalt und Erkenntniswert der Religion sowie die Beziehungen der Religion zu anderen Geistesgebieten, insbesondere zur Metaphysik und Ethik. Religionsphilosophische Betrachtungen durchziehen die ganze Geschichte der Philosophie. Die griechischen Denker kritisieren den überlieferten Götterglauben und entwickelten (Aristoteles) einen reinen Monotheismus, während die *Stoiker* später ihre Welt- und Lebensanschauung auf einen Pantheismus begründeten. Das *Christentum* suchte die Lehren der Theologie philosophisch zu begründen und so Offenbarungsreligion und Philosophie in Einklang zu bringen, wobei die Offenbarung freilich als übervernünftig, wenn auch nicht unvernünftig, den Vorrang hatte. In der Neuzeit entstand im 17. und 18. Jahrhundert die Religionsphilosophie des *Deismus,* die Lehre einer natürlichen Religion, einer Vernunftreligion, so daß die historische Offenbarungsreligion mehr und mehr in den Hintergrund trat. David Hume zeigte aber in seiner „Natürlichen Geschichte der Religion" (1757), daß die religiösen Vorstellungen nicht, wie der Deismus will, durch Vernunft gegeben sind, sondern aus dem Gefühls- und Triebleben der Menschen herrühren. Eine eigentliche Disziplin der Religionsphilosophie entstand dann mit KANTS und FICHTES religionsphilosophischen Schriften. In der neueren Zeit bedeutsam FRIES und Albert GÖRLAND (Religionsphilosophie, 1922) sowie die Werke von Ernst TROELTSCH und Max WEBER, die die Religionsphilosophie der christlichen Kirchen untersuchen. **Religionspsychologie:** von W. JAMES, W. WUNDT, C. G. JUNG u. a. begründeter Zweig der Psychologie, der die psychologischen Grundlagen des religiösen Lebens erforscht.

Renaissance: Wiedergeburt, urspr. rinasciamento, Begriff, durch Michelet nach Deutschland gedrungen; das Zeitalter von etwa 1400—1600, das in Wiederanknüpfung an die Geisteswelt der Antike, besonders PLATONS, die Loslösung vom Autoritätssystem des Mittelalters und ein neues, freies, weltliches Bildungsideal und Selbstbewußtsein erstrebte. — In der *italienischen* Renaissance geht das neue Verhältnis zur politischen Wirklichkeit mit der geistigen Wandlung Hand in Hand *(Humanismus).* Die *französische* Renaissance zeigt in MONTAIGNE die reichste Ausprägung des Persönlichkeitsideals und des *Moralismus* (s. d.) als Form des Philosophierens. In der *deutschen* Renaissance schmilzt das humanistische Ideal mit dem der *Freiheit* zusammen (ERASMUS, U. v. HUTTEN). Bei LUTHER wurzelt das neue Selbstbewußtsein im Religiösen.

Lit.: Jakob Burckhardt, Die Kultur der Renaissance in Italien (1. A. 1860).

Reproduktion: Wiedererzeugung; bezeichnet psychologisch den Vorgang der Vorstellungswiederkehr früher dagewesener Erlebnisse nach den Gesetzen der Assoziation. Reproduktionsmethode.

Repulsion: Abstoßungskraft.

Restriktion: Einschränkung; die Sinnlichkeit realisiert den Verstand, indem sie ihn zugleich restringiert, d. h. auf die Erscheinungen einschränkt (KANT).

Rezeptivität: Empfänglichkeit. „Die Fähigkeit (Rezeptivität), Vorstellungen durch die Art, wie wir von Gegenständen affiziert werden, zu bekommen, heißt Sinnlichkeit" (KANT). Raum und Zeit gehören „zu den Bedingungen der Rezeptivität unseres Gemütes". Der rezeptiven Seite unseres Erkenntnisvermögens steht gegenüber die Spontaneität.

reziprok: wechselseitig; reziproke Begriffe sind Begriffe, deren Umfänge zusammenfallen wie gleichseitiges und gleichwinkliges Dreieck.

Rhetorik: Redekunst.

Rickert, Heinrich (1863—1936): neben WINDELBAND das Haupt der „Südwestdeutschen Schule" des Neukantianismus. Grundproblem: *erkenntnistheoretische Grundlegung der Geschichtswissenschaft,* die einer *anderen Methode* bedarf als die Naturwissenschaft. Die sinnlichwahrnehmbare Welt ist für den erkennenden Geist unendlich; die Wissenschaften überwinden daher diese Unendlichkeit durch Hervorhebung des Allgemeinen (Physik) oder Selektion von Besonderem in seinen ausgesprochenen Beziehungen zur Wertwelt der jeweiligen historischen Epoche (Geschichte). So suchen die Naturwissenschaften nach allgemeinen Gesetzen *(generalisierende Methode),* die Kulturwissenschaften nach der Individuation des geschichtlich Gewordenen *(individualisierende Methode).* Hauptwerk: Grenzen der naturwissenschaftlichen Begriffsbildung (1896); vgl. Max Weber.

Riehl, Alois (1844—1924): Philosophie ist ihm nicht Weltanschauungslehre, sondern Kritik der Erkenntnis. Diese geht von der Grundtatsache der *Empfindung* aus. Der Wille bewegt die Gliedmaßen nicht als Bewußtseins-, sondern als Gehirnprozeß *(„philosophischer Monismus").* Hauptwerk: Der philosophische Kritizismus und seine Bedeutung für die positive Wissenschaft (1867—1887).

Rigorismus: strenges, unbedingtes Festhalten an sittlichen Grundsätzen. Kants praktische Philosophie ist ethischer Rigorismus.

Rousseau, Jean Jacques (1712—1778): Aufklärer und Gefühlsphilosoph, der sich scharf gegen den Intellektualismus der französischen Aufklärung wendet und besonders den deutschen Sturm und Drang und die deutsche Klassik beeinflußt hat. In den Preisschriften: Discours sur les arts et les sciences (1750) und Discours sur l'origine et les fondements de l'inégalité parmi les hommes (1754) stellt Rousseau die These auf, daß dem Fortschritt der Kultur der Verfall der Sitten folgt. Der im Ur- und Naturzustand in voller Gleichheit glücklich lebende Mensch wird dem in der Ungleichheit der arbeitsteiligen Kulturgesellschaft Lebenden entgegengesetzt. *Zurück zur Natur!* Aus naturrechtlichen Ideen, die er dem Ungleichheit schaffenden positiven Recht entgegenhält, entwickelt er — im Anschluß an HOBBES — seine Anschauung über den *Staats- und Gesellschaftsvertrag* (Contrat social). Der Staat ist als natürlicher Organismus, der in der naturhaften Tugend der einzelnen Mitglieder gegründet ist, Produkt des Gesellschaftsvertrages, den freie selbständige Individuen zum Zwecke des Schutzes ihrer Individualität miteinander schließen. Dadurch wird die Gemeinschaftlichkeit der Gesellschaft garantiert. Der wahre Souverän im Staate ist der Gemeinwille des Volkes. Diese *volonté générale* (im Gegensatz zur *volonté de tous)* ist festzustellen durch Stimmenmehrheit. Die Grundgedanken der bill of rights und die Erklärung der Menschenrechte von 1789 werden auf seinem System begründet. — Weitere Schriften: La nouvelle Heloïse (1761); Emile (1762); Le contrat social (1762); Rêveries (1782); Confessions (1782—1788).

Russell, Bertrand (geb. 1872): englischer Philosoph und Mathematiker, bedeutender Vertreter des *Neoempirismus* (s. d.), gewann besonders durch seine mit WHITEHEAD verfaßten „Principia Mathematica" (vol. I—III 1910—1913) Einfluß auf die Ausbildung der *Logik, Logistik* und *Mathematik,* vor allem auf deren Fortentwicklung innerhalb des Wiener Kreises (s. d.). Zugleich mit einer Neuordnung der Logik leitet Russell aus dieser die Mathematik ab und identifiziert sie mit ihr. (Diese Identifizierung ist heute umstritten.) Nur mit logischen Grundbegriffen und auf der Grundlage der logischen Prinzipien unter Hinzufügung des *Unendlichkeits-* und des *Auswahlsaxioms* werden sowohl die mathematischen als auch die Grundbegriffe der Analysis und Mengenlehre konstituiert. — Wesentlich sind auch seine technischen Verbesserungen der Logistik, etwa die Einführung der *Satzfunktion,* die Konstruktion eines neuen *Symbolismus,* die Theorie der Beschreibung *(description)* und der Typen, die Anwendung von Ockhams Messer *(razor),* um nicht notwendige abstrakte Wesenheiten auszuscheiden (vgl. Aussage). Weitere Schriften: Einführung in die mathematische Philosophie (dt. Ausg. 1923); vgl. ferner Empirismus, Wiener Kreis.

Saint-Simon, Claude Henri, Graf von (1760—1825): hervorragender Vertreter des *utopischen Sozialismus* (vgl. Utopie). Radikal-politische, mehr dem Liberalismus als dem Sozialismus entspringende Gedanken, die sich an die besitzenden Klassen richten. Er fordert die *Herrschaft* der „*industriellen Klasse",* die Unternehmer und Arbeiter umschließt und auf der Grundlage der Beibehaltung des Eigentums in christlich-werktätiger Bruderliebe gemeinsam für eine Maximierung des Sozialprodukts arbeitet (vgl. Sozialismus).

Sartre, Jean-Paul (geb. 1905): französischer Phänomenologe, Existenzphilosoph und Dichter, besonders von Husserl, Heidegger und Freud beeinflußt. In seinem Frühwerk (L'imagination, 1936; Esquisse d'une théorie des émotions, 1939; L'imaginaire—Psychologie phénoménologique de l'imagination, 1940) geht er von Husserl aus. Das intentionale Objekt ebenso wie das Ego sind prinzipiell außerhalb des Bewußtseins in der Welt. „*Der Mensch ist dauernd außerhalb seiner selbst."* Im L'imaginaire bestimmt im Gegensatz zur traditionellen Auffassung das Eingebildete das Bewußtsein, die Wahrnehmung etc. Die Phantasie (des außer sich seienden Menschen) wird zum Bewußtsein selbst, das in einem Akt die Welt frei setzt und auch negiert. Die Analyse von Bewußtsein und Phantasie ergibt die formale Struktur seiner Ontologie, die inhaltlich aus der konkreten Erfahrung der *persönlichen Unfreiheit* in einer tyrannischen Zeit bestimmt ist. *Freiheit,*

Ekel (La nausée, 1938) und *Einsamkeit* wachsen zu allumfassenden Mächten an. In seinem Hauptwerk: „L'être et le néant" (1943) *geht die Existenz der Essenz vorher* und wird das entleerte Bewußtsein zum *Nichts*, das das Sein umgibt. Sartre fragt ähnlich wie HEIDEGGER: *Was ist der Ursprung des Nichts?*, versucht jedoch das transzendente Nichts in die immanente Welt zurückzuführen und versetzt es (im Gegensatz zu Heidegger) in die Subjektwelt. Der Mensch steht in seinem außer sich seienden Bewußtsein zwischen dem An-sich (En-soi = Welt des Seins), das gleichsam ohne Nichts ist und dem Für-sich (Pour-soi = Welt des Bewußtseins), das dem Nichts offen oder sogar mit ihm identisch ist. Da der Mensch sich nur als reines An-sich oder Für-sich betrachten, aber diese Reinheit nicht konkret verwirklichen kann, entsteht das *Mißtrauen* (mauvaise foi) als eine Grundbefindlichkeit des Bewußtseins. Schließlich fällt der für sich seiende Mensch in seinem Bestreben, Gott zu werden, zurück auf seinen Leib. Die Seele wird zum Leibe, insofern sich das Für-sich in ihm individualisiert. Vom Für-sich des Leibes hebt sich (als seine zweite ontologische Schicht) ein Für-Anderes ab. Der *„Blick"* des Anderen, der bei Sartre eine entscheidende Rolle spielt, wirft den Menschen auf sich selbst zurück und macht ihn zu einer Existenz für den anderen. Der *Andere* ist aber nicht das persönliche *Du* MARCELS, sondern immer HEGELS abstraktes Objekt. Sartres Existentialismus ist ein *aktivistischer Humanismus* (L'existentialisme est un humanisme, 1954). Der permanent außer sich seiende Mensch macht sich selbst und ist zu Freiheit, Angst und Einsamkeit verurteilt.

Satz: der Satz (besonders der Aussagesatz) ist ebenso der sprachliche Ausdruck des Urteils wie das Wort der sprachliche Ausdruck des Begriffes ist. In der *formalen Logik* entspricht die Struktur des Satzes der des Urteils (vgl. dort). B. RUSSELL versteht „unter einem Satz in erster Linie eine Bildung aus Worten, die ausdrückt, daß etwas entweder wahr oder falsch ist." Zu BOLZANOS „Satz an sich" vgl. „Wahrheit an sich". — Eine **Satzfunktion**

ist nach B. RUSSELL „ein Ausdruck, der eine oder mehrere unbestimmte Bestandteile in der Weise enthält, daß der Ausdruck zu einem Satz wird, wenn diesen Bestandteilen Werte zugeschrieben werden ... mit anderen Worten, es handelt sich um eine Funktion, deren Werte Sätze sind." In der **Satzlogik** (Gegensatz: Begriffslogik) sind die letzten logisch verknüpften Elemente selbst Sätze.

Lit.: B. Russell, Einführung in die mathematische Philosophie (dt. Ausg. 1923).

Schein: im Gegensatz zum Sein, zur Wirklichkeit ein Nichtwirkliches, eine Täuschung. Sinnenschein = Sinnestäuschung. Nach MACH ist es unberechtigt, Schein und Wirklichkeit überhaupt gegenüberzustellen; KANTS Begriff der Erscheinung ist nicht dem Schein gleichzusetzen, denn die Erscheinungswelt ist eine gesetzmäßige Wirklichkeit, wenn sie auch vom Ding an sich unterschieden werden muß. — Der *logische* Schein ist der Schein der Trugschlüsse, der aus Mangel der Achtsamkeit auf die logische Regel entspringt. Der *transzendentale* oder *dialektische* Schein besteht in der unvermeidlichen Illusion, „die subjektive Notwendigkeit einer gewissen Verknüpfung unserer Begriffe zugunsten des Verstandes für eine objektive Notwendigkeit der Bestimmung der Dinge an sich" zu halten (vgl. Idee). Doch deckt die transzendentale Dialektik diesen Schein transzendenter Urteile auf, so daß er nicht betrügt. — Ferner: subjektiver und objektiver Schein.

Scheler, Max (1874—1928): Philosoph, Soziologe und Wegbereiter der philosophischen Anthropologie; überträgt die Wesensphänomenologie E. HUSSERLS auf Ethik, Kultur- und Religionsphilosophie, indem er ewige Werte und Wertzusammenhänge erschauen zu können glaubt. *(„Emotionaler Intuitionismus".)* Im Gegensatz zur formalen Ethik KANTS begründet er im Sinne eines strengen ethischen Absolutismus eine *„materiale Wertethik"* durch Aufdeckung ethischer und religiöser Wertgehalte, worin ihm später N. HARTMANN folgt. Als *Soziologe* vertritt Scheler eine seiner *philosophischen Anthropologie* vorarbeitende *Wissenssoziologie* (s. d.): auch hier platonisierend läßt er das gesellschaftlich-soziale Sein an dem als autonom und präexistent aufgefaßten Geist nur partizipieren. Auf der Grundlage eines *ontologischen Dualismus* behauptet er ein Gesetz der „*Folgeordnung der Wirksamkeit der Real- und Idealfaktoren*", in dem alle zu ihrer konkreten Existenz gelangenden idealen Wesenheiten (Idealfaktoren) — und nur sie — durch die menschlichen Urtriebe (Realfaktoren) bestimmt werden. Hauptwerke: Der Formalisums in der Ethik und die materiale Wertethik (1913, 4. A. 1954), Die Wissensformen und die Gesellschaft (1926).

Schelling, Friedrich Wilhelm (1775—1854): der frühe Schelling ist besonders von FICHTE beeinflußt. Er begründet in Jena neben den beiden SCHLEGEL, TIECK, NOVALIS und STEFFENS die romantische Schule. Sein Problem ist noch, ähnlich dem des frühen Fichte und HEGEL, die Wirklichkeit aus der Selbstbestimmung der Vernunft zu begreifen. Der Zeit des objektiven Idealismus der *Identitätsphilosophie* folgt dann die Phase eines besonders unter dem Einfluß BAADERS stehenden *theosophischen Pantheismus*. In der steten Auseinandersetzung mit Fichte und Hegel erwächst die *Spätphilosophie* Schellings, die als einer der ganz selbständigen Entwicklungsstränge des deutschen Idealismus angesehen werden muß. Grundproblem des späten Schelling ist die Frage nach der *Möglichkeit der reinen Selbstbestimmung der Vernunft*. Das Denken transzendiert sich selbst, es erkennt, daß es seine Inhalte nicht zu fassen vermag. Schelling versucht, zwischen dem Begriff der Wirklichkeit, des Lebens (der sich später zu dem der *Freiheit* fortbildet) und der Vernunft bzw. der Lehre von den *Potenzen*, den Grundbegriffen der Vernunft, zu vermitteln. Dabei bewertet er die Wirklichkeit gegenüber der Vernunft als das Seinsmächtigere und wirft die Frage nach dem Menschen auf, eine Frage, die dann in der nachidealistischen Zeit im Denken von KIERKEGAARD, MARX und NIETZSCHE eine beherrschende Rolle spielt.

Doch gibt es einen über den Menschen hinausgehenden Sinn und eine in der Wirklichkeit liegende Weisheit, die die der Philosophie übersteigt und letztlich auf *Gott* als den in sich ruhenden Weltgrund zurückweist. Hauptwerke: Ideen zu einer Philosophie der Natur (1797); System des transzendentalen Idealismus (1800); Philosophie und Religion (1804); Untersuchungen über das Wesen der menschlichen Freiheit (1809); Philosophie der Mythologie und Offenbarung (1841 f.).

Lit.: K. Jaspers, Schelling — Größe und Verhängnis (1955); W. Schulz, Die Vollendung des deutschen Idealismus in der Spätphilosophie Schellings (1955).

Schema: Form, Gestalt. In der *Logik* heißen die Schlußfiguren Schemata. Nach KANT liegen unseren reinen sinnlichen Begriffen nicht Bilder, sondern Schemata zugrunde. Ebenso beziehen sich empirische Begriffe auf ein Schema als eine Regel der Bestimmung unserer Anschauung gemäß einem gewissen allgemeinen Begriffe. Reine Verstandesbegriffe, Kategorien, haben keinen anschaulichen Charakter. Die Anwendung der Kategorien auf Erscheinungen bedarf daher der Vermittlung durch ein Schema, das gleichsam den Begriff versinnlicht. Das *transzendentale* Schema ist als zwischen Kategorie und Erscheinung vermittelnde Vorstellung einerseits intellektuell, andererseits sinnlich. Das Schema der Substanz ist die Beharrlichkeit des Realen in der Zeit, das Schema der Kausalität ist die Sukzession des Mannigfaltigen, insofern sie einer Regel unterworfen ist. Dieser **Schematismus:** der reinen Verstandesbegriffe schränkt den Gebrauch der Kategorien auf Erscheinungen ein.

Schichttheorie: nach N. HARTMANN besteht der „Aufbau der realen Welt" (2. A. 1949) aus Schichten (Gesetze der *Schichtengeltung,* der *Schichtenzugehörigkeit,* der *Schichtendetermination).* In der *Psychologie:* der auf PLATON zurückgehende Grundgedanke, daß das Seelische übereinanderliegende Schichten besitzt und daß die obersten Schichten durch die tieferen vorgeformt und durch sie mitbestimmt sind. E. ROTHACKER (Die Schichten der Persönlichkeit, 4. A. 1948) unterscheidet beim Schichtenaufbau des Menschen die Tiefenperson *(= Es-Schicht)* und die kortikale Person *(= Ich-Schicht)*. (Vgl. Tiefenperson.)

Schleiermacher, Friedrich Daniel Ernst (1768—1834): Theologie und Philosoph, beeinflußt von PLATON, SPINOZA, KANT, JACOBI, F. SCHLEGEL, fordert einen *Realismus,* der die Einheit von Endlichem und Unendlichem begreift. So erstrebt auch alles ethische Handeln die Einheit von Vernunft und Natur. Die auf dem Gefühl beruhende Religion ist das Sicheinsfühlen des Menschen mit dem Ewigen (Gott, Welt). Sie ist Bewußtsein „schlechthiniger" Abhängigkeit vom Unendlichen. Jedes in der Einheit von Gott und Welt eingeschlossene Individuum bildet sich frei sein Weltbild. — Hauptwerke: Reden über die Religion an die Gebildeten unter ihren Verächtern (1799); Monologe (1800); Der christliche Glaube (1821/22); Grundlinien einer Kritik der bisherigen Sittenlehre (1803); Entwurf eines Systems der Sittenlehre (1835); Dialektik (1839).

Schlick, Moritz: s. Wiener Kreis.

Schluß: „Schließen heißt, Urteile auf Grund anderer Urteile behaupten, sie als in diesen anderen logisch bereits enthalten verstehen" (v. Freytag-Löringhoff). Die Ableitung aus einem Urteil ist der *unmittelbare,* der aus einer Mehrheit der *mittelbare* Schluß. (Über mittelbare Schlüsse siehe Konversion und Kontraposition.) Der mittelbare Schluß ist entweder ein Schluß vom Allgemeinen aufs Besondere (Syllogismus, Deduktion) oder vom Besonderen aufs Allgemeine (Induktion). Der *einfache* Syllogismus leitet ein Urteil aus zwei, der *zusammengesetzte* aus mehr als zwei Urteilen ab. (S. Syllogismus.)

Scholastik: die mittelalterliche Schulphilosophie seit dem 9. Jahrhundert (vorher *Patristik*). Die Scholastik versucht, Glauben und Wissen, die Autorität der orthodoxdogmatischen Tradition der katholischen Theologie mit dem wissenschaftlichen System des Aristoteles harmonisch zu verschmelzen. ANSELM VON CANTERBURY (s. d.) ist der eigentliche Vater der Scholastik. Sein credo ut intelligam bezeichnet ihr Programm. Ihren Höhepunkt erreicht die Scholastik im System des THOMAS VON AQUIN (um 1250). — Man unterscheidet Vor-, Früh- und Hochscholastik sowie die Zeit des Verfalls. Eine **Neuscholastik**, einen **Neuthomismus** (s. d.) fördert die Enzyklika des Papstes Leo XIII. (1879).

Lit.: M. Grabmann, Die Geschichte der Scholastischen Methode, 2 Bde. (2. A. 1957).

Schopenhauer, Arthur (1788—1860): der Philosoph des *Pessimismus*. Hauptwerk: Die Welt als Wille und Vorstellung (1819). — Es lautet die erste Grundthese seiner Philosophie: Die *Welt* ist *meine Vorstellung*. Sie bleibt ihm eine halbe Wahrheit ohne die zweite These: Die *Welt* ist *Wille*. In der Welt der Erscheinungen kann nichts existieren, es sei denn als Objekt für ein erkennendes Subjekt. Alles Seiende muß sich dem Satz vom Grunde fügen, der in vier Formen auftritt, denen vier Klassen von Objekten entsprechen. — Alle *Erkenntnis* stammt aus der *Anschauung*. Euklid wird getadelt, weil er begrifflich demonstriert, statt sich auf die unmittelbare und sichere Anschauung zu verlassen. Wille ist in Schopenhauers Metaphysik in erweiterter Bedeutung zu fassen. Er ist vernunft- und erkenntnislos; eine Art Weltseele, der dumpfe Instinkt zu leben und sich durchzusetzen. Ein Naturgesetz ist bloß „die der Natur abgemerkte Regel, nach der sie unter bestimmten Umständen, sobald diese eintreten, jedesmal verfährt." — *Teleologie:* Schopenhauer unterscheidet innere und äußere Zweckmäßigkeit der Organismen. Unter innerer ist das Verhältnis der einzelnen Teile untereinander zum Gesamtzweck des Organismus verstanden. Diese Teleologie erklärt sich aus der Einheitlichkeit des Willensaktes, der sich als die platonische Idee dieses Organismus darstellt. Die äußere Zweckmäßigkeit ist Anpassung an die Umgebung. Die äußeren Zweckursachen sind blindwirkende Motive: „Der Stier stößt nicht, weil er Hörner hat; sondern weil er stoßen will, hat er Hörner." — Lehre vom *Leiden* der Welt: Alles, was entsteht, ist wert, daß es zugrunde geht. Optimismus ist eine ruchlose Denkungsart. In Natur- und Menschenleben gibt es nur

Streit, Not, Kampf und Leid. Schopenhauer leugnet jeden Fortschritt und spricht der Geschichte jeden Wert ab. Seine *Ästhetik* beruht 1. auf dem reinen willenlosen Subjekt des Erkennens und 2. auf der platonischen Idee. Es handelt sich dabei um ein intuitives Erfassen der platonischen Idee durch den Intellekt selbst „als reines Weltauge". Die platonische Idee ist gleichsam die sichtbar gewordene Spezies. Die Kunst wiederholt in ihren Werken die Idee. Genie besteht in der aufs höchste gesteigerten Fähigkeit der Ideenerkenntnis. Am höchsten steht die *Musik*. Sie ist Abbild nicht der Idee, sondern des Willens selbst. *Ethik:* Zu moralischen Handlungen kommt es, wenn die Identität des eigenen mit dem fremden Wesen erkannt ist; sie geschehen aus Mitleid.

Seele: ursprünglich als Lebenshauch das belebende und bewegende Prinzip, i. e. S. die Gefühls- und Gemütsseite des Geistigen im Unterschied zum Intellektuellen. DEMOKRIT faßt die Seele materialistisch als aus Feueratomen bestehend auf; PLATON scheidet dualistisch Leib und Seele und nimmt die Präexistenz und Postexistenz der Seele und ihre Wanderung durch verschiedene Körper an. Die Seele ist unsterblich, sie äußert sich in drei Formen: Vernunft, mutvoller Wille, Begierde. Nach ARISTOTELES ist die Seele die Entelechie des Leibes, die sich im Organismus verwirklichende Form, die als Pflanzenseele die Funktionen der Ernährung und Fortpflanzung, als Tierseele dazu die Funktionen der Bewegung und Wahrnehmung ausübt und als Menschenseele dazu noch Vernunft besitzt. DESCARTES begründet einen schroffen Dualismus von Leib und Seele *(Leib-Seeleproblem)*, die als körperliche und seelische Substanz gänzlich verschieden sind, wenn sie auch in der Zirbeldrüse der Großhirnrinde in Wechselwirkung treten. Eine Auflösung dieses Begriffs einer substantiellen Seele vollziehen LOCKE und HUME, die keine Seelensubstanz, sondern nur ein Bündel von Vorstellungen in der Selbstwahrnehmung vorfinden. Auch KANT wendet sich gegen die metaphysischen Beweise der rationalen Psychologie für die Annahme einer einfachen unsterblichen

Seelensubstanz (vgl. Paralogismus). Die Materialisten: HOBBES, LAMETTRIE, HOLBACH, CABANIS, in Deutschland VOGT, MOLESCHOTT und BÜCHNER nehmen die Seele als eine Eigenschaft des Körpers, das Seelische als Funktion des Großhirns an. — „In ähnlicher Weise wie der Begriff der Materie ein Hilfsbegriff der Naturwissenschaft, so ist nun der Begriff der Seele ein Hilfsbegriff der Psychologie" (W. WUNDT). Es besteht der Gegensatz der *Substantialitätstheorie*, die die seelischen Erscheinungen auf die Einheit einer Seelensubstanz zurückführt, und der *Aktualitätstheorie*, die mit dem Begriff Seele nur eine einheitliche Zusammenfassung der seelischen Vorgänge beabsichtigt. Eine neue Wendung nimmt die Seelentheorie mit der Phänomenologie und der Gestaltpsychologie. **Seelenwanderung:** eine alte Lehre der Ägypter, Inder, der griechischen Orphiker, der Pythagoreer, auch PLATONS u. a., daß die Seele der Menschen sich immer wieder in verschiedenen Menschen- und Tierleibern verkörpert.

Seiende, das: das, was ist. (Vgl. Sein.)

Sein: ontologisch: „das schlicht ontisch verstandene Generelle" in der Mannigfaltigkeit des Seienden (N. HARTMANN). Bei HEIDEGGER ist das (eigentlich undefinierbare) Sein das, was das Seiende als Seiendes bestimmt („Sein besagt: im Licht stehen, Erscheinen, in die Unverborgenheit treten"), Ausarbeitung der Seinsfrage besagt „Durchsichtigmachen eines Seienden — des Tragenden — in seinem Sein". **Seinsvergessenheit:** besteht nach HEIDEGGER darin, daß die abendländische Metaphysik die Frage nach dem Sein vergessen hat. Zwischen dem Sein und dem Seienden besteht eine „ontisch-ontologische Differenz". *Ontisch* ist bei Heidegger immer auf Seiendes bezogen, während *ontologisch* das Seiende als Seiendes ist, das, was Seiendes zu Seiendem macht, also das Sein. Das Problem des Unterschiedes zwischen Sein und Seiendem ist bereits ein platonisch-aristotelisch-scholastisches. (Vgl. Thomas von Aquin: De ente et essentia.) **Seinsverständnis:** nur der Mensch versteht nach Heidegger ursprünglich Sein, indem er sich zu sich selbst und dem Seienden verhält und insofern schon immer in der Welt des Seienden ist. Die drei ursprünglichen Seinsverstehensweisen sind a) die Sprache, b) das Hantieren mit den Dingen, c) die Stimmungen. **Seinsweise:** die Weise, in der Seiendes existiert.

sekundär: an zweiter Stelle, zweiten Grades, untergeordnet. (Vgl. Qualität.)

Selbstbewußtsein: in der Psychologie im Gegensatz zum Außenweltbewußtsein das Erleben der Einheit des *Ich*. (Vgl. Hegel, Bewußtsein.)

Selbsterkenntnis: *psychologisch:* die Erkenntnis der eigenen seelischen Beschaffenheit; *ethisch:* die durch Beobachtung und Erprobung des eigenen Wollens und Handelns gewonnene Einsicht in die Grundzüge des Charakters; *erkenntnistheoretisch:* die Untersuchung der Grundlagen der Erkenntnis. So stellt sich KANT in der Kritik der reinen Vernunft die Aufgabe, das beschwerlichste aller Geschäfte der Vernunft, nämlich das der Selbsterkenntnis, aufs neue zu übernehmen.

Selbstsein: bei K. JASPERS: Gehalt der Existenz (s. d.); bei HEIDEGGER bezeichnet Selbstsein den ursprünglichen Willen, daß man im Handeln als man selbst eigentlich anwesend ist. So liegt die tiefste Freiheit im Grunde des Selbst. Im weiteren Sinne ist ihm Philosophieren Selbstseinkönnen.

Selektion: Auslese; die Entstehung der Arten will DARWIN durch natürliche Selektion erklären (vgl. Darwinismus).

Semiotik: allgemeine Lehre von den Zeichen; in der Logik: Lehre vom materiellen Sein des Wortes, die sich differenziert in: *Semantik* (Beziehung des Wortes zu seiner Bedeutung), *Syntax* (Theorie der Beziehungen zwischen den Zeichen) und *Pragmatik* (Theorie der Beziehung zwischen den Zeichen und den Menschen, die sie gebrauchen).

Seneca, Lucius Annaeus (4. v. Chr. bis 65 n. Chr.): Vertreter der späteren *Stoa;* Betonung der praktischen Bedeutung der Philosophie, Behandlung philosophisch-ethischer Fragen wie Zorn, Gemütsruhe etc. Er predigt den Glauben an Gottvater, Vorsehung und Hoffnung auf das Jenseits, ferner Mitleid, Weltbürgertum, Menschen- und Friedensliebe; galt deshalb lange als heimlicher Christ.

Sensation: äußere Sinneswahrnehmung; bei LOCKE die eine Quelle für unsere Vorstellungen der äußeren, sinnlichen Eigenschaften der Objekte der Außenwelt. (Vgl. Reflexion, Sinn.)

sensibel: 1. sinnlich wahrnehmbar, das, was als zur Erscheinung gehörig zu betrachten ist (vgl. intelligibel); 2. empfindlich, reizbar. **Sensibilität:** Fähigkeit zu empfinden.

Sensualismus: erkenntnistheoretische Lehre, nach der alle Erkenntnis aus Sinneseindrücken und Empfindungen abgeleitet wird. Hauptvertreter: CONDILLAC (vgl. dort). s. a. Empirismus.

Shaftesbury, Anthony Ashley, Cooper, Graf von (1671 bis 1713): englischer Moralist (vgl. Moralismus), der Ethik und Ästhetik nach dem Vorbild der καλοκαγαθία verschmilzt und zum metaphysischen System aufhöht. Seine sog. *Sympathielehre* (Ethik), die einen alles gestaltenden moralischen Sinn annimmt, bezieht auch die harmonische Ordnung von Individuum und Gesellschaft als Abbild des nach göttlicher Harmonie gegliederten Kosmos in sich ein. Deshalb lehnt er auch in "A letter concerning Enthusiasm" (1708) Despotie und Gewalttätigkeit ab. Für die *Ästhetik* wichtig durch seinen Begriff der „inneren Form".

Simmel, Georg (1858—1918): Lebens-, Kultur- und Geschichtsphilosoph, Soziologe, fälschlich als Relativist bezeichnet. Sein *Lebensbegriff* enthält gleicherweise das Dynamisch-Strömende (werdende Form) und das Statisch-Kristallisierte, aus dem „Leben" Heraus- und Hervorgetretene (geformtes Werden). „Leben ist ‚Mehr-Leben' und ‚Mehr-als-Leben'". Die *Transzendenz* des Lebens ist zugleich seine immanente Notwendigkeit. In seinen Werken über GOETHE und REMBRANDT findet dieser Gedanke auch ästhetisch seinen Niederschlag, ferner folgt aus ihnen ethisch der Gedanke eines *„individuellen Gesetzes"*. Simmel unterscheidet *subjektive* und *objektive Kultur.* In der Geschichte verbindet erst der *Historiker* die Fakten, das bloße Geschehen, zum *Verstehenszusammenhang* des *Geschichtlichen.* Simmel ist ferner der Begründer der *formalen Soziologie* (in Deutschland). Soziologie ist empirische Gesellschaftslehre, die die Strukturelemente und Beziehungsformen des Lebens in der Gesellschaft untersucht. Als Religionssoziologe Anreger Max WEBERS. Hauptwerke: Lebensanschauung (1918), Philosophische Kultur (3. A. 1923), Soziologie (1908).

simultan: zugleich, gleichzeitig. **Simultaneität:** Zugleichsein, Gleichzeitigkeit.

singular, singulär: einzeln, vereinzelt; ein singuläres Urteil bezieht das Prädikat nur auf ein Individuum als Subjekt. **Singularismus:** Bezeichnung für eine Metaphysik, die alles Wirkliche auf nur ein Prinzip zurückführen will. (Vgl. Monismus.)

Sinn: 1. Bezeichnung für ein reizaufnehmendes Organ (Sinnesorgan); 2. Sinnes- oder Gemütsart eines Menschen; 3. Ausdruck der Bedeutung eines Gedankens, Wortes, Satzes, Werkes, Geschehens etc. Äußerer und innerer Sinn (Wahrnehmung) sind nach LOCKE die beiden Quellen der Erkenntnis. (Vgl. Sensation; Reflexion.) Nach KANT stellen wir uns vermittels des äußeren Sinnes Gegenstände als außer uns im Raume vor, vermittels des inneren Sinnes schaut das Gemüt sich selbst oder seinen inneren Zustand an. Der Raum ist die Form des äußeren Sinnes, die Zeit die des inneren Sinnes. — Unter „moralischem Sinn" versteht HUTSCHESON ein allen Menschen eingeborenes Beurteilungsvermögen für das Moralische, ein ursprüngliches Vermögen der moralischen Billigung. (Vgl. Empfindung.)

Sinnesqualitäten: Arten der Sinnesempfindungen. (Vgl. Empfindung, Qualität.)

Sinnestäuschung: s. Schein.

sinnlich: 1. im Gegensatz zum Intellektuellen das durch Sinne Gegebene, durch Sinne Erkennbare; die sinnliche Erkenntnis umfaßt Raum und Zeit, die Sinnenwelt ist Erscheinungswelt; Erscheinungen sind Gegenstände der sinnlichen Anschauung, die in den Formen Raum und Zeit vor sich geht; 2. dem Sinnengenuß zugeneigt.

Sinnlichkeit: die Fähigkeit, durch Einwirken der Gegenstände Vorstellungen zu bekommen. Raum und Zeit sind Bedingungen der Sinnlichkeit, d. h. der sinnlichen Erkenntnis. (Vgl. Rezeptivität.)

Sittengesetz: die praktische Vernunft gibt ein allgemeines Gesetz, das Sittengesetz. (Vgl. kategorisch.)

Skepsis, Skeptizismus: philosophischer Standpunkt, der prinzipiell und methodisch-systematisch an der Erkenntnis von Wahrheit und Wirklichkeit zweifelt. Die Schule der Skeptiker wurde im Altertum von PYRRHON begründet (um 300 v. Chr.); weitere Vertreter sind ARKESILAOS, KARNEADES, später ÄNESIDEM, Sextus EMPIRICUS. All unser Wissen beruht auf Wahrnehmung, ist nur wahrscheinlich, ist subjektiv und relativ. DESCARTES geht aus von einem methodischen Zweifel, wobei er an allem zweifelt, um so den festen archimedischen Punkt zu finden, das ego cogito, ergo sum, die Selbstgewißheit des eigenen geistigen Seins. HUME bekennt sich zu einem gemäßigten Skeptizismus, der alles über die Erfahrung hinausgehende Wissen zurückweist, aber Mathematik und Erfahrungserkenntnis anerkennt. Nach HERBART steht am Anfang jedes philosophischen Strebens der Zweifel. Die niedere Skepsis bezweifelt die Geltung der sinnlichen Wahrnehmung, die subjektiv und relativ ist. Die höhere Skepsis entdeckt die Widersprüche in solchen Begriffen wie Ding, Veränderung, Sein, Tun, Leiden, Ursächlichkeit, Ich. Wie kann das eine Ding aus vielen Eigenschaften bestehen? Wie kann es sich verändern und doch dasselbe bleiben? Die

Philosophie hat die Aufgabe, die überlieferten Grundbegriffe von Widersprüchen zu befreien und die Skepsis durch eine wissenschaftliche, widerspruchslose Ansicht der Dinge zu überwinden.

Lit.: Raoul Richter, Der Skeptizismus in der Philosophie (1903—1908).

Sokrates (469—399 v. Chr.): griechischer Philosoph, Vorbild des PLATON. Gegen den Relativismus der Sophistik machte Sokrates geltend: Es muß etwas Allgemeingültiges, einen Begriff von einer Sache geben, den alle anzuerkennen haben. Was ist der Tischler usw. fragt Sokrates, d. h. was ist die ihm zugrunde liegende, allgemeine Wesenheit? Das Seiende liegt nach ihm im Denken — für das Sittliche Aufgabe und Ziel. Der Mensch tut das Schlechte aus Unkenntnis des Besseren. Die *Tugend* ist ein Lehrbares: „Erkenne Dich selbst" ihr Inhalt. Seine Methode der Begriffsbildung nennt er *mäeutische Methode*, Hebammenkunst (auch sokratische Methode), da er den Unterredner zwingt, aus eigener Denktätigkeit Erkenntnisse hervorzubringen. Er glaubte an das Daimonion in ihm und an göttliche Vorsehung.

Solipsismus: Erkenntnistheorie, nach der das Ich allein existiert, da das Bewußtsein alles, die ganze Welt samt allen Wesen, umfaßt und der Gedanke eines außerhalb des Bewußtseins Wirklichen ein Widerspruch sein soll.

Solowjew, Wladimir Sergejevitsch (1853—1900): russischer Religionsphilosoph, Vertreter eines *mystischen Rationalismus*, der ein gegen das westeuropäisch-philosophische Denken gerichtetes, an frühchristliche Strömungen anknüpfendes System errichtet. Hauptwerk: Die Krise der westlichen Philosophie (1874).

Somatologie: Körperlehre im Gegensatz zu Psychologie; **somatisch:** körperlich.

Sophisma: Trugschluß.

Sophisten: eigentlich Weisheitslehrer (etwa Mitte des 5. bis Ende des 4. Jh. v. Chr.). Hauptvertreter: GORGIAS, HIPPIAS, PROTAGORAS, PRODIKUS. Lehrer der Ethik, Politik und Redekunst. Im Gegensatz zu den ionischen Naturphilosophen richten sich ihre Reflexionen wesentlich auf den *Menschen* und die menschlichen Verhältnisse. So entwickeln sie als erste eine *Kultur-, Staats-, Religions- und Sprachphilosophie.* Ihr Ziel ist *Aufklärung,* d. h. Zurückführung der geglaubten sittlichen und normativen Werte auf das Subjekt; in ihrer Erkenntnistheorie suchen sie die *Relativität jeder Wahrheit* zu erweisen *(Skeptizismus, Subjektivismus, Realtivismus).* Daher ist **Sophistik** nach Aristoteles ein Scheinwissen, die schlechte Kunst des Scheinbeweisens, der Spitzfindigkeit. Es ist eine Sophisterei, eine sophistische Kunst, seiner Unwissenheit, ja auch seinen vorsätzlichen Blendwerken den Anstrich der Wahrheit zu geben, indem man scheinbar die strenge Methode der Logik benutzt (Kant). Sophistikationen der reinen Vernunft sind die dialektischen Vernunftschlüsse, die den Ideen: Seele, Weltganzes, Gott den Schein objektiver Realität geben.

Sorge: von Heidegger beschriebene *existentiale Kategorie* (kein Ausdruck des Pessimismus), die zum „Sein des Daseins" gehört. In der Sorge als „Grundbefindlichkeit" sind drei Momente, das „Sich-vorwegsein", das „Schon-sein-in", das „Sein-bei" enthalten. „Die Sorge liegt als ursprüngliche Strukturganzheit existential-apriorisch vor jeder, d. h. immer schon in jeder faktischen ‚Verhaltung' und ‚Lage' des Daseins" (vgl. In-der-Welt-sein.)

Sorites: 1. Haufenschluß, ein megarischer Fangschluß des Eubulides: 2 Körner bilden noch keinen Haufen, auch nicht 3 oder 4 usw., so daß es unmöglich erscheint zu sagen, wann ein Haufen anfängt, d. h. wie durch Hinzufügung einer Einheit der Eindruck des Haufens bewirkt werden soll; 2. der Kettenschluß: verkürzte Schlußkette, in der die Schlußsätze der einzelnen syllogistischen Glieder weggelassen werden, von der Form: A ist B, B ist C, C ist D, folglich A ist D.

Sosein (essentia): das Wesen eines Gegenstands im Unterschied zu seinem Dasein (existentia).

Sozialanthropologie: zur allgemeinen Soziologie zählende Disziplin, die besonders die Determinierung der Sozialstruktur, sozialen Mobilität etc. durch Rasse und Vererbung untersucht.

Sozialethik: im Gegensatz zur Individualethik eine Ethik, die von einem übergeordneten Gemeinschaftswert bestimmt ist und dem Eigeninteresse die Pflicht gegenüber der Mitwelt überordnet.

Sozialismus: die besonders seit Beginn des 19. Jahrhunderts immer stärker hervorgetretene Tendenz, das Leben in seinen Ausprägungen, besonders die moderne sozialökonomische Gesellschaft, nicht mehr nach überkommenen Privilegien einzelner Personen, Klassen oder Stände, sondern nach dem *Willen* der *Gesamtgemeinschaft aller Gesellschaftsklassen* zu gestalten. Im Sprachgebrauch: die gegen den Privatkapitalismus gerichtete internationale Arbeiterbewegung, die auf Grund von Theorien das Privateigentum an Produktionsmitteln beseitigen will. Als Kriterium des **proletarischen Sozialismus** gilt ebenfalls die Forderung nach *Vergesellschaftung* der *Produktionsmittel* in irgendeiner Form. Hist.: der „utopische" ebenso wie der „wissenschaftliche" Sozialismus haben zu Beginn des 19. Jahrhunderts gewisse *ökonomische Grundrechte* ausgearbeitet, so das „Recht auf Existenz", das „Recht auf Arbeit", das „Recht auf den vollen Arbeitsertrag". Friedrich ENGELS hat den *wissenschaftlichen* Sozialismus gegen den *utopischen* abgerenzt (Die Entwicklung des Sozialismus von der Utopie zur Wissenschaft [dt. 1. A. 1883]; vgl. Utopie). Ferner: **Agrarsozialismus:** Henry George, Progress and Poverty (1879); **Kathedersozialismus:** Adolf Wagner, Gustav Schmoller; **ethischer Sozialismus:** F. A. Lange, P. Natorp, K. Vorländer; s. ferner Kapitalismus.

Lit.: H. de Man, Die sozialistische Idee (1933); Th. Steinbüchel, Sozialismus (1950); P. Tillich, Die sozialistische Entscheidung (1948).

Sozialpädagogik: Disziplin der speziellen Soziologie, die die Bildung und Erziehung unter gesellschaftswissenschaftlichem Aspekt betrachtet. Frühester Hauptvertreter: Paul Natorp.

Sozialphilosophie: für Sozialgeschichte, Sozialethik und Soziologie grundlegende Disziplin, die ähnlich der politischen Philosophie (s. d.) als Sozialontologie Wesen, Sein und Sinn der sozialen Phänomene zum Thema hat und als Vermittlungsglied zwischen Weltanschauung, tradiertem Normensystem und sozialer Strukturlehre versucht, den Menschen als sozial-handelndes Wesen und den sozialen Bereich methaphysisch-anthropologisch zu begreifen (vgl. Rechtsphilosophie).

Lit.: s. Rechtsphilosophie.

Sozialpolitik: will die menschliche Gesellschaft auf Grund der Kenntnis ihrer Struktur und Dynamik konkret und zielbewußt gestalten: „Sozialpolitik ist die auf Sicherung fortdauernder Erreichung der Gesellschaftszwecke gerichtete Politik" (v. Zwiedineck-Südenhorst).

Einführ. Lit.: Ludwig Heyde, Abriß der Sozialpolitk (10. A. 1953).

Sozialpsychologie: zur allgemeinen Psychologie zählende Disziplin, die sowohl den Einfluß gesellschaftlicher Institutionen, Prozesse und Zustände auf die psychische Struktur des Individuums als auch dessen psychisches Verhalten in Gemeinschaft und Gesellschaft untersucht.

Lit.: E. L. und R. E. Hartley, Die Grundlagen der Sozialpsychologie (dt. 1955).

Soziologie: als allgemeine oder spezielle Sozialwissenschaft Lehre von der Struktur, den Formen und den dynamischen Prozessen des menschlichen, tierischen und pflanzlichen Zusammenlebens. Die *Soziologie* (Name von A. Comte, s. d.) ist als *bürgerliche Oppositionswissenschaft* entstanden, geht auf die naturrechtliche Theorie des 16. und 17. sowie (nach Sombart) auf die schottischen und englischen Naturalisten des 17. und 18. Jahrhunderts zurück und ist neben einer Rationalisierung der sozialen Konflikte erfahrungsorientierte Betrachtung der modernen industriellen Gesellschaft, aus der sich mehr und mehr eine normative Gesellschaftsethik zu entwickeln beginnt (vgl. Th. Geiger). **Soziologismus:** Verabsolutierung der gesellschaftlich-sozialen Determinierung des menschlichen Daseinsgesamt.

Lit.: Georg Simmel, Soziologie (1908); Helmut Schoeck, Soziologie (1953); Alfr. Weber, Einführung in die Soziologie (1955); L. v. Wiese, System der allgemeinen Soziologie (1924); L. Gurvitch, La Vocation de la Sociologie (1950); Talcott Parsons, The Social System (1951).

Spann, Othmar (1878—1950): Soziologe und Nationalökonom, Vertreter des *Universalismus* (= die Lehre von der Gesellschaft als Ganzem), bekämpft die „atomistisch-individualistische und zugleich mechanisch-ursächliche" Wirtschafts- und Gesellschaftstheorie. „Indem nicht jeder einzelne Geist für sich, sondern durch die andern zur Entwicklung kommt, wird dieser Vorgang, von Seite des Einzelnen aus betrachtet, ein überindividueller; von Seite der Gesamtheit aus aber mehr als eine bloße Summe, Vielheit oder Haufen des Einzelnen. Denn nun ist außer den Individuen etwas da: das, was zwischen ihnen steht, jene schöpferische gebärende Kraft — das gehört keinem der Teile allein oder größenmäßig zurechenbar an, es steht unter ihnen und bildet daher seine eigene Wesenheit. So ist ein echtes Ganzes entstanden, das mehr ist als die Summe der einzelnen Teile, daher auch logisch vor den Teilen." — Hauptwerke: Gesellschaftslehre (1914), Kategorienlehre (1924), Hauptpunkte der universalistischen Staatsauffassung (1929), Philosophenspiegel (1933). (Vgl. Universalismus, Soziologie.)

Spekulation: Betrachtung, Anschauung; Tätigkeit des reinen Denkens, der reinen Vernunft (so bei Fichte, Schelling, Hegel). **spekulativ:** wird ein Denken genannt, das, über die Erfahrung der empirischen Wissenschaften hinausgehend, das metaphysische Wesen der Dinge erfassen will; ein solches spekulatives Wissen wird dem Erfahrungswissen als ein höheres entgegengestellt. Bei HEGEL: „In ... dem Dialektischen, wie es hier genommen wird, und damit in dem Fassen des Entgegengesetzten in seiner Einheit oder des Positiven im Negativen besteht das Spekulative. Es ist die wichtigste, aber für die noch ungeübte, unfreie Denkkraft schwerste Seite." (Vgl. Hegel, Dialektik.)

Spengler, Oswald (1880—1936): Historiker und Kulturphilosoph. Die Weltgeschichte verläuft nach ihm nicht kontinuierlich, sondern der Ablauf vollzieht sich in einzelnen Kulturperioden. Jede Periode ist wie ein Organismus, der nach Art eines Baumes wächst, blüht, reift und wieder vergeht. Die Lebensdauer jeder einzelnen Kultur setzt Spengler auf etwa 1000 Jahre an. Die verschiedenen *Kulturen* sind als *Ausdrucksformen* einer *spezifischen Seele* der betreffenden Kultur im Wesen verschieden voneinander. Doch gibt es auch Gleichartiges. So steht am Anfang jeder Kultur die mystisch-visionäre Ausgestaltung des Weltbildes. Auf diese Weise werden Plotin und Dante zu „Zeitgenossen". Durch Vergleichung mit der griechischen Kultur ergibt sich, daß unsere Kulturperiode schon in das Stadium der Zivilisation eingetreten und daß damit ihr Untergang besiegelt ist. Diesen *Pessimismus* wollte Spengler durch seinen „*Preußischen Sozialismus*" aufheben, jene straffe Haltung des Menschen der Spätzeit, der einsieht, daß der Glaube an einen Fortschritt in der Geschichte „philiströs" ist und daß die Masse nur durch den Cäsarentypus gebändigt werden könne. Hauptwerke: Der Untergang des Abendlandes — Umrisse einer Morphologie der Weltgeschichte, 2 Bde. (1918—1922); Preußentum und Sozialismus (1920); Jahre der Entscheidung (1933).

Spezifikation: Sonderung der Gattung in verschiedene Arten. Das Gesetz der Spezifikation: die Erkenntnis der Erscheinungen fordert eine unaufhörlich fortzusetzende Spezifikation der Begriffe in Arten und Unterarten (Kant). (Vgl. Homogenität unter homogen.)

spezifisch: eigentümlich. (Vgl. Energie.)

Spinoza, Baruch (1632—1677): abhängig von der neueren mathematischen Naturwissenschaft, entwickelt er ein System des *Pantheismus* (s. d.). Dadurch werden die von DESCARTES aufgeworfenen Probleme weitergeführt, besonders das der Substanz. — Um die Frage nach dem Wesen der Erkenntnis zu lösen, unterscheidet Spinoza vier verschiedene Weisen des Erkennens. Während die ersten drei Erkenntnisarten aus der subjektiven Einbildungskraft stammen und somit den Irrtum ermöglichen, schließt die letzte den Irrtum absolut aus, da sie das Wesen einer Sache aus einer anderen erfährt. Die letzten Wahrheiten allerdings offenbaren sich selbst. Aus der einen Subtanz = Natur = Gott folgt alles mit derselben Notwendigkeit wie die Winkelsumme (= 2 R) aus der Natur des Dreiecks folgt. Verstand und Wille gehören nicht zu seinem Wesen. *Die Substanz* (Gott) tritt in unendlich vielen Eigenschaften oder Attributen auf. Wir kennen nur zwei deutlich: Denken und Ausdehnung. Die Subjektivität in der Erfassung der Natur wird ausgeschaltet. Spinoza bekämpft daher auch den Zweckbegriff. Vernunft bedeutet ihm strenge Gesetzmäßigkeit des objektiven Geschehens. Gott ist die verdinglichte Gesamtheit der Naturgesetze, die zugleich Gesetze der Vernunft sind. Die Einzeldinge (Modi) sind die aus diesen Naturgesetzen (Attribute) folgenden Einzelerscheinungen. — Spinozas Metaphysik mit ihrem absoluten Substantialismus war von großen Einfluß auf die deutsche Philosophie bis zu FICHTE und besonders auf LESSING, HERDER und GOETHE. — Werke: Principia philosophiae (1663); Tractatus theologico-politicus (1670); Opera posthuma (1677): Ethica more geometrico demonstrata — Tractatus politicus — De intellectus emendatione.

Spiritismus: Lehre, daß durch Vermittlung gewisser Personen, der Medien, geisterhafte, wissenschaftlich unbegreifliche Kräfte sich bemerkbar machen sollen, so in der Hervorrufung von Klopftönen, Tischrücken, frei schwebenden Gegenständen, Fernbewegungen, Materialisationen, Durchdringung der Materie u. a.

Spiritualismus: eine metaphysische Anschauung, die das Wesen des Seins im Geistigen erblickt. Gegensatz der Materialismus. Hauptvertreter BERKELEY und LEIBNIZ. (Vgl. Idealismus.)

spiritus animales: s. Lebensgeister.

Spontaneität: Selbsttätigkeit, Selbstbestimmung. KANT setzt Spontaneität des Erkennens gleich Verstand. Das

Denken ist lauter Spontaneität, Begriffe gründen sich auf der Spontaneität des Denkens.

Sprache: das speziell dem Menschen eigentümliche Ausdrucks- und Verständigungsmittel, vermöge dessen er sich aber auch jenseits bloßer Reaktionen auf Umweltreize mit dem ihn umgebenden Seienden bewußt auseinandersetzt. Sprache ist a) Objektivation geistiger Prozesse, b) hat schöpferisch-bildende (nicht bloß abbildende) Funktion, indem sie Gefühltes, Bewußtes und Gewolltes artikuliert. Man unterscheidet Sprache als Sprechakt und als soziale Objektivgebilde. **Sprachphilosophie:** hat die Leistung der Sprache für die Kultur, ferner ihren Ursprung, ihr Wesen und die geistigen Bedingungen der Sprachentwicklung zu erforschen.

Lit.: Walter Porzig, Das Wunder der Sprache (1950).

Spranger, Eduard (geb. 1882), als Schüler Diltheys Vertreter der *geisteswissenschaftlichen Psychologie,* sucht die Pädagogik mit Hilfe des *Verstehens* (s. d.) und des Strukturbegriffs (s. d.) zu einer eigenen philosophischen Disziplin zu erheben. Hauptwerke: Lebensformen (1914); Die Psychologie des Jugendalters (1924).

Staatsphilosophie: s. Politische Philosophie.

Statistik: Lehre von den in Massenerscheinungen beobachteten Gesetzen und Regelmäßigkeiten. Grundvorgang: eine große Anzahl von Elementen wird durch Bildung von Reihen auf bestimmte Merkmale hin untersucht. Auf der **statistischen Wahrscheinlichkeit** (jede relative Häufigkeit in einer Gesamtheit höherer Ordnung ist eine statistische Wahrscheinlichkeit in bezug auf die entsprechenden Elemente ihrer Teilgesamtheiten) und dem *Gesetz der großen Zahl* baut die **statistische Methode** auf, die zu statistischen Gesetzen führt.

Status: Stand, Zustand; besonders in der *Soziologie* und *Sozialpsychologie* gebrauchter Begriff, der die gesamtgesellschaftliche Position und den sozialen Rang sowie die Lebensumstände einer Person bezeichnet.

Einführ. Lit.: H. Kluth, Sozialprestige und sozialer Status (1957).

Stern, William (1871—1938): Begründer der „differentiellen Psychologie" (s. d.) und Vertreter des *Personalismus*. Anstatt nach dem Verhältnis von Geist und Materie muß nach dem von Person und Sache gefragt werden. — Hauptwerk: Die differentielle Psychologie (1913), Person und Sache (1906—1924). (Vgl. Personalismus.)

Stimmung: beständige oder wechselnde Gefühlslage eines Menschen. Für die *Strukturpsychologie* und *Charakterologie* ist bedeutsam die unter den einzelnen je wechselnden Stimmung liegende *Grundstimmung*. Bei HEIDEGGER ist die „Gestimmtheit" eine ontologische Befindlichkeit. Sie bezeichnet die gesamtpersönliche Verfassung des Daseins.
Lit.: O. F. Bollnow, Das Wesen der Stimmungen (2. A. 1943).

Stirner, Max (1806—1856): ausgehend vom subjektiven Idealismus Fichtes Anhänger der *Hegelschen Linken*. System eines anarchistisch-kommunistischen Individualismus. Einziges Werk: Der Einzige und sein Eigentum (1845).

Stoa: philosophische Schule im Zeitalter des *Hellenismus*, welche die Philosophie in den Dienst der Lebenskunst stellt, d. h. durch eine wissenschaftlich begründete, einheitliche Welterklärung den Frieden der Seele zu erreichen sucht und die *aristotelischen* Grundsätze, daß die *Tugend lehrbar* und in ihr die wahre *Glückseligkeit* begründet sei, übernimmt. Die Stoa lehrt eine Dreiteilung der Philosophie in Logik, Physik und Ethik, die im Begriff der Vernunft (λόγος) ihre Einheit haben. Man unterscheidet die alte Stoa (ZENON aus Kition, CHRYSIPP), die mittlere (PONAIKOS, POSEIDONIOS) und die spätere Stoa (SENECA, EPIKTET, Marc AUREL).
Lit.: M. Pohlenz, Die Stoa (1947).

Stoff: s. Materie.

Strauß, David Friedrich (1804—1874): gab den geschichtlichen Charakter der Evangelien auf und betonte den mythischen. Werke: Das Leben Jesu, 2 Bde. (1835); Ulrich von Hutten, 3 Bde. (1858—1860); Voltaire (1870); Der alte und der neue Glaube (1872).

Struktur: Grundbegriff der modernen Psychologie zur Erklärung psychischer Zusammenhänge im Gegensatz zur älteren „Elementen-Psychologie"; war dort der Zusammenhang im wesentlichen additiv gedacht, so wird er hier *ganzheitlich* bestimmt. So spielt der Strukturbegriff eine große Rolle 1. in der *Gestaltpsychologie* (Köhler, Wertheimer), für die von vornherein die Frage lautet: „Bestimmt sich ein Teil sinnvoll von innen, von der Struktur des Ganzen her oder geschieht mechanisch, stückhaft, zufällig, blind das, was im Ganzen geschieht, auf Grund der Geschehnisse im einzelnen Stück?"; 2. in der *Ganzheits-* oder *Entwicklungspsychologie*, wie sie F. KRUEGER, über Wundt als dessen Schüler hinausgehend, aufgestellt hat und 3. in der *geisteswissenschaftlichen* Psychologie DILTHEY-SPRANGERS. DILTHEY bezeichnet Struktur als „die Artikulation oder Gliederung eines Ganzes". Die Struktur läßt sich nur bis zu einem bestimmten Grade von dem ihr jeweils zugrunde liegenden Material abtrennen und formalisieren, auch wenn sie gegenüber dem Wechsel der Inhalte relativ beständig ist. Naturwissenschaftlich verallgemeinert ist der Strukturbegriff in der Gestaltpsychologie. Nach KOFFKA ist Struktur „solch ein Zusammenhang von Phänomenen, in denen jedes Glied das andere trägt und seine Eigenart nur durch und mit dem anderen besitzt." Das sinnvolle Sehen ist kein Zusammensehen, sondern ein Erfassen von Gestalten (vgl. Gestaltpsychologie). Für die *geisteswissenschaftliche Psychologie* ist Struktur ein „auf Wertentwicklung angelegtes Lebensgebilde" (SPRANGER), und **Strukturpsychologie** ist jede Psychologie, die die seelischen Einzelerscheinungen „aus ihrer wertbestimmten Stellung im einheitlichen Ganzen und aus ihrer Bedeutung für solche totalen Leistungszusammenhänge versteht." Hier setzt also die Struktur den Wertbegriff (vgl. Wertphilosophie) voraus. Auch die Struktur einer Persönlichkeit beruht auf der Richtung und Schichtung ihrer Wertdispositionen. Für die Kruegersche „Ganzheitspsychologie" ist Struktur ein Dauerzusammenhang, „den wir aus verglichenen und zergliederten Erfahrungen erschließen, um Erlebnisse als gesetzlich notwendig zu begreifen." *Strukturgesetzlichkeit* ist somit erkannte Werdensnotwendigkeit. Die Entwicklung der Strukturen selbst setzt voraus, daß die Entstehung und Herausbildung der psychischen Strukturen wieder eingelagert sind in umfassendere, zuletzt gar nicht mehr rein psychische Strukturen. Damit geht die Ganzheitspsychologie über zur Kulturpsychologie, ein Schritt, den auch die geisteswissenschaftliche Psychologie tut, nur daß ihr der Kulturbegriff in und mit dem Wertbegriff vorher gegeben ist. Eine besondere, der Sprangerschen ähnliche Strukturlehre hat Th. LITT entwickelt (vgl. Verstehen). Überhaupt ist der Begriff der Struktur von der Psychologie auf andere Geisteswissenschaften übertragen worden. So spielt er besonders in der *Soziologie* als **Sozialstruktur** eine bedeutende Rolle, indem er, ähnlich den Begriffen der *Schichtenstruktur* und der *social stratification,* allmählich das Marxsche Klassenschema ablöst. Die soziologische Kategorie der Sozialstruktur hat die Aufgabe, die empirisch feststellbaren Daten und Teilstrukturen (vgl. etwa T. PARSONS „basic personality structure", „behavoir tendencies", „institutional structure") des vieldimensionalen dynamischen Gebildes der Gesellschaft systematisch zu erfassen und zu ordnen.

Subalternation: Unterordnung eines engeren Begriffs unter einen weiteren, eines besonderen Urteils unter ein allgemeineres. Wenn ein Urteil von dem ganzen Umfange des Subjektbegriffs gilt, so gilt es auch von einem Teil desselben.

Subjekt, subjektiv: 1. *ontologisch:* im Mittelalter war Subjekt das Zugrundeliegende, die Substanz, das vom Vorstellen Unabhängige, Objekt das Vorgestellte, die Vorstellung; 2. *erkenntnistheoretisch:* in der neueren Philosophie bedeutet Subjekt das vorstellende Wesen, das Bewußtsein. Subjektiv, aber in ganz verschiedenem Sinne, sind alle Erkenntnisbedingungen, Empfindungen, Raum, Zeit und Kategorien (KANT). Die Subjektivität der Empfindungen liegt in ihrer Abhängigkeit vom wahrnehmenden individuellen Subjekt, die Subjektivität von Raum und Zeit bedeutet Einschränkung dieser Anschauungsformen auf die Erscheinungswelt, für die sie aber eine vom Individuum unabhängige, allgemeingültige, objektive Gesetzmäßigkeit darstellen; die Subjektivität der Kategorien besteht in ihrer Beziehung zum erkennenden Subjekt, dessen Entfaltungen sie sind, der gemäß alle Objekt-Erkenntnis auf den „subjektiven Bedingungen des Denkens", den Kategorien als den Formen des Verstandes beruht. FICHTES Satz „Kein Subjekt, kein Objekt, kein Objekt, kein Subjekt" wird von SCHOPENHAUER zur Grundlage seines subjektiven Idealismus gemacht: die Welt ist meine Vorstellung, ist nur für das Subjekt da (vgl. Kategorie, Objekt, Qualität, Idealität); 3. *logisch:* der Gegenstand, Träger der Aussage, des Prädikats; 4. *psychologisch:* das Ich. (Vgl. Psychoanalyse.) **Subjektivismus:** die Lehre, daß alles Erkennen, Bewerten, Handeln vom Subjekt, das hierbei als das Individuum verstanden wird, bedingt ist und nur für dieses Bedeutung besitzt. Der Mensch ist das Maß aller Dinge (PROTAGORAS). Schon PLATON zeigt, daß dieser „Subjektivismus", konsequent durchgeführt, zur Aufhebung aller Erkenntnis, also zum Nihilismus führt.

Sublimierung: in der psychoanalytischen Theorie FREUDS (ebenso wie die Verdrängung, s. d.) zu den „Triebschicksalen" gezählter Begriff, der die Vergeistigung unmittelbar nicht zugelassener sexueller Energien bezeichnet.

Subordination: Unterordnung eines Begriffs unter den höheren Gattungsbegriff; untergeordnete Begriffe heißen subordiniert.

Subreption: eine irrtümliche logische Erschleichung einer vermeintlichen Erkenntnis durch Denkfehler oder Unachtsamkeit des Denkens.

Subsistenz: das Dasein der Substanz; subsistieren = substantiell, als Substanz, selbständig da sein.

Substantialität: das Substanzsein; die Substantialitätstheorie der Seele legt den seelischen Vorgängen ein absolutes seelisches Seiendes zugrunde und erklärt die Einheit des Bewußtseins durch Annahme eines realen, einheitlichen, substantiellen Seins.

Substanz: das Unterliegende, das zugrundeliegende selbständige Sein, der beharrende Träger der wechselnden Eigenschaften. Der *metaphysische Substanzbegriff* legt zugrunde ein von der Erkenntnis unabhängiges Absolutes (Unbedingtes); nach ihm ist das Wesen der Dinge in irgendeiner Form schlechthin im voraus gegeben; der *Materialismus* erhebt dabei die Materie zur alleinigen Substanz, der *Spiritualismus* den Geist, der *Dualismus* Geist und Materie, der *Monismus* die Identität von Geist und Materie in der *einen* Substanz. DESCARTES definiert Substanz als schlechthin selbständiges Sein, nimmt aber neben der einen göttlichen Substanz noch zwei geschaffene Substanzen an, Körper und Seele, die Substanzen sind, weil sie zwar von Gott abhängig, aber gegenseitig voneinander gänzlich unabhängig und verschieden sind, so daß z. B. die Körperwelt ein für sich völlig unabhängiges Dasein rein mathematisch-mechanischer Gesetzlichkeit hat. SPINOZA setzt die eine unendliche Substanz pantheistisch gleich Gott oder Natur, LEIBNIZ sieht das Wesenhafte in kraftbegabten Substanzen geistiger Natur, den Monaden, und begründet so den *dynamischen Substanzbegriff*. Nachdem schon LOCKE die Substanz als den unbekannten Träger der von uns feststellbaren Eigenschaften bezeichnet und BERKELEY die materielle Substanz in Wahrnehmungsinhalten aufgelöst hatte, hebt HUME sowohl den Begriff der körperlichen wie den der geistigen Substanz auf, da die Wahrnehmung uns nur eine Koexistenz von Eigenschaften, aber keine Materie, nur ein Bündel von „Ideen", kein Seelending zeige. KANT zählt Substanz zu den *Kategorien,* den reinen Verstandesbegriffen, die keine absolute Erkenntnis geben können, aber als Bedingungen der Erfahrungserkenntnis grundlegende Bedeutung für die Gegenstands-Erkenntnis besitzen. So der Substanzbegriff in dem Grundsatz: Bei allem Wechsel der Erscheinungen beharrt die Substanz, und das Quantum derselben wird in der Natur weder vermehrt noch vermindert. Da nach der neueren Physik die Masse nicht als unveränderlich gelten kann und nach der Relativitätstheorie die Masse eines Körpers von der Geschwindigkeit abhängt, so betrachtet die *energetische Naturauffassung* nach dem Vorgehen Wilhelm Ostwalds die Energie als die bei allen Naturprozessen unveränderliche Substanz und spricht das Substanzgesetz nicht mehr als Erhaltung der Masse, sondern der Energie aus. Die neueste Elektroatomistik glaubt in den elektrischen Elementarteilchen die wahre Substanz zu finden. Eine gänzliche Auflösung der Substanz nach der älteren Auffassung vollzieht sich in dem Verzicht auf jeden substantiellen Träger zugunsten der als selbständig angenommenen Zustände und Vorgänge in der Natur. Das einzige Unveränderliche sind dann die Gesetze. „Die Unveränderlichkeit der Substanz hat sich in eine Konstanz der Gesetzmäßigkeit der Zusammenhänge aufgelöst" (Schlick); ähnlich auch E. Cassirer, Substanzbegriff und Funktionsbegriff (1910). Das Denken der Gegenwart ist beherrscht von dem *Funktionsgedanken,* während alle mittelalterliche, besonders *theologisierende* Philosophie Substanz-Lehre ist. An die Stelle des letzten Seins im absoluten Sinne ist die Idee des Beziehungs-Zentrums getreten als der Grundvoraussetzung aller feststellbaren Relationen. (Vgl. Energetik, Energie.)

Substrat: Unterlage, Träger.

Subsumtion: logische Unterordnung der Begriffe, des Artbegriffs unter den Gattungsbegriff. Die **Subsumtionstheorie** der Urteile faßt die Beziehung von Subjekt und Prädikat so auf, daß der Umfang des Subjektbegriffs unter den Umfang des Prädikatsbegriffs subsumiert sei. Die Subsumtionstheorie des Syllogismus erklärt das Schlußverfahren so, daß der Umfang des Subjekts des Schlußsatzes (S) in dem Umfange des Mittelbegriffs (M), der Umfang von M in dem Umfange des Prädikats des Schlußsatzes enthalten gedacht wird *(Subsumtionsschluß).*

Südwestdeutsche Schule: s. Neukantianismus.

Suggestibilität: Empfänglichkeit für suggestive Beeinflussung.

Suggestion, Suggestivität: Eingebung; seelische Beeinflussung namentlich im hypnotischen Zustande. Das eigentliche Suggestionsmittel ist das Wort. In der Autosuggestion geht die suggestive Beeinflussung von der eigenen Person aus.

superordiniert: übergeordnet; ein Begriff, dessen Umfang die Umfänge anderer Begriffe umfaßt, ist der superordinierte.

Superstition: Aberglaube.

Supposition: Voraussetzung, Annahme.

Supranaturalismus (Supernaturalismus): eine das Übernatürliche, Übersinnliche zur Grundlage machende Anschauung.

Syllogismus: ein logischer Schluß (s. d.), in dem aus zwei kategorisierten Urteilen *(Prämissen)* ein drittes aus ihnen abgeleitetes Urteil derselben Art *(Konklusion)* gefolgert wird, wobei ein in den Prämissen je einmal auftretender Begriff (terminus medius) in der Konklusion nicht mehr vorkommt. „Alle Menschen sind sterblich, Sokrates ist ein Mensch, also ist Sokrates sterblich." ARISTOTELES hat die Theorie des Syllogismus in seinen analytica priora begründet. Die häufigste Form des Syllogismus ist die Ableitung eines besonderen Urteils aus einem allgemeineren. Unter den *Figuren* des Syllogismus unterscheidet man einfache und zusammengesetzte Syllogismen, ferner den *kategorischen, hypothetischen, disjunktiven* Syllogismus. *Modi* des Syllogismus sind seine Arten, die auf Grund der Quantität und Qualität der Urteile, die die Prämissen bilden, unterschieden werden können. (Vgl. ferner: Epicherem, Enthymem.) **Syllogistik:** Lehre von den Syllogismen.

Symbol: 1. Zeichen, Sinnbild, Darstellung durch Gleichnis. 2. Ausdruck des „Unerforschlichen" (GOETHE). In der *Psychologie* C. G. JUNGS ist das Symbol „nicht nur aus

Daten rationaler Natur, sondern auch aus den irrationalen Daten der reinen inneren und äußeren Wahrnehmung zusammengesetzt." **Symbolik:** bezeichnet die Wissenschaft von den Symbolen, besonders in Recht, Kunst, Religion etc. Kant verteidigt einen symbolischen Anthropomorphismus, der das höchste Wesen nicht seinem Wesen an sich nach erkennen will, sondern eine bloße Erkenntnis nach der Analogie bedeutet. Schleiermacher, Höffding, W. Stern u. a. schreiben der Erkenntnis symbolischen Charakter zu. Spencer bezeichnet die Begriffe als Symbole der Wirklichkeit. In der *Theologie* bedeutet Symbolik die Darstellung und Erklärung der religiösen Sinnbilder, Zeichen und Gebräuche und daneben auch die Wissenschaft der vergleichenden Konfessionskunde. **Symbolische Logik:** s. Logistik. **Symbolismus:** in der *Psychoanalyse* Freuds Übertragung besonderer libidinöser Vorstellungen und Gefühle auf ein Sinnbild für diese.

Lit. zu Symbol: E. Cassirer, Philosophie der symbolischen Formen (1923—1929), C. G. Jung, Wandlungen und Symbole der Libido (1925).

Sympathie: Mitleiden, Mitgefühl. Hume, Adam Smith (The Theory of Moral Sentiments, 6. A. 1790) und Spencer gründen die Moral auf die Sympathie als Grundlage des Gemeinschaftslebens.

Lit.: M. Scheler, Wesen und Formen der Sympathiegefühle (2. A. 1923).

Syndikalismus: Theorie des politisch-revolutionären Eingreifens der Gewerkschaften in die Wirtschafts- und Gesellschaftsordnung, um die politische Macht zu erreichen (vgl. Anarchismus).

Synechologie: Lehre vom Zusammenhang, vom Stetigen, bei Herbart die Lehre von Raum, Zeit, Bewegung als Teil der Metaphysik.

Synkretismus: bedeutet eigentlich: nach Art der Kreter sich trotz innerer Streitigkeiten gegen den äußeren Feind zusammenschließen, in weiterem Sinne: gegensätzliche philosophische Anschauungen verschiedener Systeme kritiklos vereinigen.

Syntagma: Lebenssystem, Zusammenordnung. Syntagmen sind nach EUCKEN „Lebenssysteme, Zusammenhänge der geschichtlichen Wirklichkeit, welche die Fülle des Daseins in ein charakteristisches Gesamtgeschehen fassen und aus demselben alles Besondere eigentümlich gestalten."

Synthese, Synthesis: Zusammenstellung, Vereinigung. Synthesis ist der Zentralbegriff der KANTischen Erkenntnistheorie: eine objektive Erkenntnis ist die Vereinigung des in der Wahrnehmung gegebenen Mannigfaltigen zur Einheit des Gegenstandes. Diese Synthesis ist eine Handlung des Verstandes, der mittels der Kategorien das Mannigfaltige einer gegebenen Anschauung in dem Begriff des Objekts vereinigt. Erfahrung, d. h. objektive Erkenntnis, beruht so auf der synthetischen Einheit der Erscheinungen. In HEGELS dialektischer Methode vollzieht sich die Selbstbewegung der Begriffe in einer Entzweiung in Gegensätzen und einer Versöhnung in einer höheren Einheit: Thesis (Bejahung), Antithesis (Verneinung), Synthesis (Negation der Negation) sind die drei Entwicklungsstufen, in denen das Denken immer weiterschreitet und so das Weltgeschehen für sich darstellt. In der Synthesis sind die gegensätzlichen Begriffe „aufgehoben", d. h. als Gegensatz vernichtet, bleiben aber in der höheren Einheit erhalten. (Vgl. Hegel.) In der *Psychologie:* die **schöpferische Synthese** W. WUNDTS bezeichnet die Annahme, daß die aus Elementen zusammengesetzten psychischen Gebilde mehr enthalten als die Summe ihrer Elemente.

synthetisch: zusammenfügend, verbindend. Die Definition eines Begriffs heißt synthetisch, wenn der Begriff durch die Definition selbst erzeugt wird, also die Definition angibt, welche Bedeutung einem Denkinhalt zukommen soll. Synthetische Urteile sind solche Urteile, bei denen das Prädikat nicht durch logische Zergliederung des Subjektbegriffs sich ergibt, sondern eine den Subjektbegriff erweiternde Bestimmung behauptet. In *synthetischen Urteilen a posteriori* gründet sich diese Behauptung auf die Erfahrung wie in dem Urteil: alle Körper sind schwer. KANTS Entdeckung sind die *synthetischen Urteile* *a priori*, die allgemeine und notwendige Vernunftbestimmungen aussagen, aber eine synthetische Behauptung, keine logische Analyse darstellen. Synthetisch a priori sind die Axiome der Geometrie wie der Satz „Die Gerade ist die kürzeste Linie zwischen zwei Punkten", denn im Begriff der Geraden liegt nichts von der Größe. Die Aufgabe der „Kritik der reinen Vernunft" ist in der Frage zusammengefaßt: *Wie sind synthetische Urteile a priori möglich?* Antwort: Die in reiner Synthesis erzeugten Prinzipien erweisen sich als die Bedingungen aller objektiven Erkenntnis der Erscheinungswelt; eine absolute Erkenntnis des Übersinnlichen dagegen ist unmöglich. — Die synthetische Methode ist das deduktive Verfahren des Fortschreitens vom Allgemeinen zum Besonderen. (Vgl. analytisch.)

System (Zusammenstellung): ein nach einem einheitlichen Prinzip geordnetes Ganzes. Ein System zum Ziel hat die systematische Methode. **systematisch:** KANT unterscheidet synthetische Einheit und systematische Einheit. Die Verstandesbegriffe sind Formen der synthetischen Einheit, die Vernunftbegriffe Formen der systematischen Einheit, erstere von konstitutiver, letztere nur von regulativer Bedeutung.

Tabu: nach W. WUNDT der älteste, ungeschriebene Gesetzeskodex der Menschheit. Der Begriff des Tabu umfaßt nach Wundt „alle die Bräuche, in denen sich die Scheu vor bestimmten, mit den kultischen Vorstellungen zusammenhängenden Objekten oder vor dem sich auf diese beziehenden Handlungen ausdrückt." Ähnlich FREUD.
Lit.: s. Totem.

tabula rasa: das Bild der „unbeschriebenen Tafel" für den Zustand der Seele bei der Geburt ist seit den Stoikern ein beliebtes Bild für die sensualistische und empiristische Erkenntnistheorie. Auch LOCKE vergleicht die Seele mit einem unbeschriebenen weißen Blatt Papier, das dann von der Erfahrung mit Vorstellungen beschrieben wird.

Taine, Hippolyte (1828—1893): Historiker, Anhänger der posivistischen Philosophie, begründet mit COMTE (s. d.)

die sog. Milieutheorie (s. d.). Zum *Milieu* rechnet Taine auch Rasse und Moment (die Bewegungsrichtung eines Zeitabschnittes). Hauptwerke: Philosophie der Kunst (1865), Die Entstehung des modernen Frankreich (1877 bis 1894).

Tautologie: (dasselbe sagen) ein Fehler der Begriffsbestimmung, wenn der zu definierende Begriff in der Definition selbst schon vorkommt.

Telekinesie: Fernbewegung, angebliche Bewegung von Gegenständen durch spiritistische Einflüsse.

Teleologie: Zwecklehre, Zweckmäßigkeitsbetrachtung. ARISTOTELES ist der Hauptvertreter der teleologischen Weltanschauung: alles Wirkliche ist verwirklichter Zweck, die Natur tut nichts zwecklos, sie strebt nach dem Vollkommensten und Besten, die wahre Naturerklärung ist die aus dem Zweck. Doch ist diese Zweckbetrachtung frei von der Beziehung auf den Nutzen für den Menschen, wie sie bei den Stoikern und auch späterhin üblich war. Die teleologische Weltanschauung erreicht einen neuen Höhepunkt in der *Scholastik*. Die Teleologie wurde dann zu Beginn der Neuzeit aus der Physik durch GALILEI und DESCARTES verbannt, die die mechanistische Naturbetrachtung DEMOKRITS erneuerten. LEIBNIZ und später LOTZE verbanden den Mechanismus zu einer teleologischen Metaphysik: der Mechanismus der Natur ist der Zweckidee, einem höchsten Werte ein- und untergeordnet, steht im Dienste eines Endzweckes. Auch nach KANT muß man den Mechanismus der Natur der Naturforschung zugrunde legen, weil es ohne ihn gar keine eigentliche Naturerkenntnis geben kann; aber bei organisierten Wesen findet, die mechanische Erklärung eine Grenze; es ist für Menschen ungereimt zu hoffen, „daß noch dereinst ein NEWTON aufstehen könne, der auch nur die Erzeugung eines Grashalms nach Naturgesetzen, die keine Absicht geordnet hat, begreiflich machen werde." Neuerdings versucht der „*Psychovitalismus*", das Naturzweckmäßige der Organismen durch seelische Faktoren, die den Organismen innewohnen, zu erklären. (Vgl. Mechanismus, Vitalismus.)

Teleologischer Gottesbeweis: Schluß von der Zweckmäßigkeit der Welt auf einen zwecksetzenden Welturheber. (Vgl. Gottesbeweis.)

Telepathie: Fernfühlung, eine Form übersinnlicher Wahrnehmung von Gedanken einer anderen Person.

Temperament: nach WUNDT sind Temperamente „die eigentümlichen individuellen Dispositionen der Seele zur Entstehung der Gemütsbewegungen." Man unterscheidet: cholerische (schnelle und starke), melancholische (langsame und starke), sanguinische (schnelle und schwache), phlegmatische (langsame und schwache) Temperamente. Die *moderne psychologische* Forschung (KRETSCHMER) hat die Vierteilung der Temperamente überwunden und faßt das Temperament als gesamtpersönlichkeitsbestimmte Verhaltensweise auf.

Terminismus: die mittelalterliche Lehre, daß Allgemeinbegriffe nur als termini, als Zeichen für Einzeldinge, Bedeutung haben.

Terminologie: Lehre von den Fachausdrücken einer Wissenschaft oder Kunst; terminus technicus: Fachausdruck.

Thales aus Milet (625—545 v. Chr.): der erste griechische Philosoph, sieht im Wasser den Urstoff der Welt (ionische Naturphilosophie). Thales soll die Sonnenfinsternis von 585 v. Chr. vorausgesagt haben.

Theismus: Annahme eines persönlichen, überweltlichen Gottes als Schöpfers und Erhalters der Welt. Philosophisch ausgeprägt ist der Theismus zuerst bei ARISTOTELES: Gott, der außerweltliche, selbstbewußte, in sich ruhende göttliche Geist, Denken des Denkens, Ursache alles Seins. In der Neuzeit ist LEIBNIZ Hauptvertreter einer theistischen Metaphysik: Gott als höchste Kraft, Weisheit, Sittlichkeit ist Schöpfer der Monadenwelt, das ganze Universum ist Ausdruck des vollkommensten göttlichen Wesens.

Im Gegensatz zum pantheistischen Idealismus Hegels entwickeln namentlich Chr. H. Weisse und J. H. Fichte einen spekulativen, ethischen Theismus mit der Grundannahme eines persönlichen Gottes. (Vgl. Deismus.)

Thelematismus, Thelismus: Willensmetaphysik. (Vgl. Voluntarismus.)

Theodizee: Rechtfertigung Gottes gegenüber den Übeln in der Welt. Das Problem der Theodizee, die Vereinbarung des Daseins einer höchsten Macht, Weisheit, Güte mit dem Dasein der Übel hat besonders Leibniz ausführlich behandelt: trotz aller vorhandenen Übel ist unsere Welt doch „die beste aller Welten", denn unter allen möglichen Welten hat die höchste Weisheit diejenige verwirklicht, die „ein Maximum des Guten und ein Minimum des Übels" in sich trägt. (Vgl. Optimismus.)

Theogonie: mythische Lehre von der Götterentstehung.

Theologie: Gotteslehre, Religionswissenschaft.

Theophanie: Gotterscheinung, Selbstoffenbarung Gottes in der Welt.

Theorem: Lehrsatz, eine Behauptung, die wissenschaftlich bewiesen ist.

theoretisch: die Theorie betreffend; im Gegensatz zum Praktischen bedeutet die theoretische Geistesrichtung das Betreiben der Erkenntnis als Selbstzweck, nicht praktischen Bedürfnissen zuliebe. Aristoteles schied zuerst die theoretische Vernunft von der praktischen Vernunft: theoretische, rein auf Erkenntnis gerichtete Wissenschaften sind Metaphysik, Mathematik, Physik (Wissenschaft vom Kosmos, von den Naturerscheinungen einschließlich Biologie und Psychologie). Dem *theoretischen Erkennen* steht die praktische Betätigung, der handelnde Wille, gegenüber. Die praktischen Wissenschaften (wie Ethik, Politik) handeln von dem, was sein soll, was aber auch anders sein kann.

Theorie: urspr. Betrachtung im Gegensatz zur wahrnehmbaren Erfahrung; wissenschaftliche Erklärung von

Vorgängen und Verhältnissen durch Einordnung in durch diskursives Denken gewonnene allgemeine Prinzipien unter Außerachtlassung ihrer praktischen Verwertungs- und Anwendungsmöglichkeiten. Doch müssen Theorien, deren Leistung für die Erklärung und Deutung der Tatsachen unzulänglich wird, umgewandelt oder durch bessere Annahmen ersetzt werden. So ist die frühere Atomtheorie durch die neue Atomistik und elektromagnetische Theorie gänzlich umgestaltet worden. (Vgl. Hypothese.) Zum Verhältnis von „Theorie und Praxis" im *Marxismus* s. Marx.

Theosophie: Gottesweisheit; Lehre einer mystischen Anschauung vom Göttlichen, einer im Gefühl möglichen Vereinigung mit der Gottheit. Theosophen waren der *Neupythagoreer* PHILON, die *Gnostiker*, *Mystiker* wie Jakob BÖHME, SCHELLING, BAADER. Im Anschluß namentlich auch an die indische Geisteswelt rief zu Beginn des 20. Jahrhunderts Helene BLAVATSKY eine theosophische Bewegung ins Leben, die sich auf der Grundlage einer spekulativen Erkenntnis des göttlichen Wesens und der übersinnlichen Welt eine ethische Läuterung des Menschen zum Ziel setzt. (Rudolf STEINER, Theosophie, neue Aufl. 1946.)

Theourgie: die Lehre eines IAMBLICHOS und PROKLOS, durch priesterliche, übernatürliche Hilfsmittel auf die Welt der Götter und Dämonen Einfluß gewinnen zu können.

Thesis, These: Setzung, Behauptung. (Vgl. Synthesis.)

Thomas von Aquino (1225—1274): das Haupt der christlichen Scholastik. Ausgangspunkt: der transzendente Gott als Endzweck alles Seins. *Gott ist reine Entelechie,* reine Aktualität ohne Materie. Alles Geschehen ist ein Übergang von der Substantialität zur Aktualität, ein Bestimmen der Materie durch die Form. Die *Form* ist zugleich auch Zweck. Alle Wesen streben nach Verähnlichung mit Gott; das ist ihnen von Gott eingepflanzt. Über dem Pflanzen- und Tierreich steht der *Mensch*. Er ist die Spitze der irdischen Stufenreihe, zugleich aber die niedrigste Stufe der überirdischen Hierarchie. Er steht also im Mittelpunkt eines ungeheuren Ganzen, das alles Irdische und alles Himmlische umfaßt. Die *Syntheresis* (gleichsam eine Art Moralgesetz) verleiht ihm den Habitus, unter den vom aktuellen Geist abstrahierten Formen die zu wählen, die ihn gottähnlicher machen. Thomas fügt die Gedankenwelt des ARISTOTELES in die der Kirche ein. Das Weltall begreift er als eine universalistische hierarchische Ordnung des Seins (Dionysios Areopagita). Erkenntnismittel der Theologie ist die *natürliche Vernunft*. Wo sie nicht ausreicht, tritt die übervernünftige Offenbarung ein. — Ethik und Politik zeigen aristotelische Grundzüge. Die Tugend besteht in der rechten Mitte. Es handelt sich in ihr um den Supremat der Erkenntnis, nicht des Willens. Höchstes Gut: die Seligkeit der unmittelbaren Anschauung Gottes. Hauptwerk: Summa theologica (1267—73).

Thomas à Kempis (1380—1471), eigentlich Thomas Hamerken von Kempen bei Köln. Verfasser des Andachtsbuches: De imitatione Christi (dt. 1. A. 1874). Es verinnerlicht die Religion im Sinne der christlichen Mystik.

Thomasius, Christian (1655—1728): bezeichnet den eigentlichen Ursprung der deutschen Aufklärung. Sein Rationalismus ist abhängig besonders vom induvialistischen Empirismus LOCKES, der englischen Aufklärung und PUFENDORF. Im Unterschied zu den Naturrechtssystemen von GROTIUS und Pufendorf legt er jedoch seiner Fortbildung des Naturrechts in den Fundamenta Juris Naturae et Gentium (1705) eine *eudämonistische Morallehre* zugrunde. Das Recht ist ihm Funktion des Lebens des Subjekts, die Glückseligkeit des Einzelnen höchstes Ziel. Damit individualisiert er das Naturrecht und trennt gleichzeitig die Rechtsidee *(justum)* von der Moral *(honestum)*. Diese Scheidung trug wesentlich zur Verweltlichung und Entleerung des Naturrechts bei. — Thomasius hielt als erster deutscher Gelehrter Vorlesungen in deutscher Sprache und veröffentlichte auch die erste deutschsprachige Zeitschrift

(1688). Sein Einfluß auf die deutschen Juristenschulen bis zu SAVIGNY war bedeutend.

Thomismus: Philosophie und Theologie THOMAS VON AQUINS, die, auf ARISTOTELES fußend, Dogma und System der katholischen Kirche zu klassischer Vollendung geführt hat. (Vgl. Neuthomismus.)

Tiefenperson: nach ROTHACKER die Es-Schicht (s. Schichtentheorie). Nach KRAUS: die sowohl aus den Triebregungen, (tiefen oder „unteren") Gefühlsregungen etc. als auch aus den entwicklungsgeschichtlich älteren Schichten des Hirns (Stammhirn, Althirn) gesteuerte Person.

Tiefenpsychologie: eine besonders von C. G. JUNG (geb. 1875) vertretene Richtung in der Psychologie, die ähnlich der Psychoanalyse S. FREUDS und der Individualpsychologie A. ADLERS vorgeht. Sie sucht sowohl die Beziehungen zwischen *bewußten* (= „Assoziationssystem auf Gegenwärtiges") und *unbewußten Vorgängen* (alle Vorgänge, die nicht an den Ich-Komplex assoziiert sind) als Ausdruck der *Libido* (= qualitätsfreie letzte psychische Energie) als auch Analogien zwischen der *individuellen Psyche* und *völkerkundlich-psychologischem* sowie *mythischem* Material (Wandlungen und Symbole der Libido, 1913) zu erforschen. Jung unterscheidet beim Menschen als den Aktions- und Reaktionsmittelpunkt in dem mit ihm wesenhaft verbundenen „Milieu" vier psychische Grundfunktionen *(Denken, Fühlen, Empfinden, Intuieren),* die *vier Aspekten psychologischen Welterlebens* entsprechen sowie die beiden Einstellungsweisen oder Typen des „Extravertierten" und „Introvertierten". Zur Charakterisierung der von ihm vertretenen Tiefenpsychologie s. f.: anima, animus, Archetypus, imago, Kollektives Unbewußtes, Libido, Regression, Symbol.

timetisch: auf Werte bezogen. **Timologie:** Werttheorie. Wissenschaft von den Werten.

Toleranz: Duldsamkeit; besonders in der Aufklärung hat die Philosophie die Forderung der Toleranz in religiösen Dingen verfochten. Grundlegend ist der theologisch-politische Traktat SPINOZA (1670): der Staat muß dem

Bürger das Recht der Gewissensfreiheit gegen religiösen Fanatismus sicherstellen. LOCKE fordert in seinen „Briefen über Toleranz" ebenfalls Religionsfreiheit und Trennung von Kirche und Staat.

Topik: Lehre von den logischen „Örtern", eine von den alten Rhetoren ausgebildete Kunst, geeignete Punkte, loci communes, d. i. Gemeinplätze, für die Behandlung eines Themas ausfindig zu machen. Als Teil der Logik behandelt ARISTOTELES die Topik, die Methode des Wahrscheinlichkeitsbeweises, eine Art Leitfaden der Disputierkunst. Kants „transzendentale Topik" weist jedem Begriff seine Stelle nach Verschiedenheit seines Gebrauchs zu, indem sie den erkenntnistheoretischen Ort (Sinnlichkeit oder reinen Verstand) bestimmt.

Totalität: Gesamtheit, Allheit. Auf der absoluten Totalität in der Synthesis der Erscheinungen beruht die Idee des Weltganzen (Kant). (Vgl. Ganzheit.) W. v. HUMBOLDT (s. d.) fordert die „Totalität des Charakters". Bei HEGEL: Synthese aus Ansichsein und Dasein (vgl. Fürsich) und die „formierte" Entwicklung der „ganzen Masse" dieser dialektischen Triade. Bei Georg LUKÁCZ (Geschichte und Klassenbewußtsein, 1923) ist die Totalität zugleich das gesellschaftlich-soziale Sein, das komplex betrachtet werden muß („dialektische Totalitätsbetrachtung") und das Proletariat selbst in seiner höchsten Einheit als Bewußtsein und Aktion.

Totem: ist nach FREUD: „in der Regel ein Tier ..., seltener eine Pflanze oder eine Naturkraft (Regen, Wasser), welches in einem besonderen Verhältnis zu der ganzen Sippe steht. Der Totem ist erstens Stammvater der Sippe, dann aber auch der Schutzgeist und Helfer ... Der Totemcharakter haftet nicht an einem Einzeltier oder Einzelwesen, sondern an allen Individuen der Gattung." **Totemismus:** ist nach Freud „ein System, welches bei gewissen primitiven Völkern in Australien, Amerika, Afrika die Stelle der Religion vertritt und die Grundlage der sozialen Organisation abgibt."

Lit.: S. Freud, Totem und Tabu (1913).

Traditionalismus: eine namentlich von DE BONALD vertretene, gegen die naturwissenschaftlich orientierte Revolutionsphilosophie zielende Richtung der französischen Philosophie, die die geschichtliche und besonders auch die kirchliche Tradition zur alleinigen Grundlage der Gesellschaft machen will.

Traduzianismus: die besonders von TERTULLIAN aufgestellte Lehre, daß die Seele des Kindes ein Schößling (tradux) der elterlichen sei, also zugleich mit dem Leibe erzeugt werde.

transeunt: über etwas hinausgehend; Gott ist nach SPINOZA die immanente Ursache aller Dinge, nicht die transeunte, übergehende.

transsubjektiv: jenseits des Subjekts existierend; „alles was es außerhalb meiner eigenen Bewußtseinsvorgänge geben mag" (J. VOLKELT).

transzendent: übersteigend, darüber hinausgehend. Nach Kant ist das, was die Erfahrung überschreitet und sich auf Übersinnliches bezieht, transzendent. Grundsätze, die über die Grenzen der Erfahrung hinausgehen, heißen transzendent. Die Vernunftbegriffe des Unbedingten, die Ideen, sind transzendent und übersteigen die Grenze der Erfahrung, wenn sie auf vermeintlich übersinnliche Gegenstände bezogen werden, ihr Gebrauch ist aber immanent, wenn sie in ihrer regulativen Bedeutung für den Verstandesgebrauch, d. h. zwecks Vereinheitlichung der Erfahrungs-Erkenntnis, genommen werden. (Vgl. Idee.) — In erkenntnistheoretischem Sinne unterscheidet man das Bewußtseins-Immanente und das Bewußtseins-Transzendente. Gegenüber der Immanenzphilosophie, die alles Erkennen bloß auf das innerhalb des Bewußtseins Sciende beschränkt, wird behauptet, daß das Erkennen über das Bewußtsein hinausgreift, sich auf Transzendentes, Gegenständliches bezieht.

transzendental: ein methodischer Grundbegriff der KANTschen Erkenntnistheorie. Transzendental wird die Erkenntnis genannt, die sich nicht sowohl mit Gegenständen, sondern mit der „Erkenntnisart von Gegenständen, sofern diese a priori möglich sein soll, überhaupt beschäftigt". Die **Transzendentalphilosophie** stellt sich die Aufgabe zu untersuchen, ob und inwiefern eine Erkenntnis a priori möglich ist. Die „transzendentale *Ästhetik*" sucht zu zeigen, daß Mathematik und Mechanik objektive Bedeutung in Anwendung auf die Gegenstände der Erfahrung besitzen; die „transzendentale *Analytik*" sucht nachzuweisen, wie alle Erfahrungserkenntnis auf apriorischen Denkbestimmungen beruht, die „transzendentale *Dialektik*" gibt eine Kritik transzendenter, metaphysischer Urteile, die als Scheinerkenntnis aufgedeckt werden. Transzendentalphilosophie bedeutet also kritische Erkenntnistheorie. Der **„transzendentale Idealismus"**, auch als kritischer, formaler Idealismus bezeichnet, sichert die Naturerkenntnis, indem alle Erkenntnis der Dinge an sich bestritten und auf die Erkenntnis der in Raum und Zeit gegebenen, von apriorischen Bedingungen abhängigen Erscheinungswelt hingewiesen wird. — Bisweilen wendet Kant freilich den Begriff „transzendentaler Gegenstand" in Annäherung an den Begriff Ding an sich. — In der neueren Philosophie wird transzendental manchmal auch im Sinne von transzendent, übersinnlich gebraucht. (Vgl. etwa „die transzendentale Methode" der „kritischen transzendentalen Metaphysik" Clemens BAEUMKERS.) (Vgl. Idealismus, Deduktion.)

Transzendenz: a) (funktional) das Überschreiten sei es des Bewußtseins, sei es der Erfahrung, b) (substantial) das Übersinnliche, die Überweltlichkeit. Bei K. JASPERS: Ein in der existentiellen Erfahrung ergriffenes, übergegenständlich-absolutes Sein, auf das hin der Mensch über sich selbst hinausweist. Bei HEIDEGGER: „Sich hineinhaltend in das Nichts, ist das Dasein je schon über das Seiende im Ganzen hinaus. Dieses Hinaussein über das Seiende nennen wir Transzendenz."

Treue: s. Marcel.

Trialismus, Trichotomie: Dreiteilung.

Troeltsch, Ernst (1865—1923): Theologe, Religionssoziologe und Geschichtsphilosoph, besonders von HEGEL und DILTHEY beeinflußt. *Grundfragestellung:* in welchem Ausmaß besteht eine funktionale oder kausale Abhängigkeit des inneren Gefüges des religiösen Glaubens der kirchlichen Organisationen (Kirche und Sekten) vom Gesellschaftsprozeß. — Hauptwerke: Die Soziallehren der christlichen Kirchen (1919), Der Historismus und seine Probleme (1922).

Tropen: Wendungen, Arten, den Zweifel zu begründen; der Skeptiker ÄNESIDEM stellte 10 solcher Tropen auf, vor allem die Subjektivität der Wahrnehmungen in ihrer Bedingtheit durch die wechselnden Umstände bei der Wahrnehmung.

Trugschluß: unrichtiger Schluß. (Vgl. Fangschluß, Fehlschluß.)

Tschaadajew, Peter (1794—1856): russischer Philosoph, ein letzter Vertreter der sog. Slawophilen, die auf dem Idealismus Hegels aufbauend in politischer Beziehung den slawischen Nationalismus belebten. Auf philosophischem Gebiet suchte diese erste russische Philosophie vom rechtgläubigen Standpunkt aus eine Versöhnung von Glauben und Wissen in der Rechtfertigung des Glaubens als Quell des Wissens. Tschaadajew rückt von den politischen Auswirkungen, die in einer Verherrlichung der russischen Vergangenheit und einer besonderen Berufung des russischen Volkes gipfelt, ab und sieht in der Religion und im Christentum die Verkörperung der Wahrheit. Die Kirche hat in sich die göttliche Kraft verkörpert. Diese Kraft findet ihren vollkommensten Ausdruck im Katholizismus.

Typus: Gepräge, Modell, Musterbild; unter Typus versteht man im Unterschied zur Gattung, Klasse etc. die kennzeichnenden (und bleibenden) Merkmale eines menschlichen oder sachlichen Gebildes, dessen Grundstrukturierung. Das Denken in Typen geht zurück auf PLATON (die Ideen sind Typen oder Musterbilder der Dinge) und

Aristoteles. Typen und **Typenbegriffe** werden durch „historische Vergleichung" und intuitive Erfassung des Wesens der Gebilde gewonnen. Nach Dilthey erwachsen die Typen (der Weltanschauungen) aus der Mannigfaltigkeit „des Lebens selbst". „Jeder dieser Typen befaßt Wirklichkeitserkenntnis, Lebenswürdigung und Zwecksetzung." In der *Soziologie* unterscheidet man soziale Exemplartypen, Gattungstypen und Einteilungstypen, letztere werden wiederum geteilt in soziale Individualtypen, Universaltypen und eigentliche Sozialtypen (Johannesson). In der *Psychologie* unterscheidet man Typen nach dem Körperbau (Kretschmer), nach den Reaktionen (W. Wundt), nach der Gefühls- und Willensstruktur (C. G. Jung), nach der Lebensgestaltung (Spranger), nach der Wahrnehmung (E. R. Jaensch) etc. (Vgl. auch Archetypus, Ectypus, Idealtypus.)

Lit.: W. Dilthey, Die Typen der Weltanschauung (Ges. Schr. Bd. 8); E Spranger, Lebensformen (7. A. 1930); C. G. Jung, Psychologische Typen (1950).

übersinnlich: als unsinnlich das nicht in den Sinnen, sondern in der Vernunft Gegebene, dann das Metaphysische, Transzendente, über alle Erfahrung Hinausweisende.

Umfang: *logisch* der Inbegriff der Arten, auf die sich der Begriff bezieht, während der Inhalt eines Begriffs den Inbegriff der Merkmale bezeichnet; je größer der Umfang, desto kleiner der Inhalt, je größer der Inhalt, desto kleiner der Umfang.

Umgreifende, das: Jaspers'scher Begriff, der das Übergegenständliche, aller Erforschbarkeit Überlegene der Welt bezeichnet.

Umwelt: Hauptbegriff der biologischen Theorie von J. v. Uexküll. Jeder Organismus erfährt die Welt nur nach Maßgabe derjenigen Faktoren, denen er nach Analogie seiner psycho-physischen Konstitution zugänglich ist. In Analogie zu diesem biologischen Befund sucht v. Uexküll auch im Bereich des Menschen solche Verschiedenheiten von Lebenswelten nachzuweisen.

Umwertung aller Werte: s. Nietzsche.

Unbestimmtheitsrelation: die für die moderne Erkenntnistheorie bedeutende, von dem Physiker W. HEISENBERG 1927 entdeckte „Unschärfebeziehung", die besagt, daß in der Atomphysik von je zwei miteinander verbundenen Größen (etwa Zeit und Energie) immer nur eine genau meßbar ist, während die andere unbestimmt bleibt, und zwar proportional zur Meßgenauigkeit der ersten. Diese auch etwa von BOHR, JORDAN u. a. vertretene Theorie stellt die Geltung des Kausalgesetzes (s. d.) für die Mikrophysik in Frage.

unbewußt: als unbewußt Psychisches: das sich von den bewußten Vorstellungen, Schlüssen etc. unterscheidende, nicht wahrnehmbare Seelische. Das unbewußte Seelenleben wird aber auch definiert als geistig-seelischer Inhalt von derselben Qualität, aber geringerer Intensität wie die bewußten Vorstellungen. LEIBNIZ sprach von unwahrnehmbaren Perzeptionen, die aber in ihrer Summierung zum Bewußtsein gelangen. Das Seelenleben der untersten Monaden bleibt unbewußt. E. v. HARTMANN hat eine Philosophie des Unbewußten entwickelt: Das Unbewußte als Einheit des unbewußten Willens und der unbewußten Vorstellung ist der Urgrund allen Seins und Geschehens. — Als Grundbegriff der modernen *Psychologie* bezeichnet das Unbewußte alles das, was sich dem Vollbewußtsein des Ichs entzieht; es wird sowohl vorindividuell, als auch überindividuell aufgefaßt. Man unterscheidet es auch vom *Unterbewußtsein*. In der *Tiefenpsychologie* C. G. JUNGS auch als „überpersönliches Unbewußtes" bezeichneter Begriff: „Das kollektive Unbewußte stellt das objektiv Psychische dar, das persönliche Unbewußte aber das subjektive" (Über die Psychologie des Unbewußten, 1948).

unendlich: in der Mathematik ist das Unendliche ein methodischer Begriff, der als unendlich klein und unendlich groß einen Wert bezeichnet, der kleiner oder größer als jede angebbare Größe wird. Begründer der Infinitesimalrechnung (Differential- und Integralrechnung) sind

LEIBNIZ und NEWTON. Das metaphysisch Unendliche ist das Absolute, Gott.

universal: allgemein; im universalen Urteil bezieht sich das Prädikat auf den Gesamtumfang des Subjekts.

Universalien: Allgemeinbegriffe, Gattungsbegriffe. Im Mittelalter entstand ein Streit um die Bedeutung der Allgemeinbegriffe, der **Universalienstreit,** mit seinen Hauptgegensätzen des Realismus und Nominalismus. Der sich an PLATON anschließende *Realismus* erklärte: universalia sunt realia ante rem, die Allgemeinbegriffe sind das Wirkliche vor dem Einzelding; Hauptvertreter Johannes ERIUGENA, ANSELM VON CANTERBURY, WILHELM VON CHAMPEAUX. Der *Nominalismus* behauptet demgegenüber: universalla sunt nomina post rem, die Allgemeinbegriffe sind bloße Worte nach dem Ding; so zuerst ROSCELLIN, später WILHELM VON OCKHAM. Eine vermittelnde Stellung begründete ABÄLARD: universalia sunt realia in re, die Allgemeinbegriffe sind das Wirkliche im Einzelwesen. (Vgl. Konzeptualismus, Nominalismus, Realismus, Terminismus.)

Universalismus: 1. *metaphysisch:* die Anschauung, daß das Ganze, das Universum als einzige Wirklichkeit anzusehen ist (Pantheismus); 2. *ethisch:* die Beziehung des sittlichen Handelns auf eine Gesamtheit wie Volk, Menschheit; 3. *soziologisch:* der Gegensatz zum Individualismus. Nach Othmar SPANN ist der Unterschied von Individualismus und Universalismus ein grundlegender „Gegensatz zweier rein theoretischer Gesellschaftserklärungen", indem der Universalismus, wie ihn vor allem die romantische Soziologie von BAADER, Adam MÜLLER u. a. vertritt den „sinnvollen Zusammenhang, die Gegenseitigkeit, kurz die *Ganzheit* als das Wesenhafte in Wirtschaft, Staat und Gesellschaft" erblickt.

Unmittelbarkeit: besonders von HEGEL im Gegensatz zur Vermittlung gebrauchter Begriff, der die Gegensätze in ihrer „begriffslosen Sinnlichkeit" oder „nur gedachten Abstraktion" unaufgelöst bestehen läßt und das

Denken und die Philosophie in ihrer Höherentwicklung und Selbstvollendung hemmt.

Urphänomen: das anschauliche geistige Erfassen eines letzten Tatbestandes läßt das Urphänomen hervortreten; so kann man das Wesen, die Idee der Pflanze in dem Urphänomen der „Urpflanze" anschauen (GOETHE). Das Schöne ist ein Urphänomen, das zwar nie selber zur Erscheinung kommt, dessen Abglanz aber in tausend verschiedenen Äußerungen des schaffenden Geistes sichtbar wird. Die Gottheit offenbart sich im Urphänomen, im physischen wie im sittlichen.

Ursache: das, was einem Geschehen, einer Veränderung als deren entscheidende Bedingung vorhergeht, wird Ursache genannt. Ursache ist nach KANT eine Kategorie, die besagt, „daß die Wirkung nicht bloß zu der Ursache hinzukomme, sondern durch dieselbe gesetzt sei und aus ihr erfolge." (Vgl. Kausalität.)

Urteil: das Urteil als Aussage einer logischen Verknüpfung eines Prädikats mit einem Subjekt ist die Grundform des Denkens (zweigliedriges Urteil: „S ist P"). Erst die *Copula* „ist" macht aus einem Begriffsgefüge ein Urteil. Erst die Copula weist auf das Sein eines Sachverhaltes oder Seinsbereiches, auf den sich jedes Urteil bezieht, hin (sog. **Urteilsfunktion** oder ontologische Funktion der Copula). Wahrheit und Falschheit kennzeichnen jedes Urteil. Die herkömmliche Einteilung der Urteile ist die nach der Quantität (allgemeine, besondere, einzelne), nach der Qualität (bejahende, verneinende, unendliche), nach der Relation (kategorische, hypothetische, disjunktive), nach der Modalität (problematische, assertorische, apodiktische). Man unterscheidet ferner *Existentialurteile* (der grüne Baum ist), *impersonale* Urteile (es schneit) etc. Urteile können im Verhältnis der Identität, der Subsumtion und des Gegensatzes stehen. Die Beziehung zwischen Subjekt und Prädikat wird von der Umfangstheorie als Umfangsbeziehung zwischen Subjekt und Prädikat, von der Inhaltslogik als Inhaltsbeziehung aufgefaßt. Die moderne Logik kennt auch das eingliedrige Urteil: „Feuer!" (H. Maier). Im Unterschied zur formalen, auf ARISTOTELES zurückgehenden Logik, in der die Struktur des Satzes der des Urteils entspricht, behaupten die Anhänger der Logistik (WITTGENSTEIN, CARNAP etc.), daß die klassische Logik Ausdruck und Denken verwechselt, daß die Formel S = P nur für den Satz, nicht aber für das Urteil Gültigkeit hat, da die grammatikalischen Begriffe vom Subjekt (S) und Prädikat (P) nicht logische Zusammenhänge, und besonders nicht solche des Urteils charakterisieren können. — Über analytische und synthetische Urteile vgl. analytisch und synthetisch, über Wahrnehmungs- und Erfahrungsurteile vgl. Erfahrungsurteil. (Vgl. Satz.)

Urteilskraft: Urteilskraft ist „das Vermögen, unter Regeln zu *subsumieren,* d. i. zu unterscheiden, ob etwas unter einer gegebenen Regel" steht oder nicht (KANT). Die Erkenntniskritik hat die Aufgabe, die Urteilskraft im Gebrauche des reinen Verstandes durch bestimmte Regeln zu berichtigen und zu sichern. Unter *ästhetischer* Urteilskraft versteht Kant das Vermögen, die formale, subjektive Zweckmäßigkeit durch das Gefühl der Lust und Unlust, unter der *teleologischen* Urteilskraft das Vermögen, die reale, objektive Zweckmäßigkeit der Natur durch Verstand und Vernunft zu beurteilen. Beide sind als Ästhetik und Philosophie der organischen Natur in der „Kritik der Urteilskraft" zusammengefaßt.

Urzeugung: Entstehung der einfachsten Lebewesen aus unorganischer Materie. (S. generatio aequivoca.)

Utilismus, Utilitarismus: eine ethische Richtung, die den Nutzen zum Prinzip des Handelns macht, wobei entweder das Wohl des Einzelnen oder die Wohlfahrt der menschlichen Gesellschaft in den Vordergrund gestellt werden kann. Utilitaristisch ist besonders die englische Moralphilosophie. (Vgl. BENTHAM.)

Utopie: Nirgendheim. Bezeichnung für Idealbilder sittlich vollkommener staatlicher Zustände. Im *utopischen*

Denken geht der Mensch im Gegensatz zur enthüllenden oder verhüllenden Ideologie (s. d.) als Ausdruck seines beunruhigten Daseins über seinen tatsächlichen Zustand hinaus, doch gehört dieses Hinausgehen zum Sein des Menschen selbst. In diesem Sinn ist Utopie „methodisches Organ fürs Neue, objektiver Aggregatzustand des Hervorkommenden" (Ernst BLOCH). Utopien sind „jene seinstranszendenten Vorstellungen, die irgendwann transformierend auf das historisch-gesellschaftliche Sein wirken" (K. MANNHEIM, Ideologie und Utopie, 3. A. 1952). *Hist.:* teilweise nach dem Vorbild von PLATONS „Staat" sind in der Neuzeit viele Utopien entstanden. Besonders hervorzuheben: Thomas MORUS „Utopia" (1516), BACON „Nova Atlantis" (1621), CAMPANELLA „Civitas Solis" (1623), ferner die Utopien von BELAMY, CABET, WELLS, HUXLEY, ORWELL. — Den **utopischen Sozialismus** vertreten R. OWEN, SAINT-SIMON, FOURIER, W. WEITLING, PROUDHON sowie die Saint-Simonisten ENFANTIN, BAZARD. Der utopische Sozialismus kritisiert die konkrete Gesellschaftsordnung auf Grund allgemeiner Gerechtigkeitserwägungen, versucht durch Musterexperimente die Ausführbarkeit seiner konstruierten Systeme zu demonstrieren und malt die Phantasmagorien der Zukunft aus. (S. a. Sozialismus.)

Lit.: Ernst Bloch, Geist der Utopie (1918); ders., Freiheit und Ordnung — Abriß der Sozialutopien (1947); Martin Buber, Pfade in Utopia (1950); Raymond Ruyer, L'Utopie et les Utopistes (1950); Edgar Salin, Platon und die griechische Utopie (1921).

Vaihinger, Hans (1852—1933): Kantforscher und Begründer der Kantgesellschaft. Hauptwerk: Die Philosophie des Als-Ob (1911). Die Grundlagen unserer Logik, Ethik und Ästhetik werden darin als bewußte Fiktionen begründet. Die Fiktion ist eine wissenschaftliche Erdichtung zu praktischen Zwecken. Sie ist für Ethik und Ästhetik wichtiger als die Welt des Wirklichen.

Verdrängung: in der psychoanalytischen Theorie FREUDS weitgehend synonym mit unbewußt (s. d.). Das Wesen der Verdrängung besteht in der Eliminierung psychischer Inhalte aus dem Bewußtsein (vgl. Sublimierung).

Vermittlung: besonders von HEGEL benutzter Begriff. „Die Vermittlung ist nichts anderes als die sich bewegende Sichselbstgleichheit, oder sie ist die Reflexion in sich selbst, das Moment des für sich seienden Ich, die reine Negativität oder, auf ihre reine Abstraktion herabgesetzt, das einfache Werden." (Vgl. Unmittelbarkeit.) Die Vermittlung verbindet gegensätzliche oder sich auseinander entwickelnde Anschauungen oder Begriffe in der Weise, daß der Widerspruch aufgelöst, ein rationales Begreifen möglich und das Denken einer höheren Stufe seiner selbst zugeführt wird.

Vernunft: schon bei PLATON in der Bedeutung des höheren Geistigen: der Nous, die unsterbliche Vernunftseele, teilhaftig der Ideenerkenntnis; bei ARISTOTELES ist die Vernunft, die dem Menschen eigentümliche Form der Seele, als tätige Vernunft, reine Vernunfttätigkeit, als leidende Vernunft auf die durch den Leib vermittelten Wahrnehmungen angewiesen. Während der neuere Rationalismus vielfach Verstand (intellectus) und Vernunft (ratio) gleichsetzte, bestimmt KANT die Begriffe genauer. Im weitesten Sinne umfaßt Vernunft alles Apriorische, also Anschauungsformen (Raum, Zeit), Verstandesformen (Kategorien), Vernunftbegriffe (Ideen). *Verstand* und *Vernunft* werden als das obere Erkenntnisvermögen zusammengefaßt, insofern das Rationale dem Empirischen entgegengesetzt wird. Aber Verstand und Vernunft (im engeren Sinne) sind scharf zu unterscheiden: der Verstand mit seinen Begriffen bezieht sich auf Erfahrung, macht Erfahrung möglich, die Ideen der Vernunft beziehen sich auf keinen Gegenstand, sondern auf den Verstand, insofern sie Einheitsprinzipien für die Verstandeserkenntnis darstellen. Der Gebrauch der Vernunft wird transzendent, *metaphysisch*, wenn man das in der Vernunft liegende Unbedingte, das als Forderung nicht nur berechtigt, sondern notwendig ist, nicht auf den regulativen Gebrauch einschränkt, sondern in konstitutivem

Gebrauch auf einen vermeintlichen Gegenstand (Seele, Weltganzes, Gott) richtet. Die *praktische* Vernunft ist die den Willen bestimmende Ursache und bezweckt, einen an sich selbst guten Willen hervorzubringen. Nach HEGEL ist alle Wirklichkeit getragen von der absoluten Vernunft. Die Vernunft in uns erkennt die Vernunft der Welt, weil sie selbst das Innewohnen des Ewigen und Göttlichen in uns ist. „Was vernünftig ist, das ist wirklich, und was wirklich ist, das ist vernünftig." (Vgl. Rationalismus, Idee, Verstand.)

Vernunftreligion: Religion ist Sache der Vernunft, ist vernunftgemäß. Die Vernunft kann die Gültigkeit und Berechtigung der christlichen Religion einsehen und begründen. (Vgl. Deismus.)

Verstand: Intellekt, Denken, Inbegriff der Verstandesformen, der Kategorien, das Vermögen zu denken, zu urteilen. Der Verstand verknüpft das Mannigfaltige der Erscheinungen durch Begriffe und bringt es so unter empirische Gesetze. Die *reinen Verstandesbegriffe* „dienen gleichsam nur, Erscheinungen zu buchstabieren, um sie als Erfahrung lesen zu können" (KANT). Der Verstand schreibt der Natur die Gesetze vor. SCHOPENHAUER läßt als einzige Funktion des Verstandes die Erkenntnis der Kausalität bestehen. (Vgl. Vernunft, Kategorie, Rationalismus, Erfahrung.)

Verstehen: Grundbegriff der modernen Geisteswissenschaft, durch DILTHEY und ERISMANN in die Psychologie und in die Theorie der Geisteswissenschaften eingeführt, nachdem er vorher nur in Geschichtswissenschaft und Hermeneutik eine Rolle gespielt hatte. Geistiges läßt sich nicht in derselben Weise objektiv gegenständlich erkennen wie Natürliches: es läßt sich nur verstehend erkennen, durch ein Sich-Hineinversetzen und Nacherleben. Wo immer wir menschliche Äußerungen zum „Gegenstande" der Erkenntnis machen wollen, da müssen wir die analytisch-reduzierende Methode der Naturwissenschaft aufgeben. Die Spitze des Verstehensbegriffes richtet sich also gegen den Naturalismus, Mechanismus, insbesondere gegen die

Elementenpsychologie, die das menschliche Seelenleben aus seinen Bestandteilen „erklären" will, anstatt es richtig zu „beschreiben". Aber auch andere Wissenschaften, die zuvor bei der Naturwissenschaft Anlehnung suchten, sind durch den Verstehensbegriff auf ein neues Fundament gestellt worden: die *Psychiatrie*, in die JASPERS die geisteswissenschaftliche Methode einführte, die Soziologie, die von Weber und Sombart als eine „*verstehende Soziologie*" entwickelt wurde. So unterscheidet M. WEBER „aktuelles Verstehen" (nur evidente Dinge werden klar) und „erklärendes Verstehen" (nicht ohne weiteres evidente Dinge werden klar). Auch in der *Nationalökonomie* hat SOMBART den Diltheyschen Gesichtspunkt geltend gemacht. — Die Theorie des Verstehens selbst ist nächst Dilthey vor allem von SPRANGER, LITT und HÄBERLIN gefördert worden. Nach Spranger ist das Verstehen im Gegensatz zum „Einsehen" ein Akt, „der Objektivität und subjektiven Ursprung aufs engste aneinanderknüpft". Verstehen heißt „geistige Zusammenhänge in der Form objektiv gültiger Erkenntnis als sinnvoll auffassen"; es ist also nicht einfaches *Nacherleben*, sondern es enthält eine apriorische Voraussetzung, die Spranger als „Strukturbewußtsein" bezeichnet. Häberlin, der sich vornehmlich um *charakterologisches* Verstehen bemüht, will bereits in die Elementarpsychologie den Begriff des Verstehens einführen, den er für ebenso ursprünglich hält wie den Begriff der sinnlichen Qualität. Dies ist die primäre Bedeutung des Verstehens, von der die sekundäre als eine „besondere Art inneren Handelns" (ähnlich Erraten der „Bedeutung") unterschieden ist. Das primäre Verstehen ist „unreflektiertes Feststellen fremder Eigenschaftlichkeit in und zugleich mit der sinnlichen Qualität, unter Voraussetzung einzig des *Gefühls*, also der zentralen Reaktion auf das Objekt. Wir verstehen das Objekt unmittelbar aus dem Gefühl heraus ..." Die sinnliche Feststellung ist nur Begleiterscheinung, verhilft aber nicht zum Verstehen. Häberlin (und vor ihm STRAUSS) hat auch versucht, die Erscheinungen der Suggestion und Hypnose als verstehbare aufzufassen, worin ihm die meisten Sozialpsychologen gefolgt sind. — Für Litt ist das Verstehen das ursprüngliche Verhältnis zwischen beseelten Wesen innerhalb einer *Kultur*. Durch diese Einbeziehung des Kulturbegriffes wird das Verstehen einerseits ermöglicht, andererseits aber auch bedingt. Es muß mit dem Fortschreiten des Werdeprozesses Schritt halten, sein „Bild in demselben Flusse erhalten". Litt entwickelt das Verstehen aus seinem Grundbegriff der „Reziprozität" der Perspektiven. E. ROTHACKER setzt für das Durchdringen der Geschichte drei Notwendigkeiten: Das Begreifen (rationales Erfassen vom Begriff her), das Erklären (kausale Ableitung aus Bedingungen) und das Verstehen (Eindringen ins Individuell-Lebendige). — Eng mit dem Verstehen hängen zusammen die Begriffe der Einfühlung und Sympathie (Mitfühlen). (Vgl. Bedeutung.)

Lit.: O. F. Bollnow, Das Verstehen (1950).

Vico, Giovanni Battista (1668—1744): er gilt als der Begründer der modernen Geschichtsphilosophie. Die göttliche Vorsehung ist die Basis der Geschichte. Die Zivilisation hat sich in drei Perioden entwickelt, der göttlichen, der heroischen und der menschlichen. In der Geschichte bleibt den Menschen eine gewisse Selbsttätigkeit gewahrt. Hauptwerk: Principi della scienza nuova d'intorno alla commune natura delle nazioni (1725).

virtuell: der Möglichkeit nach, der Anlage nach. LEIBNIZ nahm an, daß die Vorstellungen virtuell, potentiell, der Anlage nach, angeboren sind.

Vischer, Friedrich Theodor (1807—1887): Anhänger Hegels. Ästhetiker. In der Ästhetik gab er eine Zusammenfassung der Entwicklung der spekulativen Ästhetik von Kant bis Hegel. Hauptwerk: Ästhetik oder Wissenschaft des Schönen, 3 Bde. (1847—1858).

Vision: Gesicht, Schauung, Halluzination.

visuell: auf den Gesichtssinn bezüglich.

Vitalismus: naturphilosophische Lehre, die die Lebensvorgänge nicht durch Gesetze des organischen Geschehens für begreiflich hält, sondern nur unter Mitwirkung besonderer Lebenskräfte nichtphysikalischer Natur. Die neueren Vitalisten *(Neovitalisten,* zu ihnen zählen ferner R. WAGNER, UEXKÜLL, BECKER) REINKE und E. v. HARTMANN fordern zum Verständnis der Zweckmäßigkeit in der organischen Natur höhere leitende und ordnende Kräfte, die sich wie die menschliche Intelligenz in der Maschine in der zielstrebigen, einheitlichen Lenkung der Naturkräfte, der Energien, betätigen. Diese regulatorischen höheren, nichtphysikalischen Kräfte nennt Reinke Dominanten, v. Hartmann Oberkräfte. DRIESCH zeigt, daß unräumliche, also nichtphysikalische Faktoren *(Entelechien),* namentlich bei den formbildenden Prozessen der Organismen mitwirken müssen. Ein rein physikalisches System, eine Maschine, kann Ähnliches niemals leisten. So kommt Driesch zum Begriff der Entelechie als eines teleologisch wirkenden Naturfaktors, der nicht im Raume wirkt, aber in den Raum hineinwirkt. Es gibt also eine Autonomie, eine Eigengesetzlichkeit des Lebens. Vielfach denkt man sich die „Lebenskräfte" auch seelisch oder dem Seelischen verwandt. (Vgl. Psychovitalismus.)

Vives, Johannes Ludovicus (1492—1540): spanischer Humanist des ausgehenden Mittelalters; kritisierte die Erstarrungen der verfallenden Scholastik. Hauptwerke: De Initiis, sectis et laudibus philosophiae (1518); de anima et vita (1538).

Völkerpsychologie: die Psychologie seelischer Gebilde, die innerhalb einer Volksgemeinschaft entstanden sind, wie Sprache, Mythus, Religion, Kunst, Recht, Sitte. Begründer der Völkerpsychologie als Wissenschaft vom Volksgeist, als Lehre von der Volksseele, sind LAZARUS und STEINTHAL. W. WUNDT sieht in der Völkerpsychologie eine Ergänzung der Individualpsychologie: Ihr Gegenstand ist eine „Untersuchung der Sprache, des Mythus und der Sitte."

Volkelt, Johannes (1848—1930): Verfechter einer kritischen Metaphysik der Ästhetik und eines kritischen Realismus in der Erkenntnistheorie. Volkelt nimmt zwei Quellen der Erkenntnis an: Reine Erfahrung, d. h. Selbstgewißheit des Bewußtseins und Bewußtsein der Denknotwendigkeit Die Hauptbedeutung Volkelts liegt auf dem Gebiet der Ästhetik: auch die spekulative Ästhetik eines Schiller, Hegel und Vischer ist mit dem modernen, psychologisch zergliedernden Verfahren zu vereinigen. Im Mittelpunkt steht ihm an Stelle der Schillerschen „Idee" das „menschlich Bedeutungsvolle". Werke: Ästhetik des Tragischen (1897); System der Ästhetik (1904—1913). (Vgl. Ästhetik.)

Volksgeist, Volksgeistlehre: s. Hegel.

Voltaire, François Marie (1694—1778): der bedeutendste französische Aufklärer, universaler Schriftsteller. Popularisator der Ideen Newtons, des englischen Empirismus, der Naturphilosophie und des Deismus. Versuch einer Verbindung von *Naturalismus* und *Empirismus* mit *Rationalismus* und *Moralismus*. Hauptwerk: Essai sur les moeurs et l'esprit des nations (1756): die Weltgeschichte soll den Entwicklungskampf der Menschheit für Fortschritt und Bildung darstellen.

Voluntarismus: Betrachtung vom Willensstandpunkt aus. Der psychologische Voluntarismus sieht im Willen die Grundeigenschaft der Seele und stellt sich als voluntaristische Psychologie in Gegensatz zur intellektualistischen Richtung (so W. WUNDT). Der metaphysische Voluntarismus macht den Willen zum Wesen, zum Urgrund der Dinge (SCHOPENHAUER).

Vorstellung: im weitesten Sinne nennt LOCKE Vorstellungen, Ideen, „alles, was der Geist in sich selbst wahrnimmt oder was unmittelbares Objekt der Wahrnehmung, des Denkens oder des Verstandes ist." HUME schied Wahrnehmung, Empfindung und Vorstellung. Vorstellungen sind abgeblaßte, schwächere Nachbilder der Wahrnehmungen. KANT gibt folgende Übersicht über die Stufenleiter der Vorstellungsarten: die Gattung ist Vorstellung überhaupt; unter ihr steht die Vorstellung mit Bewußtsein, Perzeption. Eine Perzeption, die sich lediglich auf das Subjekt, als die Modifikation seines Zustandes, bezieht, ist Empfindung, eine objektive Perzeption ist Erkenntnis. In der *Psychologie* allgemein: alle Inhalte, die man vor sich hinstellen", d. h. unabhängig von der Gegenwart des Vorgestellten als etwas relativ Objektives ansehen kann. — W. WUNDT bezeichnet Gebilde, die entweder ganz oder vorzugsweise aus Empfindungen zusammengesetzt sind, als Vorstellungen und unterscheidet drei Hauptformen: 1. intensive Vorstellungen, 2. räumliche Vorstellungen, 3. zeitliche Vorstellungen.

Wahrheit: nur in den Urteilen ist Wahrheit oder Falschheit. Ein Urteil ist wahr, wenn es mit dem beurteilten Gegenstand übereinstimmt. — Im Mittelalter kam die *Lehre* von der *zweifachen* Wahrheit auf, daß etwas philosophisch wahr sein kann, was theologisch nicht wahr ist, und umgekehrt. — Vernunftwahrheiten oder ewige Wahrheiten sind nach LEIBNIZ die *logischen* und *mathematischen* Wahrheiten, deren Gegenteil unmöglich ist, da sie auf dem Satze des Widerspruchs beruhen, während die Tatsachenwahrheiten als durch Induktion begründet nicht denknotwendig sind, sondern noch einer Erklärung nach dem Satze vom zureichenden Grunde bedürfen. Eine „Logik der Wahrheit" nennt KANT den Nachweis der objektiven Gültigkeit der Kategorien und Grundsätze des reinen Verstandes. — (Über den pragmatischen Wahrheitsbegriff vgl. Pragmatismus.) HEIDEGGER vertritt einen daseinsontologischen Wahrheitsbegriff. Wahrheit ist *Unverborgenheit*. Bei ihm gibt es Wahrheit „nur insofern und solange Da-sein ist." „Alle Wahrheit ist relativ auf das Sein des Da."

Lit.: M. Heidegger, Vom Wesen der Wahrheit (3. A. 1953); ders., Platons Lehre von der Wahrheit (1947).

Wahrheitswert: von FREGE formulierter Wert, der einen zusammengesetzten Satz als wahr bestimmt, wenn er nicht mit einem falschen Satzbestandteil beginnt und einem falschen endet. (Vgl. Frege.)

Wahrnehmung: das unmittelbare Gewahrwerden, Bemerken. Die äußere Wahrnehmung bezieht sich auf Äußeres im Raum, die innere auf seelisches Erleben. Die sensualistische Erkenntnislehre macht die Wahrnehmung zum Ausgangspunkt, zur Grundlage und zum Maßstab aller Erkenntnis (vgl. Positivismus). Bei KANT ist die Wahrnehmung für die Erkenntnis der Wirklichkeit von Bedeutung: die Wahrnehmung, die den Stoff zum Begriff hergibt, ist der einzige Charakter der Wirklichkeit; alle Erkenntnis vom Dasein der Dinge hängt mit Wahrnehmungen zusammen. (Vgl. auch Erfahrung, Erfahrungsurteil.) Bei HUSSERL bilden Wahrnehmung und Wahrgenommenes in der immanenten (inneren) Wahrheit wesensmäßig eine „unvermittelte Einheit" im Gegensatz zur transzendenten (äußeren) Wahrheit. Die *moderne Wahrnehmungspsychologie* Wahrnehmungsteste) bezeichnet als Wahrnehmung das „Ins-Bewußtseinnehmen" einer Empfindung und analysiert besonders den Zusammenhang der Wahrnehmungsinhalte mit anderen geistig-seelischen Funktionen.

Wahrscheinlichkeit: *allgemein:* vermutete, aber nicht vollbeweisbare Wahrheit. In der *Mathematik:* Relative Häufigkeit zweier Klassen von Fällen in einer längeren Reihe. Wahrscheinlichkeit = der Quotient der günstigen in die gleich möglichen Fälle (vgl. H. Reichenbach, Wahrscheinlichkeitslehre, 1935). Diese Auffassung ist umstritten. WAISMANN hat darauf hingewiesen, daß statistische Reihen nur endlich sind, daß daher die Identifizierung der relativen Häufigkeit mit einem Grenzwert nicht möglich ist und die statistische Wahrscheinlichkeit nicht als Grenzwert einer relativen Häufigkeit definiert werden kann. Er hat statt dessen in Anlehnung an WITTGENSTEIN, BOLZANO u. a. die *klassische kombinatorische Wahrscheinlichkeitstheorie* fortzubilden versucht, wobei er Wahrscheinlichkeit als logische Beziehung zwischen Aussagen und als nur teilweise bestimmte auffaßt. CARNAP versucht neuerdings eine *erkenntnistheoretische Wahrscheinlichkeit* analog der mathematischen formal zu entwickeln.

Weber, Max (1864—1920): Religionssoziologe und als Erkenntnistheoretiker bedeutend für die Grundlagen der *Sozialwissenschaften.* Grundproblem: Zwischen *Neukantianismus, Historismus, Kathedersozialismus* und *Marxismus* zu vermitteln, indem er aus der Fülle der menschlich-geschichtlichen Erscheinungen (in ihrer gleichzeitigen Besonderheit und Objektivität) eine diesen theoretisch adäquate objektive Begriffswelt entwickelt (Schrift: Die Objektivität sozialwissenschaftlicher und sozialpolitischer Erkenntnis, 1904), damit die Objektivität der Geschichte als Wissenschaft begründet und ein kritisches Bewußtsein von der Heteronomie des Wertes und der objektiven wissenschaftlichen Analyse gewonnen werden kann. In seinem Werk ist eine *Synthese* der Theorie des Verstehens und des Kausalitätsdenkens in der Weise angelegt, daß die am konkreten historischen Einzelfall herrschenden oder konstruierten Kausalbeziehungen den Verstehenszusammenhang erst verwirklichen (Theorie der historischen Kausalität). Mit Hilfe des *Idealtypus* (s. d.), verstanden als Gattungsschema, aller von den Kulturwissenschaften verwerteten Begriffe sollen die Ideen mit der Wirklichkeit immer wieder fruchtbar verglichen werden können. Im Gegensatz zur Wissenschaft von der nur empirisch-statistisch berechenbaren Natur kann die Kulturwissenschaft die Bedeutung der einzelnen historischen Daten durch Aufdeckung der *Motivationszusammenhänge* verstehen (Theorie des *Verstehens*) und so die historische Welt als das Werden des menschlichen Lebens begreifen. — In seinen konkreten religionssozialogischen Analysen (s. bes. Die protestantische Ethik und der Geist des Kapitalismus, 1904 bis 1905) nimmt Weber — gleichsam umgekehrt — das Marxsche Problem (s. d.) der Erforschung der Struktur der Gesellschaft im Zeitalter des rational-kalkulierenden Industriekapitalismus wieder auf. Was bei MARX nur Überbau ist, wird bei ihm umgekehrt zum bestimmenden Faktor. Doch analysiert er bei seiner Ergründung des Einflusses des Protestantismus auf den modernen Kapitalismus bewußt nur eine von dessen Ursachen und dehnt sein Modell nicht auf jede Gesellschaft und die ganze historische Entwicklung aus. So ist der aufgedeckte Zusammenhang noch nicht Kausalzusammenhang. — *Soziologie* ist nach Weber „eine Wissenschaft, welche soziales Handeln deutend verstehen und dadurch in seinem Ablauf und in seinen Wirkungen ursächlich erklären will." In seinem politischphilosophischen Denken versucht Weber Wissenschaft und Politik, *Gesinnungs-* und *Verantwortungsethik* logisch zu trennen und ihre Entsprechungen herauszuschälen. Hauptwerke: Religionssoziologie, 3 Bde. (1920 f.); Wirtschaft und Gesellschaft (1921).

Weber-Fechnersches Gesetz: siehe Psychophysik.

Wechselwirkung: eine gegenseitige Beeinflussung von Dingen und Vorgängen. NEWTONS drittes Bewegungsgesetz. „Die Wirkung ist der Gegenwirkung gleich" bedeutet, daß alle Kraftwirkungen zwischen zwei Massen wechselseitige sind. KANTS dritte Analogie der Erfahrung lautet: Alle Substanzen, sofern sie im Raum als zugleich wahrgenommen werden können, sind in durchgängiger Wechselwirkung. Eine Wechselwirkung zwischen Leib und Seele nimmt Descartes an: in der Zirbeldrüse, dem einzigen unpaarigen Organ der Großhirnrinde, sollen Nerven und Seele aufeinander einwirken. Lotze führt metaphysisch die allgemeine Wechselwirkung aller Einzeldinge auf eine alles Einzelne umfassende unendliche Substanz zurück.

Welt: das Seiende als Ganzes (Kosmos). — Bei DILTHEY ist „die Welt stets nur Korrelat des Selbst". Welt und Selbst entspringen dem ursprünglicheren Leben, und im Laufe der historischen Entwicklung tritt immer stärker „ein Bewußtmachen des Lebens als Welt" hervor. In der *Existenzphilosophie* ist Welt das, woran das menschliche Dasein verfallen kann. Das Verhältnis von Welt und Selbst wird reduziert auf „Verfallen und Sichwiedergewinnen". So besteht bei HEIDEGGER Welt nur aus den beiden Seinsweisen des „Zuhandenen" und „Vorhandenen". (Vgl. Leben, Weltanschauung.)

Weltanschauung: allgemeine Gedanken über das Weltganze, über Sinn, Zweck und Wert von Welt und Dasein. Der Begriff stammt von W. v. HUMBOLDT. Im Unterschied zur rationalen Philosophie geht die Weltanschauung mehr aus der Tiefe des Lebens hervor und ergreift auch sozial weitere Kreise. Seit der Mitte des 19. Jahrhunderts gewinnt sie immer mehr an Bedeutung. Bei DILTHEY sind die Weltanschauungen nach denselben Gesetzen wie die organischen Lebewesen gebildet, sie enthalten regelmäßig „dieselbe Struktur". Diese „ist jedesmal ein Zusammenhang, in welchem auf der Grundlage eines Weltbildes die Fragen nach Deutung und Sinn der Welt entschieden und hieraus Ideal, höchstes Gut, oberste Grundsätze für die Lebensführung abgeleitet werden." Dilthey unterscheidet *drei Typen der philosophischen Weltanschauung:* Naturalismus, objektiven Idealismus und Idealismus der Freiheit. Der Naturalismus hat seine Grundlage im Studium der Natur und erstreckt sich vom Materialismus bis zum naturwissenschaftlich bestimmten Positivismus (Demokrit, Hobbes). Die Weltanschauung des objektiven Idealismus (Pantheismus) steht unter dem Zeichen des Lebenswertes, der Frage nach dem Sinn der Welt, dem Gefühl der „universellen Harmonie aller Dinge" (Heraklit, Spinoza, Hegel, Schelling). Die Weltanschauung des Idealismus der Freiheit ist bestimmt durch das Willensverhalten, sie behauptet die Unabhängigkeit des Geistes von der Natur (Platon, Aristoteles, Kant, Fichte). — Zur *materialistischen* Weltanschauung vgl. Diamat.

Welträtsel: Du BOIS-REYMOND hat in seinem Akademievortrag (1882) sieben Welträtsel aufgestellt: unlösbar erscheinen ihm drei: 1. das Wesen von Materie und Kraft, 2. der Ursprung der Bewegung, 3. das Entstehen der einfachen Sinnesempfindung. Drei andere hält er für nicht transzendent: 1. die erste Entstehung des Lebens, 2. die anscheinend absichtsvoll zweckmäßige Einrichtung der Natur, 3. das vernünftige Denken und den Ursprung der Sprache. Gegenüber dem siebenten Welträtsel, der Frage nach der Willensfreiheit, nimmt er einen unentschiedenen Standpunkt ein. (Vgl. Haeckel.)

Weltseele: bei PLATON bildet der Demiurg, der Weltschöpfer, zuerst die Weltseele als den Urquell des Lebens und der mathematischen Gesetzlichkeit der Welt. Eine Allseele, Weltseele in pantheistischem Sinne, nehmen die

Stoiker an, während PLOTIN die Weltseele von der Weltvernunft erzeugt sein läßt. Der Gedanke der Weltseele als eines das Weltall durchwaltenden einheitlichen Urgrundes findet sich in der Neuzeit besonders bei Giordano BRUNO sowie bei SCHELLING und FECHNER.

Werden, das: s. Parmenides, Hegel.

Wert, Wertphilosophie: die Philosophie hat zu ihrem Gegenstande nicht nur die allgemeine wirkliche Beschaffenheit der Dinge, sondern auch das Verhältnis der Wirklichkeit zum Subjekt. Dieses Verhältnis kann einmal das Subjekt als erkennendes betreffen, dann haben wir es mit der *Erkenntnistheorie* als philosophischer Disziplin zu tun. Sodann aber kann es auch das Subjekt als wollendes, wünschendes, begehrendes betreffen; in dieser Hinsicht sprechen wir von Wertphilosophie. Der Begriff Wert ist zunächst ein *Beziehungsbegriff*, indem er die Beziehung der Dinge zu den menschlichen Zwecksetzungen darstellt. Es kann aber auch die Frage aufgestellt werden, ob es Werte gibt, die von dem menschlichen Wollen und Fühlen insofern unabhängig sind, als ihre Geltung nicht erst von dem tatsächlichen Fühlen und Begehren der Menschen abgeleitet ist. Bereits KANT sah sich bei der Begründung der Ethik auf einen solchen Wert geführt. Die Verbindung vernünftiger Wesen durch objektive Gesetze oder das Reich der Zwecke gibt allem einen relativen Wert oder Preis oder einen inneren Wert, d. i. Würde. So ist für Kant der innere Wert (sittliche Gesinnung) kein relativer mehr, sondern ein absoluter. Durch HERBART und LOTZE ist dann die neuere Wertphilosophie vorbereitet worden, die an Stelle des einen Wertes sittlichen Willens ein *System der Werte* zu setzen versucht, bei beiden zunächst in Verbindung mit der platonischen *Ideenlehre*. WINDELBAND, der Begründer der südwestdeutschen neukantischen Schule, setzt überhaupt Philosophie und Wertphilosophie gleich; denn Philosophie ist ihm „die kritische Wissenschaft von den allgemeingültigen Werten". Er stützt sich bei dieser Verallgemeinerung darauf, daß auch das *Erkennen* einen Wert voraussetzt, nämlich den der

Wahrheit, daß also die Logik sagt, wie wir urteilen sollen. In dieser Subsumtion des Erkennens unter das Werten folgt ihm RICKERT, der eine ausgebildete *Kulturwerttheorie* aufstellt. Die Werte konstituieren ein Reich des Unwirklichen oder Geltenden, ein Reich „unsinnlicher Sinngebilde", welches, in Beziehung zu konkreten Individualitäten stehend, Kultur genannt wird. Im Anschluß an Rickert entwickelt MÜNSTERBERG eine Wertphilosophie. — Eine neue Wendung erhielt die Wertphilosophie durch die *Phänomenologie* und insbesondere durch SCHELERS, von N. HARTMANN fortgeführte, ethische Untersuchungen, die gegen Kants angeblichen ethischen „Formalismus" das Recht einer „materialen" Ethik geltend machen. Scheler fordert zunächst auf Grund phänomenologischer Einsichten einen *Apriorismus* des Emotionalen, den er in der sittlichen Erkenntnis lokalisiert. Werte sind keine Beziehungen, sondern Qualitäten. Im Verfolge geht aber Scheler über die Phänomenologie hinaus zu einer personalistischen Metaphysik, wobei die „Person" — nicht nur der individuelle Mensch als Person, sondern auch die überindividuelle Gesamtperson oder Personengemeinschaft — als Wertträger (aber nicht Wertsetzer) aufgefaßt wird. Eine ähnliche personalistische Wertphilosophie bei William STERN. — Noch radikaler ist die Lehre vom Ansichsein der Werte bei N. Hartmann entwickelt. Für ihn ist Werterkenntnis — und darin liegt der Hauptgegensatz zu Rickerts Werttheorie — echte Seinserkenntnis und steht in dieser Hinsicht „auf einer Linie mit jeder theoretischen Erkenntnis", nur daß das Sein der Werte kein reales, sondern ein ideales Ansichsein ist. (Vgl. Idee, Personalismus.)

Lit.: N. Hartmann, Ethik (2. A. 1935); M. Scheler, Der Formalismus in der Ethik und die materiale Wertethik (4. A. 1954).

Wesen: auch essentia, Sosein im Gegensatz zur existentia, zum Dasein. 1. *metaphysisch:* das Ansich der Gegenstände im Gegensatz zu ihrer Erscheinung, das wahre Sein, das wahrhaft Wirkliche; 2. *logisch:* der im Begriff gedachte Inhalt ist das Wesen des Begriffs, die wesentlichen Merkmale bestimmen den Begriff; 3. *erkenntnis-*

theoretisch: das die einzelnen Erscheinungen und Vorgänge in sich befassende und erklärenden Prinzip; 4. die von Husserl begründete Phänomenologie ist *Wesenswissenschaft,* ihre Methode Wesensschauung. Durch Wesensschau ist das Wesen der erschauten Gegenstände unabhängig von ihrem Dasein zu erfassen, indem wir uns die einzelnen Erscheinungen, in denen sich das Wesen darstellt, vor Augen halten, etwa das Wesen der Wahrnehmung erfassen, wenn wir uns in einer Schauung, von Wahrnehmung zu Wahrnehmung blickend, zur Gegebenheit bringen, was „Wahrnehmung", Wahrnehmung an sich, ist.

Widerspruch: der logische Grundsatz des Widerspruchs ist von Aristoteles als oberstes Denkgesetz so formuliert worden: „Es ist unmöglich, daß dasselbe demselben in derselben Beziehung zugleich zukomme und nicht zukomme." Zwei kontradiktorisch entgegengesetzte Urteile können nicht beide zugleich wahr sein. Als allgemeines, obzwar bloß negatives Kriterium aller Wahrheit, führt Kant den Satz des Widerspruchs in der Form an: „Keinem Ding kommt ein Prädikat zu, welches ihm widerspricht." — Hegel erblickt im Widerspruch die treibende Kraft der dialektischen Selbstbewegung der Begriffe. Der Widerspruch bewegt die Welt und führt die Entwicklung weiter. (Vgl. Synthesis.)

Wiederholung: „Wiederholung ist die Form, in der die früher gewesene Existenzmöglichkeit in der Seele des Einzelnen neu verwirklicht wird" (Bollnow). In diesem Begriff, der von Kierkegaard (Die Wiederholung, 1843) zuerst für das existentielle Denken hervorgehoben worden ist, offenbart sich auch die *existenzphilosophische Interpretation* der geschichtlichen Aufgabe. „Die Wiederholung ist die ausdrückliche Überlieferung" (Heidegger). Ähnlich auch Jaspers.

Wiederkunft, ewige: schon die *Pythagoreer* und die Stoa lehrten die ewige Wiederkunft. Zentralgedanke der Welt- und Lebensanschauung Nietzsches; der „überwindende Gedanke" der ewigen Wiederkunft ist die

Grundkonzeption des *Zarathustra,* die Lehre von der ewigen Wiederkunft tritt für Nietzsche an die Stelle von Metaphysik und Religion überhaupt. Doch fragt Nietzsche auch: „Wer hält den Gedanken der ewigen Wiederkunft aus?"

Wiener Kreis: Bezeichnung für den besonders von Moritz SCHLICK (1882—1936) gebildeten Kreis von Philosophen und Mathematikern (WAISMANN, FEIGL, CARNAP, WITTGENSTEIN, HAHN, NEURATH, REICHENBACH u. a.), der, um Wissenschaftlichkeit der Philosophie zu erreichen, sich besonders mit der Analyse der Erkenntnis, der erkenntnistheoretischen Anwendung der Wahrscheinlichkeit, der (behaupteten) selbständigen Geltung von Logik und Mathematik, der Sprachphilosophie und allgemein mit den theoretischen Grundlagen, besonders der Mathematik und der Naturwissenschaften, beschäftigte. Die Philosophie des Wiener Kreises ist auch als *„logistischer"* oder *„logischer Neopositivismus"* oder als *„logischer Empirismus"* bezeichnet worden. Sie wurde für die Ausbreitung der Logistik und Semiotik besonders in der angelsächsischen Philosophie bedeutend.

Lit.: V. Kraft, Der Wiener Kreis (1950).

Wille: neben Wahrnehmen, Fühlen und Denken wird das Wollen als die *vierte Zone* der seelischen Welt angesehen. Der Wille umschließt als dynamische Grundlage der Seele Motiv, Entschluß und Willenshandlung. Der Wille wird auch als *eigene Wahrnehmungsform* aufgefaßt, die sich auf das Bewußtsein des handelnden Individuums bezieht. Bei W. WUNDT gehört der Wille zu den Affekten. Eine metaphysische Bedeutung hat der Wille in der SCHOPENHAUERschen Philosophie, in der er mit Trieb, Begierde, Willen zum Leben gleichgesetzt und als innerstes Wesen, als Ding an sich, bezeichnet wird. (Vgl. Voluntarismus.)

Willensfreiheit: 1. *psychologisch:* Wahlfreiheit; der Mensch kann unabhängig von Zwang handeln, wie er will, der bewußte Wille entscheidet, nicht äußerer Druck oder innerer krankhafter Seelenzustand. So entsteht das Freiheitsgefühl, das Bewußtsein des freien Willens; 2. *metaphysisch:* Ursachlosigkeit, Handeln unabhängig vom Kausalgesetz, freie Selbstbestimmung des handelnden Subjekts; 3. *ethisch:* als praktische Freiheit die Bestimmung des Handelns durch Vernunftgründe, durch ethische Prinzipien in Überwindung niederer sinnlicher, selbstsüchtiger Antriebe und Verlockungen. — Das Zeitalter der mechanischen Naturauffassung hat in SPINOZA den klassischen Vertreter des Determinismus, der Lehre von der Willensbestimmung. *Frei* heißt ein Ding, das nur kraft der Notwendigkeit seiner Natur existiert und allein durch sich selbst zum Handeln bestimmt wird. Die unendliche, unbedingte Substanz, Gott, ist allein eine freie Ursache, d. h. alle Dinge folgen notwendig aus der göttlichen unbedingten Natur. In der allgemeinen Kette der Notwendigkeit ist auch der Mensch ein einzelnes Glied und so wenig frei, wie ein geworfener Stein, der durch die Luft fliegt. Die Menschen meinen frei zu sein, weil sie sich ihres Wollens und Triebes bewußt sind, aber nicht an die Ursachen ihres Strebens und Wollens denken. Denn auch das ganze Seelenleben ist in die allgemeine ursächliche Verkettung einbegriffen. Von einem neuen Standpunkte aus sucht KANT das *Freiheitsproblem* zu lösen. Alle Begebenheiten der Sinnenwelt stehen nach unwandelbaren Naturgesetzen in durchgängigem Zusammenhange einer Kette von Ursachen in einer Zeitfolge. Auch „der Mensch ist eine von den Erscheinungen der Sinnenwelt und insofern auch eine der Naturursachen, deren Kausalität unter empirischen Gesetzen stehen muß. Als eine solche muß er demnach auch einen empirischen Charakter haben so wie alle anderen Naturdinge." So ist auch der Mensch dem allgemeinen Mechanismus der Natur eingeordnet, so daß man, wenn eines Menschen Denkungsart und die wirkenden Veranlassungen genau bekannt wären, „eines Menschen Verhalten auf die Zukunft mit Gewißheit, so wie eine Mond- und Sonnenfinsternis, ausrechnen könnte." Aber dennoch können wir behaupten, daß der Mensch frei sei. Denn den

Erscheinungen liegen Dinge an sich zugrunde. Der empirische Charakter ist die Erscheinung des intelligiblen Charakters. Im Intelligiblen gibt es keine Zeitbedingungen, kein Vorher und Nachher, also keine Anwendung des Kausalgesetzes. Jede Handlung ist so die unmittelbare Wirkung des intelligiblen Charakters, wenn sie auch in der Zeit empirisch bedingt erscheint. Die naturwissenschaftliche Erklärung hält sich an den empirischen Charakter, die sittliche Beurteilung bezieht sich auf den intelligiblen Charakter, denn der empirische Charakter ist im intelligiblen Charakter bestimmt. SCHOPENHAUER bezeichnet gemäß seiner Willensmetaphysik den intelligiblen Charakter als den Willen an sich. Das Tun ist notwendig, aber im *Sein* liegt die Freiheit. Aus dem, was der Mensch ist, folgt notwendig alles, was er jedesmal tut. Aber das Sein des Menschen, der Wille, ist seine freie Tat. Das Problem der Willensfreiheit ist in neuerer Zeit vor allem von N. HARTMANN in seiner „Ethik" analysiert worden.

Windelband, Wilhelm (1848—1915): Haupt der Badischen Neukantianer. Philosophie ist für ihn Wertwissenschaft. Er trennt nomothetische (gesetzsuchende) *Naturwissenschaften* und individualisierende (Einzeltatsachen suchende) *Kulturwissenschaften.* Hauptwerke: Geschichte der neueren Philosophie (1892); Geschichte der Naturwissenschaft (1897); Über Willensfreiheit (1904).

Wirklichkeit: 1. Wirklichkeit bezeichnet einen *Tatbestand,* eine Tatsächlichkeit im Unterschied von Nichtwirklichkeit und Möglichkeit; 2. Wirklichkeit steht im *Gegensatz zum Schein;* 3. das *metaphysisch Wirkliche* soll das Wesen der Dinge, das wahrhaft Seiende, die Dinge an sich bedeuten. Die Erscheinungswelt, die Sinnenwelt gilt als bloße Abschattung, als schwaches Abbild der Urwirklichkeit, des Urbilds. Die Metaphysik verspricht eine Erkenntnis der Gesamtwirklichkeit, eine Weltanschauung, die die wahre Wirklichkeit aufzeigt (vgl. Metaphysik); 4. die *Erkenntnistheorie* sucht den Begriff des Wirklichen zu bestimmen und die Erkenntnis des Wirklichen zu umgrenzen. Der Realismus nimmt ein Sein an sich außerhalb des Bewußtseins, ein transzendentes Sein an; der dogmatische Realismus glaubt im Erkennen diese transzendente Wirklichkeit abzubilden, der kritische Realismus bezieht die Erkenntnis auf eine Wirklichkeit an sich unter Verwerfung der Abbildtheorie. Die *Immanenzphilosophie* beschränkt die Erkenntnis auf das unmittelbar Gegebene, auf die Bewußtseinswelt und hält den Gedanken eines nicht gedachten Dinges für einen sinnlosen Gedanken. Die wirkliche Welt ist die empfundene Welt; in der Erforschung der Zusammenhänge der Farben, Töne, Räume, Zeiten besteht die Ergründung der Wirklichkeit (MACH). Die kritische Philosophie KANTS setzt zwar transzendente „Dinge an sich" voraus, läßt sie aber in der Erkenntnislehre aus dem Spiel: wirklich ist, was mit den materialen Bedingungen der Erfahrung, also den Empfindungen, zusammenhängt. Die Wahrnehmung ist der einzige Charakter der Wirklichkeit. Was in der Erscheinungswelt seine durch Gesetze bestimmte Stelle hat, ist wirklich, gehört zur Wirklichkeit; alles einzelne Wirkliche aber ist ohne Wahrnehmung, ohne Bezugnahme auf Wahrnehmungen nicht erkennbar, nicht erschließbar.

Lit.: Heinrich Maier, Philosophie der Wirklichkeit, 3 Bde. (1926 bis 1935).

Wissenschaftslehre: die Lehre vom Wesen, der Methode und der Klassifikation der Wissenschaften.

Wissenschaftslogik: s. Carnap, Wittgenstein.

Wissenssoziologie: ein Zweig der Kultursoziologie, die die Beziehungen zwischen den Formen des Wissens und Denkens und der Gesellschaft analysiert. Als *Theorie* und als *historisch-soziologische Forschungsmethode* weist die Wissenssoziologie zunächst die Phänomene der *Seinsverbundenheit* des Wissens in ihrer Struktur sowie den Einfluß des gesellschaftlich sozialen Standortes auf den Denker auf und macht daraufhin die erkenntnistheoretische Relevanz dieser Seinsverbundenheit des Wissens sich zum Problem. *Historisch:* Wissenssoziologische Denkansätze finden sich schon in HEGELS Volksgeistlehre; MARX hat die Determination des menschlichen Denkens durch den sozialökonomischen Gesellschaftsprozeß besonders herausgearbeitet, doch vermischen sich seine wissenssoziologischen Denkansätze mit seiner Ideologienlehre (s. d.). Max SCHELER untersucht die historisch-soziale Bedingtheit besonders der „Durchsetzungschance" der Formen des Wissens in der politisch-sozialen Wirklichkeit (Versuche zu einer Soziologie des Wissens, 1924; Die Wissensformen und die Gesellschaft, 1926). Karl MANNHEIM faßt den Geist als Funktion des dynamischen Gesellschaftsprozesses; im Unterschied zu Marx, der eine *kausale* Abhängigkeit des Geistes von der Gesellschaft behauptet, ist das Wissen für Mannheim nur *Manifestation* („Ausdruck") der sozial-ökonomischen Situation des denkenden Subjekts in der Gesellschaft.

Lit.: E. Grünwald, Das Problem der Soziologie des Wissens (1934); H. J. Lieber, Wissen und Gesellschaft (1952); K. Mannheim, Artikel „Wissenssoziologie" im Hwb. der Soziologie (1931).

Wittgenstein, Rudolf (1889—1951): besonders von FREGE und RUSSELL beeinflußter Logistiker und Sprachphilosoph, Angehöriger des Wiener Kreises (s. d.), der in seinem „Tractatus Logico-philosophicus" (1922) wieder nachdrücklich auf den Zusammenhang zwischen Logik und Syntax hingewiesen hat (ARISTOTELES: apophantische Logik!), eine *Philosophie der Sprache* entwickelte und die Philosophie selbst als *Wissenschaftslogik* bezeichnet. Sie hat den Sinn von Worten und Aussagen zu klären und sinnlose auszuschalten. Die Philosophie selbst ist also kein System von Wahrheiten, sondern nur ein *Verfahren* ohne theoretischen Gehalt. Begriffe, Sätze und Theorien der Wissenschaft sind ihre Objekte. Wesentlich besonders seine (von CARNAP verbesserte) Theorie, daß die Bedeutung, der Sinngehalt eines Satzes bestimmt wird durch die Methode seiner *Verifikation* (= seiner grundsätzlichen Verifizierbarkeit). Auf Wittgenstein geht auch die Konstruktion der „Allwörter" oder „syntaktischen Kategorien" zurück, die von der logischen Grammatik noch innerhalb der philologischen Gattungen der Substantiva, Adjektiva etc. unterschieden werden können sowie die Zurückführung der „Wahrheit" („*Wahrheitsfunktion*") von zusammengesetzten Sätzen auf die von einfacheren und deren wiederum auf die von „*Elementarsätzen*", die unmittelbar mit der Wirklichkeit verglichen werden können. (Vgl. Sprachphilosophie, Wiener Kreis, Carnap.)

Wolff, Christian (1679—1754): der führende Philosoph der deutschen Aufklärung. Er schrieb nach dem Vorbilde des Thomasius in deutscher Sprache. Als Eklektiker verarbeitete und verband er aristotelisches, stoisches, scholastisches, kartesisches und leibnizisches Gedankengut.

Wundt, Wilhelm (1832—1920): vertritt einen voluntaristischen Idealismus. Begründer einer experimentellen Psychologie. Die Philosophie hat den Tatbestand der empirischen Einzelwissenschaften als Ausgangspunkt und Basis anzuerkennen. Sie will die in den Wissenschaften ermittelten allgemeinen Erkenntnisse zu einem System vereinigen und zu einer Weltanschauung zusammenfassen. Als Ziel der Entwicklung schwebt ihr die Idee eines menschlichen Gesamtwillens vor, der die Menschheit in bewußter Vollbringung bestimmter Willensakte vereinigt. Unsere Zuversicht gründet sich auf die übersittliche religiöse Idee eines unendlichen Wesens. Die Substanzialität der Seele ersetzt Wundt durch die *Aktualitätstheorie* alles Seelischen. Werke: Grundzüge der physiologischen Psychologie (1874); Psychologie im Umriß — Elemente der Völkerpsychologie (1912); Völkerpsychologie, 10 Bde. (1900 ff.).

Xenophanes (578—483 v. Chr.): Begründer der eleatischen Schule.

Yoga: indisches System der Läuterung der Seele, der Loslösung von der Sinnenwelt und den Leidenschaften durch methodische Versenkung und Verinnerlichung.

Zahl: im Anschluß an Frege (Grundlagen der Arithmetik, 1884) bei B. Russell: „eine Zahl (allgemein) ist eine Menge, die die Zahl einer ihrer Glieder ist."

Lit.: B. Russell, Einführung in die mathematische Philosophie (dt. Ausg. 1923).

Zeit: eine erste eingehende Untersuchung bei ARISTOTELES: nur die Gegenwart ist gegeben, die Vergangenheit ist nicht mehr, die Zukunft ist noch nicht; die Gegenwart ist so die Grenze zwischen Vergangenheit und Zukunft. Der Zeit*verlauf* wird ermöglicht durch den Begriff der Dauer, die ein Zwischen ist zwischen einem Vorher und Nachher. Zwischen Bewegung und Zeit besteht ein Zusammenhang: die Zeit ist die Zahl der Bewegung; Zeit ist die zahlenmäßige Messung der Bewegung. NEWTON stellte seinen mechanischen Prinzipien Bestimmungen über Zeit und Raum voran: die absolute, wahre und mathematische Zeit verfließt an sich und vermöge ihrer Natur gleichförmig und ohne Beziehung auf irgendeinen äußeren Gegenstand. Sie wird auch mit dem Namen *Dauer* benannt. Die relative, scheinbare und gewöhnliche Zeit ist ein fühlbares und äußerliches, entweder genaues oder ungleiches Maß der Dauer, dessen man sich gewöhnlich statt der wahren Zeit bedient, wie Stunde, Tag, Monat, Jahr. Es ist möglich, daß keine gleichförmige Bewegung existiert, durch welche die Zeit genau gemessen werden kann. LEIBNIZ bestreitet das absolute selbständige Dasein von Raum und Zeit: Raum ist die Ordnung des Nebeneinander, Zeit die des Nacheinander; die Zeit ist das Maß der Bewegung, d. h. die gleichförmige Bewegung ist das Maß der ungleichförmigen. Nach KANT sind Raum und Zeit *Anschauungsformen a priori,* d. h. die allgemeinen und notwendigen Formen, die allen Anschauungen zugrunde liegen; der Raum ist die formale Bedingung aller äußeren Erscheinungen, die Zeit aller Erscheinungen überhaupt, denn die Zeit ist die Form des inneren Sinnes, d. i. des Anschauens unserer selbst und unseres inneren Zustandes, und alle Erkenntnisse sind dieser formalen Bedingung des inneren Sinnes, der Zeit, unterworfen. Eine *Phänomenologie* der Zeit entwickelt Johann VOLKELT. Eine metaphysische Theorie der Zeit als der schöpferischen Dauer im Gegensatz zu der Erstarrungsstufe der Welt als Raum gestaltet Henri BERGSON. In der *Existenzphilosophie* wird die Zeit zum *Seinscharakter.* Dasein und

Existenz können nur aus dem Horizont der Zeit heraus interpretiert werden. So wird sie bei HEIDEGGER und JASPERS zum Medium der Existenz. Heidegger unterscheidet ferner die *"eigentliche"* Zeit des ausdrücklichen Existierens und die *"uneigentliche"* Zeit des an die Welt verfallenen Daseins. **Zeitlichkeit** bezeichnet bei HEIDEGGER im Gegensatz zur objektiv-historischen Zeit die Strukturform des menschlichen Daseins, die durch den Bezug zur Zeit (Vergangenheit, Gegenwart, Zukunft) mitbestimmt wird. Vgl. Heideggers drei „Ekstasen" (= Dimensionen) der Zeit.

Zenon (490—430 v. Chr.) aus Elea, ein Schüler des PARMENIDES. Er ist bekannt durch seine Trugschlüsse vom fliegenden Pfeil, Achilles usw. Indem er das Problem der *Kontinuität* bis in seine Einzelheiten verfolgte, wies er die Trüglichkeit der Sinnenwelt nach.

Zenon (336—264 v. Chr.) aus Kition (Kypern) begründete die stoische Schule.

Zetetik: Zetetiker (Sucher) nannten sich die Anhänger der skeptischen Schule im Altertum; Zetetik = Wahrheitsforschung im Sinne der Skepsis.

Zirkel, Zirkelbeweis: s. circulus.

Zufall: 1. ein nicht beabsichtigtes und unvorhergesehenes Ereignis, ein Geschehen, eine Tatsache, die vom Willen unabhängig und der Erkenntnis unzugänglich sind; 2. als ein Zufälliges wird der durch Kreuzung zweier Kausalreihen bewirkte Vorfall bezeichnet; 3. Zufall wird auch für vermeintliche Ursachlosigkeit gebraucht.

Zweck: ein auf das menschliche Handeln zurückgehender Begriff, wobei wir ein vom Menschen vorgestelltes Ziel zu erreichen suchen und uns entsprechender Mittel bedienen. Zweckmäßig sind die Mittel, wenn sie auf kürzestem und sicherstem Wege zum Ziele führen. Eine metaphysische Denkweise trägt den Zweckbegriff in die Natur hinein und läßt die Natur nach Zwecken handeln. (Vgl. Teleologie.)

Zweifel: s. Skepsis.

Zweiweltenlehre: Bezeichnung für die namentlich von PLATON begründete Unterscheidung zweier Wirklichkeiten, der Erscheinungswelt, die wir vermöge der Sinne als die veränderliche Welt der Einzeldinge wahrnehmen, und der Ideenwelt, die wir mit dem Denken als unveränderliches, ewiges, urbildliches Sein erkennen.

Zeug: s. Zuhandenheit.

Zuhandenheit: bei HEIDEGGER das alltäglich nur Begegnende des „Zeug": a) = Ding, b) = besorgender Umgang im Gegensatz zur *Vorhandenheit,* der theoretischen Sicht, daß etwas ist.

**Walter de Gruyter
Berlin · New York**

Philosophie in der Sammlung Göschen

H. Plessner	**Die Stufen des Organischen und der Mensch** Einleitung in die philosophische Anthropologie 3., unveränderte Auflage. XXIV, 373 Seiten. 1975. DM 19,80 (Band 2200)
H. Leisegang	**Einführung in die Philosophie** 8. Auflage. 146 Seiten. 1973. DM 7,80 (Band 4281)
G. Simmel	**Hauptprobleme der Philosophie** 8., unveränderte Auflage. 177 Seiten. 1964. DM 4,80 (Band 500)
M. Landmann	**Philosophische Anthropologie** Menschliche Selbstdeutung in Geschichte und Gegenwart. 4., überarbeitete und erweiterte Auflage. 225 Seiten. 1976. DM 14,80 (Band 2201)
P. Lorenzen	**Formale Logik** 4., verbesserte Auflage. 184 Seiten. 1970. DM 7,80 (Band 1176/1176a)
K. Jaspers	**Die geistige Situation der Zeit (1931)** 7. Abdruck der im Sommer 1932 bearbeiteten 5. Auflage. 194 Seiten. 1970. DM 5,80 (Band 3000)
F. Kaulbach	**Immanuel Kant** 345 Seiten. 1969. DM 7,80 (Band 536/536a)
H. Gerdes	**Sören Kierkegaard** Leben und Werk 134 Seiten. 1966. DM 4,80 (Band 1221)

Preisänderungen vorbehalten